O FIM DOS CEAUŞESCU

Morra fuzilado como um animal selvagem

Impresso no Brasil, julho de 2012

Título original: *Sfârşitul Ceauşeştilor*
Copyright © 2011 Grigore Cartianu

Os direitos desta edição pertencem à
É Realizações Editora, Livraria e Distribuidora Ltda.
Caixa Postal: 45321 · 04010-970 · São Paulo - SP
Telefax: (55 11) 5572 5363
e@erealizacoes.com.br · www.erealizacoes.com.br

Editor
Edson Manoel de Oliveira Filho

Gerente editorial
Gabriela Trevisan

Preparação de texto
Luciane Gomide

Revisão
Tássia Gomes Santana e Cristiane Maruyama

Capa e projeto gráfico
André Cavalcante Gimenez e Mauricio Nisi Gonçalves / Estúdio É

Pré-impressão e impressão
Gráfica Vida & Consciência

Reservados todos os direitos desta obra. Proibida toda e qualquer reprodução desta edição por qualquer meio ou forma, seja ela eletrônica ou mecânica, fotocópia, gravação ou qualquer outro meio de reprodução, sem permissão expressa do editor.

Grigore Cartianu

O FIM DOS CEAUŞESCU
MORRA FUZILADO COMO UM ANIMAL SELVAGEM

Tradução: Eugenia Flavian

Consultor de historiografia: Alex Mihai Stoenescu

Dentre os que morreram
Voltamos alucinados
Que não aconteça outra vez
Um massacre como aquele.
(Hino dos malandros, 1990)

Observações de pronúncia em língua romena:

Ă ă ou Ă ă têm o som do primeiro *a*, em *cândida*.

 â e Î î não têm som correspondente em português, assemelhando-se a um *i* gutural.

A letra Ş (maiúscula ou minúscula) pronuncia-se *ch*. Assim, Braşov pronuncia-se *Brachóv*.

A letra Ţ (maiúscula ou minúscula) pronuncia-se *tz*. Assim, Lenuţa pronuncia-se *Lenútza*.

A letra *u* final, não sendo *monossílaba*, nunca é a tônica. Assim, Grigorescu pronuncia-se *Grigorêsco*.

A letra C (maiúscula ou minúscula), quando seguida de *e* ou *i*, pronuncia-se tche/tchi. Portanto, Ceauşescu pronuncia-se *Tcheauchêscu*. Na oralidade, as vogais do tritongo se contraem e a pronúncia acaba sendo: *Tchauchêscu*.

Sumário

Prefácio 11
Palavras do autor 13
Agradecimentos 15

O "amigo" Gorbachev 25
Conspirações e conspiradores 47
"A carta dos seis": o carteiro vem de Moscou 61
Fecha-se o cerco 67
A última caçada 77
O assédio tácito dos turistas soviéticos 83
A renúncia de um ditador 91
A última visita: Teerã 103
A preocupação de Ceauşescu: a situação no Panamá ... 109
20 de dezembro: no auge do desespero 117
21 de dezembro: o comício fatal 123
A última noite no palácio 135
A morte de Milea 141
"Traição no Exército, traição na Chancelaria!" 157
O gosto amargo do golpe de Estado 171
O voo para o inferno 185
Os mistérios de Snagov 189
Abandonados no céu 199
Na estrada 203
Elena fica sem os cheques dos filhos 211

Aventuras em Văcărești 215
O misterioso doutor Decă 219
Vou apedrejá-lo, amado líder! 227
Gente aborrecida 237
Disfarçados de policiais 249
O secretário-geral no matagal 257
Na polícia 269
O pão preto do quartel 283
Os telefonemas de Iliescu 291
O pinico do comandante supremo 303
As provocações em Târgoviște 311
O capitão Ceaușescu, prisioneiro no caminhão....................323
O segredo da floresta 333
Com o tanque, rumo à capital 337
Insulina ou veneno? 343
O último abrigo: um TAB 351
Os apóstolos da morte 357
Reúnem-se os coveiros 365
Oito paraquedistas rumo ao inferno 373
A morte vem de helicóptero 389
A última alegria de Ceaușescu: "Stănculescu chegou!" 399
Um julgamento estalinista 411
O caminho para a morte mede 62 metros 427
Juntos no paredão, separados no cemitério 439

Anexos 449

Prefácio

O acontecimento histórico visto pelos olhos do jornalista

A reconstituição feita pelo conhecido jornalista Grigore Cartianu é fruto de um trabalho de pesquisa que levou pelo menos três anos, durante os quais ele, primeiro, identificou os momentos fundamentais da derrocada de Nicolae Ceaușescu, a queda do regime comunista e, posteriormente, empenhou-se em decifrar seu significado.

Em torno daquele grande acontecimento histórico, três tipos de estudiosos desenvolveram o trabalho de pesquisa no intuito de descobrir a verdade: promotores, jornalistas e historiadores. Entre eles, os jornalistas são os que gozam de maior liberdade – tanto para pesquisar como para comentar os resultados da investigação. Grigore Cartianu encontrou numerosos detalhes que o historiador e o jurista ignoravam. Partindo dessa perspectiva, amplia-se a imagem sobre os acontecimentos de dezembro de 1989 na Romênia e, ao mesmo tempo, aproxima-se mais de seus atores: os homens. Enquanto o historiador busca os fenômenos políticos e sociais, as causas que determinam os fatos e movimentam as personalidades decisivas, cujos atos têm consequências de longo prazo para a nação, o jornalista mergulha diretamente na opinião pública e no mundo político. Ali, na maioria das vezes, os fatos não se desprendem dos documentos, dos atos e das decisões políticas do alto escalão, que os historiadores consideram fontes históricas e os juristas, provas, mas da ação casual ou planejada das pessoas envolvidas nos diversos episódios do acontecimento. Por isso, o grande mérito de Grigore Cartianu é deixar um testemunho abrangente sobre o comportamento da nação romena, surpreendida, em alguns setores de sua população, nos momentos mais difíceis da queda do sistema, diante de um futuro incerto.

O jornalista, natural da Oltênia, tem o talento de colorir a narração mesmo nos momentos em que as situações se revestem de um dramatismo agudo, passando com certo formalismo por cima da informação histórica e da investigação judicial, frequentemente áridas e cheias de lacunas. Seu mérito consiste em contar as verdades da conspiração, dos seus desdobramentos e da revolta de dezembro de 1989 com a maior desenvoltura, mas também com a tenacidade do homem que viveu diretamente os acontecimentos, nos lugares onde houve tanto conspiração quanto desvarios da revolta legítima, lutando, hoje, pela verdade que pode ser lida em seu jornal todos os dias. Este livro é a história do golpe de Estado transformado em revolução e da revolução transformada em golpe de Estado segundo aqueles que o viveram.

Quanto a mim, tive a satisfação de não continuar sozinho no esforço de contar aos romenos a verdade sobre a "Revolução de Dezembro", para protegê-los do diversionismo e da manipulação. Encontrei um excelente interlocutor em Grigore Cartianu, provavelmente por ter sido o único motivado por um sentimento de revolta e também de responsabilidade, sem nenhum envolvimento político ou social. A série por ele dirigida no jornal *Adevărul* [A Verdade] e no canal B1 TV no outono de 2009 até a primavera de 2010, quando a Romênia estava em outra encruzilhada histórica, convenceu milhares, talvez centenas de milhares de pessoas de que elas próprias fazem parte de uma nação ainda muito vulnerável e de que precisamos assumir toda a nossa história.

A partir daquele momento, vinte anos depois dos acontecimentos, os historiadores finalmente puderam contar com um aliado. Trata-se de um método jornalístico coerente em que não faltam laivos literários que ofereçam aos leitores uma imagem mais próxima da realidade vivida, que nestes vinte anos ficou camuflada sob o manto da mentira.

Alex Mihai Stoenescu
Vălenii de Munte, 14 de maio de 2010

Palavras do autor

Revolução e contrarrevolução

Este livro é o relato dramático, ridículo e grotesco do fim daqueles dois personagens que se consideravam imortais: Nicolae e Elena Ceaușescu. O tema foi vivenciado pelo autor vinte anos atrás, pensado nos últimos dez e documentado em quase quatro.

Não é um tratado de história, mas uma abordagem jornalística do acontecimento mais comentado da história romena: *A Revolução de 1989*. Ao longo dos séculos houve momentos até mais importantes, mas nenhum deles foi televisionado para metade do planeta.

Nos eventos de dezembro de 1989, morreram na Romênia 1.116 pessoas, das quais 159 sob o regime de Ceaușescu e 957 (seis vezes mais!) após sua derrocada.

Ainda em dezembro de 1989, entraram oficialmente na Romênia 67.530 cidadãos soviéticos, contra 30.879 em dezembro de 1988. O aumento de um ano para o outro foi de 118%, em condições de fechamento temporário das fronteiras e em um período de eventos perigosos que normalmente espantam os turistas, em vez de atraí-los.

Estes são apenas alguns dos dados que fundamentam este livro. O ponto de partida são os dados por trás dos quais estão os fatos. Para embasar os dados estão os documentos e os depoimentos; a construção se complementa com a interpretação lógica deles.

Há vinte anos que nos referimos a ela como a *Revolução de Dezembro de 1989*. No entanto, alguns me advertem que não foi uma revolução, mas um típico golpe de Estado. Eles têm razão apenas em parte: no tocante ao golpe de Estado. Isso não significa que não tenha havido uma revolução (ou pelo menos uma revolta popular). Instigada, é verdade, mas qualquer revolução tem os seus estímulos próprios.

Como denominar essa mescla de revolução com golpe de Estado? Nesse caso, os romenos mostraram-se muito inspirados: "revolugolpe", "golpe de Estado com público", "revolução de Estado", "atentado revolucionário", etc. Assim como, para a mescla de democracia e ditadura herdada nos primeiros meses do "pós-ceauşismo", encontraram um termo genial: *democratura*.

Milhões de romenos estão convencidos de que participaram da revolução. Eu mesmo estive convencido disso por quase vinte anos, até penetrar nos meandros da documentação pertinente. Hoje sei com certeza que não participei de revolução alguma. Fui apenas massa de manobra – e poderia ter sido bucha de canhão – na contrarrevolução, mas só descobri isso bem mais tarde.

A revolução foi o que aconteceu até o dia 22 de dezembro de 1989, às 12h09, quando o helicóptero de Ceauşescu levantou voo da cobertura da sede do Comitê Central (CC) do Partido Comunista Romeno (PCR). Seguiram-se algumas horas de euforia popular, mas rabiscar bigodes nos cartazes com a imagem de Ceauşescu, após sua fuga, não significa fazer revolução! Depois disso, veio a contrarrevolução. Organizada minuciosa e cinicamente por aqueles que tomaram o lugar de Ceauşescu. Aqueles 957 mortos mencionados anteriormente são o resultado daquela contrarrevolução de caráter comunista.

O mês de dezembro de 1989 foi um crime em massa. A deposição de Ceauşescu poderia ter sido feita sem tanto derramamento de sangue. Não foi assim, entretanto, a tomada do poder por parte do núcleo do Conselho da Frente de Salvação Nacional (CFSN) conduzido pela tríade moscovita Iliescu-Militaru-Brucan.

Na tentativa de restabelecer a verdade, coloquei frente a frente centenas, talvez milhares, de testemunhas. A maioria delas prontificou-se de boa-fé. Outras, no entanto, foram tóxicas, sabotadoras, pois seus atores não são testemunhas, mas autores de atos transgressores. Eu os ouvi também, anotei seus depoimentos, usando-os seletivamente e incluindo especificações ou correções em ponto que considerei necessário.

Este volume é apenas uma parte da história. Com a ajuda de Deus, em breve virá o volume 2, que se concentrará em um tema doloroso e uma ferida eternamente aberta: os crimes da revolução.

Grigore Cartianu

Agradecimentos

Este livro foi possível graças a diferentes pessoas que tenho a honra de mencionar aqui. Em primeiro lugar, sou humilde devedor aos milhões de romenos que leem diariamente a série-maratona do jornal *Adevărul*, acompanhado-a, às vezes, muito depois da meia-noite, na emissão de *Naşul* [O Tio] e que me injetaram energia para seguir adiante. Sem seu fantástico apoio, quantificado em tiragem, audiência e mensagens de apoio, teria sido muito difícil superar os momentos delicados desta minha caminhada jornalística: os ataques, as ameaças, o diversionismo, o veneno e as difamações foram as pequenas infâmias que precisei enfrentar. Tudo isso era previsível, levando em conta que pisei num "formigueiro".

Agradeço muitíssimo ao historiador Alex Mihai Stoenescu, cuja perícia foi vital na abordagem desses vastos temas. Alex colocou à minha disposição documentos valiosos e foi um inestimável conselheiro. Ele é a enciclopédia dos acontecimentos de dezembro de 1989, da forma como ocorreram: conspiração, sabotagem, revolução, golpe de Estado, contrarrevolução.

Tiro o chapéu para meu velho amigo Radu Moraru. *Naşul* colocou à minha disposição, durante alguns meses, boa parte de suas gravações, e assim mostramos na tela as fitas documentais sobre a Revolução. Acredito termos produzido em conjunto uma série que atingiu o coração de muitos romenos.

De grande ajuda foi o meu colega Florel Manu, um jornalista que esconde sua percepção e perseverança por trás de uma rara modéstia. Ele resolveu questões que teriam me derrubado. Se na busca da verdade sobre dezembro de 1989 eu fui um Dom Quixote, Florel foi certamente o Sancho Pança. Meu forte abraço a ele, mesmo que para isso deva descer do Rocinante.

Devo agradecimentos especiais a Viorel Domenico, cuja colaboração me ajudou a entender o que aconteceu em Târgoviște.

Meu reconhecimento dirige-se àqueles envolvidos, de uma maneira ou de outra, nos eventos de 1989 e que aceitaram vasculhar as memórias daqueles dias terríveis. Alguns deles ficaram marcados pelo resto da vida.

Agradeço aos oficiais da UM 01417 e UM 01378 de Târgoviște, as duas unidades militares onde ficou recluso o casal Ceaușescu nos três últimos dias de vida. Em especial aos majores Ion Țecu e Ion Mareș, ao capitão Ion Mateescu e ao lugar-tenente-major Iulian Stoica, mencionados aqui com as patentes de dezembro de 1989, embora possam ter sido promovidos posteriormente.

Muito solícito foi Ion Enache, um dos dois suboficiais da milícia que tiveram em suas mãos o destino do casal Ceaușescu por algumas horas, em 22 de dezembro de 1989.

Sou agradecido aos engenheiros Marius Popescu e Nicolae Vlad, às senhoras Ioana Diniță, Constanța Mihăescu e Vasilica Mateescu, ao revolucionário Ilie Ştirbescu, ao ex-miliciano Mihai Nicolae e ao ex-sargento Dorian Dobrița, aos paraquedistas Ionel Boeru e Dorin Cârlan, que reconstituíram peças importantes do quebra-cabeça do casal fugitivo na qualidade de testemunhas presenciais.

Agradeço aos meus colegas que emprestaram o ombro ao vasto esforço de documentação: Andrei Crăciun, Mihai Voinea, Cristian Delcea, Florentina Țone, Mihai Mincan. Outrossim, àqueles que fizeram de conta que não notavam a minha ausência da redação e assumiram as minhas obrigações com muito altruísmo: Emilian Isailă, Bianca Toma, Alin Paicu, Andrei Velea, Liviu Avram, Laurențiu Ciocăzanu, Adrian Halpert. Fico agradecido também àqueles que, vendo-me barbado e com os olhos vermelhos, perguntavam-me: "Ainda falta muito do livro?".

Agradeço a Dinu Patriciu, que, embora veja a Revolução de outra forma, encorajou-me a levar o trabalho adiante.

Não posso esquecer-me de Peter L. Imre, que, em uma tarde de sexta-feira, último dia do mês de abril, perguntou-me: "Como vai o livro?". "Mal", respondi. "Faz umas três semanas que estou patinando sem sair do lugar. Acho que não vou conseguir terminar até a *Bookfest*."

"Se a partir deste segundo você deixar qualquer outra coisa de lado e se ocupar apenas do livro, você termina?" Calculei: faltam três semanas. Recolhi-me, então, ao meu quarto, como um eremita, esquecendo de comer e de dormir, misturando o dia com a noite...

Levo no coração os meus pais que gostariam de me ver mais amiúde em Gorj e que, no entanto, pacientes como têm sido a vida toda contentam-se em ver-me na fotografia do jornal ou na televisão.

Inclino-me diante das minhas duas garotinhas Laura-Sofia e Iulia-Gabriela, que me veem menos do que se eu estivesse em viagem à Lua.

Culpado, inclino-me também diante de minha mulher, Liliana, que diz, "desde que você só pensa no livro, não sabe mais nem bater um prego em casa". Acreditem, ela tem razão.

Não me orgulho disso, é apenas uma maneira de pedir desculpas a todos por tê-los deixado em segundo plano, após a devastadora combinação de jornal/televisão/livro.

A muitos outros devo agradecimentos. São tantos aqueles que se encontram ao longo deste extenso documentário, que simplesmente não tive espaço de mencionar todos. Mas não me esqueci de ninguém.

Existem também algumas pessoas especiais que, embora tenham me ajudado muito, preferiram permanecer anônimas, como condição para darem sua colaboração. Respeito sua discrição e asseguro-lhes meu reconhecimento.

A FUGA DOS CEAUŞESCU
Etapas em ordem cronológica

① ----- **Bucareste – Snagov (30 km)**
- Helicóptero: Dauphin
- Piloto: coronel Vasile Maluţan (Exército)

② ----- **Snagov – Sălcuţa (60 km)**
- Mesmo helicóptero Dauphin
- Piloto: coronel Vasile Maluţan (Exército)

③ ——— **Sălcuţa – Produleşti – Văcăreşti (35 km)**
- Dacia vermelho: 4-B-2646
- Motorista: dr. Nicolae Decă (civil)

④ ——— **Văcăreşti – Parque Industrial de Aços Especiais – Centro fabril (7 km)**
- Dacia preto: 1-DB-3005
- Motorista: Petrişor Nicolae (civil)

⑤ ——— **Centro fabril – Milícia – Ulmi – Ilfoveni – Racoviţa – Bucşani – Răţoia (40 km)**
- Dacia branco da Milícia: 1-DB-4112
- Motorista: sargento-major Ion Enache (Milícia)

⑥ ——— **Răţoia – Bucşani – Comişani – Ulmi – Milícia de Târgovişte (35 km)**
- Mesmo Dacia branco da Milícia, com placa trocada: 3-DB-9136
- Motorista: sargento-major Ion Enache (Milícia)

⑦ → **Unidade da Milícia – UM 01417 Târgovişte (0,5 km)**
- ARO branco da Securitate: 1-DB-190
- Motorista: coronel Gheorghe Dinu (Securitate)

⑧ ----- **Târgovişte – Boteni – Bucareste (80 km)**
- Transporte dos cadáveres do casal Ceauşescu (com escala em Boteni)
- Helicóptero: IAR-330 PUMA
- Piloto: major Cristian Mateiciuc (Exército)

Horário de chegada `00:00` `00:00` Horário de partida

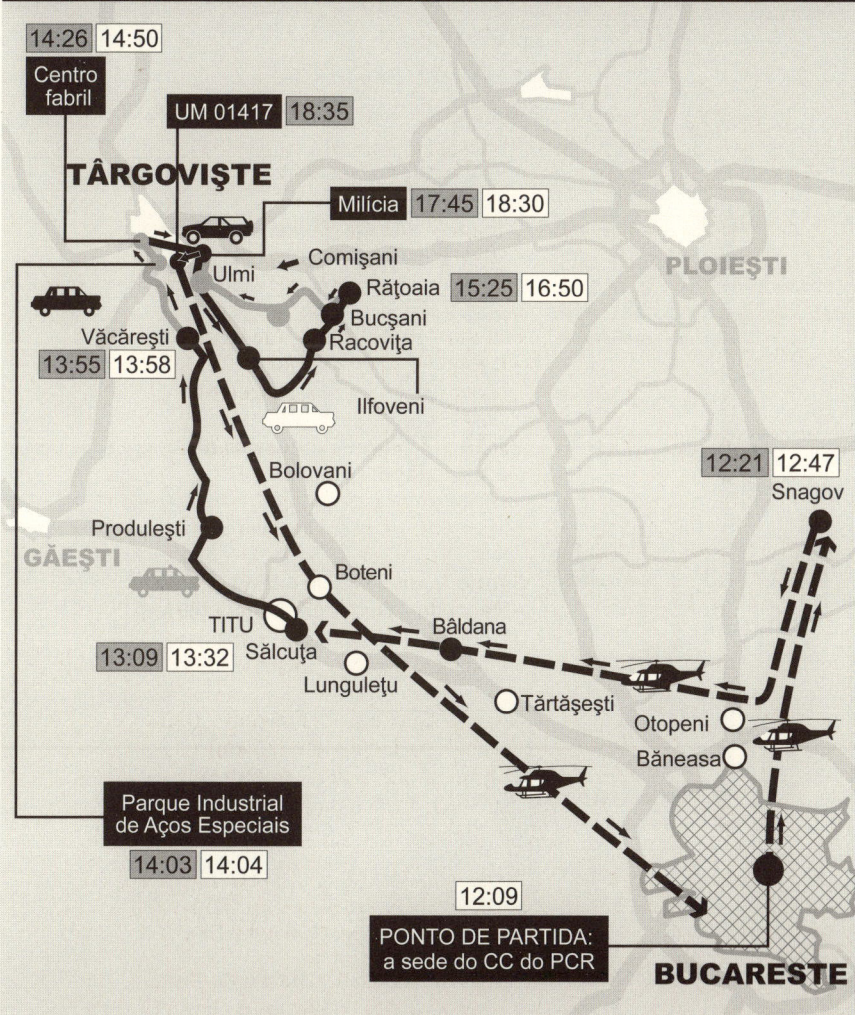

Nas seis horas e 26 minutos em que estiveram na condição de fugitivos, o casal Ceaușescu utilizou diversos meios de transporte. Eles voaram no helicóptero presidencial, pilotado por Vasile Maluțan (Bucareste – Snagov – Sălcuța), circularam com três carros Dacia diferentes, finalizando com um curto percurso em um ARO militar, dirigido por um coronel da Securitate (Gheorghe Dinu). Os motoristas dos três Dacia foram: um médico bucarestino que viajava constantemente a Găești (Nicolae Decă), um aldeão de Văcărești-Dâmbovița (Petrișor Nicolae) e um suboficial da milícia de Târgoviște (Ion Enache).

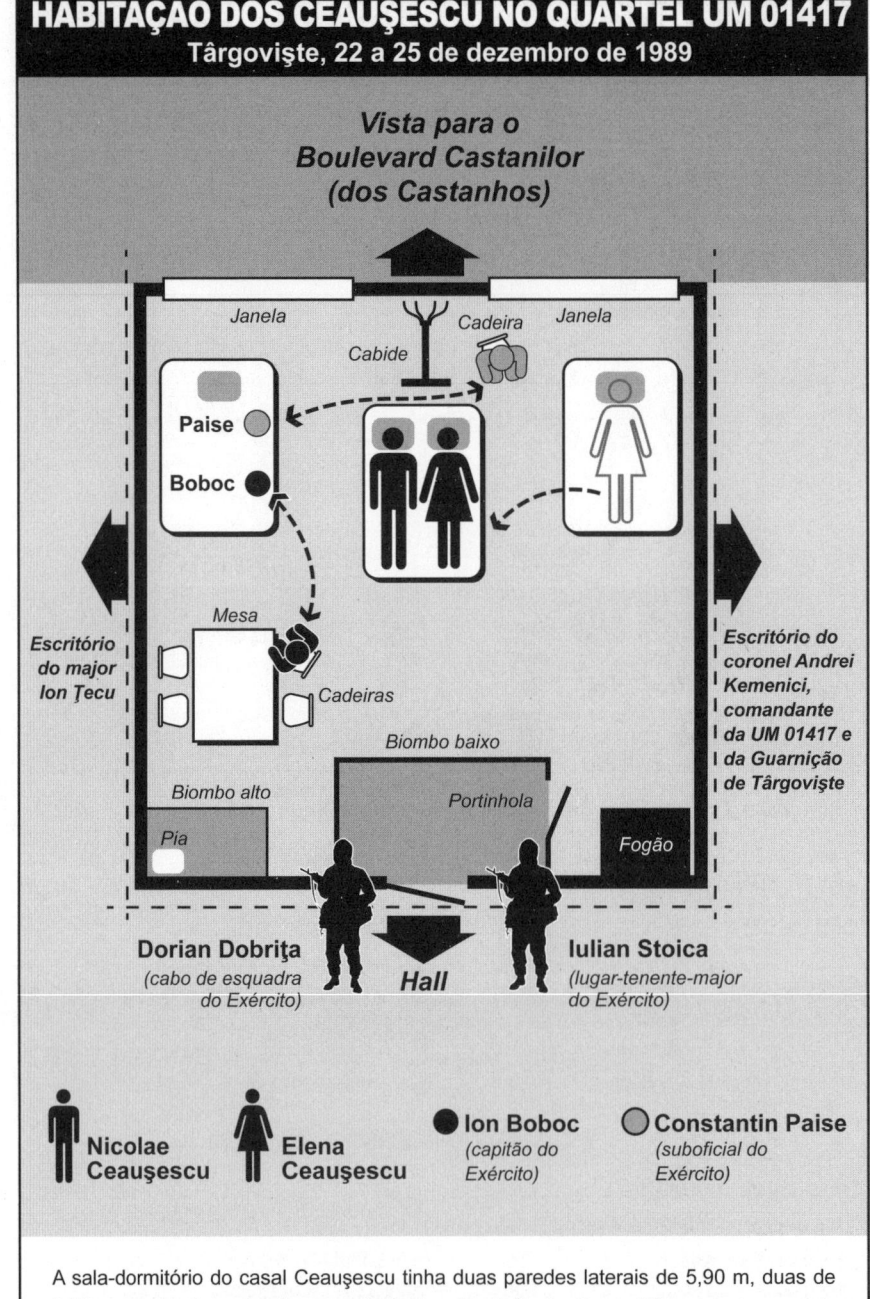

A sala-dormitório do casal Ceauşescu tinha duas paredes laterais de 5,90 m, duas de 5,70 m nas janelas e dando para o *hall* e 4 m de pé-direito. O casal Ceauşescu e os dois "guardiões" com os quais compartilhavam o local dormiam em camas de ferro. Elena desistiu da cama dela e mudou-se para a de Nicolae.

O PROCESSO DOS CEAUŞESCU
Târgovişte, 25 de dezembro de 1989: 13:20 às 14:30

PÁTIO INTERNO

DEPÓSITO

SALA ONDE OCORRERAM AS DELIBERAÇÕES

Fogão

HALL

ACUSADOS ① NICOLAE CEAUŞESCU ② ELENA CEAUŞESCU

OFICIAIS DA FSN (Frente de Salvação Nacional)
- ③ Major Mugurel Florescu (oficial de justiça)
- ④ Tenente-major Trifan Matenciuc (assistente de Stănculescu)
- ⑤ General Victor Stănculescu (organizador)
- ⑥ Gelu Voican Voiculescu (representante da FSN)
- ⑦ Virgil Măgureanu (representante da FSN)

CORPO DE JURADOS
- ⑧ Tenente-major Daniel Candrea (assessor popular)
- ⑨ Coronel Ion Nistor (jurado)
- ⑩ Coronel Gică Popa (presidente do corpo de jurados)
- ⑪ Lugar-tenente Ion Zamfir (assessor popular)
- ⑫ Capitão Corneliu Sorescu (assessor popular)

OFICIAIS DE JUSTIÇA
- ⑬ Major Dan Voinea (procurador)
- ⑭ 1º lugar-tenente-major Jan Tănase (escrivão)
- ⑮ Nicolae Teodorescu (advogado de Elena Ceauşescu)
- ⑯ Capitão Constantin Lucescu (advogado de Nicolae Ceauşescu)

PESSOAL TÉCNICO
- ⑰ Coronel Ion Baiu (operador de câmera)
- ⑱ Coronel Gheorghe Ştefan (oficial DIA)

SEGURANÇAS
- ⑲ Capitão Ionel Boeru (paraquedista)
- ⑳ Sargento-major Octavian Gheorghiu (paraquedista)
- ㉑ 1º lugar-tenente Dorin Cârlan (paraquedista)

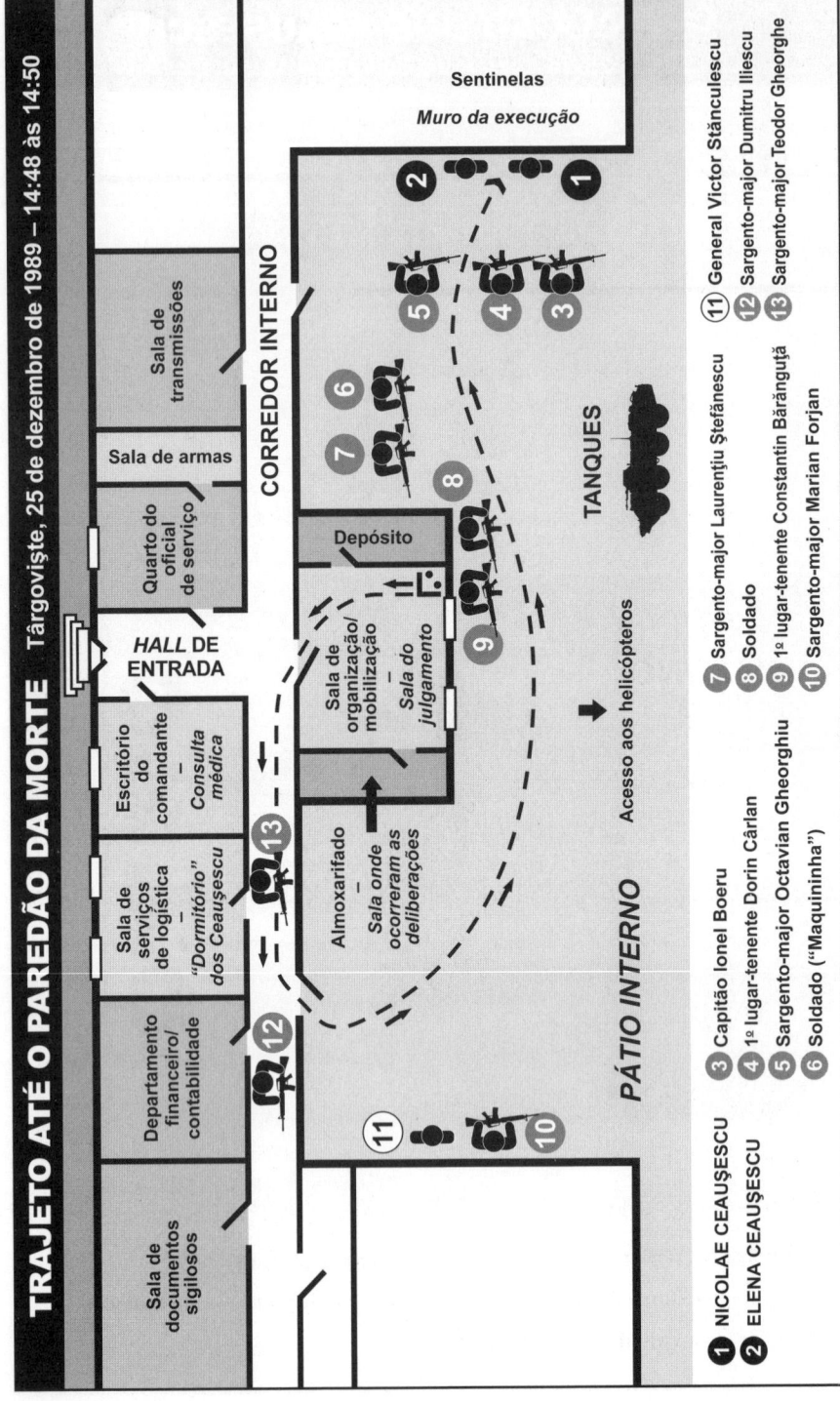

EXECUÇÃO DOS CEAUŞESCU
25 de dezembro de 1989 – 14:50

CORREDOR INTERNO

PÁTIO INTERNO

Sentinelas

TANQUES

- **1** NICOLAE CEAUŞESCU
- **2** ELENA CEAUŞESCU
- **3** Capitão Ionel Boeru
- **4** 1º lugar-tenente Dorin Cârlan
- **5** Sargento-major Octavian Gheorghiu
- **6** Soldado ("Maquininha")
- **7** Sargento-major Laurenţiu Ştefănescu

CIDADES PARA ONDE CEAUȘESCU QUERIA FUGIR
22 de dezembro de 1989

De Snagov, Nicolae Ceaușescu falou por telefone com os primeiros-secretários do partido em vários municípios. Já nas últimas, chegaram a Târgoviște. Naquele momento, todos os vizinhos da República Socialista da Romênia eram países comunistas com orientação gorbachevista.

PONTOS-CHAVE EM BUCARESTE

1. Sede do Poder Comunista
2. Epicentro da sabotagem "terrorista"
3. Centro de comando do novo poder (22-25 de dezembro)
4. O "desembarque" dos cadáveres do casal Ceaușescu
5. A última morada do ditador

O "amigo" Gorbachev

Em dezembro de 1989, Nicolae Ceauşescu era o último "dinossauro vermelho" da Europa do Leste. Em nome da "soberania" e da "independência nacional", ele pensava que podia se opor às reformas ditadas por Moscou. Além disso, baseou-se no suposto amor eterno e incondicional do povo romeno. Esses dois graves erros levaram-no a um final terrível.

Em junho de 1989, Marin Ceauşescu, chefe da Agência Econômica da Romênia em Viena, telefonou precipitadamente para Bucareste. Ao terceiro toque finalmente ouviu a voz do irmão mais novo, Nicolae, presidente da República Socialista Romena. "Nicu,[1] há algo urgente. E tremendamente importante. Vou a Bucareste para conversarmos."

Nicolae Ceauşescu fica impaciente. Seu gênio é mais agitado, e a voz entrecortada de Marin desperta a sua curiosidade. "Diga logo o que tem a dizer!", dispara o ditador. "Não posso. Falaremos em casa", insiste o irmão mais velho. E toma o primeiro avião para Bucareste.

Dezenove anos mais tarde, Mihaela Ceauşescu Moraru, filha de Marin Ceauşescu, publicou um livro em que transcreve a discussão de junho de 1989.

> Papai se hospedou quase um dia inteiro na casa de seu irmão, tendo sido recebido com cordialidade no começo. Quer por ser o irmão mais velho, quer porque ela, a tia Lenuţa,[2] nutria carinho especial por Marin, a quem conhecera antes de Nicolae e com quem havia até flertado por certo tempo... Era o que diziam as más-línguas da família, e a mamãe censurava

---
[1] Nicu: diminutivo carinhoso de Nicolae. (N. T.)
[2] Lenuţa: diminutivo carinhoso de Elena. (N. T.)

o meu pai, assim, meio na brincadeira, fazendo gozação: "Por que será, Marin, que você não ficou com ela e assim livrava o país da ira?"

Papai abordou o tio Nicolae com diplomacia e certo distanciamento (ele não tinha morado 17 anos em Viena à toa): "Veja o que dizem os jornais ocidentais, veja as informações que obtenho dos 'meus homens'. (Teria meu pai feito espionagem? Parabéns a ele, pois se o fez foi em prol do país e do povo!)... A situação está difícil e se agrava a cada momento", disse-lhe ele de frente: "Não há mais escapatória, Nicu, pois os russos e os americanos já meteram o bedelho! Todos têm homens aqui que só conspiram, você sabe disso, só que ainda não encontraram um pretexto, mas não vão deixar escapar a primeira oportunidade...".

E assim por diante, culminando com a réplica que aborreceu sobremaneira o tio Nicolae, que acabou esquecendo o respeito devido ao irmão mais velho e do fato de que as paredes têm olhos e ouvidos: "Não faça o jogo deles, Nicu. Não lhes dê corda, pois, caso contrário, coitados de nós e deste país. Salve-se! Retire-se por motivo de doença e deixe o Iliescu em seu lugar, que de qualquer modo está destinado a vir!".

Meu pai teria muitas coisas a dizer, já que era inteligente e dispunha de informações precisas, mas a torrente de palavras vociferadas concomitantemente pelos dois perturbara-o no início, decepcionando-o depois, até que finalmente se convenceu de que nada mais havia a fazer: "Salve-se quem puder!". Ele sabia disso, mas não fez nada para se salvar, ao contrário, voltou a Viena, ao seu posto, com a convicção de que a sorte precisa ser encarada.[3]

Marin Ceaușescu voltou para Viena, onde reassumiu sua missão na Agência Econômica da Romênia, uma instituição fundamental para a obtenção de fundos de que o regime necessitava. Nos meses seguintes, transmitiu novos avisos a Bucareste. No entanto, seu irmão não os levava em consideração. Reeleito no Congresso, decidiu brigar com o mundo todo, com o Leste e o Oeste.

Em 25 de dezembro de 1989, Nicolae Ceaușescu sucumbe sob uma saraivada de balas na caserna de Târgoviște. Três dias depois, Marin

---

[3] Mihaela Ceaușescu Moraru, *Nu Regret, nu Mă Jelesc, nu Strig*. Editora Meditații, 2008.

Ceaușescu foi encontrado enforcado no subsolo da Embaixada Romena em Viena. Tinha 73 anos.

***

> Em nosso encontro final, entre quatro olhos, comuniquei a Ceaușescu as deliberações da XIX Conferência do Partido. Mostrei-lhe que, a partir de 1989, estávamos preparando a transição de todos os empreendedores a uma contabilidade econômica e mencionei as relações entre as nacionalidades. Ceaușescu agradeceu-me pela apresentação sincera e declarou, citando Lênin, que o socialismo nos diferentes países deve ser construído conforme as condições nacionais e que ele seguiria à risca essa norma. Fiquei definitivamente convencido de que Ceaușescu, pura e simplesmente, não estava em condições de encarar a democratização, a abertura, a inovação. Até os primeiros passos nessa direção já lhe causariam problemas de desprendimento do regime e de sua própria posição. Creio que ele entendeu perfeitamente a questão e, por isso mesmo, recusou-se, com tamanha obstinação, a tomar conhecimento da realidade.[4]

É isso o que lembra Mikhail Gorbachev em suas memórias, a respeito do último encontro com Nicolae Ceaușescu realizado em 4 de dezembro de 1989, em Moscou. Naquele momento, todos os líderes dos países comunistas da Europa do Leste eram agregados dos soviéticos. Da velha guarda, dos estalinistas ferrenhos, apenas um havia esquivado as mudanças implantadas no ano de 1989: Nicolae Ceaușescu.

Os últimos meses daquele ano despencaram como um rolo compressor sobre os dinossauros vermelhos que se aferravam ao poder com unhas e dentes. Em Varsóvia, as eleições livres levaram ao governo da Polônia, conduzido por Tadeusz Mazowiecki, o primeiro gabinete não comunista do pós-guerra. Em Praga, a "Revolução de Veludo" pulverizou Gustav Husak, colocando em primeiro plano um dissidente anticomunista: Vaclav Havel. Na Alemanha do Leste, Erich Honecker foi substituído pelos soviéticos por Egon Krenz. O sinal mais poderoso foi

---
[4] Mikhail Gorbachev, *Memorii*. Bucareste, Editora Nemira, 1994.

o de 9 de novembro, quando caiu o Muro de Berlim. Um dia depois, em Sofia, Todor Jivkov foi substituído por um partidário de Gorbachev, Petăr Mladenov, após um golpe palaciano. Tudo isso somou-se à situação na Hungria, onde János Kádár foi forçado a demitir-se da frente do Partido Comunista húngaro ainda em 1988, sendo substituído por Károly Grósz.

A *perestroika* e a *glasnost* de Gorbachev tiravam a Europa do Leste do congelamento estalinista. Apenas um reduto resistia: a República Socialista Romena. Um país com uma ditadura megalômana do tipo medieval. Tal qual um povo para sempre destinado à fome, ao frio, ao medo e, principalmente, às humilhações impostas por um governo despótico. Vinte e três milhões de pessoas enfileiradas deviam aplaudir o Genial Condutor, o Grande Timoneiro, o mais amado filho do povo. E, certamente, a "acadêmica de renome mundial" que era sua esposa.

Ceauşescu não percebeu as mudanças políticas em volta da Romênia. Tentou resistir sozinho, invocando o princípio da "não ingerência em assuntos internos" e "o direito de cada povo de decidir o seu próprio destino". O "Gênio dos Cárpatos" pensava que podia sobrepujar a onda de mudanças, mesmo que o eixo "Honecker-Ceauşescu-Jivkov", que ele considerava ser uma frente de resistência contra Gorbachev, não fosse mais viável.

***

Em 1º de dezembro de 1989, Mikhail Gorbachev foi a Malta para uma fria conversa com George Bush. As conversas entre o presidente da União Soviética e o dos Estados Unidos da América aconteceram nos dias 2 e 3 de dezembro, a bordo do navio soviético *Maxime Gorki* ancorado nas costas do litoral maltês.

Em mar agitado, Bush e Gorbachev decidiram, entre outras coisas, a sorte do regime Ceauşescu. Foi um acordo de princípios, pois os detalhes foram definidos em outros níveis executivos nos meses seguintes. Por exemplo, no âmbito da Otan, em que o problema da Romênia foi designado à França.

No encontro no navio, os presidentes das duas superpotências militares abordaram também outras situações delicadas na Europa, entre elas, o problema alemão. O Muro de Berlim havia caído, mas ainda era preciso resolver a questão da unificação.

Ceauşescu estava a par dos temas abordados pelos líderes das duas grandes potências do planeta. Mais ainda, sabia que Gorbachev e Bush haviam entrado em entendimentos no tocante à Romênia e ao Panamá. Os termos do entendimento anunciavam tempos sombrios para o regime de Ceauşescu e de Noriega. Essas informações foram transmitidas a Ceauşescu no final das tardes dos dias 2 e 3 de dezembro pelo próprio chefe da Securitate,[5] general Iulian Vlad.

Na tarde de 3 de dezembro, Mikhail Gorbachev dirigiu-se a Moscou. No dia seguinte se encontraria, na capital da URSS, com todos os governantes dos países do Tratado de Varsóvia. Eles haviam sido convocados para ficar a par, em termos diplomáticos, dos resultados do encontro soviético-americano em Malta.

Constantin Olteanu, que em 1989 era secretário do Comitê Central do Partido Comunista Romeno e chefe do Departamento de Relações Exteriores, descreveu os antecedentes do encontro que pressagiava o fim da época de ouro.

> Telefonou-me Nicolae Ceauşescu e comentou: "O senhor sabe que Gorbachev foi a Malta para encontrar-se com Bush?". Respondi-lhe que sim. "Veja que coisa! Ligue para o embaixador soviético e peça-lhe que transmita a Gorbachev que no encontro com Bush discuta apenas as relações soviético-americanas. Que não discuta todos os problemas dos países socialistas, pois não nos consultou e ele não tem procuração de ninguém."[6]

Olteanu continua:

> Convoquei o embaixador russo Evgheni Tiajelnikov. Disse-lhe, certamente com um pouco mais de suavidade, que sabíamos que o camarada Gorbachev havia viajado e que estávamos convencidos de que seriam deba-

---

[5] Securitate: polícia política, órgão de repressão da República Socialista da Romênia. (N. T.)
[6] Entrevista de Constantin Olteanu, Bucareste, 10 de agosto de 2009. Autor: Florel Manu.

tidas as relações soviético-americanas, mas não o sistema em si. Embora não fosse um diplomata muito hábil, ele entendeu. No dia seguinte pediu-me que o recebesse. Eu o recebi, e ele me disse: "Transmiti a Moscou todos os problemas". Informei isso a Ceauşescu. Tiajelnikov comunicou-me depois que Gorbachev queria promover um encontro, no âmbito do Tratado de Varsóvia, com os membros do Comitê Político Consultivo. O embaixador soviético passou-me uma lista da delegação de cada um, que precisava ser tomada como padrão. A saber: Gorbachev, Rîjkov (presidente do Conselho de Ministros), Şevardnadze (ministro do Exterior) e Iakovlev, que era o meu homólogo. Transmiti a informação a Ceauşescu, mas ele colocou esse problema em debate perante o Comitê Político Executivo. Ele disse: "Vejam, Olteanu discutiu com eles a questão de irmos a Moscou. Eu não iria, mas até posso ir, com uma única condição: a de que Gorbachev esteja de acordo em discutir comigo antes ou depois desse encontro". E ele ainda acrescentou: "Talvez só Stoian devesse ir, o ministro dos Negócios Externos. Para tomar conhecimento e nos informar". Eu acho que ele disse isso para testar a posição dos demais, para ver se alguém o compelia a ir ou não. Ninguém falou nada. Retomando a palavra, ele disse: "Então ficamos assim: se o encontro se confirmar, vou eu com Olteanu e com Stoian. Dăscălescu não vai".[7]

A exclusão de Constantin Dăscălescu, que era o chefe do governo romeno, significava atropelar o protocolo definido pelos soviéticos. No entanto, Ceauşescu tinha um motivo muito mais importante para manter Dăscălescu longe de Moscou. Obcecado pela ideia de traição, ele desconfiava de que o primeiro-ministro fosse um "capanga dos russos".

***

Embora a situação estivesse se tornando cada vez mais dramática, Nicolae Ceauşescu esperava reconciliar-se com Mikhail Gorbachev. Ou, pelo menos, prolongar a situação daquele momento, na esperança de que os da linha dura de Moscou não deixassem que Gorbachev "colocasse em perigo o socialismo" infinitamente.

---

[7] Idem.

Constantin Olteanu lembra:

Liguei para o embaixador soviético e o informei sobre a composição de nossa delegação. Disse-lhe para apresentar a Moscou a seguinte condição: o camarada Ceaușescu quer ter uma conversa com o camarada Gorbachev antes ou depois do encontro com todas as delegações. Ele transmitiu o recado e depois saiu de férias. Mandou-me uma resposta através do encarregado de assuntos internos da Embaixada Soviética: "Está bem, o camarada Gorbachev está de acordo em discutir com o camarada Ceaușescu antes ou depois do encontro com todos os convidados". Dei o recado a Ceaușescu, e ele respondeu: "Tudo bem". Eu disse ao meu auxiliar Mihai Nicolae que entrasse em contato, através das nossas embaixadas, com os demais países que participariam da reunião de 4 de dezembro, salvo a URSS, para ver quem faria parte da delegação de cada um deles. Isso aconteceu no domingo, por volta da hora do almoço, do dia 3 de dezembro. Nós viajaríamos na segunda-feira pela manhã. Todas as delegações estavam formadas conforme as indicações dos russos, portanto, incluíam o primeiro-ministro. Fui até Ceaușescu. Ele acabava de sair do gabinete e estava no corredor, junto com o "camarada". Eles iam para casa, pois eram 12h30 de domingo. "E aí?", perguntou-me. "Esqueça", respondi-lhe, "verifiquei esse assunto e o primeiro-ministro vai a todas as delegações", lembrando-lhe sua decisão de que o camarada Dăscălescu não fosse a Moscou. Ele tomou nota: "Está bem, vamos reconsiderar". Ele diz a Hîrjău, secretário de gabinete: "Chame o Dăscălescu". Ceaușescu nem trocou de roupa. Ficou assim, de casaco, pois era inverno. Fiquei de pé à espera de Dăscălescu. Ceaușescu disse-lhe: "Você também vai conosco amanhã para Moscou, pois, veja, também vão outros primeiros-ministros". Se eu não tivesse ido até ele e se ele encontrasse em Moscou os demais chefes de governo, poderia ter sido repreendido, principalmente porque Dăscălescu deveria participar do encontro com Gorbachev. Assim, fomos juntos a Moscou.[8]

***

---
[8] Idem.

Segunda-feira, 4 de dezembro de 1989. Ceaușescu percebia perfeitamente que ele não mais correspondia às expectativas de Moscou. Porém, preferiu bater de frente com Gorbachev, mesmo diante dos líderes do Leste Europeu impostos pela União Soviética.

Integrante da delegação da Romênia, Constantin Olteanu relata:

> Ceaușescu foi muito reservado. Ficou pensando, estava preocupado, acho que intuía alguma coisa. Dăscălescu teve uma crise de ciático. Entrei na sala. A primeira sessão foi com todas as delegações. Gorbachev informou tudo o que ele queria. Entre outras coisas, disse ter falado até com o Papa. "O Papa está de acordo conosco", sem explicar quem éramos "nós". Gorbachev disse ainda que Bush havia ido a Bruxelas para informar aos seus aliados da Otan. Ceaușescu não elogia, mas diz com um boletim da Agerpress em mãos, dirigindo-se a Gorbachev: "Não sei como é possível conciliar o que Vossa Excelência disse (que entre a Otan e o Tratado de Varsóvia é possível encontrar algum tipo de entendimento para atenuar as asperezas), diante do que declarou Bush a caminho de Bruxelas. Ele diz que a Otan precisa ser fortalecida, mas, na verdade, precisa ser extinta". Naturalmente, Gorbachev não respondeu.[9]

Embora não tivesse mais nenhuma sustentação, Nicolae Ceaușescu chamou a atenção do líder soviético quanto ao modo de implementar as mudanças nos estados do leste europeu em 1989. Constantin Olteanu:

> Ceaușescu levantou a questão de não serem denegridos os antigos dirigentes dos países socialistas cujas funções haviam sido mudadas. E teve mais. Na ordem do dia, esses dirigentes trouxeram uma declaração que condenava a intervenção na Tchecoslováquia em 1968, 21 anos depois. Diante da qual Ceaușescu se levantou e disse: "Nós não assinamos a declaração, pois não interviemos, ao contrário, condenamos o fato, como todo mundo sabe. É bom que se faça isso, mesmo que tarde, embora devesse ter sido feito muito antes. Mas eu proponho, retirar as tropas soviéticas da Tchecoslováquia". Gorbachev diz que está ali presente a delegação

---

[9] Idem.

tchecoslovaca e que conversará com eles. "Está bem assim, camarada Ceaușescu?", pergunta ele. Diante do que Ceaușescu repõe: "Não. É preciso retirar as tropas soviéticas de todos os países em que elas estão". Zum-zum-zum na sala. Fez-se uma pausa.[10]

Esse momento foi relatado também por Ion Stoian, o último ministro das Relações Exteriores da Romênia comunista, presente em Moscou com Ceaușescu, Dăscălescu e Olteanu.

> A exposição de Gorbachev foi bastante sumária, seca. Ficou claro que Mikhail Gorbachev fez isso de propósito, no intuito de debilitar o interesse dos demais pelas suas discussões com o presidente norte-americano. Era evidente a sua intenção de relatar apenas generalidades. No entanto, ficou claro que eles haviam discutido a situação dos demais países socialistas, os processos e a evolução política nesses países. A insatisfação das outras delegações era evidente. Provavelmente, Mikhail Gorbachev percebeu o fato e, sem nos prevenir, apresentou outro problema para ser discutido. (...) Começou mencionando que já era tempo e era necessário fazer uma nova apreciação, na forma de uma declaração ou de um comunicado, com respeito à entrada na Tchecoslováquia, em 1968, das tropas dos estados participantes do Tratado de Varsóvia. "Estão aqui todos os que estiveram envolvidos na ocasião, menos a Romênia, que saiu dessa questão", disse Gorbachev. Nicolae Ceaușescu interrompeu-o imediatamente com as desculpas de praxe: "Não é verdade! A Romênia não saiu dessa questão, pois a Romênia não entrou na Tchecoslováquia, portanto não tinha por que sair". E continuou: "Não entramos porque consideramos que aquele ato foi uma grave afronta à soberania de um Estado, um ato agressivo contrário às normas e aos princípios das relações entre os estados, que prejudicou muito o socialismo, inclusive a União Soviética". Imediatamente foi aprovado pelo chefe da delegação húngara, Rezsö Nyers, que recentemente havia substituído Károly Grósz na direção do partido. Houve discussões sobre o texto, um projeto incoerente apresentado por Mikhail Gorbachev. As

---

[10] Idem.

maiores objeções e sugestões foram sobre o texto da delegação romena, de Nicolae Ceaușescu. Em dado momento, a discussão do texto ficou só entre Gorbachev e Ceaușescu. (...) Quase no final, Gorbachev mencionou que podíamos nos declarar de acordo com o texto, já que até o camarada Ceaușescu estava de acordo. Diante do que Nicolae Ceaușescu replicou: "Embora tenhamos dado nossa opinião há tempo, podemos estar de acordo com esse texto. Mas posso dizer que, se nós o tivéssemos redigido, o comunicado teria ficado muito melhor. Por exemplo, deveria ter sido claramente mencionada a retirada das tropas soviéticas da Tchecoslováquia". Mikhail Gorbachev interveio prontamente dizendo: "Essa é uma questão que nós vamos regulamentar pela via bilateral com os camaradas tchecos. Devem saber que entre nós e a Tchecoslováquia existe um acordo quanto à permanência das tropas soviéticas na Tchecoslováquia". A resposta de Ceaușescu foi cortante, sarcástica: "Sim, eu sei, é um acordo bilateral assinado após a ocupação da Tchecoslováquia!". A réplica de Mikhail Gorbachev foi: "Nesse assunto não podemos nos entender com Vossa Excelência". Diante do que Ceaușescu disse: "Sim, nesse ponto, eu concordo".[11]

***

No intervalo dos debates, Ceaușescu recebeu mais um aviso. Veio de Egon Krenz, o sucessor de Erich Honecker no governo da Alemanha Oriental. Constantin Olteanu estava presente. "No intervalo, Egon Krenz veio até nós. Ceaușescu estava comigo e acho que também Dăscălescu. 'Como estão?', cumprimentou-nos Krenz. Despediu-se de Ceaușescu. Eu estava à sua esquerda e o alemão Egon Krenz disse: 'Não sei se tornaremos a nos ver'. O que ele quis dizer com isso, eu não sei. Não falou exatamente assim. Disse: 'Camarada Ceaușescu, não sei se tornaremos a nos ver!'. Deu-nos a mão e foi embora."[12]

---

[11] Constantin Sava e Constantin Monac, *Revoluția Română din Decembrie 1989 Retrăita prin Documente și Mărturii*. Bucareste, Editora Axioma, 2001 (documentos dos Arquivos Militares Romenos, pasta "Dezembro de 1989").
[12] Entrevista de Constantin Olteanu, Bucareste, 10 de agosto de 2009.

Seguiu-se o encontro bilateral romeno-soviético. Ambas as partes estavam representadas pelo presidente e pelo primeiro-ministro: Gorbachev e Rîjkov pelos soviéticos, Ceauşescu e Dăscălescu pelos romenos.

Ceauşescu tentou conduzir a discussão para a questão da colaboração econômica entre a Romênia e a União Soviética. Gorbachev, no entanto, fazia-lhe discretos sinais de que tudo havia terminado. Esse episódio consta do estenograma daqueles encontros bilaterais.

Diante da insistência de Ceauşescu de planejar um novo encontro bilateral em 9 de janeiro de 1990, isto é, 36 dias depois, Gorbachev deu uma resposta misteriosa: "Esperemos estar vivos até lá!".[13]

Presente na delegação romena de Moscou, Constantin Olteanu observou também as reações ulteriores de Ceauşescu.

> O encontro entre Gorbachev e Ceauşescu durou oitenta minutos. Depois fomos embora, mas no avião ficamos comentando. Ceauşescu costumava chamar-nos de vez em quando nas viagens mais longas. Jogava xadrez. Disse-me: "Veja só, poderia ter vindo apenas Stoian". Stoian era o ministro do Exterior. Dăscălescu fez comentários negativos sobre Gorbachev, que era um homem mau, que precisávamos ter cuidado nas relações com ele. E mais ou menos por aqui terminou a conversa. Por volta de onze da noite, chegamos a Otopeni. Jantamos juntos e isso foi tudo. E já se sabe o que aconteceu depois, pois não houve muito mais coisa.[14]

***

A incompatibilidade entre Ceauşescu e Gorbachev já era evidente muito antes do encontro em Moscou. Em 4 de dezembro de 1989 já fazia um ano que vinham tendo diversos embates duros nos seus encontros diretos. O historiador Alex Mihai Stoenescu descreve o mais violento dos choques que ocorreu em 7 e 8 de julho de 1989, em Bucareste, apenas cinco meses antes daquele em Moscou. "O encontro realizou--se na quinta do bairro Primavera, do ex-ministro de Assuntos Internos

---

[13] Estenograma do encontro Ceauşescu-Gorbachev, Moscou, 4 de dezembro de 1989.
[14] Entrevista de Constantin Olteanu, Bucareste, 10 de agosto de 2009.

Alexandru Drăghici. Gorbachev havia comparecido à sessão do Comitê Político Consultivo do Tratado de Varsóvia. À noite, manteve uma conversa privada com Ceaușescu. Brigaram tão alto que parecia que iam se pegar. Faltava pouco para que os guardas entrassem para separá-los."[15]

O escândalo da noite de 8 para 9 de julho de 1989 foi sinalizado por um incidente infantil entre os dois chefes de governo no aeroporto de Otopeni. Constantin Olteanu esteve diretamente envolvido na história.

> Fui designado para acompanhar Gorbachev do aeroporto até a sua residência e, se fosse necessário, em outras atividades. No aeroporto, Ceaușescu trouxe a esposa também, criou-se, então, uma assimetria. Gorbachev veio com Raíssa. Na escada do avião, abraçou Ceaușescu. O pessoal da embaixada soviética conduziu Raíssa, mas Gorbachev passou em revista a guarda de honra. Gorbachev havia enviado um carro de Moscou no dia anterior por via aérea. Convidou Ceaușescu a acompanhá-lo naquele carro. Ceaușescu tinha seu próprio carro oficial. E não quis circular em seu próprio país com um carro alheio. Gorbachev dirigiu-se, então, até o seu próprio carro, aquele trazido de Moscou "escondido na manga". Os dois carros estavam ali. Vendo a situação, Ceaușescu despede-se. E Gorbachev pergunta-lhe: "Não vai à cidade? Vai ficar?". Ceaușescu responde infantilmente: "Vou ficar, pois ainda tenho alguns compromissos por aqui". Eu subi no carro de Gorbachev. Ali estavam Raíssa, Gorbachev e, na frente, ao lado do motorista, havia um tradutor. Raíssa tentou suavizar a situação, porque ele estava zangado. Dava para ver que estava descontente. Ela tirou da bolsa o programa escrito em russo. Demos uma olhada juntos, porque ela precisava visitar o Museu de Arte, em Apaca, e também alguns institutos de ensino, porque era filósofa. Foi nessas condições de tensão que chegamos à residência.[16]

***

A história dos encontros de Ceaușescu com Gorbachev era mais antiga. A primeira visita do líder soviético a Bucareste ocorreu no final

---

[15] Entrevista de Alex Mihai Stoenescu, Vălenii de Munte, 2 de agosto de 2009.
[16] Entrevista de Constantin Olteanu, Bucareste, 10 de agosto de 2009.

de maio de 1987. Gorbachev era o "czar" no Kremlin havia dois anos, Ceauşescu dominava a Romênia havia 22 anos. Eles representavam duas gerações políticas diferentes, que se tornariam irreconciliáveis.

O encontro de 25 a 27 de maio de 1987 era esperado com muito interesse pelos romenos, os quais estavam atentos às mudanças introduzidas por Gorbachev na URSS. Naquela época tomava forma, discretamente, a ideia de que só Mikhail Gorbachev poderia livrar a Romênia da tirania do clã Ceauşescu. As ilusões dos romenos de escaparem do comunismo com a ajuda dos norte-americanos há muito haviam se dissipado. Paradoxalmente, no final dos anos 1980, a esperança provinha do Leste, ou seja, exatamente de onde quatro décadas antes viera a "peste vermelha".

Em 1987, Mikhail Sergeyevich Gorbachev estava acompanhado por Raíssa Maximovna Gorbacheva que não exercia funções de Estado, era simplesmente a esposa do líder soviético. Para não cair no ridículo, Elena Ceauşescu, que possuía funções importantes no Estado romeno, assim como diplomas de grande intelectual e mega-acadêmica, procurou esconder os títulos políticos dos quais se revestiu ao longo do tempo. O episódio foi contado por Constantin Olteanu, que na época era primeiro-secretário do partido na capital.

> No final da visita, preparou-se um encontro amistoso. Foi na sala do Palácio. Organizei-o para a hora estabelecida, 16 horas no dia da partida de Gorbachev. Entrei no Palácio Real para verificar como estava o salão. Na sala do trono encontrei Emil Bobu e Elena Ceauşescu. Estavam conversando. Cumprimentei-a como era de praxe. E ela me perguntou o que eu estava fazendo. Disse-lhe que estava indo ver o salão de novo. Disse-me então Elena Ceauşescu: "Olteanu, é você que está dirigindo os trabalhos aqui?". "Sim", respondi-lhe. "Não fale de minhas funções, apenas de Raíssa", disse-me. "Está bem, mas ela não tem nenhuma função, nem de partido nem de Estado, como a senhora tem. Como devo proceder, como isso será entendido?" "Não, eu disse que não." Bobu, em vez de me defender, disse: "Então, se é assim que a camarada quer...". Finalmente chegou Gorbachev acompanhado de Raíssa. Eles eram aguardados por Ceauşescu e os demais participantes. Após a recepção protocolar, entraram na sala de sessões. Dei início aos traba-

lhos. Apresentei todos os presentes. Inclusive Elena Ceauşescu com todas as suas "qualificações". Naquele momento, ela "quis morrer", mas nunca questionou por que eu havia feito aquilo. Os nossos estavam no salão e o que eles pensariam... Eu teria parecido um idiota por não conhecer as funções dela e ainda mais: que teria pensado Nicolae Ceauşescu![17]

A conclusão daquela visita de dois dias aparece nas *Memórias* de Gorbachev. Já em 1987 o líder soviético rotulava o regime político de Ceauşescu: "Uma visita à Romênia forneceu-me mais um argumento para continuar a *perestroika*: era preciso erradicar para sempre a tentativa de fazer a 'felicidade' da sociedade à força. O condenável sistema de intimidações, de idiotia e de manipulação consciente havia acabado",[18] diz o ex-líder soviético em sua obra publicada na França em 1993 e traduzida para o romeno em 1994.

***

Em 4 de junho de 1987, poucos dias após o seu retorno a Moscou, Mikhail Gorbachev apresentou perante o *bureau* político do Comitê Central do Partido Comunista da União Soviética o relatório sobre a visita oficial à Romênia. O estenograma daquela sessão reflete como o líder soviético encarava o "cabeçudo de Bucareste".

Estenograma da sessão do Bureau *Político do Comitê Central do PCUS, de 4 de junho de 1987 (fragmentos)*

Mikhail Gorbachev:

A nossa superioridade e paciência para com Ceauşescu e o país, em geral, perdoaram-no. Impressionam as construções que estão sendo executadas em Bucareste. Uma arquitetura ambiciosa. Ceauşescu comunicou que em 1990 o problema da moradia estaria resolvido. No entanto, a situação das pessoas é extremamente difícil. Dez quilos de carne *per capita* por ano. A dívida

---

[17] Idem.
[18] Gorbachev, op. cit.

externa ascende a aproximadamente 3 bilhões de dólares. Há problemas de aquecimento, de alimentação, de bens de consumo e de energia elétrica. Ceauşescu queria nos convencer o tempo todo de que ele já havia resolvido tudo. Olho para ele, escuto e me sinto um imbecil. Ele já solucionou tudo: o problema da democracia, o problema das eleições livres, o problema do cooperativismo e dos direitos coletivos dos trabalhadores.

Quando saí à rua com Ceauşescu, a reação das pessoas parecia um realejo quebrado: *Ceauşescu-Gorbachev!; Ceauşescu-Paz!* Quando me aproximei das pessoas, perguntei-lhes: "Vocês não conhecem outras palavras?". Mais tarde, comunicaram-me que esses tagarelas haviam sido especialmente levados de ônibus. Tudo isso me produziu uma sensação de mal-estar. É justo humilhar o povo desse jeito!? Fomos levados a uma loja e a uma praça. Só fachada. Fui informado que, depois disso, ao sair de lá, a multidão apressou-se a recolher tudo. Ceauşescu ficou muito bravo quando eu, em público, em uma importante reunião, falei a respeito da *glasnost* (transparência), da *perestroika* (reforma), eu me permiti falar de modo concreto sobre aquilo que estávamos fazendo na URSS. Isso o tirou do sério. Por isso, é preciso comportar-se com ele com cuidado, passo a passo, sem pressa, sem exagerar as nossas possibilidades, levando em consideração, no entanto, o fato de que a sociedade romena deseja muito aproximar-se de nós.

Ceauşescu procurou acusar-nos de forma direta pelo fato de que nós lhe impusemos sanções econômicas por causa de sua política autônoma. Como resposta eu lhe perguntei: "Se o senhor pediu ajuda e apoio ao Ocidente e desejava obter a simpatia do Ocidente assim como nós, por que agora tem reivindicações em relação a nós? O que o impede de estabelecer contatos conosco, com a URSS, na linha das organizações sociais ou comunitárias?".

A sua impertinência era muito grande, a sua autossuficiência e fanfarronice, a sua tendência de ensinar e aconselhar a todos nos problemas internacionais, no caos e no furacão. Entre outras coisas, pronunciou-se com firmeza contra o conceito de "suficiência" da nossa doutrina militar.

É possível se perguntar se teria sido verdadeiramente necessário irmos até ele. Acho que não, não nessa situação.

***

A experiência vivida por Gorbachev com Ceauşescu em 1987 não era a primeira desse tipo. Em novembro de 1986, os dois encontraram-se em Moscou, durante uma reunião de dirigentes dos Estados comunistas. Em 13 de novembro de 1986, Gorbachev apresentou ao *Bureau* Político do CC do PCUS o balanço daquela reunião. Ele tinha palavras elogiosas a respeito de todos, só Ceauşescu era a "ovelha negra".

János Kádár é um "político ajuizado e maleável", Todor Jivkov apreciou a nova atitude do PCUS, o general Wojciech Jaruzelski foi "o que mais contribuiu" às discussões estratégicas, Gustav Usak teve uma "boa troca de ideias" com o líder soviético, já Fidel Castro "entendeu que estragou alguma coisa". Em contrapartida, em relação a Ceauşescu, ele usa palavras pesadas. Estamos apenas em 1986, há um ano desde que Mikhail Gorbachev está no poder da URSS!

Estenograma da sessão do Bureau Político do CC do PCUS, 13 de novembro de 1986 (fragmentos)

Mikhail Gorbachev:

> Mais uma vez, Ceauşescu saiu-se com as suas. Pior que antes. Principalmente no tocante aos problemas internacionais. Falou muito e sem nexo. Muita demagogia. Por exemplo: "Sobre a *perestroika* é preciso se falar em plano tático e que a nossa estratégia seja o comunismo!". Desdenhou a *perestroika*: "Que mais vamos reformar? Na Romênia já fizemos todas as reformas!". Precisaria ser condecorado por sua democracia, embora em seu país vigore a ditadura de Ceauşescu. No tocante ao socialismo, ele é a favor do "socialismo hereditário", do "socialismo dinástico". Declarou ele: "Não há necessidade de novas modalidades de cooperação, mas a Romênia não se pronunciará contra as novas formas de colaboração".

***

O pensamento reformador de Gorbachev começou a remodelar a Europa do Leste a partir de 1988. Os primeiros países que usufruíram do descongelamento do Kremlin foram a Polônia e a Hungria. Em Varsóvia e em Budapeste, as mudanças transcorreram naturalmente, sem grande resistência por parte dos velhos estalinistas. No restante da Europa comunista entraram em ação os cenários soviéticos. Em Praga, Berlim, Sofia e Bucareste, foram organizados movimentos populares em prol da mudança dos regimes que aceitaram as reformas conforme o modelo indicado por Moscou. A Romênia foi um caso à parte.

O historiador Alex Mihai Stoenescu explica o mecanismo utilizado pelos homens de Gorbachev.

> Os tchecos, que já haviam sofrido a experiência em 1968, só manobravam. Derrubaram os *slogans* dos edifícios e diziam que estavam fazendo a *perestroika*, mas não mudaram em nada o velho sistema de poder. Então, os homens de Moscou deram início a um movimento popular nas ruas: *A Revolução de Veludo*. Inclusive, reproduziram o famoso incidente com um agente da segurança no papel do estudante morto. Em Praga, loucura, protestos, "um revolucionário morto pela milícia, ali ficou seu cadáver". Era, na verdade, o agente de segurança, mas o povo não sabia. Isso instigou a fúria, mesmo tendo passado na televisão que ele era oficial da segurança e que se tratava de uma encenação. Havel reconheceu o envolvimento da KGB, com os generais soviéticos vindos especialmente para promover a mudança.[19]

Stoenescu também explica a evolução na República Democrática da Alemanha (RDA).

> Na RDA, Honecker resiste. Aconteceram então manifestações na frente da Catedral São Nicolau, em Dresden. Os alemães organizados faziam passeatas. Quando Honecker pediu ao Ministério do Interior que interviesse para colocar ordem nas ruas, o ministro do Interior e o chefe do Exército e o da Segurança Pública recusaram-se a executar a ordem e pediram demissão. Isso se chama "golpe palaciano". Assim foi afastado Erich Honecker.[20]

---

[19] Entrevista de Alex Mihai Stoenescu, Vălenii de Munte, 2 de agosto de 2009.
[20] Idem.

Por que Moscou recorreu a semelhantes táticas?

O plano gorbachevista de troca dos líderes de ponta era fazê-lo por meios políticos. Quando esse plano não funcionava, como aconteceu na Tchecoslováquia, na RDA e na Romênia, foram organizadas manifestações de rua. Por quê? Porque do ponto de vista doutrinário aqueles eram regimes dos trabalhadores e se os trabalhadores fossem para a rua protestar, significava que o regente não tinha mais legitimação, que precisava sair. Em todos os países, à exceção da Romênia, os chefes dos Exércitos e dos Ministérios do Interior e da Segurança eram treinados por Moscou, eram homens dos soviéticos. As ações de derrocada na RDA e na Tchecoslováquia foram implementadas com os órgãos de segurança, com o Exército e com a milícia.[21]

Após esses eventos, em 18 de outubro, Honecker foi substituído por Egon Krenz, e em 9 de novembro começava a demolição do Muro de Berlim. Naquele momento, os únicos que ainda resistiam às mudanças eram o búlgaro Todor Jivkov e o romeno Nicolae Ceaușescu. Mas eles já estavam com a corda no pescoço!

***

O presidente búlgaro Todor Jivkov foi deposto poucos dias antes do XIV Congresso do PCR. Ceaușescu ficou muito afetado por esse evento e tornou-se extremamente precavido. Não cedeu mais nada e tentou blindar-se à frente do governo. O historiador Stoenescu descreve os acontecimentos de Sofia. "Em 10 de novembro de 1989 teve lugar a derrubada de Jivkov. Para Ceaușescu foi um grande golpe. Há meses ele procurava construir uma frente anti-Gorbachev junto com Honecker e Jivkov. Mas 10 de novembro transtornou tudo. Ele ficou sozinho."[22]

O cenário búlgaro não difere muito das demais ações de Moscou. O envolvimento dos peões políticos guiados pelos soviéticos foi decisivo.

Alex Mihai Stoenescu:

---

[21] Idem.
[22] Idem.

Jivkov tinha um sistema de poder muito semelhante ao de Ceauşescu. Mantinha um *bureau* político composto por onze membros, seis dos quais eram seus parentes. Fazia parte desse *bureau* político também Petăr Mladenov, o jovem homem de Gorbachev. Ele fora "plantado" lá dentro e até Jivkov sabia disso. Jivkov fez como Honecker, nos últimos meses de 1989, com a *perestroika*. Declarou: "Pronto, estamos adotando a *perestroika*". Arrancou os cartazes do Partido Comunista. "Faremos a *perestroika*, mas sob a nossa direção!" Gorbachev não aceita. Vendo então que Jivkov não cede e que o grupo jovem não tinha poder, entra em cena o chefe do Exército, o general Dobri Djurov, representante de Moscou. Jivkov promove uma assembleia do Comitê Central e uma manifestação de apoio ao Partido Comunista Búlgaro e a ele pessoalmente. Anuncia em todos os eventos, prepara trabalhadores com faixas: "Viva o camarada Todor Jivkov!". Os órgãos de segurança búlgaros bloqueiam a chegada dos trabalhadores à manifestação. Deixa-os em áreas de espera, pois "a passeata foi adiada". Nesse meio-tempo, no *bureau* político, Mladenov ameaça demitir-se. Jivkov não estava preocupado com a demissão de Mladenov, ao contrário, era a oportunidade de livrar-se dele. Só que Mladenov não era da sua alçada, era de Moscou. Portanto, sua demissão revestia-se de outra dimensão. Assim, com medo de não criar um conflito com Moscou, Jivkov aceitou a proposta da *perestroika*: continuar sendo o presidente da Bulgária, mas renunciar à função de dirigente do partido, que deveria ser assumida por Mladenov.[23]

O que se segue parece ter saído de um filme de Hollywood.

Ao terminar a sessão do *bureau* político, todos se deslocam e ocupam a tribuna do Comitê Central. O primeiro-ministro búlgaro, que era membro do *bureau* político, toma o microfone e anuncia que: "Na sessão do *bureau* político foi decidida a substituição do camarada Jivkov em todas as suas funções de partido e de Estado". Quando fez esse comunicado, baseou-se no entendimento havido com os ministérios. Dobri Djurov, um velho general com mais de oitenta anos, era também metade russo. Ele

---

[23] Idem.

cercou Sofia com as tropas, enquanto a *Sigurnost*[24] autorizou a vinda dos trabalhadores. Era a manifestação do Partido Comunista Búlgaro portando retratos de Jivkov. Enquanto isso, os da tribuna anunciavam justamente que Jivkov fora destituído. Era para morrer de rir, um quadro surrealista: os da praça gritavam todos por Jivkov, ao passo que os da tribuna anunciavam que Jivkov acabou, agora é o camarada Mladenov! As pessoas da praça estavam programadas, coitadas. Mladenov dava risada e acenava com as mãos. Jivkov saiu furioso da sala. Tentou contatar as Forças Armadas, a *Sigurnost*, mas ninguém atendeu. Dobri Djurov assumiu o comando por algumas horas. Lá fora, na tribuna, apareceu a turma de Moscou com Mladenov, Dobri Djurov... Nessa manobra pesou muito a autoridade das Forças Armadas. Dobri Djurov tinha mesmo autoridade; todos sabiam que ele representava a voz de Moscou.[25]

***

A notícia da destituição de Jivkov logo chegou aos ouvidos de Ceaușescu. Um dos membros do *bureau* político búlgaro transmitiu imediatamente a Bucareste, com detalhes, o que havia acontecido em Sofia. Ademais, a manifestação e o discurso de Dobri Djurov foram transmitidos pela televisão búlgara que também era captada na capital da Romênia.

Após o "golpe palaciano" em Sofia, Ceaușescu reforçou sua convicção de que precisava estar atento aos movimentos de três homens: o chefe da Forças Armadas, o ministro do Interior e o chefe da Securitate. A saber: o general Vasile Milea, Tudor Postelnicu e o general Iulian Vlad. Qualquer hesitação deles poderia abrigar o germe da traição.

Tendo ficado sem amigos fora do país, Ceaușescu procurou mostrar toda a sua força no interior. Estava decidido a não dar sinais de fraqueza. Passada uma semana dos eventos na Bulgária, em Bucareste não acontecia nada de extraordinário. No XIV Congresso do PCR, tudo

---

[24] *Sigurnost*: polícia secreta da Bulgária, no período comunista, correlata à Securitate na Romênia. (N. T.)
[25] Entrevista de Alex Mihai Stoenescu, Vălenii de Munte, 2 de agosto de 2009.

continuava como nos últimos 24 anos: Ceaușescu reeleito por unanimidade como secretário-geral do partido. Os delegados do Congresso aplaudindo mecanicamente, mas esforçando-se em parecer entusiasmados. A propaganda do partido empenhava-se em mostrar o quanto o povo estava feliz, por ter Ceaușescu como seu timoneiro pelos próximos cinco anos. Os ativistas do partido ocultavam sua covardia por trás de um ilusório "medo da Securitate".

O Congresso terminou em 24 de novembro de 1989. Votado por unanimidade, adulado como um deus e bajulado pela imprensa daquele tempo como um messias único e insubstituível, que desceu à Terra para felicidade do povo, Ceaușescu não podia imaginar que, exatamente um mês depois, ele e sua esposa enfrentariam os fuzis. Em sua cegueira, Ceaușescu negligenciou dois elementos essenciais: 1) nem o Leste nem o Oeste estavam dispostos a lidar com o estorvo de um velho ditador ultrapassado; 2) "o amado dirigente" não só era detestado no exterior como odiado pelo próprio povo. Aquele mesmo povo que nas "grandes manifestações dos trabalhadores" o erguia em vivas! O Grande Timoneiro não sabia que, longe do quadro oficial, os homens referiam-se a ele na surdina como o Grande Sapateiro, uma alusão à sua profissão na juventude.

Conspirações e conspiradores

> Os três núcleos anti-Ceauşescu – "os velhos estalinistas", "os militares" e "os perestroikistas" – radicalizaram as suas ações antes do afastamento do ditador de Bucareste. Os seus membros tinham profundas raízes em Moscou.

A nova política de Moscou não poderia deixar indiferentes os inimigos internos de Ceauşescu. O conflito do velho ditador com o reformista Gorbachev, mais jovem que ele, tirou do "torpor" muitos agentes romenos dos serviços secretos soviéticos. Ao mesmo tempo encorajou os autênticos dissidentes.

O momento Praga 1968, quando em plena Guerra Fria o líder romeno criticou duramente a intervenção militar soviética e de outros Estados comunistas na Tchecoslováquia, granjeou a Ceauşescu a simpatia do Ocidente e a antipatia de Moscou. Os soviéticos não aprovavam que qualquer país satélite se voltasse para o comunismo nacionalista. O próprio comunismo foi definido, nos seus primórdios, como internacionalista. O inimigo não era necessariamente outro Estado, mas os regimes burgueses em toda parte. Conforme o *slogan* "Proletários do mundo, uni-vos!", o comunismo buscava a instauração dos regimes de "democracia popular", no fundo, a ditadura do proletariado.

Era essa a doutrina em que se formou Nicolae Ceauşescu em sua juventude tumultuada e cheia de frustrações. O internacionalismo proletário, a intervenção brutal do Exército Vermelho e o genocídio conduzido pelos soviéticos nos países ocupados foram a pedra de toque na carreira política do aprendiz de sapateiro. Se não fosse por isso, provavelmente Ceaușescu teria sido um anônimo. No entanto, uma vez que chegou ao poder na *garupa do comunismo internacionalista*, voltou-se para o comunismo nacionalista. Esse foi o momento em que, sentindo-se traída, Moscou colocou-o na lista negra. Faltava apenas escolher o momento de fazê-lo apear da garupa.

Assim que Gorbachev ocupou o topo da pirâmide do Kremlin, a situação de Ceaușescu ficou duplamente dramática. Ele era detestado tanto pelo Leste como pelo Oeste. A União Soviética tomou uma direção que Ceaușescu desconhecia, deixando o ditador romeno sem o apoio do "irmão mais velho" do Leste que, na prática, estava de olho na areia da ampulheta. Ao mesmo tempo, o Ocidente largou a mão do "menino mimado" de Bucareste; na verdade, não o largou, enxotou-o. Estados Unidos, França, Grã-Bretanha, Alemanha Federal e os demais países do Oeste tinham agora no "território inimigo" um aliado de grosso calibre: Mikhail Gorbachev. Um reposicionamento absolutamente normal. É como na luta pela sobrevivência na savana em que você renuncia à camaradagem de um chacal para se aliar a um leão. No entanto, ao virar-se contra você, o leão o estraçalha. Por isso, é melhor tê-lo como aliado, principalmente, quando você percebe que o chacal desandou e se imagina um elefante, mas se comporta como uma hiena...

***

Consolidado no poder no final dos anos 1960, Ceaușescu riscou da lista uma parte dos ativistas do partido, que formavam filas entre os chegados a Gheorghe Gheorghiu-Dej. Outros mais jovens, capazes de se tornarem rivais de Ceaușescu, foram postos de lado por precaução.

Os inimigos potenciais do ditador romeno em todas as áreas sociais e intelectuais chamaram a atenção de Moscou, assim como de outros círculos incomodados com a política primitiva de Ceaușescu. Formou-se, assim, uma estrutura conspiradora, que se tornou extremamente ativa depois que Gorbachev assumiu o poder na URSS.

Segundo o historiador Alex Mihai Stoenescu, as conspirações internas contra Ceaușescu dividiram-se em três grandes grupos.

1. *Os velhos ativistas do partido, estalinistas* que criaram, por sugestão de Moscou, a "carta dos seis". Esses seis eram: Silviu Brucan, Gheorghe Apostol, Corneliu Mănescu, Alexandru Bîrlădeanu, Constantin Pîrvulescu e Grigore Răceanu.
2. *Os militares,* organizados numa rede dirigida pelo general Nicolae Militaru. Militaru havia contatado muitos generais ou coronéis do Exército, da Milícia e da Securitate. As *pièces de résistence* dessa rede eram o general Ioan Ioniță (ex-ministro da Defesa), o comandante Radu Nicolae e o general Ștefan Kostyal. No âmbito do Ministério do Interior, os homens de confiança de Militaru eram o general Jean Moldoveanu (ex-chefe da Milícia paisana) e o coronel Dumitru Penciuc. Ambos haviam sido transferidos para a reserva por Ceaușescu, mas reativados e promovidos pelo grupo que tomaria o poder em dezembro de 1989. Em tempo recorde o coronel Penciuc chegou a general de quatro estrelas!
3. *Os perestroikistas,* um grupo da esfera político-ideológica, cujo centro era Ion Iliescu, ex-ministro e responsável pela propaganda nos primeiros anos de domínio de Ceaușescu. Nesse grupo militava também o professor universitário Virgil Măgureanu, futuro diretor do Serviço Romeno de Informações.

Esses três grupos contrários a Ceaușescu tinham um elemento em comum: a ligação de seus membros com a União Soviética. Alguns eram comprovados agentes soviéticos, outros, apenas supostos; alguns ficaram "curtidos" na luta revolucionária sob a bandeira do estalinismo, outros fizeram os seus estudos em Moscou. A maioria deles falava russo e mantinha relações com a embaixada soviética em Bucareste ou com o consulado em Constanța.

***

Os "perestroikistas de Iliescu" representavam o grupo mais controvertido. Enquanto Virgil Măgureanu reconhece a sua ação conspiradora na queda de Ceaușescu, Ion Iliescu nega veementemente a existência de uma ligação entre os conspiradores e a derrocada da ditadura. Atribuiu a queda apenas à revolução. Depois reconheceu, em 16 de dezembro de 1994, diante da Comissão Senatorial de Inquérito dos eventos de dezembro de 1989, que manteve encontros com homens poderosos, conhecidos pela Securitate como contrários ao regime.

> Mantive algumas reuniões conspiradoras, com a participação de quatro ou cinco pessoas. Depois disso decidimos encontrar-nos de dois em dois. Houve muitos que mostraram fraqueza, inclusive o general Militaru que não agia com suficiente prudência. Isso fez com que ele, em dado momento, fosse detido e submetido a um inquérito. Apareceu entre nós uma espécie de "gato com guizo", um homem de boca grande e impaciente: o comandante Radu Nicolae. Decidimos interromper qualquer contato com ele. Infelizmente, ocorreu um acidente com o general Ioniță: em 1987 contraiu câncer e desapareceu. Eu, pessoalmente, cheguei à conclusão de que não seria possível empreender nada nesse sentido. Principalmente depois da detenção e do inquérito do general Militaru. Depois disso, até Măgureanu foi removido do Instituto de Ciências Políticas "Ștefan Gheorghiu" no começo de 1989 e mandado ao Museu Distrital de Focșani.[1]

Foi o que declarou Ion Iliescu em 1994, quando era presidente da Romênia. Doze anos mais tarde, durante um simpósio organizado pelo Instituto da Revolução Romena, Iliescu disse:

> Conversei pessoalmente, desde 1984, com diversas personalidades, entre as quais o general Ioniță, ex-ministro do Exército. E com o general Militaru, que havia sido afastado e trabalhava no Ministério das Construções. Com Măgureanu que estava no "Ștefan Gheorghiu". Com o comandante Radu Nicolae, a quem conheci quando trabalhava no Conselho Nacional de Águas; ele se ocupava do tema da qualidade da água nos portos. Conversei também sobre o que poderia ser feito.[2]

Foi assim que Ion Iliescu relatou seus encontros conspiratórios a partir de 1984. Vejamos, no entanto, o que dizem outros atores das mesmas peças.

---

[1] Ion Iliescu, estenograma da audiência perante a Comissão Senatorial de Inquérito dos eventos de dezembro de 1989 (abreviadamente, Comissão de dezembro de 1989).
[2] Ion Iliescu, Palácio do Parlamento, 21 de dezembro de 2006.

Em uma das muitas entrevistas com Virgil Măgureanu, o historiador Alex Mihai Stoenescu perguntou-lhe bruscamente: "Em que ano aconteceu o seu primeiro encontro com Iliescu?". A resposta de Măgureanu foi desconcertante:

> No outono de 1973, em setembro de 1973, em Timișoara, por ocasião da abertura do ano letivo universitário. (...) Eu disse a ele: "Camarada Iliescu, sei que vai a Bucareste para uma reunião". "E você, que vai fazer?", perguntou-me ele. Respondo: "Volto para Bucareste, pois tive um encontro com meus estudantes e agora vou voltar, normalmente". Ele me pergunta: "Onde está hospedado?". Respondo: "No hotel do partido". "Às seis horas em ponto venho buscá-lo com o carro do hotel". Eu não podia acreditar. Quem era eu, afinal? Por via das dúvidas, consegui uma reserva para ir ao aeroporto com outro carro, para não perder o avião. Mas, quem diria, às seis horas em ponto chegou o carro. Era um Volga velho, grande, lotado a alguns dos comitês distritais. Com aquele Volga fomos juntos ao aeroporto.[3]

Esclarecimento: naquele momento, Ion Iliescu era secretário de Propaganda do comitê distrital do partido em Timiș[4]. Havia sido nomeado para essa função por Nicolae Ceaușescu pessoalmente, que assim o afastou do centro de poder por achar que era intrigante, carreirista e ambicioso. Em uma palavra: perigoso.

Ligado aos círculos de informação, Virgil Măgureanu sabia quem era tido em consideração em certas esferas políticas com poder de decisão no exterior, para assumir a direção do país. Embora existissem outros personagens que estavam em conflito com Ceaușescu, a atenção de Măgureanu dirigiu-se "por acaso" para Ion Iliescu. Em 1981, quando ele tinha quarenta anos e Iliescu, 51, Măgureanu foi decisivo.

> Decidimos encontrar Ion Iliescu em Cehu Silvaniei. Ele chamou a minha atenção em Bucareste: "Mas que não sejam muitas pessoas!". "Não, seremos nós dois principalmente e tenho lá um amigo, o prefeito Vasile Vlaica. Ele vai nos receber e vai reservar uma mesa para nós em algum

---

[3] Alex Mihai Stoenescu, *De la Regimul Comunist la Regimul Iliescu*. Editora RAO, 2008.
[4] Timiș: nome abreviado da cidade de Timișoara. (N. T.)

lugar. Sei até onde será." Era em algum lugar em um bosque, uma cabana no alto da cidade, um lindo local! Começam a estrilar os telefones: dizem que chegará Ion Iliescu com todo o comitê distrital. Deparei-me em Cehu Silvaniei com umas quarenta pessoas e de frente com a primeira-secretária. Sentamos a uma mesa em uma clareira. Mas eu não tinha nenhuma vontade de comer. Iliescu pegou-me pelo braço e colocou-me ao lado dele. Aproveitei um rápido momento e o levei para um passeio pelo bosque. Ali teve lugar o assim dito recrutamento, para usar uma expressão empregada por ele próprio. Falei-lhe do fato de que ele estava sendo cotado para ser o futuro presidente da Romênia.[5]

***

Outro conspirador, o general Nicolae Militaru, declarou em uma entrevista concedida à jornalista Adina Anghelescu para a revista *Baricada*, em 1991.

Uma conspiração com a intenção de afastar Ceaușescu do poder existiu antes de 1989. A resistência militar havia sido constituída muito antes disso. Entrei em contato com essa resistência em 1983 por intermédio de Ion Iliescu. Encontramo-nos por acaso no hospital Elias. Eu estava internado lá e Iliescu havia ido visitar Valter Roman. Mais tarde, ele me procurou por telefone, e o nosso primeiro encontro deu-se no Parque Herăstrău. Dois dias depois, apresentou-me a duas pessoas: Virgil Măgureanu e o capitão de primeira divisão Radu Nicolae. Em pouco tempo assumi a tarefa de fazer contato entre o grupo militar do general Ioniță e o grupo civil de Iliescu. O primeiro plano de afastar Ceaușescu foi idealizado no outono de 1984. Dizia-se na época que o melhor momento teria sido quando Ceaușescu estivesse na República Federal da Alemanha. Sabia-se que aqueles que permaneciam no país eram uns medrosos. O plano não foi posto em prática por causa de certos eventos encadeados. As unidades militares que precisavam ser acionadas foram enviadas para realizar trabalhos agrícolas. Alguns comandantes foram transferidos para a reserva... Portanto,

---

[5] Alex Mihai, Stoenescu, op. cit.

alguém estava fazendo jogo duplo. Mais tarde, começamos a pensar num plano surpresa. Claro, havíamos nos tornado "gatos com guizo" e qualquer passo dado era conhecido. Existiam quatro variantes para a derrubada de Ceaușescu. A primeira era que o plano fosse posto em prática quando o casal Ceaușescu não estivesse no país. A segunda, quando estivessem no país visitando os distritos mais afastados da capital. A terceira, quando estivessem no seu local de trabalho, e a quarta, quando estivessem reunidos no Comitê Político Executivo. Pensamos também nas pessoas que contataríamos. Os primeiros contatos foram realizados com generais e oficiais ativos e na reserva do Ministério da Defesa Nacional (MApN). Alguns nos traíram. Em fevereiro de 1984, fui submetido a um inquérito. Em outro momento, estava em companhia do general Ioniță quando a Securitate veio me prender. Não me deixei prender e me apresentei pessoalmente perante o Comitê Central. Durante o inquérito confrontei-me com dois generais delatores. Depois disso, continuei a infiltração no Exército e na Securitate. Precisávamos de alguém que nos informasse a respeito da agenda do casal Ceaușescu. Essa pessoa de grande confiança foi o professor Ioan Ursu. Combinamos que Ceaușescu fosse atraído a uma caçada de ursos em Bistrița, ou então a uma caçada de faisões e de javalis em Timiș. Cornel Pacoste, que era primeiro-secretário em Timiș, aderiu ao jogo sem reservas. Para essa ação foi preciso atrair para a conspiração os oficiais da Securitate e da Milícia e muitos militantes do partido. Com a infiltração da Securitate na resistência militar, chegamos até o adjunto do ministro. O general Iulian Vlad era o chefe da Securitate. No Exército, estava o general Vasile Milea, que foi informado dos fatos em andamento e da tarefa do Exército de não abrir fogo contra o povo, mesmo que recebesse a ordem. A ação deveria realizar-se com a ajuda de uma "brigada de assalto" armada com equipamentos especiais. Não estava previsto usar balas, mas certas cápsulas que continham uma droga muito poderosa. Não queríamos derramamento de sangue. Pretendia-se que Ceaușescu apresentasse sua demissão e que, após a instalação dos novos órgãos de comando no país, a Grande Aliança Nacional se dissolvesse e fosse constituída a Frente de Salvação Nacional (FSN). A ideia de constituir um Comitê de Salvação Nacional existia desde o inverno de 1980-85. A proposta era colocar Ion Iliescu à frente do partido. Esse Comitê de Salvação Nacional transformou-se em Frente em 1987. O general Ioniţă havia falecido, e o vínculo com o senhor Iliescu era mantido por mim. Eu havia jurado a Ioniţă que o plano seria levado a bom termo. Quem teve um papel inestimável foi Vasile Patilineţ, que devia ocupar-se em fornecer os materiais especiais de que falei. Só que Patilineţ morreu, e a conexão com o fornecedor estrangeiro rompeu-se, tendo sido muito difícil retomá-la. Os materiais que estávamos esperando do exterior para o nosso plano deveriam chegar em fevereiro/março de 1990.[6]

Advertência: algumas afirmações do general Militaru devem ser tomadas com muita precaução e outras são simplesmente absurdas. No entanto, existem algumas frases que merecem ser registradas. O personagem não é um sujeito qualquer, mas um comprovado agente do serviço secreto do Exército Soviético (GRU). O general Nicolae Militaru (cujo nome real era Nicolae Lepădat), um dos oficiais promovidos pelo regime de Ceauşescu ao grau de general-coronel (três estrelas) e à função de chefe do Exército, foi transferido para a reserva bruscamente em 1978, após ter ficado comprovado que era agente soviético (no célebre dossiê "O Corvo").

Após sua remoção do Exército, ele poderia ter sido julgado e condenado à morte sob acusação de espionagem, no entanto, continuou sendo designado para importantes funções, como a de ministro-adjunto de Construções Industriais. Naqueles anos, pairava certa imunidade, não oficial, concedida pelos países comunistas aos agentes autóctones que espionavam para os soviéticos. No máximo eles poderiam ser afastados das estruturas políticas e militares, mas em nenhum caso julgados e condenados.

Outra era a situação daqueles que se colocavam à disposição de alguma potência ocidental. O diplomata Mircea Răceanu foi condenado à morte em julho de 1989 por espionagem a favor dos Estados Unidos. Foi a intervenção pessoal do presidente George Bush junto a Nicolae Ceauşescu no outono do mesmo ano que obteve a comutação da pena de Răceanu para vinte anos de prisão.

***

---

[6] Revista *Baricada*, 1991.

Ao revisar brevemente os personagens citados tanto por Ion Iliescu, quanto pelo general Militaru, em relação ao complô contra Ceauşescu, observaremos que todos eles mantinham profundas ligações com a União Soviética. Aliás, a maioria deles estava sob o foco da UM010 – "Divisão anti-KGB" – no âmbito da Securitate.

General Nicolae Militaru: estudou na Academia Militar "Frunze" em Moscou (1952-1957). Permaneceu na URSS por mais um ano, até que sua esposa Ştefana terminasse a faculdade. Ela fazia parte da Associação dos Estudantes Romenos, uma organização discretamente "patrocinada pela KGB" e cujo secretário era Ion Iliescu. Em 1978, quando foi removido do Exército, Militaru obteve a promessa de Moscou de que seria apoiado até atingir o cargo de chefe do Estado-Maior do Exército Romeno, posição na qual se comprometia a derrubar Ceauşescu e a trazer novamente a Romênia "sob as asas da URSS". Pego em flagrante em Mangalia após o encontro com o general Borisov (adido militar da Embaixada Soviética), Militaru reconheceu os fatos que detalhou por escrito, mas sobrestimou a ingenuidade e apostou na intimidação. Declarou diante dos dirigentes políticos do país que fornecer informações à União Soviética não seria um ato de traição, porque a União Soviética não era um inimigo, mas um aliado. Consequentemente, não poderia se falar de "divulgação de segredos", pois a Romênia não guardava segredos para com o "irmão mais velho" do Leste. Foi um golpe terrível desferido por Militaru contra Ceauşescu, ao abrigo da "imunidade" oferecida pelos soviéticos.

Ion Iliescu: filho de um dissidente comunista, Alexandru Iliescu, que nos anos 1930 se refugiou em Moscou e, ao retornar à Romênia, foi preso como agente do Komintern, a Internacional Comunista. Ion Iliescu foi mandado a Moscou para estudar e ali cursou a faculdade de Engenharia Elétrica (1950-55). Assim como militaru, teve uma ascensão política espetacular na primeira etapa do domínio Ceauşescu, chegando a ministro da Juventude e Chefe da Divisão de Propaganda do CC do PCR. De 1971 em diante, Ceauşescu transferiu-o para uma frente secundária, designando-lhe funções muito aquém de suas ambições políticas.

Comandante Radu Nicolae: manteve vínculos estreitos com os soviéticos, tendo ficado permanentemente na mira da contraespionagem romena. Ele foi recrutado por um oficial soviético no tempo de uma ação militar do Tratado de Varsóvia no Mar Negro. Radu Nicolae teve um papel importante na aglutinação do grupo militar Ioniță-Kostyal-Militaru do qual faziam parte, entre outros, Iliescu e Măgureanu.

Virgil Măgureanu: era um personagem misterioso, discreto, mas cujas jogadas, inspiradas no exterior, foram "intuídas" pela Securitate de Ceaușescu. Gelu Voican Voiculescu, seu colega da FSN e da operação de aniquilamento do casal Ceaușescu (Târgoviște, 25 de dezembro de 1989), descreveu-o assim: "Măgureanu era um jovem simpatizante da KGB que queria trocar de lugar com Militaru, que era da velha guarda da KGB".[7] (Ulteriormente Voican não mais admitiu seu depoimento.) Na primavera de 1989, quando era professor universitário na Academia de Ciências Sociais e Políticas "Ștefan Gheorghiu", Măgureanu foi "exilado" em Focșani, onde recebeu um cargo de bibliotecário e um apartamento de luxo em regime de domicílio forçado. As suas ações conspiratórias não mais poderiam passar despercebidas: ele já era uma "cascavel com guizos".

***

Voltemos ao general Militaru, pois ele foi reincorporado durante a Revolução, tendo exercido um papel sangrento. Por enquanto, vamos lembrar uma de suas afirmações: "Ele, o general Militaru, entra em contato com a resistência militar *em 1983 por intermédio de Ion Iliescu!*". Por outro lado, Virgil Măgureanu conta como "recrutou" Ion Iliescu em 1981. Assim, por que Ion Iliescu afirma que seus encontros conspiratórios, visando à derrocada de Ceaușescu, começaram em 1984? Por que não reconhece os anteriores?

Uma explicação poderia ser a de que Ion Iliescu tentava empurrar as coisas o mais próximo possível da entrada em cena de Mikhail Gorbachev, ocorrida em março de 1985. Tudo teria uma lógica: era

---

[7] Alex Mihai Stoenescu, *Interviuri despre Revoluție*. Editora RAO, 2004.

natural dar as mãos a Gorbachev, o reformista, contra Ceauşescu, o estalinista. Colocadas nesse cenário, até as traições podem ser tratadas com tolerância. Muito diferente, porém, é trabalhar às escondidas com os soviéticos ou seus espiões, enquanto em Moscou impera um poder de inspiração estalinista. Na primeira metade da década de 1980, a União Soviética teve três presidentes: Leonid Brezhnev (até 1982), Iuri Andropov (1982-84) e Konstantin Chernenko (1984-85). Todos pertenciam às alas duras do PCUS, impondo uma política de essência estalinista. No período de Brezhnev, o Exército Vermelho invadiu tanto a Tchecoslováquia (1968) quanto o Afeganistão (1979). Após a retomada da democracia no Leste Europeu, a ligação com um regime soviético brezhnevista era embaraçosa para os membros do grupo conspirador de Bucareste dos anos 1980. Isso significaria que eles não conspiraram *pela derrubada de um regime tirânico,* mas *apenas pela derrubada* de *Ceauşescu.* Em outras palavras, *pela derrubada do regime tirânico autóctone* à instância e com o respaldo de um *regime tirânico estrangeiro.* O modelo soviético, naquele momento, não era nem um pouco o mais indicado, e a cooperação clandestina com semelhante regime não teria nenhum amparo moral.

Eis aí um possível motivo pelo qual Ion Iliescu tentava empurrar suas ações conspiratórias o mais próximo possível de Gorbachev e da *perestroika,* afastando-as de Brezhnev e das práticas estalinistas.

Silviu Brucan, o estalinista do eixo Leste-Oeste

Um personagem-chave na derrubada de Ceauşescu foi o velho estalinista Silviu Brucan, cujo nome verdadeiro era Saul Bruckner. Ele foi extremamente ativo nos anos 1940 e 1950, quando na qualidade de secretário-geral de redação do informativo do CC do PCR, *Scînteia* (A Faísca), pedia a condenação à morte dos considerados "burgueses", "reacionários" ou "inimigos da classe trabalhadora". Entre os visados por suas imperativas acusações estavam os políticos Iuliu Maniu,

Gheorghe I. Brătianu e Corneliu Coposu, o escritor Radu Gyr e o jornalista Pamfil Şeicaru. Em muitos casos, os desmascarados por Silviu Brucan foram parar nas mãos de sua esposa Alexandra Sidorovici, procuradora estalinista e filha de general soviético da KGB estabelecido na Romênia. Depois, Brucan fez carreira diplomática, tornando-se, sob Gheorghiu-Dej, uma ponte importante para os Estados Unidos da América na qualidade de Embaixador dos Estados Unidos e da ONU. Ceauşescu "encostou-o", mas a Revolução transformou-o em ideólogo do novo poder.

As histórias sobre as tramas orquestradas por Brucan parecem provir dos filmes de espionagem. Embora estivesse em prisão domiciliar após ter criticado Ceauşescu por causa da revolta dos trabalhadores de Braşov, em 1987, os serviços estrangeiros conseguiram-lhe visto para o Ocidente e para a URSS. "Foi levado por Viena a pretexto de uma conferência e depois foi *passeado* por Washington, Londres e Moscou. Ali, segundo ele, encontrou-se com Gorbachev, para quem foi conduzido especialmente"[8], diz o historiador Alex Mihai Stoenescu.

Esse evento foi relatado por Brucan em 8 de fevereiro de 1994 perante a Comissão Senatorial de Inquérito dos eventos de dezembro de 1989. "Gorbachev esteve de acordo com a nossa tentativa de afastar Nicolae Ceauşescu, mas insistiu várias vezes que o PCR continuaria sendo a força política dirigente no país."[9]

A surpreendente jornada de outubro/novembro de 1988 de Silviu Brucan, Bucareste-Viena-Washington-Londres-Viena-Moscou-Viena-Bucareste, foi monitorada pela Securitate "até onde foi possível", conforme a expressão de um ex-general do sistema. O velho estalinista solicitou um passaporte para "pelo menos duas semanas", que lhe foi concedido graças a um forte *lobby* norte-americano. Oficialmente, Brucan proferiria algumas palestras em fundações e universidades dos Estados Unidos. Ele se encontrou com os responsáveis da Agência para a Europa do Leste do Departamento de Estado. "Foi tudo organizado pela

[8] Entrevista de Alex Mihai Stoenescu, Vălenii de Munte, 2 de agosto de 2009.
[9] Silviu Brucan, estenograma da audiência da Comissão de dezembro de 1989, 8 de fevereiro de 1994.

CIA", foi a conclusão da Securitate romena, que manteve Ceaușescu a par da turnê de Brucan.

Da capital dos Estados Unidos, Brucan voou para Londres, onde manteve "alguns contatos". Gravou uma entrevista para a Rádio Europa Livre, mas pediu que o debate não fosse difundido pela emissora "por enquanto".

De volta a Viena, foi recebido pelos soviéticos que o levaram a Moscou, onde o mantiveram por quatro dias. Ali Brucan encontrou-se com Alexandr Iakovlev, o conselheiro de maior confiança de Gorbachev, e muitos outros generais GRU/KGB. Por sua posição de secretário para problemas internacionais do PCUS, Iakovlev era um personagem extremamente influente no contexto das mudanças na Europa do Leste. Brucan e Iakovlev mantiveram duas rodadas de debates em dois dias diferentes. Naturalmente, tudo teve um caráter estritamente secreto. A Securitate não conseguiu confirmar se Brucan encontrou-se também com Gorbachev, como ele declarou.

De Moscou, Silviu Brucan foi levado novamente a Viena e de lá retornou pela rota "oficial", embarcando no trem de Bucareste. Na alfândega de Curtici, Brucan estava sendo esperado por alguns oficiais da Securitate que lhe confiscaram o passaporte. Quando o folhearam, surpresa: nas páginas do documento existiam apenas vistos dos Estados Unidos e da Áustria! Nem um sinal de sua passagem pela Grã-Bretanha e pela URSS. Pelo que constava no passaporte, o inimigo estalinista de Ceaușescu havia ido apenas a Washington, via Viena.

A artimanha despertou a fúria de Ceaușescu, mas ele foi aconselhado que "não seria conveniente" ser muito duro com um personagem "abraçado" tanto pelos soviéticos como pelos norte-americanos. Ainda mais porque trazia na manga uma informação inquietante: Silviu Brucan mantinha estreitas relações com Anatoli Dobrinin, que fora embaixador da URSS em Washington por 25 anos (1962-87) e conselheiro próximo de Mikhail Gorbachev. Dobrinin era considerado "a ponte" graças à qual se chegou ao entendimento histórico entre as duas superpotências.

***

Silviu Brucan explicou com uma metáfora o modo como Ion Iliescu foi levado ao poder graças ao complô e graças ao "pano de fundo" da Revolução de dezembro de 1989: "No momento que chegou o trem da Revolução, nós estávamos na estação, pois tínhamos certeza de conhecer a rota dos trens. Subimos no trem e tomamos o poder. Quando digo *nós*, penso em primeiro lugar em Ion Iliescu".[10]

---

[10] Revista *22*, 6 de maio de 2002.

"A carta dos seis":
o carteiro vem de Moscou

> *O documento tornado público em 11 de março de 1989 não põe em discussão o comunismo, mas apenas a quadrilha de Nicolae Ceaușescu. Todos os signatários da "Carta" eram velhos ativistas estalinistas, membros do PCR do período entreguerras.*

A "carta dos seis" recebeu essa denominação em função do número de signatários. Todos eles eram velhos militantes do Partido Comunista Romeno (PCR), do período da ilegalidade (1930-40). A "Carta" foi lida em 11 de março de 1989 pela rádio Europa Livre e pela BBC. Um dia antes Silviu Brucan, um dos signatários, havia confirmado a autenticidade do documento.

"A Carta" foi assumida por Gheorghe Apostol, Silviu Brucan, Corneliu Mănescu, Alexandru Bîrlădeanu, Constantin Pîrvulescu e Grigore Răceanu. O documento deveria ter outros signatários, mas Ion Iliescu, Janus Fazekaş e outros militantes comunistas recusaram-se a assiná-lo. Iliescu queria derrubar Ceaușescu, mas pela mão de outros.

***

Entre as mais importantes petições da tal "Carta" estão algumas que hoje fariam rir. Por exemplo, a proibição de exportar alimentos.

Os seis signatários e suas famílias foram assediados, inquiridos e ameaçados durante os nove meses em que Ceaușescu ainda permaneceu no poder. No entanto, o ditador não se atreveu a ir mais longe. E, assim, todos os seis viveram para ver Ceaușescu morto.

Os desmembramentos posteriores demonstraram que a iniciativa de redigir uma carta aberta, dirigida a Ceaușescu, provinha de Moscou, até porque a maioria dos signatários mantinha ligações especiais com os soviéticos.

O primeiro passo deveu-se a Gheorghe Apostol, um velho estalinista que seguia à risca os ditames de Moscou. Antigo colaborador da URSS, Apostol foi reativado como agente soviético no tempo de sua designação como embaixador no Brasil (anos 1980).

No entanto, o desenrolar da operação foi logo assumido por Silviu Brucan, muito mais inteligente, pois Apostol, um dogmático, não era capaz de se livrar da estupidez da língua de madeira,[1] sendo que a tal "carta" deveria surtir efeito tanto nas fileiras ativistas do partido quanto na opinião pública europeia.

A ação conduzida por Silviu Brucan era uma indução, até mesmo uma incitação de que os serviços secretos soviéticos estavam transmitindo aos líderes do PCR no sentido de depor Nicolae Ceauşescu do cargo.

Em 2003, Apostol descreveu os movimentos do final dos anos 1980:

> Eu era embaixador no Brasil e, vendo que em volta de nossa terra as coisas estavam mudando, que a Romênia havia se tornado uma ilha, decidi que alguém precisava agir para que em nosso território também houvesse uma mudança. Falei com a minha esposa e decidimos voltar ao país para ensejar uma ação contra Ceauşescu em 1988. Falei com Aristide Buhoiu que estava em Nova York e lhe expus o meu desejo. Buhoiu disse-me para não ir, que eu seria exterminado. Mesmo assim, eu fui. A caminho da Romênia, parei em Londres, onde quis entrar em contato com a seção romena da BBC. Gravei uma entrevista de quatro horas que só poderia ser divulgada no caso de minha morte ou da morte de Ceauşescu.[2]

No entanto, Apostol nada diz a respeito do papel soviético no "despertar de sua consciência". Na realidade, o velho estalinista limitou-se a seguir o plano traçado por Moscou.

---

[1] Conceitualmente, "língua de madeira" refere-se a uma linguagem hermética, estereotipada, própria da propaganda política, dos discursos totalitários. Cf. Lívia Maria Falconi Pires, IC – UFSCar. (N. T.)
[2] Agência Rompress, maio de 2003.

Interessante que tanto Brucan como Apostol passaram por Londres em 1988 para gravar entrevistas que não deveriam ser difundidas! Pelo menos, não por enquanto...

***

Silviu Brucan expressou a sua própria versão a respeito da carta. Em 2002 fez a conexão entre o aparecimento da "carta dos seis" e sua visita a três capitais importantes.

> A gente pensava que Ceaușescu poderia ser derrubado por uma moção de desconfiança do Parlamento, por maioria, etc. Mas um tirano não é derrubado por moções de desconfiança, e sim por ações. E eu agi. "A carta dos seis" teve como objetivo estratégico promover uma ruptura entre o partido e Ceaușescu, buscando criar entre nós uma ala reformista, como na Polônia, Hungria, Tchecoslováquia, que mudasse as coisas depois da revolução. No entanto, essa ação no plano interno foi articulada com ações no plano externo. No final de 1988 fiz aquela viagem para Washington, Londres e Moscou, quando me encontrei com Gorbachev, que visava a uma ação internacional voltada à derrubada de Ceaușescu. Era esse o objetivo.[3]

Em 1994, Silviu Brucan declarou perante a Comissão Senatorial de dezembro de 1989: "Percebi o efeito que teria a 'carta dos seis' sobre Ceaușescu. Ele acreditava que todo o partido estava a seu lado, mas, de repente, alguns comunistas conhecidos, com nomes de peso, tomavam posição contra ele".[4]

***

Gheorghe Apostol forneceu uma versão detalhada.

> Estando em meu posto no Brasil, soube que Silviu Brucan tomou posição diante dos eventos ocorridos em Brașov. Pensei então que era melhor marcar um encontro primeiramente com ele. Encontramo-nos no Parque

---

[3] Revista *22*, 6 de maio de 2002.
[4] Silviu Brucan, estenograma da audiência da Comissão de dezembro de 1989, 8 de fevereiro de 1994.

Herăstrău. Durante o passeio expressei a minha opinião de elaborar uma carta aberta dirigida a Ceaușescu. Brucan concordou com a minha proposta comprometendo-se a redigir a tal carta. Veio me ver duas semanas depois e me mostrou o texto preparado por ele. Li o texto e o considerei inaceitável. Pedi-lhe que fosse ver Bîrlădeanu para que ele também avaliasse o escrito. Bîrlădeanu teve a mesma opinião que eu. Então, eu mesmo trabalhei no texto da carta. Levei-o a Corneliu Mănescu, e ele o aceitou sem nenhum reparo. Depois, levei o mesmo texto para Grigore Răceanu, que fez alguns acréscimos que considerei úteis e introduzi no texto. Na sequência, foi submetido o conteúdo a Bîrlădeanu, que observou: o documento tem caráter de discurso! Deveria ser mais analítico, alguns problemas deveriam ser aprofundados. Comprometeu-se a aperfeiçoá-lo. Bîrlădeanu ficou doente, foi internado num hospital e o trabalho ficou às traças! Entrementes, Brucan viajou para o estrangeiro e ficou fora por alguns meses. Encontrei-o quando voltou e aceitei o seu parecer de não fazer uma carta longa demais: façamos um documento curto, uma espécie de "apelo a Ceaușescu". Nosso encontro foi no Parque Herăstrău. Brucan deveria datilografar os temas que havíamos definido detalhadamente, para serem enviados aos seguintes: um exemplar para Ceaușescu, um para a BBC e o terceiro para a Rádio Europa Livre. Essa ação teve lugar depois de eu ter mantido conversas com cada um em particular. O último com quem me encontrei foi Constantin Pîrvulescu. Silviu Brucan não mandou – conforme o nosso entendimento – um exemplar para Ceaușescu. O exemplar que deveria chegar às mãos de Ceaușescu foi para a Embaixada Americana.[5]

***

Em 1989, Corneliu Mănescu, ex-ministro de Relações Exteriores sob Dej e Ceaușescu, ainda estava com uma boa imagem no Ocidente. Daí que o seu nome na "carta" deu peso ao documento.

"A iniciativa da carta foi de Apostol. Quando ele falou comigo, eu era o quarto. Ele já havia conversado com Brucan, Bîrlădeanu e Pîrvulescu.

---

[5] Lavinia Betea, *Maurer si Lumea de Ieri. Mărturii despre Stalinizarea României*. Arad, Editora Fundação Ioan Slavici, 1995.

Depois, falou-me também de Grigore Răceanu, dizendo que ele não era legalista. (...) De fato, a "carta" foi um acordo de cavalheiros, um entendimento. Não existiu propriamente um texto com a nossa assinatura",[6] relatou Corneliu Mănescu.

Mănescu esclareceu mais um mistério.

> Os "seis" poderiam ser mais. Tratava-se de políticos notáveis que pensavam do mesmo modo. Eles deram para trás com diversos pretextos. Um dizia que "não vou resistir às torturas", outro que "vamos perder o hospital, os remédios, as provisões mais básicas"... Eu tive um entendimento com Ludovic Fazekaş que assinaria a carta. Marquei um encontro na laje da casa onde morávamos tanto ele como eu. "Lamento", disse-me Fazekaş, "mas não posso assiná-la, porque se o fizer, as consequências serão graves, vamos perder tudo: a casa, os cupons de alimentos que temos..." E não concordou.[7]

***

A outro velho comunista que se recusou a assinar a "carta" referiu-se Alexandru Bîrlădeanu. Trata-se de Ion Iliescu.

Bîrlădeanu:

> Eu também tinha ouvido de alguns ex-colegas do CC do PCR que depois de Ceauşescu só poderia vir Iliescu. (...) Não vejo Iliescu como um lutador contrário a Ceauşescu, mas como vítima dele, em uma carreira política inicialmente brilhante. Sabia que havia recebido a visita, antes de 1989, do irmão de Virgil Trofin, enviado por Apostol visando pedir a sua adesão à nossa "carta" pública contra Ceauşescu. Ele se recusou. Isso me foi dito por Apostol, no tempo em que procurávamos adesões à "carta".[8]

***

---

[6] Lavinia Betea, *Convorbiri neterminate*. Bucareste, Editora Polirom, 2001.
[7] Ibidem.
[8] Lavinia Betea, *Alexandru Bîrlădeanu despre Dej, Ceauşescu şi Iliescu*. Buzau, Editora Evenimentul Românesc, 1997.

Após a queda de Ceauşescu, afloraram os grandes atritos entre os signatários da "carta". Era evidente que apenas o ódio comum a Ceauşescu e o consentimento dos soviéticos fizeram com que agissem em conjunto.

Em 2002, Silviu Brucan dizia: "Demonstrou-se que Apostol não era apenas informante da Securitate, mas também muito zeloso nas suas denúncias contra alguns conhecidos e amigos seus".[9]

Brucan, por sua vez, sofre pesados ataques de outro consignatário: Alexandru Bîrlădeanu, que declarou:

> Brucan foi um bom negociador. Como negociador, nos vendeu também. No verão de 1988, havíamos decidido com Apostol que ainda não encaminharíamos a "carta", porque tinha muito poucas assinaturas. Corríamos o risco de comprometer a ação, pois até o XIV Congresso ainda faltava um ano. Eu comuniquei a Brucan, através de sua esposa, pois naquele momento ele se preparava para viajar para o exterior, que ainda não tomasse nenhuma providência. Sem nos consultar, Brucan foi à Embaixada Americana e contou a respeito da carta e, ao fazê-lo, traiu a todos nós, pois a Securitate mantinha um "olheiro", bem ali onde ele informou sobre os nossos preparativos.[10]

---

[9] Revista *22*, 6 de maio de 2002.
[10] Lavinia Betea, op. cit.

Fecha-se o cerco

Para desestabilizar o regime ditatorial de Bucareste, as agências estrangeiras de espionagem formaram e treinaram grupos de agitadores para agir nas manifestações de rua.

As declarações de Nicolae Ceauşescu, após os primeiros eventos em Timişoara, foram consideradas cômicas naquele tempo. Em sua intervenção televisionada de 20 de dezembro de 1989, às 19h, Ceauşescu acusava os "agentes estrangeiros" de ingerência nos assuntos internos da Romênia. Mesmo que poucos acreditassem nisso, Ceauşescu tinha razão.

Desde 1987 os generais da Securitate colocavam em sua escrivaninha pilhas de informações sobre diversos cidadãos, romenos e estrangeiros que preparavam ações desestabilizadoras tanto em território romeno como além das fronteiras. Os grupos contrários a Ceauşescu radicalizaram suas ações bem antes do afastamento do "amado dirigente".

A rota húngara

Um episódio interessante foi relatado justamente por aquele incumbido de combatê-lo, o coronel Gheorghe Raţiu, ex-chefe da Divisão I da Securitate. Ele desvendou um movimento por meio do qual era criado um agrupamento do tipo paramilitar.

> De 1986 até 1989, nos deparamos com um fenômeno de evasão em massa do país. Uma ida ilegal para a Hungria. Nós o denominamos de "a rota magiar para chegar ao Ocidente". Em 1989, o fenômeno era o inverso: entrada em massa no país, vinda da Hungria. Fizemos um levantamento por hora e por dia, como vinham, se eram trazidos pelos húngaros.

Instaurou-se um inquérito e foi ordenado que, até depois do XIV Congresso do partido, os que fossem réus primários seriam investigados em liberdade e os reincidentes, condenados a um local de trabalho.[1]

Nicolae Ceaușescu ordenou pessoalmente que os transfronteiriços fossem detidos pelos guardas de fronteira em dormitórios especiais, até a elucidação do fenômeno de entrada maciça da Hungria e do Ocidente.

Coronel Rațiu:

> Montamos uma equipe de investigação e a mandamos para a fronteira. Tomamos vinte declarações de pessoas que reconheceram terem sido recrutadas pela organização "Romênia Livre" de Budapeste. Em 1988, em Bicske, a 40 quilômetros de Budapeste, em direção a Viena, havia um centro de instrução paramilitar, onde essas pessoas eram alojadas e treinadas. Uma parte dos interrogados reconheceu terem vindo para cá com a intenção de realizar ações que visavam à derrubada do regime. Eram romenos e ciganos.[2]

Tanto Ceaușescu como a Securitate sabiam o que era a "Romênia Livre" da Hungria. "Em 1986, havia uma saída maciça para a Hungria e ninguém voltava. Os húngaros favoreceram esse canal durante um tempo, levando-os até a Áustria com a ajuda de guias ou em barcos que cruzavam pelo Danúbio. Em 1987, um tal Roșca Marin, economista de Timișoara, instituiu em Budapeste essa organização 'Romênia Livre',"[3] declarou o coronel Rațiu.

"Nós da Divisão 1 da Securitate mandamos mais de sessenta pessoas a Bicske para coletar informações. Ali ministravam preparação política, preparação paramilitar, com armamento, defesa e ataque pessoal. Foram treinados para provocar desordens nas cidades, algo parecido ao que aconteceu em Timișoara."[4]

***

---

[1] Gheorghe Rațiu, estenograma da audiência perante a Comissão de dezembro de 1989, 16 de fevereiro de 1994.
[2] Idem.
[3] Idem.
[4] Idem.

Em 1989, quando Ceaușescu se preparava para ser reeleito, os serviços de espionagem buscavam apoio para desestabilizá-lo junto aos romenos. O historiador Alex Mihai Stoenescu soube pelo general Ștefan Alexie, que em 1989 era secretário de Estado no Departamento da Securitate, quais eram os critérios de recrutamento. O general Alexie declarou:

> Cerca de um ou dois meses antes dos acontecimentos em Timișoara, o chefe do serviço de Bihor encontrou em Borș dois cidadãos alemães, um de aproximadamente 50 anos e outro, de uns 28-30. Eles haviam entrado legalmente no país, mas na saída estavam portando listas e documentos que poderiam ser considerados nocivos ao Estado romeno. As listas continham alguns contatos, com endereço e nome completo. A Securitate começou a estudar e a contatar os que figuravam nas listas. Os dois alemães foram levados a um hotel em Oradea. Eles reconheceram ter vindo com a missão de treinar pessoas para agirem no momento oportuno, mediante ações anárquicas, nas cidades de Cluj-Napoca, Sighișoara, Sibiu, Brașov e Cugir. Os dois alemães recrutavam pessoas procuradas pela tentativa de passagem fraudulenta na fronteira, inclusive, prometiam ajuda nessa travessia; pessoas às quais o visto havia sido negado, de sair definitivamente do país, infratores do direito comum. Esse era o alvo deles.[5]

A fuga de Nadia

Para desestabilizar Ceaușescu, as conspirações não eram o único mecanismo de atuação. A Romênia tinha uma imagem muito boa no esporte mundial, em consequência de algumas performances fantásticas, principalmente na ginástica. Não foi por acaso que o mais retumbante caso de "deserção" do bloco comunista foi protagonizado por uma ginasta, não por uma qualquer, mas pela própria Nadia Comaneci, "a heroína de Montreal" que em 1976 havia maravilhado o planeta inteiro, obtendo a primeira nota 10 na história da ginástica.

---
[5] Alex Mihai Stoenescu, *Interviuri despre Revoluție*. Bucareste: Editora Rao, 2004.

Poucos dias depois do XIV Congresso do PCR, em 27 de novembro de 1989, Nadia foi ajudada a fugir do país. O historiador Alex Mihai Stoenescu conta os bastidores dessa ação e como deveria ser encarada pelo prisma de Ceaușescu. Explicou Stoenescu:

> Foi um golpe desferido pela espionagem húngara com a ajuda da mãe de Nadia. Os húngaros organizaram a ação partindo de informações recebidas de Béla Károly, ex-treinador de Nadia, que havia permanecido nos EUA nesse meio-tempo. As senhoras haviam recebido do regime comunista uma vila em Cotroceni. Nessas condições, procurou-se uma fórmula para oferecer-lhes algo mais. Assim, os serviços influenciaram a mãe de Nadia prometendo-lhe dinheiro e cargos. Vieram com uma equipe, no final de novembro, e passaram a fronteira com a ginasta. Na televisão norte-americana, em 2 de dezembro de 1989, as telas estavam divididas ao meio: de um lado mostravam o encontro em Malta, a tempestade daquele dia e as discussões no navio soviético, e, no outro, o avião com Nadia Comaneci aterrissando na América. Foi, portanto, um efeito de imagem realizado pelos serviços de espionagem. Nadia era chegada a Nicu Ceaușescu. Usava-o para obter vistos de trânsito. Isso era sabido, e uma ação daquele tipo não podia passar despercebida.[6]

Os serviços secretos húngaros não agiram sozinhos no caso da "evasão de Nadia". Foi colocado em prática um plano formulado pelos americanos, baseado na corrupção dos oficiais de fronteira no "corredor de fuga".

Informado pelo general Iulian Vlad (chefe da Securitate), Ceaușescu ficou petrificado: por alguns segundos não conseguiu articular palavra alguma. Depois, disse, perdido: "Mas, como é possível...? Por que precisava ir embora? O que lhe faltava aqui?".

O golpe foi devastador: através de Nadia, fugia do bloco comunista não apenas o símbolo esportivo número um do país, mas também a amiga chegada do filho do ditador. Sinal de que na Romênia não dava mais para viver. Assim, Ceaușescu tinha que desaparecer!

---

[6] Entrevista de Alex Mihai Stoenescu, Vălenii de Munte, 2 de agosto de 2009.

Uma conspiração cheirando a queijo

Ainda no outono de 1989, no município de Arad, se produziria um incidente que abalou a direção do partido. O historiador Alex Mihai Stoenescu atribui o acontecimento aos golpes que pretendiam denegrir a imagem do regime ditatorial. Stoenescu explicou:

> Um camponês atravessou a fronteira húngara, em algum lugar perto de Arad. Esse camponês não era qualquer um, era o pastor do diretório do partido. Ele tinha autorização legal de pastorear suas ovelhas na faixa de fronteira romeno-húngara. A autorização era dada de comum acordo com a nossa milícia de fronteira e com a do país vizinho. O pastor passava frequentemente com as ovelhas para o lado húngaro. Ia de tarde com o carro e juntava, do lado húngaro, as ovelhas que se perdiam do rebanho. O pastor era pródigo na distribuição de queijos, iogurte e leite a todos os chefes do partido em Arad. Tinha cobertura para todo tipo de infrações. A sua "deserção" foi uma ação especialmente planejada para ser lançada na cara de Ceaușescu.[7]

O camponês passou a fronteira com algumas centenas de ovelhas, cavalos, jumentos, carroças e um *trailer* Aro. Quando soube da "deserção", Ceaușescu ficou tão furioso que convocou em caráter urgente o ministro de Assuntos Internos (Tudor Postelnicu), o procurador-geral da Romênia (general Nicolae Popovici) e o chefe da Securitate (general Iulian Vlad). Depois de "esculhambá-los", chamando-os de "incompetentes", mandou os três para Arad a fim de investigarem o caso.

Com e sem dívida

Em abril de 1989, a Romênia quitou a sua dívida externa, uma operação pela qual Ceaușescu tinha muito carinho. "O sapateiro", em

---
[7] Idem.

seus pronunciamentos, explicava ao povo como era importante fazer economia para se livrar do peso da dívida externa.

Em 12 de abril, durante o discurso perante o plenário do CC do PCR, Ceaușescu anunciou que a Romênia havia quitado integralmente a dívida externa. Daquele momento em diante, esperava-se uma mudança.

O antigo vice-premier em 1989, Ion Dincă, conhecido pelo apelido "Te-leagă",[8] declarou em 1993:

> Após o pagamento das dívidas, fizemos uma série de propostas. Ceaușescu não as levou em consideração. As nossas exportações em 1989 ascendiam a 5,9 bilhões de dólares. Após termos pago a dívida, ficamos com 3,7 bilhões de dólares. Nós solicitamos que desse excedente fosse destinado 1 bilhão de dólares para a população. Ceaușescu disse: "Não! O dinheiro deve ir para a indústria. Não significa que, se pagamos a dívida, vamos soltar as rédeas e comer tudo o que produzimos!".[9]

Se tivessem tido uma vida decente, os romenos provavelmente não teriam ido massivamente para a rua forçar a saída de Ceaușescu. Os esforços dos serviços estrangeiros poderiam ter sido inúteis. A única alternativa, entretanto, seria um golpe palaciano, como na Bulgária de Todor Jivkov. No entanto, essa perspectiva tinha poucas chances de sucesso: tanto no CPEx como no CC, ninguém se atrevia a se opor a Ceaușescu.

Não se assem ao sol em dezembro!

Em 18 de dezembro de 1989, o jornal *Scînteia tineretului* (A faísca da juventude) publicou no canto direito inferior da página 5 um pequeno texto com um título absurdo: "Alguns conselhos para os que se

---

[8] "Te-leagă" significa, mais ou menos, "te pega no laço", pois "Dincă não hesitava em mandar prender membros importantes do aparelho estatal". (Fonte: Wikipedia) (N. T.)
[9] Ion Dincă, estenograma da Comissão de dezembro de 1989, 21 de outubro de 1993.

encontram nestes dias na praia". Os romenos estavam sendo instruídos a se bronzearem no litoral romeno nas férias de Natal!

Por que dar conselhos adequados ao verão, mas no inverno? O autor desse texto, Sorin Preda, que assinava S. P., tem uma explicação: "A editoria da página do aluno denominava-se 'Sorrisos pela metade'. Era, portanto, uma seção humorística. No entanto, é suspeito o fato de que, pela primeira vez, o título 'Sorrisos pela metade' havia desaparecido, assim como desapareceram depois o expediente, a *errata* e os avisos dos diretores". O secretário que se ocupou da produção da página foi Dan Dumitrescu, que depois da Revolução se tornou comentarista esportivo.[10]

Mais um dilema: a quem poderia ter servido tal texto, naqueles dias, tendo em vista que ele gerou uma histeria geral? Sorin Preda lembra-se bem do momento em que começou a ficar preocupado:

> Foi só em 22-23 de dezembro que começou a loucura. Em 23 de dezembro, apareceu o meu texto em Bucareste, em fotocópias; na parte superior do artigo estava manuscrito: "Veja quem atirou em nós!". Então, em que máquina foi fotocopiado o artigo, se em toda a Bucareste só existiam umas poucas copiadoras? Eram as máquinas do CC do PCR... Além disso, escrever nelas à mão era coisa pensada, e as cópias apareceram quase que simultaneamente em várias cidades: do país inteiro vinham telefonemas para a redação: "Que diabo é isso?". O texto se espalhou por toda a parte em um tempo relativamente curto e provocou prontas reações. Começo a acreditar que tal cenário serviu para alguém. Mas, quem? A quem e por que interessava desviar a atenção da imprensa e das pessoas para outro assunto? Seja como for, nessa história toda, meu texto caiu como uma luva.[11]

Vamos tentar um exercício de lógica. Se o texto contivesse verdadeiramente uma mensagem cifrada, teria funcionado mais rapidamente entre aqueles que organizavam agitações nas ruas, pela derrubada de Ceauşescu.

---

[10] Jornal *Adevărul*, 4 de novembro de 2009.
[11] Idem.

Já para o regime que ainda estava no poder era um *nonsense*, pois ele tinha à disposição todos os meios institucionais de se comunicar, e não precisava recorrer a mensagens criptografadas.

O artigo publicado no Scînteia tineretului

Alguns conselhos para os que se encontram nestes dias na praia:

- Evitem a exposição intempestiva e prolongada ao sol. É preferível começar com prudência, com exposições curtas de 10 a 15 minutos, ora de um lado, ora do outro. Assim, será assegurado um bronzeamento prazeroso e uniforme no corpo inteiro.
- Não avancem demais no mar. Em caso de perigo, não gritem, é inútil. As chances de que haja alguém por perto disposto a ouvir são mínimas.
- Aproveitem os benefícios dos raios ultravioletas. Como se sabe, eles são mais ativos entre 5h30 e 7h30. Isso é recomendado especialmente às pessoas mais sensíveis.
- Se você for do tipo sentimental que gosta do pôr do sol, as livrarias do litoral vendem uma variedade de vistas com esse tema.
- E mais uma coisa: se estes conselhos os deixaram pensando e suscitaram algumas hesitações, e se estão pensando em renunciar à praia para favorecer a montanha, significa que não amam suficientemente a grandeza do mar. (S. P.)

Decodificação na variante dos conspiradores anti-Ceauşescu

Alguns conselhos para a luta contra o tirano:

- Evitem o contato prolongado com as forças de repressão. Ajam isoladamente no começo e com retomadas curtas de 10 a 15

minutos, ora de um lugar, ora do outro, para aumentar o pânico e a derrota. Assim, será assegurada a eficiência.
- Não avancem demais na multidão. Em caso de perigo, não gritem, estão por conta própria. Ninguém vai ajudá-los no caso de serem presos ou desmascarados.
- Ajam preferentemente entre 5h30 e 7h30. As forças de repressão estão menos atentas nesse intervalo. Recomenda-se abordar pessoas mais crédulas que possam ser mais facilmente atraídas para a ação anti-Ceauşescu.
- No fim da tarde, ao escurecer, quebrem as vidraças das lojas nas avenidas. As autoridades vão entrar em pânico, e as pessoas se sentirão estimuladas.
- Se tiverem medo, é melhor desistir, pois de outra forma vão colocar em perigo os demais, que estão preparados para ações de comando no meio urbano (Sala do Palácio).

A última caçada

> *Ao voltar nervoso de Moscou, Ceaușescu descambou a tergiversar. Em 10 de dezembro de 1989, Nicolae Ceaușescu abateu no bosque Ogarca, da comuna de Ghimpați, no distrito de Giurgiu, quase quatrocentos faisões em três horas. Quinze dias depois ele mesmo seria caçado!*

O encontro em Moscou, realizado em 4 de dezembro de 1989, não mudou o comportamento de Nicolae Ceaușescu. Embora o líder soviético Mikhail Gorbachev tivesse alertado Ceaușescu quanto a sua resistência em implantar as mudanças promovidas pela URSS, em Bucareste as coisas continuavam estagnadas.

O déspota romeno voltou extremamente nervoso de Moscou. Aqueles que o acompanharam no avião lembram-se de que ele estava "irascível". Ficava irritado com qualquer coisa e não tinha paciência de ouvir ninguém. As más notícias o assaltavam de todos os lados e os últimos movimentos do eixo Moscou-Washington convenceram-no de que Gorbachev e Bush estavam tramando alguma coisa.

O nervosismo não abandonou Ceaușescu nos poucos dias de vida que lhe restaram. O mesmo estado de irritação acompanhou-o na sua última caçada que teve lugar no primeiro domingo após a volta de Moscou. Era dia 10 de dezembro e havia transcorrido seis dias desde o encontro com Gorbachev.

Quando subiu ao helicóptero para dirigir-se ao bosque Ogarca da comuna de Ghimpați, no distrito de Giurgiu, o chefe de Estado desejava algumas horas de relaxamento. Ele adorava caçar, caçar qualquer coisa, desde ursos até faisões, cabras negras e javalis. Em 10 de dezembro, os pensamentos obscuros não o abandonaram um instante sequer.

***

Mikhail Gorbachev relata em suas *Memórias* ter sido convidado por Ceaușescu a participar da caçada programada para 10 de dezembro. O convite foi feito seis dias antes, no final do encontro em Moscou. Escreveu Gorbachev em 1993:

> Pouco antes do encerramento do encontro, Ceaușescu perguntou-me: "Gosta de caçar?". Respondi-lhe que eu nem mais sabia o que era isso. "Então, deveria juntar-se a nós em uma caçada. Temos as melhores condições para isso", disse ele sorrindo. Será que ele queria demonstrar com isso sua confiança no futuro, que sua posição no país era estável? Duas semanas depois, aconteceram na Romênia os eventos trágicos.[1]

***

No dia 10 de dezembro, no bosque Ogarca situado a 40 quilômetros de Bucareste, foram colocados diante do fuzil de Ceaușescu e de seus parceiros de caça – altos dignatários comunistas – 4 mil faisões de um criadouro da Administração de Florestas de Giurgiu. Em três horas foram abatidas 380 aves, a maioria no estande do comandante supremo.

Ceaușescu atirou com fúria naquele dia. A fúria provinha de Moscou. Quinze dias depois ele mesmo se debateria com as armas no papel de "faisão". Naquele momento, o rifle ainda estava em Moscou.

O relato daquela caçada foi rememorado pelo aposentado Ion Tache. Em 1989, ele tinha 53 anos, era técnico florestal e se ocupava de organizar as caçadas presidenciais em Ogarca. "A temporada de caça começava assim que ele chegasse. Em 10 de dezembro, soltei 4 mil faisões na floresta. Foram abatidas cerca de quatrocentas aves",[2] lembra Tache.

Para que a atividade fosse bem-sucedida, os organizadores tinham o cuidado de que a caça fosse conduzida pelos batedores em direção ao estande zero, que era como os guardas florestais denominavam a posição ocupada pelo "primeiro caçador do país". Assim ocorreu em 10 de

---

[1] Mikhail Gorbachev, *Memorii*. Bucareste, Editora Nemira, 1994.
[2] Entrevista de Ion Tache, Ghimpați, setembro de 2009.

dezembro: os faisões eram levados pelos batedores e colocados sob a mira do fuzil do ditador.

Ion Tache não se esqueceu da festa que organizou antes da caçada de 10 de dezembro.

> Nós o esperávamos. Foi ao seu encontro o diretor da Administração Florestal, Gheorghe Gavrilescu que o recepcionou: "Seja bem-vindo, camarada secretário-geral, está tudo pronto! A caçada está organizada". Deram-se as mãos. Veio com ele também o primeiro-secretário do Distrito: "Seja bem-vindo, camarada presidente!". Foram todos até a mesa. Nós fritávamos frangos nas frigideiras com tocos de madeira. Frangos trazidos do criadouro de faisões, onde também criávamos galinhas. Já havíamos colocado as canecas na mesa: ele gostava de beber em canecas de barro. Havia ainda presunto fatiado, maçãs e pão quente.[3]

Ion Tache já havia organizado tantas mesas protocolares para o chefe de Estado, que já conhecia suas preferências gastronômicas. "Ele gostava dos frangos assim, mais crocantes. Salpicava-os com molho e tomava vinho quente. Uma vez, em uma caçada, satisfeito com a qualidade dos meus frangos, dirigiu-se aos membros do Comitê Político Executivo: 'Quando é que vocês vão criar frangos como estes? Vejam que gostosos e carnudos!'. Os demais se calaram",[4] conta Tache.

Ştefan Andrei, outro dignatário do regime de Ceauşescu, confirma que o chefe de Estado não tinha pretensões culinárias exageradas. "Ele gostava de pimentão recheado, não comia coisas estranhas, caviar e coisas assim. Tomava aguardente de Piteşti, que para ele era feita ali pelos lados de Campulung Muscel e gostava do vinho de Sâmbureşti. O vinho era preparado especialmente para ele com uvas selecionadas bago a bago e muito bem lavadas."[5]

**

---
[3] Idem.
[4] Idem.
[5] Entrevista de Ştefan Andrei, Snagov, agosto de 2009.

A caçada de 10 de dezembro não seria igual às outras. Desde a sua chegada, o helicóptero presidencial aterrissou em local diferente do costumeiro. Conta Ion Tache que,

> Ceaușescu chegou por volta das 10h e foi embora lá pelas 14h. Veio de helicóptero, mas os demais membros do Comitê Político Executivo foram trazidos de micro-ônibus ou chegaram com o próprio carro. Ele costumava aterrissar em alguma clareira dos bosques, no caminho entre Ghimpați e Giurgiu. Em 10 de dezembro, ele aterrissou na clareira do bosque de Ogarca. De lá, foi caminhando algumas centenas de metros até a margem da floresta, onde estava organizado o estande de tiro.[6]

O velho se lembra que Nicolae Ceaușescu dava salvas de tiros. "Ele não carregava a arma, dava um tiro atrás do outro. Mirava e atirava no faisão. Atrás dele ficavam dois armeiros que carregavam as suas armas. Ele as recebia e não perdia tempo em carregá-las. Os faisões pulavam entre as árvores, e Ceaușescu os acertava quase que a esmo."[7]

Os dois armeiros eram oficiais da Securitate. Ao redor do "grande caçador" estava seu médico pessoal que se ocupava de administrar-lhe os remédios a tempo, de medir-lhe a temperatura e de trocar-lhe a camisa suada.

Após quase três horas de caçada, Ceaușescu despediu-se de uma forma como nunca tinha feito antes. O engenheiro Ion Prodan, que em 1989 tinha 37 anos e era chefe da trilha florestal de Ghimpați, observou um detalhe interessante: "Antes de dirigir-se ao helicóptero, orgulhoso por seu desempenho, Ceaușescu apertou as mãos dos oficiais, mas aproximou-se também de alguns que haviam preparado a caçada e disse: 'Agradeço muito, estava muito bem organizada!'. Isso ele nunca tinha feito antes. Seria um sinal?".[8]

***

No mesmo estilo da caçada de 10 de dezembro de 1989, em Ogarca, eram organizadas todas as atividades das quais participava o chefe de

---

[6] Entrevista de Ion Tache, Ghimpați, setembro de 2009.
[7] Idem.
[8] Idem.

Estado. O engenheiro florestal Mitică Georgescu descreve os esforços dos guardas florestais no sentido de que a caça fosse de boa qualidade e que chegasse ao alcance da arma de Ceaușescu. No caso dos ursos, foram construídos locais especiais de observação para o chefe de Estado, com aquecimento e acomodações para repouso, sendo alguns deles dotados de instalações sanitárias.

Mitică Georgescu, organizador de algumas dessas caçadas, lembra como a caça era vigiada para que a atividade fosse bem-sucedida.

> Começamos cevando os animais no outono. Foi minuciosamente organizada a observação a distância da pontuação alcançada. Foram registradas datas sobre as condições do tempo, o comportamento do animal, quanto tempo ficava na mira do observador. Dávamos um nome a cada urso. O "corcunda" quando tinha o costado mais alto, o "colarinho" quando tinha alguma mancha em volta do pescoço.[9]

Para que o primeiro caçador do país ficasse satisfeito com o resultado da caça, os guardas florestais eram obrigados a perfilar os animais para registro fotográfico. Na mesma ocasião, era divulgada a pontuação dos troféus para que Ceaușescu ficasse orgulhoso de sua capacidade de boa mira. Para ele foram abertos caminhos de acesso e construídos abrigos e organizadas reservas de caça onde só podiam entrar o chefe de Estado e seus convidados.

Lembranças da retirada das tropas soviéticas

Muito antes de se tornar chefe do "protocolo" de caça de Ceaușescu, Ion Tache testemunhou um evento único. Em 1957, o líder soviético Nikita Kruschev foi convidado a uma caçada nos bosques de Ogarca e Albele da zona de Ghimpați, por Gheorghe Gheorghiu-Dej. Tache

---
[9] Mitică Georgescu, *Vânătorile lui Ceaușescu* așa cum au fost. Bucareste, Editora Corint, 2003.

lembra-se de um fato com sabor de história de caçadores. O velho guarda florestal relata:

> Após a caçada, reuniram-se no abrigo da criação de faisões. Ali havia uma mesa grande, antiga. Sentaram-se e lhes foram servidos frangos fritos. Eles levaram a vodca, e nós lhes demos vinho tinto de Ghimpați. A alegria era tanta que ninguém mais sabia onde era o seu lugar, beberam tanto que atropelavam uns aos outros em volta da mesa. Durante a confraternização, Dej pediu a Kruschev que retirasse as tropas soviéticas da Romênia. Disseram o que tinham a dizer e depois, lá fora, em cima do capô do carro de Kruschev, assinaram um papel. Um ano depois, os russos se retiraram.[10]

De acordo com os historiadores, as negociações para a retirada das tropas soviéticas da Romênia foram conduzidas por Gheorghiu-Dej, Maurer e Bodnăraș após uma longa estada de Kruschev na Romênia. A visita teve lugar em 1957. A retirada efetiva aconteceu no verão de 1958. Na ocasião, saíram 35 mil militares soviéticos.

---

[10] Entrevista de Ion Tache, Ghimpați, setembro de 2009.

O assédio tácito dos turistas soviéticos

> *Antes de agirem diretamente nas ruas, os sabotadores sondaram localidades nas quais poderia ser desencadeada a revolução. Os principais alvos foram Iaşi, Timişoara, Cluj-Napoca e Braşov, bem como os municípios de Harghita e Covasna.*

Depois daqueles dois importantes eventos do início de dezembro de 1989 (a reunião amigável entre Bush e Gorbachev em Malta e o tempestuoso encontro entre Gorbachev e Ceauşescu em Moscou), a queda de Nicolae Ceauşescu era uma questão de dias.

O cenário utilizado pelos soviéticos na Bulgária – o do "golpe palaciano" – era inexequível em Bucareste. Os políticos que assessoravam Ceauşescu mostraram – tanto na "Carta dos Seis" quanto no XIV Congresso – que não eram capazes de reformar o partido.

Para derrubar Ceauşescu, a URSS não apelou a uma intervenção militar declarada, como fizera na Hungria, em 1956, e na Tchecoslováquia, em 1968. Gorbachev anunciou que abandonaria a agressiva "doutrina Brezhnev" e não permitiria danos à imagem política e diplomática construída desde que assumira o poder. Nem mesmo a isca lançada pelos americanos, que justamente estavam intervindo militarmente no Panamá para derrubar Noriega, uma forma de instigar os soviéticos a fazerem o mesmo na Romênia de Ceauşescu, foi mordida por Gorbachev.

Tendo em vista que a alternativa de mudança política havia falhado, a Securitate, o Exército e a Milícia não pretendiam envolver-se diretamente no afastamento do ditador, e, uma vez que Gorbachev excluía a possibilidade de uma intervenção militar, a única solução era deflagrar a Revolução. Um cenário em que os russos eram peritos. Moscou foi o principal exportador de revoluções no período da Guerra Fria.

Nessas condições, a URSS recorreu a uma intervenção silenciosa, através dos seus agentes secretos. De repente, a Romênia tornou-se o destino preferido dos turistas soviéticos. Dados do Ministério de Assuntos Internos de Bucareste mostram uma explosão na quantidade de cidadãos soviéticos que entraram oficialmente na Romênia. Em dezembro de 1989, seu número ascendia a 67.530, recorde absoluto por ser o último mês do ano, durante o período comunista. Em dezembro de 1988, a Romênia foi visitada por 30.879 cidadãos da URSS, resultando na espetacular diferença de 36.651 soviéticos a mais! O percentual de crescimento de dezembro de 1988 a dezembro de 1989 foi de 118%. Mais que o dobro! E isso em condições de fechamento temporário das fronteiras num período de ocorrências perigosas, o que geralmente afasta os turistas em vez de atraí-los. Além disso, a pobreza na Romênia era atroz, não havia nada para comprar nem para negociar.

A intervenção soviética foi preparada acionando os agentes de influência que Moscou mantinha na Romênia. Eles, como também o exército de "turistas" soviéticos, tinham duas missões principais:

1. Promover a eclosão de uma revolta popular e transformá-la em revolução anti-Ceaușescu, inflamando a ira da população contra o regime ditatorial.
2. Impor uma liderança comunista "com cara humana" ao estilo Gorbachev, fiel a Moscou, que mantivesse a Romênia vinculada às alianças político-militares e econômicas do bloco comunista.

A moda em dezembro: o carro Lada

Os registros da aduana e de passaportes de 1989 mostram que, a partir de 9 de dezembro, o número de turistas soviéticos que entraram na Romênia aumentou consideravelmente. Havia se passado apenas cinco dias após a reunião em Moscou entre Ceaușescu e Gorbachev.

Tudor Postelnicu, ministro de Assuntos Internos em 1989, declarou em 1993:

> Obtivemos informações sobre o aumento de turistas da URSS que entraram no país. Entravam com carros Lada. Um número três vezes maior do que o normal. Os principais locais de entrada situavam-se na aduana de Siret, pela fronteira de Maramureș, mas alguns vieram por Giurgiu, via Bulgária. O Departamento de Passaportes me informou que muitos turistas vieram da Hungria e da Iugoslávia. Os húngaros vieram, em massa, via Borș. Na alfândega de Stamora Moravița foram registrados tanto sérvios quanto húngaros.[1]

De acordo com as instruções recebidas na aduana, os turistas soviéticos tinham 48 horas à disposição para transitar na Romênia. Eles não cumpriam o prazo. Em desespero de causa, Ceaușescu recorreu a medidas radicais. Na reunião do CPEx, de 17 de dezembro de 1989, ele ordenou o fechamento das fronteiras da Romênia. Os únicos que podiam entrar eram cidadãos chineses, norte-coreanos e cubanos.

Pouco tempo após a entrada na Romênia, os carros Lada – dentro dos quais havia até quatro pessoas (homens atléticos e mulheres avantajadas) – espalharam-se por todo o país. Um episódio similar foi relatado pelo general Ștefan Gușă, que, em 1989, era chefe do Estado-Maior do Exército Romeno.

> Em 15 de dezembro, junto com o ex-ministro da Defesa, Vasile Milea, participei do juramento nas unidades militares. Eu em Buzău, ele em Iași. À noite, voltamos para Bucareste. Meia hora após a minha chegada, o sr. Milea veio até mim e perguntou se eu havia notado algo especial. Eu não sabia a que ele se referia. Mas, no meu trajeto de Buzău a Bucareste e no dele de Iași a Bucareste, observamos muitos carros com placas russas. Ele me perguntou: "O que há com esses carros? Será que vão passar o Natal por aqui?".[2]

---

[1] Tudor Postelnicu, estenograma da audiência da Comissão de dezembro de 1989, 20 de outubro de 1993.
[2] Ștefan Gușă, estenograma da audiência da Comissão de dezembro de 1989, 21 de setembro de 1993.

Os carros Lada foram vistos tanto no leste quanto no oeste da Romênia. O general Iulian Vlad, chefe da Securitate, comentaria um informe proveniente da região de Banat. Declarou o general Vlad em 1993:

> Um exemplo é a Milícia de Caransebeş. O chefe da Milícia, capitão Ruşeţ, informou que naqueles dias apareceu um carro com três cidadãos soviéticos. Eles disseram que haviam batido o carro e precisavam de um mapa para circular. Os funcionários tentaram obter mais explicações. Um dos soviéticos disse: "Que é isso, colega! Somos militares como vocês!". Tal ocorrência foi registrada: que mais poderia ser feito uma vez que eles se reuniram com outros e foram todos juntos para Timişoara?[3]

A intervenção de Roman

Uma testemunha importante deu um depoimento, muitos anos depois da Revolução: o chefe do primeiro governo pós-comunista romeno, Petre Roman. Ele revelou que, cansado das ações dos sabotadores que dinamitavam o governo, solicitou ao embaixador oficial da URSS em Bucareste, em outubro de 1990, que fossem retirados os agentes soviéticos. "Na clara exposição, devidamente documentada, de Mihai Caraman, diretor da Central de Informações Exteriores, pedi aos soviéticos que retirassem seus comandos. Tratava-se de umas 25 a 30 mil pessoas."[4] O diretor Sergiu Nicolaescu acrescentou: "Eram 36 mil, sei disso pela pesquisa que fiz como senador".[5]

A solicitação surtiu efeito. "Os agentes foram retirados, pois Gorbachev modificara a estratégia e afirmara que a URSS não mais patrulhava a área",[6] concluiu Roman.

A pergunta é: O que fez aquele exército de espiões na Romênia durante quase um ano? Provavelmente, não estava alheio às grandes manobras de desestabilização do país, naquele agitado ano de 1990: o movimento dos

---

[3] Iulian Vlad, estenograma da audiência da Comissão de dezembro de 1989, 19 de outubro de 1993.
[4] Petre Roman, *Realitatea TV*, março de 2009, B1 TV, dezembro de 2009.
[5] Sergiu Nicolaescu, *Realitatea TV*, março de 2009.
[6] Petre Roman, op. cit.

mineiros, o conflito étnico romeno-húngaro em Tărgu-Mureş, a tomada do poder pelo grupo pró-Moscou, as contramanifestações organizadas pela FSN para intimidar a oposição. Não por acaso, em outubro de 1990 – quando ocorreu a solicitação de Petre Roman – Romênia era um país isolado do Ocidente e detestado pelo mundo civilizado. Embora tivesse se desligado do comunismo, ainda estava sob o controle total da União Soviética.

A mobilização dos diplomatas estrangeiros

A semana anterior à Revolução de 1989 prometia ser agitada também em nível diplomático. As autoridades dos EUA, da Grã-Bretanha, da Hungria, da Iugoslávia e da União Soviética começaram a se aproximar dos pontos de onde seria possível promover a revolta. A Securitate romena sabia o que estava acontecendo.

"Nos dias que antecederam os eventos, muitos diplomatas credenciados em Bucareste deslocaram-se para regiões da Transilvânia. Havia vários diplomatas de ambas as embaixadas que faziam plantão em Timişoara: americanos e britânicos. E também da Embaixada húngara",[7] declarou o chefe da Securitate, Iulian Vlad, em 1993.

Outro episódio relatado pelo General Vlad mostra que a imprensa estrangeira estava sendo colocada a par, por diversos canais, do que ocorreria na Romênia. "Alguns dos correspondentes que vieram em novembro para o XIV Congresso não deixaram mais o país. Adiaram a partida. Outros correspondentes de Viena, Cairo e Sofia pediram para vir à Romênia, desde que lhes fosse permitido transitar pelos distritos de Banat e da Transilvânia."[8]

No mesmo período, o cônsul iugoslavo em Timişoara também estava sendo vigiado. De acordo com relatórios da Securitate, ele saía até três vezes por dia de Timişoara em direção a Belgrado para fornecer informações diretas sobre o andamento dos preparativos para a revolta.

---

[7] Iulian Vlad, op. cit.
[8] Ibidem.

Que receia Vîntu?

No livro *Interviuri despre Revoluție* [Entrevistas sobre a Revolução], o historiador Alex Mihai Stoenescu citou uma discussão ocorrida em 2003, com Sorin Ovidiu Vîntu. Vîntu deu a entender que sabia muitos detalhes escabrosos dos acontecimentos de 1989, mas não estava disposto a revelar nada mais além dos limites da prudência. Em contrapartida, lembrou que fora companheiro de cela, nos anos 1980, do general Stephen Kostyal. Vîntu foi detento de direito comum, e Kostyal foi preso por conspirar contra Ceaușescu – mesmo que a acusação formal tivesse sido a de roubo de energia no relógio de luz da casa.

"Kostyal recrutou o general Ioniță, que tinha sido seu colega de classe na Academia Militar de Moscou. Ele atuou por ordem dos soviéticos em 1983. Kostyal, na realidade, detinha a cidadania soviética em segredo. Só por precaução! Mantinha o passaporte escondido dentro de casa. Os soviéticos protegem seus agentes dessa forma. Em caso de perigo, exibia o passaporte, e a embaixada avisava que se tratava de um cidadão da URSS",[9] disse Vîntu.

Vîntu advertiu Stoenescu, em 2003:

> Kostyal foi o comunista mais feroz que já conheci. Um estalinista convicto, dedicado de corpo e alma à União Soviética. Seu interesse concentrava-se na queda de Ceaușescu, porque assim ordenava Moscou. Ele dizia que, pessoalmente, Ceaușescu não lhe havia feito nada, que não tinha nada contra Ceaușescu, mas... E não digo mais nada, pois não tenho certeza de que na Romênia o assassinato político tenha desaparecido. Não estou a fim de acordar com uma bala na cabeça por um problema que não me diz respeito. A mão de um ucraniano custa 3 mil dólares. Então, seja prudente![10]

---

[9] Alex Mihai Stoenescu, *Interviuri despre Revoluție*. Bucareste, Editora RAO, 2004.
[10] Ibidem.

A revolução fracassada em Iași

A primeira tentativa de sair às ruas foi registrada em 14 de dezembro de 1989, em Iași. Na publicação *Revoluția din Decembru 1989 – Cronologie* [A Revolução de dezembro de 1989 – Cronologia], Alesandru Duțu registrou o momento em que houve a tentativa de organizar uma manifestação na Praça da União. A ação foi atribuída à Frente Popular Romena. Tratava-se de um grupo formado por intelectuais que conclamava a população de Iași a uma passeata na cidade. "Chegou o momento de tirar as algemas. Chegou o momento de nos livrarmos do frio, da fome e das trevas que nos dominam há 25 anos",[11] diziam os panfletos.

Em Iași, os soviéticos testaram a capacidade de reação do sistema repressivo de Ceaușescu. O panfleto assinado pela Frente Popular foi trazido de Chișinău e endossado pela Frente de Salvação Nacional. Aconteceu oito dias antes de a nova direção de Bucareste assumir a denominação de Frente de Salvação Nacional (FSN).

O teste fracassou porque na cidade havia várias centenas de atletas do Ministério de Assuntos Internos que participavam de um concurso chamado Dinamoviada. O concurso aconteceria em Oradea, mas foi transferido para Iași. As milícias e a Securitate bloquearam o acesso dos grupos de manifestantes à Praça da União. Até a manhã de 15 de dezembro, "foi feita a limpeza" em Iași.

Timișoara foi o estopim

Em Banat, as coisas estavam claras. Todas as ações realizadas, no interior ou exterior, eram orientadas pelo padre Laszlo Tökes. Desde 10 de dezembro de 1989, o pastor reformado anunciara aos paroquianos que em 15 de dezembro não oficiaria a missa, pois seria transferido.

---

[11] Alesandru Duțu, *Revoluția din Decembrie 1989 – Cronologie*. Editora Instituto da Revolução Romena de dezembro de 1989 (IRRD), 2006.

O historiador Ioan Scurtu publicou um informe da Securitate sobre Tökes e suas relações com os serviços estrangeiros de espionagem. "Nós tínhamos evidências da traição, um recibo assinado pelo pastor pelo montante de 20 mil lei e duas páginas com informações, tudo encontrado em poder de dois cidadãos húngaros que saíam do país, engajados nos serviços especializados do país vizinho."[12]

O coronel Gheorghe Rațiu diz que o pastor de origem húngara era monitorado bem de perto: "Nas últimas semanas, aos sábados e domingos, entravam de seis a sete carros da Hungria; faziam tocaia em Timișoara e tentavam mandar sinais para Tökes. Tínhamos microfones no escritório de Tökes".[13]

Timișoara tinha todos os atributos para dar lugar ao estopim da revolta. As medidas tomadas por Ceaușescu para evitar o movimento de massas eram praticamente inúteis. Uma dessas medidas chega a ser risível. Trata-se da proibição do funcionamento do mercado de pulgas de Timișoara, em 15 de dezembro. O mercado de pulgas era o lugar onde todos os romenos tentavam comprar café, sabão, cigarros importados, relógios eletrônicos ou goma de mascar com brindes.

Porém, em 16 de dezembro, começa a grande surpresa para Ceaușescu: a sabotagem. O número de pessoas na frente da residência de Tökes cresce a cada hora e, depois das 17h, alguns grupos se tornam mais agressivos. O tráfego parou, e os bondes foram imobilizados nos trilhos.

A partir desse momento, começam os ataques contra as instituições do Estado comunista. Um ataque silencioso, tenaz, realizado por profissionais. Durante três dias, a reação da população é bastante prudente. Com exceção do dia 17 de dezembro, quando, na Praça da Ópera, reúnem-se cerca de 3 mil pessoas, porém poucos cidadãos de Timișoara atrevem-se a aderir ativamente à revolta. A linha se rompe decisivamente em 20 de dezembro, quando se produz a massa crítica. Os moradores saem às ruas aos milhares, depois dezenas de milhares, consagrando a transformação de Timișoara, inacreditável e heroicamente, numa cidade "livre do comunismo".

---

[12] Ioan Scurtu, *Revoluția Româna din Decembrie în context internațional*. Editora Enciclopedică em colaboração com IRRD, 2006.
[13] Gheorghe Rațiu, estenograma da audiência da Comissão de dezembro de 1989, fevereiro de 1994.

A renúncia de um ditador

> *Em 17 de dezembro de 1989, Ceaușescu liderou uma dramática reunião do Comitê Político Executivo. Ele fez o jogo de renunciar da função de secretário-geral do PCR. "Convencido" a mudar de ideia, Nicolae deu poderes a Elena para presidir a Romênia até a sua volta do Irã.*

Domingo, 17 de dezembro de 1989, 17h. Na Via Victória, em frente ao Palácio Real, há um edifício monumental no qual nada parece estar acontecendo. Uma construção fria, hostil, em cuja frente os transeuntes aceleram os passos. Eles sabem que lá, por trás das grossas paredes, está o poder. O Comitê Central do PCR. Lá está Ceaușescu.

Da rua, o edifício parece mergulhado em profunda serenidade. No entanto, lá dentro a efervescência é grande. Ceaușescu, nervoso, convocou uma reunião dos membros do Comitê Político Executivo do CC do PCR – o famoso CPEx. Eram os seus chegados. Sua gente de confiança. O núcleo do poder.

Assistido por sua esposa Elena, Ceaușescu esculhamba e humilha os chefes do Exército (general Vasile Milea), do Ministério de Relações Internas (Tudor Postelnicu) e da Securitate (general Iulian Vlad). Furioso por eles não terem liquidado a escaramuça de Timișoara. Ele os condena violentamente por não terem dotado as tropas com cassetetes e balas de festim: "Vocês os enviaram para lutar com os próprios punhos",[1] quando era preciso usar munição de guerra.

Postelnicu murmura algumas desculpas, Milea e Vlad tentam explicar, mas são esmagados pela fúria do ditador e pelo silêncio dos

---
[1] Estenograma da reunião do CPEx em 17 de dezembro de 1989.

membros do CPEx. Sentem um frio na espinha quando Ceauşescu diz: "Sabem o que eu deveria fazer com vocês? Colocá-los diante do pelotão de fuzilamento!".[2] O casal de ditadores quer destituir os três de suas funções, sob graves acusações. "É covardia", diz Elena, referindo-se ao modo como Milea, Postelnicu e Vlad conduziram a repressão em Timişoara. "Mais que covardia", reforça Nicolae, "é pactuar com o inimigo!".

Os ditadores explicam até como deveriam ter atuado. Diz ele: "Era preciso atirar para derrubá-los, intimá-los e depois atirar nas pernas!".[3] Intervém ela: "Deveriam atirar neles para derrubá-los e depois colocá-los na masmorra. Para que ninguém saísse mais de lá".[4] E ele, novamente: "Aqueles que entraram no Comitê Municipal do Partido não deveriam mais sair, tinham que ser pisoteados".[5]

Ceauşescu oferece a conclusão: "Os caras vêm com pedaços de ferro, e nós retribuímos com sermões".[6] Ele mesmo apresenta a solução: "Precisamos liquidar rapidamente o que está acontecendo em Timişoara".[7] Como? "Com munição de guerra",[8] porque "as balas de festim são brinquedos de criança".[9]

A obsessão com a traição "do Oriente e do Ocidente"

No decorrer de toda a reunião, Ceauşescu parece tomado pelo medo de uma intervenção estrangeira, a "ingerência nos assuntos internos". Está obcecado com os espiões, especialmente os soviéticos.

Referindo-se aos *hooligans*[10] de Timişoara, Ceauşescu lembra seu inimigo vindo do Leste, Mikhail Gorbachev, com quem que ele se encontrou

---

[2] Ibidem.
[3] Ibidem.
[4] Ibidem.
[5] Ibidem.
[6] Ibidem.
[7] Ibidem.
[8] Ibidem.
[9] Ibidem.
[10] *Hooligans* é uma designação inglesa usada para referir-se a rebeldes, "párias" da sociedade, inconformistas com o *status quo*. (N. T.)

treze dias antes. "Um punhado de vagabundos, instigados por aqueles que querem destruir o socialismo",[11] diz Ceauşescu.

O chefe do Exército, o de Assuntos Internos e o da Securitate são acusados de cumplicidade com o inimigo: "(...) E vocês estão fazendo o jogo deles".[12]

Ceauşescu retoma obsessivamente o tema da "traição": "Agora, na Europa, há uma situação de rendição, de pactuar com o imperialismo, para acabar com o socialismo".[13]

E mais uma vez: "Existem ações planejadas tanto pelo Oriente quanto pelo Ocidente. Eles se uniram para destruir o socialismo, pois querem um *socialismo humano* capitalista".[14] (Tremenda semelhança com a famosa expressão de seu sucessor, Ion Iliescu, que, cinco dias depois, em 22 de dezembro, prometia um *comunismo com cara humana*!)

Ceauşescu aponta claramente os seus inimigos: "Todos devem saber que estamos em guerra. Tudo o que aconteceu e acontece hoje na Alemanha, Tchecoslováquia e Bulgária e, no passado, na Polônia e Hungria, questões organizadas pela União Soviética, com apoio norte-americano e do Ocidente".[15]

O medo do golpe de Estado faz com que ele declarasse: "O que aconteceu nos últimos três países – R. D. da Alemanha, Tchecoslováquia, Bulgária – foram golpes de Estado organizados e apoiados pela escória da sociedade. Escória da sociedade com apoio estrangeiro".[16]

Ceauşescu apela à memória de um momento histórico: a Tchecoslováquia de 1968, no auge de sua popularidade. "Se em 1968 não tivéssemos agido, reunido o povo, e armado as guardas patrióticas, eles viriam para cima de nós como fizeram na Tchecoslováquia, porque tanto os soviéticos quanto os búlgaros estavam na fronteira."[17]

---

[11] Estenograma da reunião do CPEx em 17 de dezembro de 1989.
[12] Ibidem.
[13] Ibidem.
[14] Ibidem.
[15] Ibidem.
[16] Ibidem.
[17] Ibidem.

O momento de máxima tensão ocorreu ao final da reunião. Irritado porque os camaradas do CPEx haviam pedido clemência para o trio Milea-Postelnicu-Vlad, Ceauşescu ameaça renunciar. Segue-se uma cena melodramática em que os camaradas prorrompem em manifestações de fé eterna.

"Não faça isso, camarada secretário-geral"

"Quer dizer que os senhores não concordam com a medida proposta?! Então, escolham outro secretário-geral!"[18] Choque: os 31 dignitários comunistas no salão, membros do Comitê Político Executivo do CC do PCR, ficam estupefatos. Algo assim nunca acontecera em 24 anos de poder absoluto. Era 17 de dezembro de 1989, 17h40, e Ceauşescu interpretou um papel que lhe era totalmente inusitado: o da renúncia.

Essa passagem falta no estenograma oficial da reunião porque foi transcrita na página 19, a única das 21 páginas que desapareceu! Em 4 de janeiro de 1990, a estenógrafa Maria Ionescu – a mesma que fez também a transcrição original – reconstituiu de memória, na sede do Ministério da Defesa Nacional, os diálogos de 17 de dezembro de 1989. O resultado foi um registro simplificado, de oito páginas apenas.

A reconstituição revelou as razões para o desaparecimento da página 19: lá estavam relatadas a demissão de Ceauşescu e as bajulações de alguns membros do CPEx. Graças às lembranças de Maria Ionescu e às consultas de alguns membros do CPEx, foi reconstituída a atmosfera daqueles doze minutos tragicômicos. Foi o tempo para que Ceauşescu revertesse a sua decisão.

Após incitar os membros do CPEx a escolherem "outro secretário-geral", Ceauşescu, num gesto teatral, espalhou os papéis que estavam à sua frente, levantou-se da cadeira e caminhou em direção à porta. Isso deu início à pantomima circense.

---

[18] Ibidem.

Silviu Curticeanu: "Não é isso, camarada secretário-geral! Eu nunca vou abandoná-lo, ficarei ao seu lado para sempre!".

Constantin Dăscălescu, levantando-se da cadeira: "Não é possível, camarada secretário-geral! Nós não queríamos isso! Não iremos adiante sem Vossa Excelência!".

Dumitru Popescu: "Quem disse isso?".

Emil Bobu: "Por favor, não fique zangado, camarada secretário-geral!".

Elena Ceaușescu murmura, inclinando-se contra a parede: "Vocês aborreceram o camarada". E seus olhos "filmavam" tudo, tentando detectar quem poderia trair o camarada.

Mais uma vez, Dăscălescu: "Camarada Ceaușescu, não renuncie! Nós vamos adiante, mas só se for ao seu lado!".

Nicolae Constantin: "Camarada Dăscălescu, não admito que grite com o camarada Ceaușescu!".

Todos os camaradas em pé, com feição assustada e olhos esbugalhados.

Cornel Pacoste corre e se posiciona diante da porta, com as mãos na maçaneta, no intuito de impedir a saída do camarada Ceaușescu.

Lina Ciobanu e Ana Mureșan começam a chorar.

Também choram as paredes, os quadros da parede. E até mesmo os vasos de flores choram copiosamente.

O camarada Ceaușescu dá passos relutantes em direção à porta.

Do alvoroço emerge a voz de Postelnicu: "Estamos com o senhor!". E oferece a imagem de dois olhos lânguidos.

Elena: "Vejam o que fizeram ao camarada!".

Bobu: "Se é assim, digo que devemos destituí-los".

O camarada Ceaușescu se detém.

A camarada Ceaușescu segura a mão dele e o convence a voltar ao seu assento.

O camarada Ceaușescu diz: "Está bem, camaradas, vamos tentar mais uma vez".[19] Agora, o perdão é bem-vindo, pois vem da parte dele.

---

[19] Ibidem.

Leana,[20] a chefe do país

Os lamentos e pedidos cessam de repente – mesmo que ainda houvesse suspiros na sala – quando Ceauşescu, retomando seu lugar, diz: "Bem, então amanhã irei ao Irã e voltaremos a este assunto quando acabarem os problemas em Timişoara".[21] O retorno de Teerã estava previsto para 20 de dezembro.

Reassumindo a pose de galo do terreiro, anuncia que, na sua ausência, a Romênia seria liderada pela "camarada Ceauşescu, junto com Manea Mănescu".[22] Em nenhuma hierarquia, Elena Ceauşescu era a número dois no governo. Ela detinha um dos quatro cargos de vice-primeiro-ministro, ao lado de Ion Dincă, Gheorghe Oprea e Lina Ciobanu, e acima deles estava o chefe de governo, Constantin Dăscălescu. O vice-presidente do Conselho de Estado (da Presidência da República) era Manea Mănescu, cujo presidente era Nicolae Ceauşescu.

Os últimos amigos: Coreia do Norte, China e Cuba

Antes de declarar encerrada a reunião, Ceauşescu ordena uma medida que revela o seu próprio medo: o fechamento das fronteiras. "Dei uma ordem para interromper qualquer atividade de turismo. Não deve entrar mais nenhum turista do exterior, porque todos eles foram transformados em agentes de espionagem. Também ordenei a imediata interrupção do pequeno tráfego fronteiriço!".[23]

O medo de Moscou o faz ordenar: "Que não venha mais ninguém, nem dos países socialistas, a não ser da Coreia, China e de Cuba! Porque

---

[20] Leana: apelido de Elena. (N. T.)
[21] Estenograma da reunião do CPEx de 17 de dezembro de 1989.
[22] Ibidem.
[23] Ibidem.

todos os países socialistas vizinhos não são confiáveis. Os enviados dos países vizinhos socialistas são agentes".[24]

Além disso, na mesma reunião, Ceaușescu referiu-se carinhosamente ao seu amigo Fidel Castro, que, assim como ele próprio, acusava Gorbachev "de destruir o socialismo". "Castro tem toda a razão, nas palavras que disse perante o partido, porque uma coisa dessas é inadmissível",[25] disse de passagem o secretário-geral.

Um falso momento de coragem

Na tempestuosa reunião do dia 17 de dezembro de 1989, desesperado porque os "órgãos competentes" não haviam colocado os "reacionários" no lugar correto, Nicolae Ceaușescu apelou à sua pressuposta bravura – e à dos comunistas – dos últimos 44 anos. "Teria sido melhor mobilizar quinhentos trabalhadores, como fizemos em outros tempos em Bucareste, em 1945, frente àqueles que estavam nesta praça, quando eles dispararam. Eu estava com Doncea, Pătrășcanu e não fugi",[26] disse ele.

Vasile Bărbulescu, cunhado de Ceaușescu, apoiou suas palavras: "Eu sei que você estava aqui na praça e se expôs às balas dos reacionários".[27]

Que mentira! Na realidade, em 24 de fevereiro de 1945, os comunistas – junto com as tropas soviéticas – foram os autores de um ato sangrento.

Na época, na Praça do Palácio, em Bucareste – uma grande área entre o Palácio Real e o prédio do Ministério de Assuntos Internos (em 1989, sede do Comitê Central do Partido Comunista), na Via Victória – os comunistas trouxeram tropas de choque para dispersar uma manifestação de apoio ao rei Mihai e ao governo Rădescu.

---

[24] Ibidem.
[25] Ibidem.
[26] Ibidem.
[27] Ibidem.

Adriana Georgescu, chefe de Gabinete do general Rădescu, descreve as cenas de horror no livro *La început a fost sfârşitul* [No princípio radicou o fim].

> Dirigindo-me ao Ministério, vi os bondes cobertos de cartazes: "Morte a Rădescu", "Abaixo o governo", "Viva a URSS!", "Viva o glorioso Exército Vermelho!". Hoje, os tanques soviéticos andam pela cidade. O dia 24 de fevereiro é, de fato, o Dia do Exército Vermelho. (...) Caminhões carregados de manifestantes desfilavam pela Praça do Palácio. Nos caminhões, imensos cartazes vermelhos com os retratos de Stalin e Ana Pauker. (...) De volta ao escritório. O general grita: "No chão! Abaixe-se!". Duas janelas são quebradas. As balas penetram na parede. O telefone não para de tocar: no país, as prefeituras são atacadas. (...) Anoiteceu. Ouço uma música vindo da rua. Abrimos a janela totalmente. Vejo uma massa inerte que canta o hino nacional na Praça do Palácio. Atrás de mim, alguém repete o refrão. À minha direita, um colega chora. É uma canção, uma canção simples, mas essa música nos ajudava há vários meses a manter a cabeça erguida, para resistirmos no país ocupado. (...) Um grito forte: "Viva o rei!", repetido em coro. E, novamente, em uma só voz: "Viva Rădescu!". Na sala ao lado, o general também abriu a janela. O hino nacional é retomado. E, de repente, um carro dispersa a multidão. Ouço tiros e gritos. O carro passa novamente. Metralham a multidão à direita e à esquerda. Multiplicam-se os gritos. Alguém brada: "Os comunistas estão atirando na multidão!".[28]

No noticiário do rádio, das 22h, o general Rădescu dirige-se à nação:

> Um punhado de canalhas devorados pela ambição, por ordem de dois estrangeiros, Ana Pauker e o húngaro Vasile Luca, tenta subjugar o povo romeno e, para esse fim, não hesita em usar as armas do terror. (...) Eles se dizem democratas, mas pisam na democracia. Querem assassinar o país. Em todo o nosso território, seus crimes são inúmeros. (...) Dispararam contra o Palácio Real. Dispararam contra a chefatura de Polícia. Atacaram o Ministério de Assuntos Internos, onde eu estava, uma bala quebrou o

---

[28] Adriana Georgescu, *La început a fost sfârşitul*. Editora Fundaţiei Culturale – Memoria, 2004.

vidro e entrou no meu escritório. Há 45 minutos, cidadãos que manifestavam apoio ao rei, em frente ao Palácio Real, foram metralhados por homens que estavam dentro de um carro. Há dois mortos e onze feridos.[29]

Com uma carreira construída na base do terror, intrigas e mentiras, Nicolae Ceaușescu não pôde suportar a verdade, mesmo depois de quase meio século. E, mais ainda, ele não pôde suportar o balanço da história. Os soviéticos haviam sido bons naquela época, em 1945, quando, atuando barbaramente, abriram-lhe o caminho ao poder. No entanto, são ruins agora, quando, operando bem mais discretamente, decidiram apeá-lo do trono.

Um estenograma perdido

O estenograma original reproduz com bastante precisão os diálogos de 17 de dezembro, mas falta um momento essencial (perdido junto com a página 19). O estenograma, muito simplificadamente reconstituído, contém também a cena da renúncia. Essa segunda versão, mesmo que reduzida a oito páginas, foi a peça de resistência para proceder à prisão e à acusação aos membros do CPEx.

Os dois estenogramas foram comparados, item por item, pelo pesquisador Domenico Viorel, na obra *Caietele Revoluției* [Cadernos da Revolução]. Aqui, reproduzimos integralmente a versão original, completando-a com a reconstituição do momento que lhe falta. Foram essenciais, nessa reconstituição, as conversas com testemunhas do momento-chave na sessão do CPEx.

O estenograma possui algumas imprecisões, explicáveis pela realização de uma reunião tempestuosa e pela dificuldade de registrar todos os diálogos, que se tornaram caóticos no momento da falsa renúncia. Por exemplo, atribui-se ao general Iulian Vlad a saudação "camarada secretário-geral", embora ele sempre dissesse "camarada presidente" (era Postelnicu quem o chamava de "camarada secretário-geral", e Milea de

[29] Ibidem.

"camarada comandante supremo"). Também no discurso atribuído a Ceaușescu, Vlad é mencionado como "comandante das tropas da Securitate", quando o ditador, de fato, usou a função correta, "chefe da Securitate"; o comandante das tropas da Securitate era o general Ghiță, subordinado ao general Vlad.

Entretanto, o erro mais importante não aparece no estenograma original, mas no reconstituído em janeiro de 1990, sob o novo poder político. Aqui, pode tratar-se, ainda, de uma distorção da realidade: o momento da demissão é apresentado por meio de algumas réplicas fugazes, quando, de fato, a cena durou cerca de doze minutos!

O general Iulian Vlad, um dos três comandantes ameaçados de execução por Nicolae Ceaușescu, declarou, em 1993:

> Este estenograma foi reconstituído, foi aprimorado após a reunião. Dois membros da direção do partido pegaram este estenograma porque não queriam que ele permanecesse na história. Trata-se de Emil Bobu e Silviu Curticeanu. Eles esconderam os detalhes que pertenciam ao momento da renúncia de Ceaușescu, do delírio. Mas, que estenograma pode ser esse, se foi refeito? Em dado momento, o estenograma não foi mais encontrado. Foi reconstituído com base em lembranças. Que memória precisaria ter aquele homem para reproduzir, depois de algumas semanas, os acontecimentos daquela reunião fulminante!?[30]

Ainda em 1993, Silviu Curticeanu, um dos mais influentes colaboradores de Ceaușescu, tentou explicar as trapalhadas com o estenograma.

> Dado o seu caráter, o estenograma estava comigo. Em 26 de dezembro de 1989, as primeiras perguntas que me fizeram não eram a meu respeito, mas sobre outros. Então contei da existência desse estenograma da reunião e informei que estava em meu armário, em um envelope lacrado, que eu não tinha lido. No tumulto ocorrido naquele momento, disseram-me que eu não podia ir ao escritório, e que quem iria seriam os próprios inquisidores; entretanto, ou eles não foram, ou chegaram tarde demais. Uma semana

---

[30] Iulian Vlad, estenograma da audiência da Comissão de dezembro de 1989, 19 de outubro de 1993.

depois apareceu um estenograma baseado em lembranças. Maria Ionescu, que era a estenógrafa daquela reunião, foi levada para uma unidade militar. Disseram que o estenograma original havia desaparecido e que era preciso refazê-lo com base nas lembranças. É possível que uma estenógrafa refaça um estenograma baseando-se em sua memória, qualquer um pode fazê-lo, mas não é possível fazê-lo em forma de diálogo, reproduzir o que cada um deles havia dito. Algum tempo depois, quando me trouxeram o estenograma feito com base na memória, afirmei que não poderia me embasar nele. Pedi que trouxessem o estenograma do meu armário. Mais tarde, em 10 de janeiro, apareceu em um jornal, *România Liberă* [Romênia Livre], eu acho: "O estenograma da morte". Lendo-o, percebi que era o original. (...) Finalmente, o estenograma fora encontrado em circunstâncias dramáticas. Meu escritório tinha sido arrombado, e alguém – cujo nome eu nunca soube – pegou o estenograma e o levou ao Ministério do Petróleo. Fiquei sabendo disso há pouco tempo. O estenograma foi entregue ao meu advogado. Junto com Brucan, ele levou o estenograma ao jornal *România Liberă*.[31]

***

Imediatamente após a reunião do CPEx em 17 de dezembro de 1989, Nicolae Ceauşescu presidiu uma teleconferência com os primeiros-secretários municipais do partido e "outros quadros do comando". O alvo era Timişoara, para onde ele já enviara uma equipe de generais e altos funcionários no intuito de restaurarem a ordem.

Durante a teleconferência, Ceauşescu retomou os principais temas da reunião do CPEx, com duas exceções: o enxovalhamento ao trio Milea-Postelnicu-Vlad e a sua própria tentativa de renúncia. O comandante supremo pediu à liderança de Timişoara para agir "com a máxima eficiência". Ion Coman, recém-chegado à capital de Banat, assegurou: "Três colunas militares estão entrando em Timişoara. Mandamos que se dirigissem ao centro da cidade. Mandei abrir fogo!".[32]

---

[31] Silviu Curticeanu, estenograma da audiência da Comissão de dezembro de 1989, 28 de outubro de 1993.
[32] Estenograma da teleconferência com o primeiro-secretário do partido, 17 de dezembro de 1989.

A última visita: Teerã

> Apesar da complicada situação no país, Ceaușescu não desistiu da visita amistosa ao Irã, programada para 18 a 20 de dezembro de 1989. A viagem à República Islâmica foi a última ida ao exterior do ditador que, em 24 anos de reinado, percorreu o mundo inteiro.

A viagem ao Irã, feita por Ceaușescu em sua última semana de vida, deu origem à muita especulação. Algumas extremamente absurdas.

Imediatamente após a Revolução, dizia-se que os terroristas haviam sido trazidos do Irã por navio. Outros diziam que havia pousado um avião de carga com mercenários "amorenados".

Na verdade, Ceaușescu programara a visita de antemão. Os tópicos discutidos com o presidente do Irã, Ali Akbar Hashemi Rafsanjani, eram principalmente de natureza econômica.

***

Em 18 de dezembro, o comportamento do ditador romeno foi diferente daquele que geralmente demonstrava em tais viagens. O secretário pessoal de Ceaușescu, Mihai Hîrjău, declarou, em 1994: "Normalmente, antes de ir ao exterior, mesmo que fosse cedo, ele passava pelo escritório. Naquele dia não passou. E foi para o Irã".[1]

Às 8h30, antes de ir para o aeroporto, Ceaușescu convidou à sua casa, no bairro Primavera, os chefes dos ministérios militares. Ele queria saber qual era a situação em Timișoara.

Ion Dincă, membro do CPEx, declararia:

---

[1] Mihai Hîrjău, estenograma da audiência da Comissão de dezembro de 1989, 7 de fevereiro de 1994.

No dia 18 de dezembro, pela manhã, Ceaușescu conversou com Bobu, que era o segundo no comando. Bobu tinha uma informação do partido e garantiu a Ceaușescu que em Timișoara as coisas estavam dominadas. Na verdade, em 18 de dezembro, as coisas não estavam dominadas. Tínhamos recebido algumas informações de que alguns *hooligans* estavam quebrando as lojas, mas não fomos informados de que aquelas manifestações eram contra Ceaușescu e o comunismo.[2]

Tranquilo com as mentiras que estava ouvindo, Ceaușescu foi para o aeroporto de Otopeni, de onde, logo após as 9h, decolou rumo ao Irã. Antes de entrar no avião, fez questão de transmitir uma mensagem ao general Milea.

"No aeroporto, depois que Milea apresentou o clássico relatório sobre o estado da aeronave presidencial, Ceaușescu disse: 'Em relação aos estragos em Timișoara, camarada Milea, não conserte nada! Filmem tudo e quando eu voltar transmitiremos tudo por televisão'. A mesma coisa foi confirmada pelo pessoal de Timișoara, que disse ter recebido ordens para não consertar nada",[3] declarou Silviu Curticeanu, chefe da chancelaria presidencial.

***

Marcada quase um ano antes nas agendas das visitas oficiais, a viagem ao Irã ocorreu de acordo com os regulamentos e protocolos em vigor naquela época. O primeiro a chegar a Teerã foi um oficial da Quinta Divisão da Securitate, a instituição responsável pela segurança e proteção do comandante supremo. Era o capitão Ivan Gelu, que, habitualmente, atuava como assessor de Elena Ceaușescu.

Ivan foi ao Irã em 9 de dezembro de 1989, antes de começar a movimentação em Timișoara. Ele declarou:

> Ultimamente eu cuidava da preparação do apartamento para todo tipo de viagens. Eu era assessor dela, mas eles gostavam do modo como

---

[2] Ion Dincă, estenograma da audiência da Comissão de dezembro de 1989, 21 de outubro de 1993.
[3] Silviu Curticeanu, estenograma da audiência da Comissão de dezembro de 1989, 28 de outubro de 1993.

eu preparava a residência. Minha missão no Irã era cuidar da casa de hóspedes, do apartamento, de acordo com os requisitos previstos. Precisava ter aquecimento, água quente, água fria, além dos demais detalhes exigidos e limpeza. Eu tinha os dispositivos de detecção de radiações e o resto fazia com os olhos e as mãos. Eu fazia uma vistoria técnica das salas, mas nunca encontrei nada.[4]

A residência reservada a Ceauşescu, durante a sua estadia no Irã, foi o Palácio Saadabad, em Teerã.

***

Nos dois dias em que esteve no Irã, Ceauşescu assumiu um comportamento atípico. Aqueles que o acompanhavam notaram.

"O que observei no Irã foi que Ceauşescu pediu, por diversas vezes, ligações para a Romênia. Normalmente, era eu quem fazia as ligações. Mas dessa vez ele preferiu que seu assessor as fizesse. Conversou em horas impróprias para o nosso fuso horário. Se na nossa terra fossem cinco horas, eram oito no Irã",[5] declarou o secretário Mihai Hîrjău.

O nervosismo da delegação que chegara de Bucareste também foi percebido pelo capitão Ivan Gelu. "Quando a delegação chegou, todo mundo estava nervoso. Eu não sabia o que tinha acontecido no país, porque estava ocupado com a estada em Teerã."[6]

Segundo outras pessoas da delegação, houve momentos em que Ceauşescu telefonava à Romênia de meia em meia hora. Em geral, falava com Elena Ceauşescu ou Manea Mănescu.

Outro relato sobre a visita veio de Vasile Nicolcioiu, que, em 1989, era chefe de Protocolo do Partido e do Estado. "Ele conversou com o presidente iraniano, recebeu a visita do ministro de Relações Exteriores em seus aposentos. Além disso, não fez mais nada de especial. Também visitou um museu, sozinho. Era um museu de arte popular – pinturas.

---

[4] Ivan Gelu, estenograma da audiência da Comissão de dezembro de 1989, 16 de novembro de 1995.
[5] Mihai Hîrjău, estenograma da audiência da Comissão de dezembro de 1989, 7 de fevereiro de 1994.
[6] Ivan Gelu, estenograma da audiência da Comissão de dezembro de 1989, 16 de novembro de 1995.

A visita durou uma hora, e o guia era o diretor do museu. Outros membros da delegação reuniram-se com seus homólogos",[7] disse Nicolcioiu.

***

O abismo entre a propaganda e a realidade atingiu profundezas cósmicas no jornal *Scînteia* de terça-feira, 19 de dezembro de 1989. Enquanto em Timişoara aconteciam coisas dramáticas, a primeira página do jornal sob a tutela do Comitê Central era dedicada à visita "histórica" de Ceauşescu ao Irã. Vamos registrar, para toda a eternidade, as sete manchetes da capa:

- "A visita amistosa oficial do camarada Nicolae Ceauşescu, presidente da Romênia, à República Islâmica do Irã."
- "No aeroporto Bucareste-Otopeni" (pelo artigo sabe-se que "os pioneiros romenos e os filhos dos membros da Embaixada iraniana ofereceram flores ao camarada Ceauşescu e a Elena Ceauşescu").
- "O jantar oficial em homenagem ao presidente Nicolae Ceauşescu, oferecido pelo presidente Ali Akbar Hashemi Rafsanjani."
- "Calorosa recepção em Teerã."
- "Discurso do presidente Nicolae Ceauşescu."
- "Discurso do presidente Ali Akbar Hashemi Rafsanjani."
- Entrevista do camarada Nicolae Ceauşescu ao jornal iraniano *Tehran Times*.[8]

Uma vez que todo o espaço da página 1 não tinha sido suficiente, a visita ao Irã foi também inserida na página 3 inteira, além de uma boa parte da página 6 (última). Quase a metade do jornal fora dedicada a uma reunião absolutamente banal! Ceauşescu precisava ser apresentado como um homem que fazia história a cada passo. Em contrapartida, a situação interna era completamente abafada.

***

---

[7] Vasile Nicolcioiu, estenograma da audiência da Comissão de dezembro de 1989, 23 de março de 1994.
[8] Jornal *Scînteia*, 19 de dezembro de 1989.

Enquanto Nicolae Ceauşescu se deixava mimar pelos anfitriões iranianos, a Romênia vivia uma calamidade. As rédeas do poder estavam nas mãos de Elena Ceauşescu e Mănescu Manea, conforme estabelecido na reunião do CPEx, em 17 de dezembro.

Constantin Manea, chefe do gabinete de Ceauşescu declararia, em 1993: "Parando para pensar, agora com mais calma, sobre sua partida para o Irã, acho que ele viajou apenas para não estar aqui. Calculava que tudo seria resolvido em Timişoara e ele retornaria como se nada tivesse acontecido".[9]

Contudo, quando retornou, as coisas já estavam fora de controle. Manea presenciou uma das cenas em que Elena Ceauşescu perdeu a cabeça. "Ela falava, normalmente, com Ion Coman, encarregado dos problemas de Timişoara. Os dois estavam tensos. Ouvi Elena gritando, acho que com Coman, 'é preciso atirar nas pernas, é preciso assustá-los'."[10]

Enganado até no Irã

Nicolae Ceauşescu retornou da "gloriosa" visita a Teerá na quarta-feira, 20 de dezembro, perto das 15h. Ele recebeu as primeiras informações através de Elena Ceauşescu. Ion Dincă forneceu-lhe os detalhes. O antigo funcionário fazia confusão, falando ora em 53, ora em 52 cadáveres. Disse Dincă:

> Quando voltou do Irã, no aeroporto, a primeira coisa que fez foi perguntar qual era a situação em Timişoara e no país. Foi-lhe dito que havia apenas treze mortos em Timişoara e acho que ele ficou tranquilo, ao saber que as coisas haviam sido resolvidas com apenas treze mortos enquanto ele estava viajando. Quando chegou ao escritório, pediu contato com o primeiro-ministro Dăscălescu. Perguntado sobre quantos mortos havia em Timişoara, Dăscălescu disse-lhe a verdade: 52 mortos. Ceauşescu quis saber

---

[9] Constantin Manea, estenograma da audiência da Comissão de dezembro de 1989, 28 de dezembro de 1993.
[10] Idem.

por que tinha sido enganado. De fato, dos 52 mortos restavam apenas doze, porque quarenta tinham sido trazidos para Bucareste. Creio que a decisão partiu de Elena Ceauşescu, mas não sei quem a executou.[11]

Em 19 de dezembro, os quarenta cadáveres foram levados a Bucareste, para ser queimados no crematório e suas cinzas jogadas num esgoto em Popeşti-Leordeni, na periferia de Bucareste. No entanto, os rastros da repressão não puderam ser apagados.

Era 20 de dezembro e Ceauşescu preparava-se para falar ao povo sobre os acontecimentos em Timişoara.

---

[11] Ion Dincă, estenograma da audiência da Comissão de dezembro de 1989, 21 de outubro de 1993.

A preocupação de Ceauşescu: a situação no Panamá

Jogar verde para colher maduro. O ditador romeno condenava os norte-americanos pela intervenção no Panamá, mas, na realidade, mandava recado aos soviéticos para não intervirem "nos assuntos internos da Romênia".

Após a reunião de Malta entre George Bush e Mikhail Gorbachev (2 a 3 de dezembro de 1989), a atenção de Nicolae Ceauşescu voltou-se para a América Latina. Não porque quisesse aumentar a importação de bananas ou café, mas porque estava interessado na situação político-militar da região.

Uma informação recebida pela Securitate da Romênia, em primeira mão, de um agente secreto, após a reunião de Malta, deixou Ceauşescu de prontidão. No dia 3 de dezembro, antes da meia-noite o comandante da Securitate, general Iulian Vlad, informou ao chefe do Estado romeno que Bush e Gorbachev haviam combinado resolver "de qualquer maneira" os problemas políticos no Panamá e na Romênia.

O ditador romeno entendeu a mensagem: os norte-americanos derrubariam o general Manuel Antonio Noriega, e os soviéticos fariam o mesmo com Nicolae Ceauşescu. Daquele momento em diante, ficou de olho no Panamá, como se olhasse no espelho. O destino do regime na cidade do Panamá era cópia fiel do regime de Bucareste. Ou vice-versa.

***

Na volta de Teerã, a atmosfera a bordo da aeronave presidencial era tensa. Não apenas por causa dos acontecimentos em Timişoara, mas também por causa de uma comunicação urgente da agência de imprensa oficial, Agerpres. A informação veio pelo telex do avião.

O general Iosif Rus, chefe da Aviação Militar, comandava a viagem ao Irã. Em 1995, ele disse perante a Comissão de dezembro de 1989 que fora alertado pela tripulação sobre a chegada de "um telegrama importante".

O secretário pessoal de Ceaușescu, Mihai Hîrjău, também se lembrou do telegrama em questão. "A bordo do avião havia teleimpressoras nas quais se recebiam notícias da Agerpres. Elas eram imediatamente entregues a Ceaușescu. Houve uma notícia sobre a intervenção dos Estados Unidos no Panamá de Noriega. Aconteceu bem na hora de seu regresso. Ficou gravado em minha mente porque, logo depois disso, coloquei a notícia em sua escrivaninha."[1]

***

A intervenção norte-americana no Panamá tinha como alvo o então chefe de governo, o general Manuel Antonio Noriega. Ele era um agente duplo: do serviço secreto norte-americano e do serviço secreto cubano. Noriega trabalhou para a CIA de 1950 até 1980.

Em 1989, Noriega tornou-se inimigo dos Estados Unidos e precisou ser afastado. Ele foi acusado pelo governo americano de ter enviado informações confidenciais a Cuba, o que facilitou a transferência de tecnologia sofisticada aos países comunistas do Leste Europeu. Foi atribuída também a Noriega a venda de armas a grupos comunistas na América Latina. Dentre as acusações, tampouco faltou a colaboração com traficantes de drogas.

Com o pretexto da execução de um soldado norte-americano pelos militares do general Noriega, os Estados Unidos invadiram o Panamá em 20 de dezembro de 1989. Ao mesmo tempo, os soviéticos agiam silenciosamente na Romênia, tendo Nicolae Ceaușescu na mira. De volta de Teerã, ele encontrou um vespeiro impossível de acalmar. Apenas a obsessão pelo poder perpétuo poderia cegá-lo de tal forma a não deixá-lo perceber que havia entrado em uma armadilha mortal.

---

[1] Mihai Hîrjău, estenograma da audiência da Comissão de dezembro de 1989, 7 de fevereiro de 1994.

Código da mensagem:
Panamá = Romênia, EUA = URSS

Após o encontro Bush-Gorbachev, os editores das páginas internacionais do *Scînteia* – "órgão informativo do CC do PCR" – acompanhavam o noticiário político-militar na América Latina. A partir de 14 de dezembro, a principal informação do exterior era a situação no Panamá.

A edição abre com uma notícia intitulada "República do Panamá rejeita interferência dos EUA em seus assuntos internos".[2] Ao mesmo tempo, a liderança da Romênia socialista critica duramente a interferência dos poderosos em "assuntos internos dos países soberanos".[3]

Vamos ser francos: o "tio Nicu" não dava a mínima para Noriega! O general sequer fazia parte do seu grupo de amigos (como a maioria dos ditadores africanos), porque durante décadas seguidas comportara-se mais como um "agente imperialista". Na verdade, a mensagem não era para os norte-americanos, mas para os soviéticos. Substituam o Panamá pela Romênia e os EUA pela URSS, e vão entender o que queria dizer Ceaușescu: "A República Socialista da Romênia rechaça a interferência da URSS nos seus assuntos internos". Mas, por enquanto, ele não podia falar sem reservas, para não enfurecer ainda mais os soviéticos. Especialmente porque a Romênia e a URSS eram aliados políticos e militares (Tratado de Varsóvia), bem como econômicos (CAER).

Em 15 de dezembro, o *Scînteia* "dá uma folga ao Panamá". Em contrapartida, nas páginas das notícias internacionais aparece um "telegrama de felicitações" recebido por Ceaușescu de um amigo africano: marechal Mobuto Sese Seko Kuku Ngbendu Wa Za Banga. "Em nome do povo do Zaire, unido em torno do nosso partido, o Movimento Popular da Revolução, e em meu próprio nome, desejo-lhe imensas e calorosas felicitações",[4] escreveu o selvagem ditador do Kinshasa. Ceaușescu

---

[2] Jornal *Scînteia*, 14 de dezembro de 1989.
[3] Ibidem.
[4] Jornal *Scînteia*, 15 de dezembro de 1989.

tinha sido reeleito três semanas antes, mas nunca é tarde demais para dar provas de apreciação.

Quanto mais a situação no Panamá piorava, *Scînteia* tomava posição, colocando-se na trincheira: "A União Nacional dos representantes dos magistrados do Panamá nomeou o comandante das Forças de Defesa do Panamá, o general Manuel Antonio Noriega, na função de chefe de governo, com poderes extraordinários de emergência para assegurar a defesa do território nacional contra as agressões externas. A União Nacional declarou estado de guerra no país, que será mantido enquanto continuarem as agressões econômicas, políticas e militares do governo dos EUA contra o Panamá".[5]

Ocupado com a reunião do CPEx e a teleconferência, o comandante supremo acha tempo para transmitir instruções também ao *Scînteia*: "Mais Panamá! Mais Noriega".

Quando partiu para o Irã, Ceaușescu tinha, a bordo do avião presidencial, o jornal *Scînteia* daquele dia. Na última página do jornal retumbava o artigo que condenava os americanos, "os demônios" do caso Panamá. Os "demônios", no caso da Romênia, eram os soviéticos, mencionados na reunião do CPEx realizada a portas fechadas. Estavam recebendo um recado, por enquanto, por tabela. "Tio Nicu" estrilava com os americanos, para que os soviéticos ouvissem.

Uma seção internacional do jornal do partido criticou os Estados Unidos até 22 de dezembro, quando Ceaușescu sentiu na própria pele que as informações recebidas na noite de 3 de dezembro de 1989 do general Vlad eram totalmente verdadeiras. Dolorosamente verdadeiras!

***

A partir de 20 de dezembro, as mensagens do *Scînteia* tornam-se cada vez mais transparentes. Ficamos sabendo que o governo panamenho acusava os Estados Unidos de "terrorismo de Estado contra um país soberano e independente".[6] Depois, começa-se a notar nas entrelinhas do jornal do partido o medo de Ceaușescu da aniquilação física.

---

[5] Jornal *Scînteia*, 16 de dezembro de 1989.
[6] Jornal *Scînteia*, 20 de dezembro de 1989.

"As tropas dos EUA entraram – por ordem do presidente George Bush – em território panamenho. (...) O objetivo da agressão armada americana, contra este pequeno país não alinhado da América Central, é, conforme afirma o próprio chefe da Casa Branca, capturar o general Manuel Antonio Noriega, chefe do governo panamenho, e "restabelecer a democracia" no Panamá. Proclamando-se "defensores da liberdade", os Estados Unidos arrogaram-se o "direito" de julgar, à luz dos seus próprios interesses, se o governo de um Estado independente e soberano é democrático ou não.[7]

O *Scînteia* menciona também a dimensão das tropas norte-americanas enviadas ao Panamá. O paralelismo com os soviéticos que já operavam na Romênia é surpreendente! "No ataque injustificado contra a República do Panamá, aliaram-se forças aéreas e terrestres. Pelo menos 30 mil soldados dos Estados Unidos participam dos ataques acometidos pela manhã contra quatro quartéis panamenhos".[8]

Nas entrelinhas do jornalista anônimo (na verdade, o próprio Departamento de Imprensa do Comitê Central do PCR) sobressai a satisfação de Noriega não ter sido capturado, mas sente-se a necessidade desesperada de segurança por parte de Ceauşescu diante da possibilidade da intervenção soviética. "O general Antonio Noriega 'estava em lugar seguro e estava determinado a resistir'", declarou o chefe da guarda pessoal do general na emissora nacional de rádio.[9]

O *Scînteia* cria um paralelismo perfeito entre o Panamá e a Romênia, ao referir-se aos "pequenos Estados" (leia-se: Panamá e Romênia) em confronto com os "superpoderosos" (EUA e URSS). "São ainda mais condenáveis os atos brutais de agressão dos EUA contra um pequeno país que defende sua liberdade e independência violadas por uma superpotência. É um direito sagrado, de qualquer povo, decidir seu próprio estilo de vida, regime político, de acordo com suas aspirações e tradições."[10]

Para justificar a necessidade de perpetuar o seu regime, Ceauşescu – o perfeito demagogo – é capaz de apelar até para as "aspirações" e "tradições",

---

[7] Jornal *Scînteia*, 21 de dezembro de 1989.
[8] Ibidem.
[9] Ibidem.
[10] Ibidem.

embora ele nunca tenha perguntado ao povo, sinceramente e sem encenações, se eles queriam comunismo ou capitalismo, se queriam república ou monarquia, se queriam Papai Noel ou Boneco de Neve. E nada lhe pareceu errado quando os comunistas, empoleirados nos tanques soviéticos, forjaram as eleições de 1946, tomaram o poder na Romênia, afugentaram o rei, nacionalizaram as fábricas e confiscaram as terras. Teriam sido essas, naquele momento, as "aspirações" e "tradições" do povo romeno?

***

Em 22 de dezembro, o *Scînteia* é ainda mais transparente quanto ao temor de Ceauşescu de ser afastado, preso e liquidado.

> As notícias vindas do Panamá trazem novos detalhes, quase inacreditáveis para o tempo em que vivemos, em relação às práticas da política norte-americana. O porta-voz da Casa Branca anunciou que os Estados Unidos estabeleceram um prêmio de um milhão de dólares americanos pela captura do general Noriega e uma recompensa de 150 dólares para cada soldado, leal a Noriega, eliminado. Tais meios, inqualificáveis, constituem o desmascaramento que amarra ao pilar da infâmia todos aqueles que recorrem a tais métodos.[11]

"*Aqueles que recorrem a tais métodos*" – esta é a chave! Aqui fica bem claro que o Panamá não era o problema do "tio Nicu", e sim, a Romênia! Não eram os americanos que o assustavam, mas os que "*recorriam a tais métodos*", presentes aqui mesmo, ao seu redor: no país, na cidade, na praça e quem sabe até mesmo no Palácio...

Algumas horas mais tarde, pouco depois da fuga de Ceauşescu, o *Scînteia* aparece em edição especial, com um nome enfeitado: *Scînteia poporului* [A Faísca do Povo]. Os mesmos jornalistas nos informam que "A ditadura caiu, o povo está livre",[12] e na primeira página é inserida uma explicação: "Nosso jornal aparece hoje em edição especial, numa expressão patriótica, nova, verdadeira, como jornal do povo".[13] Já no dia seguinte, os profissionais da mídia produzem uma manchete que mostra

---

[11] Jornal *Scînteia*, 22 de dezembro de 1989.
[12] Jornal *Scînteia poporului*, 22 de dezembro de 1989.
[13] Ibidem.

a habilidade por muito tempo estrangulada pelo odioso ditador: "Entre balas e granadas, Bucareste trabalha pelo país e pelo povo".[14]

O silêncio do trigo e a paz do pão

Continuamos em 22 de dezembro, mas voltamos ao jornal da manhã para ver o que mais produziram os profissionais de imprensa antes da fuga do *odiado*. O *Scînteia* nos diz que nos quatro cantos do país a população apoia o secretário-geral de corpo e alma. Mensagens, declarações, reportagens. Paramos num artigo inserido na página 2, cujo título era exatamente o seguinte: "Vamos agir em conjunto para que a pátria dos nossos antepassados continue sendo nossa, daqueles que a trabalham/Palavra dos camponeses do município Gheorghe Doja, em Ialomița".[15]

Para compenetrar-nos da atmosfera do lugar: "Saindo da roça – ali onde adubavam trigo e cevada, preparavam mudas de legumes para o próximo ano – e do setor zootécnico (...), vieram os habitantes do município Gheorghe Doja, desde o jovem até o mais velho, para darem sua firme e forte opinião sobre os eventos de Timișoara".[16] E aí, o que aconteceu? "Em uma manifestação cívica vibrante",[17] tomou a palavra o camarada Constantin Călin, presidente da C.A.P. (Cooperativa Agrícola de Produção) Gheorghe Doja.

> Quando ouvi o pronunciamento do camarada Nicolae Ceaușescu e descobri o que aconteceu em Timișoara, em 16-17 de dezembro – que culminou com os atentados terroristas de vandalismo e destruição dos bens públicos – fiquei extremamente revoltado e entendi, mesmo porque não é difícil de entender, que esses elementos, *hooligans*, sabotadores são instrumentos manobrados pelos círculos revisionistas, revanchistas, imperialistas, que atacam a integridade e a independência do país, tentando impedir o desenvolvimento impetuoso da nossa pátria amada.[18]

---
[14] Jornal *Scînteia poporului*, 23 de dezembro de 1989.
[15] Jornal *Scînteia poporului*, 22 de dezembro de 1989.
[16] Ibidem.
[17] Ibidem.
[18] Ibidem.

Agora, preste muita atenção! À frente dos trabalhadores da comunidade Gheorghe Doja, o camarada Călin brinda-nos com uma passagem de inefável vivência poética.

> O nosso trigo lançado na terra neste outono brotou abundante anunciando safras das maiores; e outras culturas produzirão colheitas recordes. Com que direito vem essa gente perturbar o silêncio do trigo e a paz do pão? Esses indivíduos deveriam saber que nós, os camponeses, assim como o povo todo, estamos irmanados como o trigo e estreitamente unidos em torno ao partido e seu querido líder, homem de excelsa humanidade conhecido na comunidade Gheorghe Doja tanto pelas crianças como pelos idosos.[19]

A evolução das notícias sobre o Panamá no jornal Scînteia

14 DE DEZEMBRO: "A República do Panamá rechaça a intromissão dos EUA em seus assuntos internos".
16 DE DEZEMBRO: "EUA atentam contra a independência da República do Panamá".
17 DE DEZEMBRO: "Panamá: apelo para a criação de uma frente unida em prol da defesa da independência do país".
20 DE DEZEMBRO: "O governo panamenho repudia firmemente a intromissão dos EUA nos assuntos internos do país".
21 DE DEZEMBRO: "Um ato inadmissível de imensa gravidade internacional: a agressão dos EUA contra a República do Panamá".
22 DE DEZEMBRO: "Agressão dos EUA contra o Panamá: uma grave e condenável manifestação da política de força e ditadura".

---

[19] Ibidem.

20 de dezembro: no auge do desespero

> Em uma teleconferência, um discurso e um decreto, Ceauşescu pede à população para dar "uma resposta firme aos círculos reacionários". Vocifera em vão: os romenos não têm mais qualquer vontade de ajudar um ditador desesperado. Quem acreditaria nele após tantos anos de mentiras?

Ao voltar do Irã, Ceauşescu comportou-se como um ator de um filme mal dirigido. O ditador estava convencido de ser o personagem positivo. Tomava decisões contraditórias baseando-se em um aliado inexistente: a classe trabalhadora.

Do aeroporto, "tio Nicu" foi direto ao escritório, na sede do Comitê Central do Partido Comunista. Seu objetivo era desmontar as ações desestabilizadoras. Um dos secretários de gabinete, Mihai Hîrjău, declararia: "Em determinado momento, ele chamou aquele que coordenava as guardas patrióticas, o coronel Pîrcălăbescu. Pelos fragmentos da conversa que se ouviam na antessala – alguns entravam, outros saíam – percebi que era preciso entrar em contato com alguns municípios, para enviar as guardas patrióticas a Timişoara".[1]

Trata-se da mobilização de aproximadamente 25 mil pessoas nos municípios de Dolj, Olt e Vâlcea, enviadas em 21 de dezembro para Timişoara, armadas com cassetetes, no intuito de reprimir os manifestantes.

---

[1] Mihai Hîrjău, estenograma da audiência da Comissão de dezembro de 1989, 7 de fevereiro de 1994.

A teleconferência do desespero

Vendo a situação, Nicolae Ceaușescu decidiu naquela mesma noite – 20 de dezembro de 1989 – comunicar-se pessoalmente com os primeiros-secretários do partido dos municípios, bem como com os "trabalhadores".

O chefe da Chancelaria Presidencial, Silviu Curticeanu: "Chegando ao escritório após a volta do Irã, disse-me para preparar o estúdio de TV para as 19h, pois ele queria transmitir algo ao vivo. Era o estúdio usado para gravar os votos de Ano-Novo. Enquanto isso, provavelmente falou com Bobu ou Dăscălescu e disse que, lá pelas 17h, queria uma teleconferência antes da transmissão ao vivo".[2]

A teleconferência começou às 18h. No seu pronunciamento – confuso, com frases longas e incoerentes – ele se referiu à situação no Panamá, insistindo no acordo soviético-americano de Malta.

> Devo chamar a atenção de todos, não apenas dos comunistas, mas de todos, para a campanha desencadeada por diferentes grupos. Começando com Budapeste, isso demonstra sem deixar dúvidas (inclusive o presidente dos EUA declarou ter conversado em Malta com o presidente Gorbachev sobre os problemas da Romênia), do mesmo modo que no ataque dos Estados Unidos contra a República do Panamá, um país que defende a sua independência, integridade e soberania e não quer capitular perante os círculos imperialistas, antirrevolucionários que querem liquidar a independência e a liberdade territorial da pátria... Isso obriga todos os cidadãos a reforçarem a solidariedade e responderem com firmeza aos grupos que minam os interesses do povo romeno; que os trabalhadores e cidadãos de todas as áreas deem sua resposta visando neutralizar essas ações contra a independência socialista, a independência da família e do nosso povo.[3]

---

[2] Silviu Curticeanu, estenograma da audiência na Comissão, dezembro 1989, 28 de outubro de 1993.
[3] Estenograma da teleconferência de 20 de dezembro de 1989.

O discurso do desespero

Antes do final da teleconferência, Ceauşescu teve o cuidado de comunicar ao povo romeno que, às 19h, faria um discurso televisionado sobre a situação em Timişoara. Alguns dos primeiros-secretários do país asseguraram ao "camarada" que tomariam providências para que o discurso fosse ouvido pela maioria dos "trabalhadores".

O pessoal subordinado a Ceauşescu preparava a sala com muito zelo, mas não havia nada que agradasse ao comandante supremo. Silviu Curticeanu: "Depois da teleconferência, disse para colocarmos mais cadeiras na sala, pois ele queria que mais pessoas participassem da transmissão ao vivo. Participariam do *Bureau* Permanente Elena Ceauşescu, Ion Dincă, Gogu Rădulescu, o ministro das Relações Exteriores (Ion Stoian) e o ministro da Defesa (Vasile Milea). Ele entrou no estúdio, observou o cenário e tirou as cadeiras. Fez o seu discurso em pé".[4]

O pronunciamento durou cerca de dez minutos e foi uma versão resumida do mesmo discurso já encaminhado à imprensa, para sair no dia seguinte no *Scînteia*. O texto integral poderia ser lido pelos "trabalhadores" na edição do jornal de quinta-feira, 21 de dezembro de 1989.

O decreto do desespero

Depois da teleconferência e após a transmissão televisiva, Nicolae Ceauşescu encontrou-se na sede do CC do PCR com o encarregado de negócios agregado à Embaixada da URSS em Bucareste.

O encontro aconteceu por volta das 20h. Meia hora mais tarde, Ceauşescu assinou um decreto sobre o estado de calamidade no município de Timişoara.

No texto do decreto estava escrito: "Todas as unidades do Exército, do Ministério de Assuntos Internos e os destacamentos das Guardas

---

[4] Silviu Curticeanu, estenograma da audiência da Comissão de dezembro de 1989, 28 de outubro de 1993.

Patrióticas foram colocados em estado de alerta".[5] E mais, ficavam proibidas "quaisquer reuniões públicas e a circulação em grupos maiores de cinco pessoas".[6]

Enquanto isso, no gabinete 1 ocorria um imenso tumulto. Entre os chamados à ordem estava também o prefeito da capital, Barbu Petrescu. Petrescu foi encarregado por Ceauşescu a mobilizar "os trabalhadores" para organizar, na manhã seguinte, uma grande manifestação popular contra os *hooligans* de Timişoara.

Ceauşescu queria, na realidade, mostrar a solidariedade "de todo o nosso povo" – "profundamente devotado ao PCR" – com "o mais querido filho do povo". Ele tinha certeza de que os romenos estariam prontos a botar as mãos no fogo por ele. Nem lhe passava pela cabeça que "os trabalhadores" poderiam abandoná-lo. Muito menos que eles poderiam se voltar contra ele. Era 20 de dezembro de 1989, e Ceauşescu ainda se considerava o salvador do povo romeno.

Esse dia seria também o último em que o ditador dormiu na cama de sua casa, no bairro Primavera. Nos poucos dias que lhe restariam para viver, ele se deitou em seu quarto, na sede do Comitê Central, na cama de ferro do quartel de Târgovişte ou no assento desconfortável de um veículo militar.

Aqui, Rádio Europa Livre!

Enquanto Nicolae Ceauşescu preparava os últimos suspiros do seu regime repressivo, a maioria dos romenos mudou a frequência do rádio para a emissora Europa Livre. De 18 de dezembro de 1989 em diante, a estação apresentou a situação de Timişoara. A partir do dia 20 de dezembro, as mensagens anti-Ceauşescu multiplicaram-se.

Recompilamos aqui alguns dos conteúdos das notícias da Rádio Europa Livre desde que Ceauşescu decretou estado de emergência em Timişoara.

---

[5] Decreto presidencial anunciando estado de calamidade em Timiş, 20 de dezembro de 1989.
[6] Ibidem.

- Palavra do escritor Eugen Ionescu de Paris: "Eu estou com vocês, desejo-lhes liberdade!".
- Áudio gravado com tiros em Timişoara, em que se ouvem rajadas de armas automáticas, transmitido ao longo de todo o dia. Ouvem-se, inclusive, tiros de canhão e um grito de mulher. (Mais tarde, o jornalista Emil Hurezeanu admitiu que a fita gravada com os tiros tinha sido uma montagem.)
- O apelo do dr. Vasile Flutzer, presidente do Comitê Romeno para os Direitos Humanos: "Os soldados romenos não atiram em filhos e filhas do povo!".
- 20 de dezembro de 1989, protesto na Praça Odeon em Munique: Doru Braia, defensor dos direitos humanos, pediu a Ceauşescu para sair.
- Comunicado da agência iugoslava Taniug: "Na Romênia foi decretado estado de emergência. Feridos são deixados para morrer à míngua, e depois enterrados em valas comuns".
- Foi citada a estação de rádio de Sofia: "Nas ruas de Bucareste são vistas mais e mais patrulhas militares".
- É transmitida uma estatística macabra: 4.500 mortos em Timişoara. (Uma tremenda mentira!)

Durante os programas e eventos foram anunciadas também manifestações de protesto dos romenos do Ocidente.

A Europa conta os dias de Ceauşescu

No livro *Revoluţia din Decembrie 1989*, Alesandru Dutu publica algumas reações de líderes europeus às decisões tomadas por Ceauşescu. Tais declarações também foram feitas em 20 de dezembro, dia em que Ceauşescu decreta estado de emergência no município de Timişoara.

François Mitterrand, presidente da França, que estava em visita à RDA, declarou na televisão: "Na Romênia não há um regime ideológico.

É um regime pessoal, familiar, que não tem razão de subsistir. Estou convencido de que os dias desse regime, numa Europa que está em plena evolução, estão contados".[7]

Alois Mock, ministro de Relações Exteriores da Áustria, declarou ao *Times*: "A violação brutal dos mais elementares direitos humanos na Romênia criou uma situação perigosa para a paz da Europa".[8]

William Waldgrave, vice-chanceler de Relações Exteriores da Grã-Bretanha, disse à BBC: "A informação correta e abrangente aos cidadãos romenos tem enorme importância. Somente assim poderemos provar aos romenos que a opinião pública mundial está atenta ao comportamento do regime de Bucareste e somente assim poderemos mostrar que, em nossa opinião, os dias desse regime estão contados. E que, em breve, as perseguições sofridas pelas pessoas chegarão ao fim".[9]

---

[7] Alesandru Dutu, *Revoluția din Decembrie 1989 – Cronologie*. Editora Instituto da Revolução Romena de Dezembro de 1989 (IRRD), 2006.
[8] Ibidem.
[9] Ibidem.

21 de dezembro: o comício fatal

> *A "Grande Manifestação dos Trabalhadores" organizada em apoio ao regime foi um erro tático impressionante. Os sabotadores esperavam por isso: mais de 50 mil pessoas reunidas num mesmo lugar. Ceauşescu caiu na armadilha do exercício da autoadmiração.*

Aconselhado pelos bajuladores à sua volta e impelido pelas próprias ideias paranoicas, Nicolae Ceauşescu pensou que organizar um comício resolveria os problemas em Timişoara. A decisão de reunir o "povo trabalhador" na frente do Comitê Central do PCR foi a gota d'água para pôr fim ao regime. Grupos de sabotadores obtiveram a "matéria-prima" para promover revoltas em Bucareste. Enquanto isso, Timişoara foi declarada cidade livre, mas isso não afetava muito o equilíbrio de poder na capital.

Bucareste, aparentemente, estava tranquila, mas as tensões acumuladas tornaram-se insuportáveis. Bastava uma faísca para tudo explodir. O comício ao qual foram convocados "os trabalhadores" para apoio ao "amado líder" era justamente o que os sabotadores esperavam. Um presente inesperado, dado por um ditador à deriva.

***

Embevecido à toa com o discurso televisionado da noite anterior, Ceauşescu quis destacar-se como em 1968. Vinte e um anos antes, o discurso antissoviético na mesma praça, na mesma varanda, rendera-lhe uma popularidade formidável. Estava no poder havia três anos, mas os romenos ainda o consideravam um político inexpressivo, se comparado com o seu predecessor, Gheorghe Gheorghiu-Dej. Aquele momento, em agosto de 1968, transformou-o em herói nacional, levando Gheorghiu-Dej ao esquecimento.

Na noite de 20 de dezembro de 1989, pouco depois de voltar do Irã, Ceaușescu perguntou a Barbu Petrescu, prefeito da capital: "É possível organizar amanhã um grande comício de trabalhadores?".[1] Petrescu respondeu: "Sim, camarada secretário-geral. Diga-me apenas a hora e quantos".[2] Ceaușescu decidiu: às 12h, pelo menos 100 mil "trabalhadores" das grandes plataformas industriais da capital.

Na manhã seguinte, numa pequena reunião com os membros do CPEx, Ceaușescu comunicou: "Fomos convidados pelos camaradas da capital para uma grande reunião popular. Precisamos anunciar certas medidas". "Tio Nicu" começou o dia com uma mentira, porque não foram os "camaradas da capital" que tiveram a ideia do comício, mas ele mesmo! Recordou o seu chefe de gabinete, Constantin Manea, numa audiência em 1993:

> Foi uma singela reunião, de alguns minutos, no pequeno escritório ao lado do dele. Ultimamente não realizava mais reuniões em seu escritório, a conselho dela, porque naquela sala o oxigênio era escasso... Ele pretendia comparecer ao comício com uma série de melhorias para elevar a qualidade de vida. Vocês hão de lembrar daquelas poucas mulheres com muitos filhos. Tinha feito algumas anotações numa agenda, umas duas pagininhas. Quando foi ao comício, ele as esqueceu sobre a sua mesa. Eu o vi procurar pela agenda antes de começar o discurso. Fui até lá, olhei, peguei a caderneta e a levei para ele. Se não, ele ficaria logo irritado e diria que estávamos dormindo no ponto, como de costume.[3] As promessas de Ceaușescu mostravam o desespero que havia tomado conta dele. Acompanhado de poucos aplausos em uma praça quase deserta após a dispersão do comício, "tio Nicu" dava 200 lei além do salário, acrescentava 100 lei na aposentadoria e ofertava 2 mil lei às mães com mais de dois filhos.

---

[1] Constantin Manea, estenograma da audiência da Comissão de dezembro de 1989, dezembro de 1993.
[2] Idem.
[3] Idem.

O segredo dos gritos

Aqueles mais de 100 mil manifestantes na Praça do Palácio e arredores foram pegos a laço. A área da Praça do Palácio foi isolada do resto da cidade pelas tropas da Polícia, da Securitate e do Exército.

Um relatório da Comissão "Dezembro de 1989" mostra que "a tarefa de organizar as barreiras para o bom andamento do comício estava a cargo do general Gianu Bucurescu, vice-chefe do Departamento da Securitate do Estado e do coronel Marin Barbulescu, chefe da milícia da capital. Foram organizadas dez barreiras e uma reserva".[4]

O mesmo relatório mostra que, ao longo de todo o percurso, algumas ruas foram bloqueadas por ônibus, tratores ou caminhões, no intuito de impedir que os participantes da manifestação deixassem a praça e fossem embora. O centro da cidade foi custodiado pelas tropas da Securitate.

O momento da guinada da manifestação organizada por ordem de Ceauşescu foi a confusão instaurada na área do restaurante Cina. Fato descrito pelo historiador Ioan Scurtu. "Durante o discurso, ouviu-se o barulho de fogos de artifício, seguido de chiados do equipamento de som, que criou pânico entre os participantes. Segundo relatos, muitas mulheres foram espetadas nas costas com espetinhos de madeira e começaram a gritar. O certo é que, diante da confusão e do medo, os participantes, especialmente os que estavam na parte da frente, jogaram fora cavaletes, faixas e bandeiras, procurando livrar-se de possíveis pancadas."[5]

O secretário de gabinete de Nicolae Ceauşescu, Constantin Manea, tomou conhecimento do resultado das pesquisas realizadas pelos organizadores da reunião na Praça do Palácio.

> Após a evacuação da população presente ao comício, restaram muitos cartazes e faixas. Foi feita a limpeza. Eu não sei quem disse, acho que foi

---

[4] Relatório preliminar, Comissão de dezembro de 1989.
[5] Ioan Scurtu, *Revoluţia Română din Decembrie în Context Internaţional*. Editora Enciclopedică em colaboração com o IRRD, 2006.

Barbu Petrescu, prefeito da capital, que foram coletados muitos palitinhos de madeira. Na ponta de alguns havia manchas de sangue. A explicação teria sido de que uma equipe bem preparada espetou as mulheres que começaram a gritar, ou de pânico, ou de dor. Portanto, foi assim que aconteceu. Tudo foi muito bem organizado.[6]

Depoimentos sobre a dispersão do comício

Durante o comício de 21 de dezembro houve mais confusões. Testemunharam a esse respeito tanto aqueles que faziam parte do aparato de repressão, quanto os que participaram na Praça do Palácio.

Envolvido nos acontecimentos, o coronel Andrei Păsăreanu descreve uma das tentativas de sabotar a manifestação. Trata-se da ação de alguns grupos constituídos principalmente pelos trabalhadores da Fábrica Pipera. Eles tinham uma estrutura bem estabelecida de organização, com princípios militares. Além disso, muitas das empresas da Pipera eram militarizadas porque lidavam com "produção especial". Conta Păsăreanu:

> Na plataforma industrial da Pipera existia um importante grupo de oposição, com base na Indústria de Cinescópios (ICIN), cujo responsável pela "produção especial" era o coronel engenheiro Păsăreanu Andrei, que possuía contatos em todas as empresas da região. Foram formadas equipes sob a orientação do técnico Trăistaru T., do engenheiro C. Varga, do engenheiro Predescu Gheorghe, do mestre Petre Şt., do mestre Dragotă C., do trabalhador Manole C., do engenheiro Petcu P., do técnico Niculescu T. e do técnico Barsan Daniela, entre outros. Devido à mobilização implementada, os trabalhadores e assalariados da Indústria Pipera foram os primeiros a participar e a contribuir ao desfalque do comício de 21 de dezembro.[7]

---

[6] Constantin Manea, estenograma da audiência da Comissão de dezembro de 1989.
[7] Andrei Păsăreanu, *Demers către adevăr*. Editora Fundaţia Culturală "Gheorghe Marin Speteanu", 2008.

O momento-chave foi a decisão de Ceaușescu de organizar o comício.

Tirar a população das ruas e reunir um grande número de manifestantes era muito difícil, tendo em vista as medidas especiais tomadas por Ceaușescu naquele período. Isso só poderia ser feito com a sua aprovação. Na noite de 20 para 21 de dezembro de 1989, o oficial de plantão na Central Industrial de Eletrônica convocou o coronel Păsăreanu para se apresentar ao serviço para organizar um grande comício em Bucareste, agendado para as 9h. O que se pretendia era reunir uma grande massa popular num mesmo lugar. Daquele momento em diante, para a organização, a palavra de ordem era "boicotar comício".[8]

Havendo milhares de pessoas, a organização poderia atuar. "Grupos formados por 3 a 5 pessoas deviam infiltrar-se na multidão da praça e provocar tumultos, deviam brigar entre si, empurrar-se, simular quedas, gritar, criar confusão, movendo-se constantemente, para não serem localizados pelos agentes da lei, e, em seguida, deveriam deixar a praça. Assim o fizeram. Adentraram pelo norte – pela Via Victória, Ateneu – e saíram pelo sul, pela Igreja Bucur-Romarta",[9] conta Păsăreanu.

Essas ações foram confirmadas pelos testemunhos de alguns participantes nos eventos. Veja o que diz Gheorghe Scurtu, que na época tinha 22 anos e trabalhava na fábrica de guindastes: "No dia 21 de dezembro, junto com outros jovens, causamos desordem no meio da multidão, simulamos conflitos, empurramos uns aos outros, assobiamos e vaiamos e, aproveitando o barulho que havia, gritamos: 'Os tanques estão vindo'".[10]

Outra declaração provém de Laurentiu Petrescu, um aluno de 19 anos de idade na ocasião:

> Na manhã de 21 de dezembro de 1989, meu pai recebeu um telefonema de Paul Petrescu, colaborador e amigo de Păsăreanu Andrei. Depois disso fui ao comício, junto com meu irmão Mircea e com meu pai. Na estação de metrô Praça Romena, encontramos um conhecido de meu pai

---

[8] Ibidem.
[9] Ibidem.
[10] Ibidem.

que estava acompanhado por quatro rapazes. A palavra de ordem era penetrar entre a multidão e provocar confusão. Empurrar uns aos outros, gritar, simular quedas, bater uns nos outros e correr pela multidão afora. Entramos pela área do Ateneu e saímos pela igreja Krețulescu.[11]

Cenário e direção: Sergiu Nicolaescu

O diretor Sergiu Nicolaescu afirma que participou sozinho e por iniciativa própria, sem ter sido convocado, do comício de 21 de dezembro. Ele disse que estava pronto para liquidar o chefe de Estado. O cineasta favorito do clã Ceaușescu diz que levou uma arma e uma granada do comandante da unidade militar perto de Ploiești, que o ajudava nas filmagens com tropas e técnica. A história de Nicolaescu parece tirada de um filme de ação, com um cenário meio desajeitado.

"Fui para o estúdio em Buftea. Lá peguei, do diretor do meu filme, três aparelhos de transmissão-recepção e um alto-falante. Dessa forma, pensei com meus botões, vou ao comício, entro na praça, chego cada vez mais perto de Ceaușescu e, em determinado momento, digo alguma coisa para Ceaușescu usando o alto-falante. E quando ele fosse me responder, eu tiraria o pino da granada do meu bolso. Eu morreria, mas ele também morreria",[12] declarou Sergiu Nicolaescu.

O diretor tinha uma explicação também para o fracasso do seu plano.

> Passei, sem maiores problemas. E fui até a área onde devia. Foi nesse momento que senti alguma coisa atrás de mim. Aquele barulho. E vi um grupo de sujeitos entrando pela Via Victória com muito espalhafato, espetando as pessoas com sei lá o que, e depois fugiram, pela lateral da igreja, rumo abaixo, entraram no parque Cişmigiu e de lá desapareceram. Eram mais ou menos vinte e poucas pessoas. Não mais que 30 anos. Eu

---

[11] Ibidem.
[12] Entrevista de Sergiu Nicolaescu, Bucareste, 10 de setembro de 2009 (autor: Florel Manu).

os segui porque pensei que podia ter aliados, mas não: os rapazes sumiram rapidamente. Então eles tinham um plano. E quando voltei, a praça já estava se esvaziando.[13]

Ao longo do tempo, Sergiu Nicolaescu fez declarações que não coincidiam. Algumas ele retratou, outras, ele "esqueceu". Suspeita-se de que o diretor teve um papel bem menos extravagante do que o relatado por ele, esse da "granada no bolso". Concretamente, ele teria contribuído para a interrupção do discurso de Ceauşescu, provocando interferência na instalação de som. Tal hipótese colocaria Sergiu Nicolaescu no grupo que organizou os tumultos profissionalmente. Grupo este que levava, inevitavelmente, aos serviços secretos estrangeiros. Essa era uma teoria que o cineasta, preocupado em evitar sua associação embaraçosa com as agências de espionagem que Ceauşescu mencionava, rejeitava veementemente. Porém, suas ações, naquele dia, eram altamente suspeitas. Não está excluída a hipótese de que teriam alguma relação com o estágio prolongado que ele acabara de fazer na Alemanha Ocidental, de onde retornou em 15 de dezembro, depois de assistir à queda do Muro de Berlim.

O caos de depois

O discurso de Ceauşescu terminou às 12h51, com a Praça quase vazia. O fracasso do comício provocou a sua ira. Em vez de buscar uma solução para sair de cena, pelo menos na última hora, ele tentou resistir. Embora soubesse que os agentes soviéticos e os ocidentais apertavam o laço ao seu redor, e que os romenos começavam a sentir o gosto da rebelião, o ditador imaginou que poderia transformar a sede do CC do PCR em uma fortaleza. Por isso, deu ordens para recrudescer a repressão. A "torre de comando" ficava ali mesmo, na sede do CC.

O secretário Mihai Hîrjău constataria:

---

[13] Ibidem.

Pouco tempo depois, Ceaușescu viu que não tinha mais ninguém a quem falar e já não podia permanecer na varanda. Precisou voltar para dentro, porque o povo já deixara a praça. Na prática, estava paralisado. Não podia mais falar. Ordenou a Milea que chamasse o Exército. Ao mesmo tempo, vi como surgiram tropas de homens vestidos de azul, pelo Palácio Real e pelas suas laterais, munidos com escudos. Aquelas centenas de militares ocuparam a praça. Apareceram também uns 10 ou 12 caminhões-pipa. Enquanto isso, agrupavam-se alguns participantes que se preparavam para invadir a frente do edifício.[14]

Foi assim que começou a revolução em Bucareste. Na Praça Romena, na Praça Rosetti, no Intercontinental e na Sala Dalles, formaram-se os primeiros grupos de manifestantes. Ceaușescu pede ao Exército para dispersar os *hooligans* que tentavam consolidar suas posições na Praça Romena e na universidade.

***

Constantin Manea, chefe de gabinete de Ceaușescu, declarou em 1993: "Durante toda a tarde, Ceaușescu viveu horas de tensão. Não foi descansar, como de costume. Chamou Milea, Postelnicu e Vlad. Um após o outro. Diversas vezes. Finalmente, reuniu-os aqui. Pouco depois, ordenou-lhes e também ao chefe da Chancelaria Presidencial, Silviu Curticeanu, que arrumassem três salas para a instalação de uma equipe de técnicos para resolver problemas de telecomunicações".[15]

Foi praticamente nesse momento que começou a existir o Comando Militar Único, com o qual Ceaușescu queria coordenar a repressão. Antes dessa decisão houve uma teleconferência tempestuosa, na qual Ceaușescu deu carta branca para o uso de força em todos os municípios do país.

---

[14] Mihai Hîrjău, estenograma da audiência da Comissão de dezembro de 1989, 7 de fevereiro de 1994.
[15] Constantin Manea, estenograma da audiência da Comissão de dezembro de 1989, 28 de dezembro de 1993.

"Agentes que traem a pátria por uma dose de cachaça!"

Informado de que as ruas da capital estavam repletas de manifestantes, que Timişoara estava perdida para o seu regime e que no país estavam sendo engendrados movimentos de rua, Ceauşescu tentava controlar a situação através de núcleos formados em torno das organizações do Partido Comunista. Na teleconferência das 18h, ele ordena insistentemente aos primeiros-secretários municipais do PCR que fiquem de olho nas Guardas Patrióticas, nos civis, nos membros do partido e da União da Juventude Comunista (UTC). Ao cair da noite, Ceauşescu praticamente ordenou uma guerra civil.

"Usem todos os meios e, se alguém levar um golpe, deverá revidar com dois golpes, não deverá dar a outra face. Quem se atreve a bater, deve ser atingido e jogado ao chão, inclusive nas empresas deve-se fazer a mesma coisa."[16] Completamente fora de juízo, chega a uma estúpida contradição: "Não é preciso chegar às armas, mas todos os meios devem ser utilizados".[17]

Ceauşescu chama para a grande batalha o "exército" de membros do partido, estimado, em 1989, em cerca de 4 milhões de pessoas.

> Só há uma saída: lutar. Devemos esclarecer as pessoas que foram e ainda estão sendo enganadas por grupos e agentes estrangeiros, mas temos que falar abertamente e isolar esses grupelhos, que precisam ser desmascarados, com todas as forças. Portanto, precisamos agir em conjunto. O foco deve ser as brigadas ou destacamentos de defesa da propriedade e dos bens de todo o povo, do socialismo e da independência, da soberania do país. Essas medidas devem ser postas em prática a partir desta mesma noite, quando devem ser criados todos esses grupos.[18]

---

[16] Estenograma da teleconferência de 21 de dezembro de 1989.
[17] Idem.
[18] Idem.

Ceaușescu explica aos responsáveis municipais do PCR quem deve ser enquadrado: "os elementos reacionários, os agentes dos países estrangeiros que, por um punhado de dólares ou de outra moeda, por promessas e às vezes até por uma dose de pinga, traem o próprio país, traem sua família, traem o próprio povo".[19] Esse negócio da "pinga" mostra que "tio Nicu" não havia perdido, nem naqueles momentos dramáticos, o seu bem treinado instinto de propagandista, de ridicularizar o inimigo.

O primeiro mártir

Enquanto Ceaușescu mobilizava os assassinos, em Bucareste morriam os primeiros homens. Isso acontecia no centro, a algumas centenas de metros de sua fortaleza.

Em 21 de dezembro de 1989, logo após o escurecer: as forças da repressão tentam dispersar os manifestantes da área do Intercontinental – Sala Dalles. Um caminhão desgovernado avança sobre a multidão. Saldo: quatro mortos. Entre eles, Mihai Gîtlan, um jovem de 19 anos e 9 meses.

Ion Gîtlan, pai de Mihai, tinha 44 anos de idade e trabalhava na Central de Óleo. Na manhã de 22 de dezembro, compareceu à Praça do Palácio para protestar em frente ao CC do PCR. "Eu estava com a minha esposa. Quando vi o que estava acontecendo na praça, eu disse a ela: 'Vá para casa cuidar dos nossos filhos!'."[20] Eles tinham dois meninos e três meninas.

O destino deixou Ion Gîtlan cara a cara com Ceaușescu. "Inicialmente, minha intenção era ir para Dalles com minha esposa, para vermos o que tinha acontecido na noite anterior. Desistimos. Se tivéssemos ido, a situação teria sido outra. Quando Ceaușescu apareceu na varanda, antes de fugir de helicóptero, acho que não jogaríamos

---

[19] Idem.
[20] Entrevista com Ion Gîtlan, Bucareste, 30 de junho de 2009.

apenas terra nele, como fizemos. Ou quando entrei no CC, não teria parado, teria corrido atrás dele pelo telhado",[21] afirma Ion Gîtlan, marcado por toda a vida pela tragédia sofrida.

Até o dia 24 de dezembro de 1989, Ion Gîtlan não sabia que seu filho estava morto. Foi até o núcleo dos revolucionários na antiga sede do CC do PCR.

> Como eu estava no CC, na manhã do dia 24, alguém me perguntou se eu era Gîtlan e se eu tinha um filho adulto. Perguntei o que tinha acontecido e disseram que meu filho estava gravemente ferido. Procurei por ele até o final da tarde e o encontrei no necrotério. Foi crivado de balas. No dia 21 de dezembro, eu achava que Mihai estava com os avós, em Roşiorii de Vede. Ele fazia shows por lá. Vinha de outros shows com a sua banda de roqueiros, em Timişoara e em Târgu Mureş. Soube, através dos amigos dele, que no dia 21 estavam em Bucareste. Tinham se encontrado no Boulevard Magheru, no jardim de um restaurante. Foi por isso que ele estava entre os manifestantes de Dalles, ao entardecer.[22]

Ion Gîtlan não soube quem atirou em seu filho, nem mesmo passados vinte anos.

> Depois que o caminhão avançou sobre eles, Mihai foi jogado no meio da rua. Ele se levantou e, em seguida, alguém disparou uma rajada de balas contra ele. Mesmo caído, ainda veio um civil e disparou mais um tiro em sua cabeça. Em seguida, pegou-o pelos cabelos – era roqueiro e tinha cabelos compridos – e o arrastou para perto de uma árvore à beira da rua. Isso eu soube pelos moradores da redondeza. Naquele mesmo momento, morreram, nas proximidades, mais três pessoas. Os corpos foram pegos e transportados rapidamente para o necrotério, para limpar a área.[23]

O fuzilamento dos manifestantes esmagados pelo caminhão militar não foi confirmado por testemunhas oculares.

---

[21] Idem.
[22] Idem.
[23] Idem.

O Comando Militar Único

Após a teleconferência, Ceaușescu intensificou a repressão. Ordenou que fossem liberadas três salas próximas ao seu escritório, para a instalação de um Comando Militar Único, sob a chefia do general Vasile Milea. Acima dele, só Nicolae Ceaușescu, o comandante supremo das Forças Armadas.

O Comando reunia tropas do Exército, da Milícia e da Securitate. À noite, no Intercontinental, à frente dessas tropas estava Vasile Milea, ministro da Defesa Nacional e Chefe do Comando Militar Único.

Na noite de 21 para 22 de dezembro de 1989, Ceaușescu não dormiu em casa. Permaneceu no quarto de descanso do escritório, na sede do CC. Era a última noite na fortaleza do poder. E a última noite como presidente da Romênia. Ele sentia o perigo da perda do controle, mas os seus instintos de animal político estavam gastos. Não percebia que a morte batia à sua porta.

A última noite no palácio

> *A noite de 21 para 22 de dezembro de 1989 foi a última do casal Nicolae e Elena Ceauşescu transcorrida em liberdade. Enquanto o exército fazia misérias em Bucareste, o "camarada" e a "camarada" permaneciam, por medida de segurança, na sede do Comitê Central. Os velhos ditadores estavam aterrorizados de medo da traição.*

Durante a noite, ao lado do casal Ceauşescu, na fortaleza do Partido Comunista, permaneceram também seus principais colaboradores. A maioria conseguiu um lugar para descansar em uma cama com um pequeno guarda-roupa. Outros tentaram tirar um cochilo nos escritórios.

Ninguém morria de vontade de pernoitar na sede do CC do PCR. A decisão de permanecer no palácio foi tomada por Ceauşescu. Tal medida não foi para protegê-los do perigo, mas para mantê-los sob observação. Naqueles instantes, o dono absoluto do país estava aterrorizado pelo temor de ser alvo de uma traição. O que ele mais temia eram as traições que poderiam vir dos seus.

Para eliminar qualquer perigo vindo de dentro, Ceauşescu assume pessoalmente o comando da repressão. Na noite de 21 de dezembro, por volta das 19h, após a teleconferência com os municípios, ele ordenou aos chefes dos ministérios militares, agrupados no Comando Militar Único:

> O Exército, as tropas da Securitate e todas as outras unidades subordinadas, incluindo guardas ou destacamentos de combate e defesa, estão sob as ordens do comando único. Este comando único é formado pelo ministro da Defesa, pelo ministro de Assuntos Internos, pelo secretário de Estado de Assuntos Internos e pelo chefe das Guardas Patrióticas, sob a liderança do comandante supremo, naturalmente. Havendo qualquer problema, dirijam-se ao seu comandante supremo.[1]

---

[1] Estenograma da discussão após a teleconferência de 21 de dezembro de 1989.

A trama da demissão de Milea

Os acontecimentos precipitavam-se. À medida que o pânico tomava conta dele, o ditador envolvia-se cada vez mais na coordenação da repressão. Uma energia colossal, quase juvenil, impulsionava-o. Nem parecia ter quase 72 anos...

Cada vez mais insatisfeito com a reação do Exército, Ceauşescu trama a substituição do ministro Vasile Milea por um general mais decidido, mais eficiente. E, quem sabe, até mais leal, dada a suspeita do ditador quanto à existência de um espião entre os seus.

O diretor da Chancelaria Presidencial, Silviu Curticeanu: "Na noite de 21 de dezembro, disse a Milea que na manhã seguinte o general Stanculescu deveria apresentar-se na sede do CC. Não entendi por que Stanculescu foi chamado, em vez de Guşa. Milea disse-me que chamaria Stanculescu, pois 'foi o que pediu o camarada, talvez por não confiar mais em mim'".[2]

Que venham Deşliu, Păunescu e D. R. Popescu!

Ansioso por reconquistar a confiança do povo, Ceauşescu ainda acredita em milagres. Apela para uma solução propagandística: usar personagens que têm uma imagem "adequada", junto à população. Esclarecedor foi o testemunho do chefe de gabinete, Constantin Manea: "À noite, depois das 18h, chamou o chefe do Departamento de Imprensa, Mitea. Pediu a ele que procurasse os escritores Dan Deşliu e Adrian Păunescu. Não sei o que lhes disse diretamente. Mas até onde sei, Păunescu recusou-se a vir. Tenho a impressão de que ele queria colocá-los na televisão, para apoiarem a causa".[3]

---

[2] Silviu Curticeanu, estenograma da audiência da Comissão de dezembro de 1989, 28 de outubro de 1993.
[3] Constantin Manea, estenograma da audiência da Comissão de dezembro de 1989, 28 de dezembro de 1993.

Manea cometeu dois pequenos erros. O primeiro: Ceaușescu pediu que viessem não dois, mas três escritores – Dan Deșliu, Adrian Păunescu e Dumitru Radu Popescu. O segundo: Adrian Păunescu apresentou-se na sede do CC do PCR, mas recusou-se a aparecer na televisão.

A televisão era, naquele momento, o principal meio de propaganda de Ceaușescu. Por ordem dele, as transmissões da noite de 21 de dezembro de 1989 foram diferentes do anunciado na revista *Programa de Rádio-TV*. Tais mudanças são explicadas no livro *Revoluția Română în direct* [A Revolução Romena ao Vivo]. Depois de cada transmissão propagandística, difundiam-se chamados para manter a calma. Na transmissão de quase três horas e meia, das 19h às 22h22, houve quatro intervenções desse tipo: às 20h, 20h20, 21h20 e 21h40. Nem o seriado soviético daquela noite, *Punctul de întoarcere* [Ponto de Retorno], foi transmitido. Em seu lugar foram programadas canções patrióticas e revolucionárias.

O conselho de Verdeț

Ainda em 21 de dezembro, por volta das 20h30, Ceaușescu pediu o carro para ir para casa. O guarda-costas aconselhou-o a permanecer na sede do CC porque o edifício era mais bem protegido. Ceaușescu decidiu seguir o conselho e pernoitar – ele e a "camarada" – na fortaleza do partido e do seu poder absoluto.

Nesse meio-tempo, Ceaușescu recebe a visita de Ilie Verdeț, presidente da Comissão Central de Revisão do PCR e deputado na Grande Assembleia Nacional, e de dois outros camaradas, Mihail Burca e Vasile Vîlcu, velhos comunistas:

> Foi uma noite muito agitada. Um vaivém. Muitas vezes, nem chegava a fechar a porta e voltava ao escritório, ao telefone, onde havia 22 linhas. Mais tarde, pediu que eu chamasse Vîlcu, Burca e Verdeț, que convocaram uma entrevista. Primeiro foram recebidos por ela. Em sua entrada, na antecâmara de Ceaușescu, Elena estava presente. Ele, no escritório, com a porta fechada. Ela disse: "Estão vendo como se desenvolvem as coisas pelas quais trabalhamos?". E saiu. Eu testemunhei quando Verdeț propôs a Nicolae

Ceaușescu que entrasse em entendimentos com aqueles que estavam instalados na barricada, no Inter, em frente aos quais as tropas se mobilizaram.[4]

A última refeição em família

Por não ter ido à sua residência no bairro Primavera, o casal Ceaușescu foi visitado pelos filhos Zoia e Valentin, na sede do CC. As testemunhas foram Constantin Manea, chefe de Gabinete de Ceaușescu, e Mihai Hîrjău, secretário pessoal do ditador.

Relata Manea:

> Em torno das 21h, chegaram Zoia e Valentin, sem Nicu, que estava em Sibiu. Valentin veio primeiro e lhe trouxe roupas, uma camisa e tudo o mais que ele queria de casa. Depois veio a filha com o marido, Mircea Oprean. Creio que tentaram preparar algum tipo de refeição, pois retiraram-se da sala de jantar. Acho que fizeram um lanche. Ficaram cerca de meia hora, talvez uma hora. Valentin foi muito insistente: telefonava a cada cinco minutos e queria falar com seu pai, mas falou com a mãe. Ela tentou tranquilizá-los, dizendo que a situação estava sob controle; Zoia e Valentin lhe contaram o que estava acontecendo nas ruas.[5]

Depois que os filhos partiram, o ditador quis sair do edifício. O general Marin Neagoe (chefe de plantão do estafe da Quinta Divisão da Securitate, oficial que naqueles dias detinha o comando da divisão) sustenta que Nicolae Ceaușescu deu alguns passos nas escadas, mas voltou. Naquele momento, pediu que trouxessem à sua presença alguns dos revolucionários que gritavam "Abaixo Ceaușescu!", aos quais queria falar. "Trouxeram um que tinha sido muito espancado. Escorria sangue do seu nariz. Mandei meus homens o levarem a algum lugar para lavá-lo e depois tirá-lo de lá",[6] disse Marin Neagoe em 1995.

***

---

[4] Idem.
[5] Idem.
[6] Marin Neagoe, estenograma da audiência da Comissão de dezembro de 1989, 18 de novembro de 1995.

Naquela mesma noite, Ceauşescu quis ver com seus próprios olhos o que tinha acontecido em Timişoara. Eugen Florescu, um de seus assessores de imprensa, reconstituiu o momento. "No dia 21, à noite, Ceauşescu pediu a Milea o filme de Timişoara. Ele prometeu trazer, mas não veio. Na manhã de 22 de dezembro, levaram a Ceauşescu um pacote com fotos. Eram os lemas 'Abaixo o ditador!', 'Abaixo o comunismo!' escritos nas vitrines."[7]

O general Vasile Milea não tinha disposição para filmes naquela noite. Estava ocupado com a repressão no centro da capital.

Um plano para as 3h

A partir dos testemunhos dos secretários de gabinete Manea e Hîrjău, confirmou-se que as visitas ao gabinete de Ceauşescu foram até meia-noite. Depois, a situação se acalmou, mas nos gabinetes 1 e 2 a tensão era grande. Declarou Manea:

> À noite, perto da meia-noite, as informações ainda fluíam normalmente. Ele foi descansar. Não sei se cochilou ou não, mas pela manhã, estava mais descansado. Ela saiu por diversas vezes para se informar. Não dormiu. Provavelmente levava as notícias para ele. Lembro-me de que, por volta da meia-noite, recomendou enviar uma equipe de operadores da TV para "filmarem o que os *hooligans* fizeram, pois ali seria feita a faxina e não seria mais possível filmar".[8]

Em outras salas da sede do CC do PCR, a noite de 21 para 22 de dezembro de 1989 foi, no mínimo, tão agitada quanto nos gabinetes 1 e 2. Toda a "nata" do partido estava no prédio.

Mais tarde, por volta das 3h, o general Milea retornou da área do Intercontinental, onde coordenava pessoalmente a repressão. Em seguida, ocorreu um episódio que poderia ter acabado com o regime de Ceauşescu nove horas antes.

---

[7] Alex Mihai Stoenescu, *Interviuri despre Revoluție*. Bucareste, Editora RAO, 2004.
[8] Constantin Manea, estenograma da audiência da Comissão de dezembro de 1989, 28 de dezembro de 1993.

O general Iulian Vlad, chefe da Securitate, relatou aquele episódio em 1994, perante a Comissão "Dezembro de 1989":

> Depois que o general Milea voltou, subimos juntos ao primeiro andar, onde ficava o Estado-Maior. Em frente ao escritório de Ceauşescu. Milea estava muito abalado. Saímos pelo corredor até as poltronas, e ele começou a chorar. Disse que não acreditava que sua saúde aguentaria... Pediu que eu dissesse à sua esposa, às suas filhas o que tinha acontecido... Ele não estava preparado para algo assim. Então eu lhe disse que não podíamos deixar as coisas desse jeito, porque, de fato, o poder estava na sua mão e na minha. Eu dominava a situação dentro da sede e ele lá fora, mas ele estava deveras abalado. Era possível evitar o derramamento de sangue. Ceauşescu permaneceu na sede. Dei a entender a Milea que precisávamos prender Ceauşescu. Acrescentando: "O senhor tem a força lá fora, e eu, aqui dentro". Ele me disse claramente: "Meu caro, não posso, não consigo mais".[9]

Mais tarde, Iulian Vlad disse que, na conversa com Milea, não usou a expressão "prendê-lo", mas "bloqueá-lo".

O estado em que se encontrava o ministro da Defesa foi confirmado também por Mihai Hîrjău: "Eram três e pouco da madrugada. Milea estava deprimido. Sujo de diesel, de poeira, o uniforme em completo desleixo. Desorientado, disse mais ou menos assim: 'Olhe, menino! Dê-se por feliz por não ter visto o que eu vi'. E ao perguntar-lhe como estavam as coisas, acrescentou: 'O que acontecerá amanhã... Vamos começar do começo, de novo'".[10]

Menos de sete horas depois da proposta do general Vlad e do diálogo com Hîrjău, Milea encerraria o assunto com todo mundo. Em 22 de dezembro, pouco depois das 9h30, foi encontrado agonizando em uma poça de sangue.

---

[9] Iulian Vlad, estenograma da audiência da Comissão de dezembro de 1989, 24 de fevereiro de 1994.
[10] Mihai Hîrjău, estenograma da audiência da Comissão de dezembro de 1989, 7 de fevereiro de 1994.

A morte de Milea

> *O ministro da Defesa foi encontrado morto na manhã de 22 de dezembro de 1989, às 9h30. Pouco antes, tinha sido severamente criticado por Ceauşescu que o chamou de "incompetente" depois que o general coordenara, pessoalmente, durante a noite, a repressão no centro da cidade.*

"Cansado e deprimido." Esta foi a descrição do general Milea feita por aqueles que viram o chefe do Exército na sede do CC do PCR, na noite de 21 para 22 de dezembro, após retornar do campo. Lamentou-se aos amigos e até chorou diante do chefe da Securitate, general Iulian Vlad, que lhe pedira apoio para derrubar Ceauşescu.

O dia 22 de dezembro de 1989 começou mal para o chefe do Exército.

> Às 8h15, Milea tentava reportar a localização de suas tropas, declarar quem estaria a caminho, mas mostrava-se confuso. Ele não tinha dormido e talvez tivesse bebido, uma vez que era dado a uns goles. Ceauşescu interrompeu-o violentamente, acusando-o de incompetência: "Será que preciso ensinar-lhe a fazer um relatório?". Em seguida, afirmou em tom devastador: "Saia daqui e traga as tropas!". Estas foram as últimas palavras que Ceauşescu dirigiu a Milea. Milea, então, subiu ao sexto andar, pegou a arma e se suicidou.[1]

A reconstituição desse trágico final é de autoria do historiador Alex Mihai Stoenescu.

Na reunião convocada por Ceauşescu, logo após as 8h – uma reunião restrita do CPEx – o general Milea estava completamente transtornado. Ao seu lado, estava o chefe da Securitate, o general Vlad, que

---

[1] Entrevista de Alex Mihai Stoenescu, Vălenii de Munte, 19 de junho de 2009 (autor: Florel Manu).

colocou a mão sobre os joelhos: o chefe do Exército tremia. Não tremia de frio, mas de medo.

Os eventos que estavam prestes a acontecer na vida de Milea desenrolaram-se diante dos olhos de dois militares: o coronel Cornélio Pîrcălăbescu (chefe do Estado-Maior das Guardas Patrióticas) e o major Ioan Vătămănescu (assessor de Milea).

"Quando ele foi chamado ao gabinete de Ceaușescu, eu o acordei e o ajudei a vestir uma camisa cáqui. Ele estava com a barba por fazer, cansado, parecia mais velho e estava muito abatido",[2] afirmou Vătămănescu.

Repreendido por Ceaușescu e profundamente afetado pelas ordens que expedira, Milea começou a perambular pela sede do CC do PCR. Ele saiu do escritório número 1, atravessou o corredor do primeiro andar e entrou no escritório do Comando Militar Único – órgão fundado na noite anterior, a pedido expresso de Ceaușescu.

No Comando, Milea quis saber da posição das tropas que vinham a Bucareste. Saiu do primeiro andar e subiu ao sexto andar, onde ficavam os escritórios das Guardas Patrióticas.

O revólver do capitão Tufan

No escritório das Guardas Patrióticas, Milea encontra o coronel Pîrcălăbescu, que declarou em 1991: "Saí na frente. Milea vinha em direção ao meu escritório. Eu o acompanhei, e quando ele chegou ao escritório que ficava em frente ao elevador, disse-me: 'Senhor, eu quero um coldre! Pois quero descer, quero ir às unidades'".[3]

Sem encontrar o que desejava nas Guardas Patrióticas, Milea dirigiu-se a um oficial da transmissão, o capitão Marius Tufan, que estava no corredor. Esse relato também corresponde ao coronel Pîrcălăbescu:

---

[2] Ioan Vătămănescu, estenograma da audiência da Comissão de dezembro de 1989, 28 de março de 1991.
[3] Corneliu Pîrcălăbescu, estenograma da audiência da Comissão de dezembro de 1989, 23 de abril de 1991.

"Ele entrou no escritório e depois saiu novamente, dessa vez comigo, e disse para Tufan: 'Ei! Eu pedi um coldre. Eu quero o seu cinturão!'. Tufan tentou tirar o revólver do cinturão. Milea, então, ralhou: 'Não, quero com o revólver!'. Tufan não queria lhe dar o revólver. Houve um momento de hesitação. 'Ei! Eu sou o ministro da Defesa. Exijo que me dê o revólver!', repetiu Milea. 'Preciso descer e ver como estão as coisas nas unidades', e pegou o cinturão com o revólver".[4]

Logo em seguida, Milea pediu ao seu assessor que o deixasse sozinho com o coronel Pîrcălăbescu, em seu escritório. Lá dentro, Milea e eu. Em pé, ele me disse: "Ei, coronel, quero contar-lhe que Ceaușescu ordenou que, após a reunião do CPEx, devemos liquidar tudo o que virmos pela frente. É para atirarmos no povo, em frente à sede",[5] adicionou, ainda, Pîrcălăbescu.

O disparo

Após a conversa, Milea disse a Pîrcălăbescu que temia que algo lhe acontecesse lá fora. Em seguida, pediu ao chefe das Guardas Patrióticas que o deixasse sozinho por alguns instantes, no escritório, para que ele pudesse dar alguns telefonemas. Acrescentou o coronel Pîrcălăbescu:

> Ele me disse ainda: "Quero que Vătămănescu me espere no elevador. Que chame o elevador e espere por mim, pois pretendo sair rapidamente daqui". Pensei que, sendo ministro, entraria num tanque e seguiria para o Ministério da Defesa Nacional. Saí e fiquei com Vătămănescu. Conversava com ele, quando ouvi um tiro. "O barulho parece ter vindo do meu escritório", afirmei. Eu tinha acabado de me despedir do sargento-chefe Manole. O sargento-chefe não entrou nos primeiros cinco ou seis segundos. Corremos, Vătămănescu e eu, e o sargento-chefe disse: "Acho que foi o ministro". Quando entramos, Milea estava quase deitado com a cabeça no sofá.[6]

---

[4] Idem.
[5] Idem.
[6] Idem.

O assistente de Milea, Ioan Vătămănescu, disse que, antes de mandar chamar o elevador, o ministro da Defesa falou usando um tom sombrio: "Ele me disse que, se alguma coisa acontecesse com ele, era para avisar Barbu, que era o chefe do seu gabinete e possuía duas folhas de cheque para serem entregues à família, aos seus netos, que ele amava muito".[7]

O chefe do gabinete de Milea, capitão Alexandru Barbu, estava no Ministério da Defesa Nacional. Despediu-se de Milea durante a noite. Barbu declarou, em 1991: "Eu fui ao Ministério e dormi um pouco. Por volta das 9h15, o oficial de plantão me disse: 'Levante-se, pois o ministro telefonou e pediu que lhe retornasse a ligação nas Guardas'. Liguei perto das 9h20. Ele questionou: 'Por que você não está aqui?'. Respondi que havia me pedido para ir ao Ministério. Ele, então, falou: 'Sabe, meu filho, você deveria estar aqui comigo'. Respondi-lhe que poderia entrar no carro imediatamente, se ele assim ordenasse. Ao que ele afirmou: 'Pode deixar, não é mais necessário'. E isso foi tudo".[8]

Outro relato provém justamente do oficial que deu o revólver a Milea: capitão Marius Tufan. Ele fez piadas com os colegas sobre o fato de não ter mais um revólver. Ele estava no terraço do prédio, no sexto andar, com uma estação de transceptor. Declarou Tufan:

> Eu estava no terraço e ouvi disparos de armas. A ordem era para atirar. Minha conclusão foi de que os homens do Ministério do Interior estavam atirando. No momento em que eu estava diante da porta do terraço, em direção ao corredor, ouvi um tiro, mas não posso dizer ao certo se vinha de dentro ou de fora. No meio do corredor, vi Vătămănescu gritando que o chefe se suicidara. A agitação começou, e eu tive um bloqueio pensando que ele tinha se suicidado com o meu revólver e que eu estaria implicado. Da porta, ouvi o general Milea gemendo, mas não o vi. Chamaram um

---

[7] Ioan Vătămănescu, estenograma da audiência da Comissão de dezembro de 1989, 28 de março de 1991.
[8] Alexandru Barbu, estenograma da audiência da Comissão de dezembro de 1989, 10 de abril de 1991.

médico, e eu pensava que ele se suicidara com o meu revólver, acho que eram aproximadamente 9h15. Voltei ao terraço e disse aos meninos que a situação estava complicada, o general tinha se suicidado com o meu revólver. Quando cheguei no terraço eram 9h35.[9]

A arma com que o general Milea se suicidou era um revólver Carpati modelo 1974, calibre 7,62 mm.

O choque de Ceauşescu

A notícia do suicídio de Milea chegou imediatamente até Ceauşescu. O portador da mensagem foi o misterioso coronel Pîrcălăbescu. Ele desceu ao primeiro andar e contou ao chefe de gabinete, Constantin Manea: "O camarada Milea se suicidou em meu escritório".[10]

Manea se assustou.

> Eu disse: "O senhor deve comunicar isso". Colocando a mão na maçaneta da porta, ele disse: "Não, você mesmo deve entrar!". Nicolae e Elena Ceauşescu estavam lá dentro. Além do cachorro. Eu me dirigi a Ceauşescu: "Milea se suicidou". Ao que ele replicou: "Não entendi!", levantou-se da escrivaninha e veio até mim. O cão também se aproximou e Elena, da poltrona, questionou: "O que você disse?". Eu repeti: "Milea se suicidou!". Ela perguntou: "Ele deixou algo por escrito?". Respondi que não. Ela continuou: "Ele lhe disse alguma coisa?". Eu novamente neguei: "Não". Então, Ceauşescu pediu que eu abrisse a porta, pois Curticeanu estava na sala de espera. Ceauşescu me disse: "Vá com ele até o elevador e, lá dentro, conte-lhe o acontecido". Chamou Milea de traidor assim que subi com Curticeanu.[11]

***

---

[9] Marius Tufan, estenograma da audiência da Comissão de dezembro de 1989, 28 de março de 1991.
[10] Corneliu Pîrcălăbescu, estenograma da audiência da Comissão de dezembro de 1989, 23 de abril de 1991.
[11] Idem.

O historiador Ioan Scurtu observou:

> A notícia do suicídio de Milea desequilibrou Ceaușescu. Ilie Verdeț estava no edifício do CC e, conhecendo a situação na capital, foi procurar Ceaușescu, que estava "num estado deplorável, como costumava ficar nos momentos difíceis, quando perdia o equilíbrio". Ilie Verdeț pediu para não atirar nas pessoas. Ceaușescu respondeu: "Nunca atiramos nas pessoas e não é agora que vamos atirar". No momento em que pronunciava essas palavras, Ceaușescu começou a tremer e completou: "Mas... Houve uma traição! O general Milea traiu o país e o povo".[12]

Depois de confirmar o suicídio do general Milea, Silvio Curticeanu – chefe da Chancelaria de Ceaușescu – desceu e informou ao comandante supremo. Milea estava agonizando e foi colocado numa maca para ser transportado, de ambulância, ao Hospital Elias. Ele morreu no caminho.

Enquanto isso, Ceaușescu tentava lavar as mãos. Ele chamou Eugen Florescu e Constantin Mitea, seus conselheiros de imprensa. Florescu teria declarado ao historiador Alex Mihai Stoenescu:

> Eu fui ao escritório de Mitea, mas não conseguimos conversar por muito tempo, pois apareceram membros da Securitate dizendo: "Rápido, vamos para o Gabinete 1". Nos escritórios, em cada sala de espera, havia um militar armado com uma metralhadora. A porta do escritório de Ceaușescu estava aberta e havia muita gente lá dentro. Todos tinham uma caderneta nas mãos e faziam anotações. Elena Ceaușescu não tinha caderneta e estava ao lado de Dăscălescu, Bobu, Manea Mănescu, Mitea, Petre Constantin da TVR e o secretário de imprensa Spințăroiu. Assunto: o suicídio de Milea. Logo após as 9h30, Ceaușescu ordenou: "Escrevam que o traidor Milea cometeu suicídio por covardia...". Saímos assim que ele terminou de dar a ordem. Enquanto nos retirávamos, Ceaușescu saiu atrás de nós, pelo corredor, gritando: "Mitea! Florescu!". Voltamos e ele disse: "Tomem as medidas necessárias para que o

---

[12] Ioan Scurtu, *Revoluția Română din Decembrie 1989 în Context Internațional*. Editora Enciclopedică em colaboração com o IRRD, 2006.

programa de televisão esteja no ar às 12h e que transmita a notícia, mas que não dure mais de uma hora, por medida de economia".[13]

O mistério de uma morte anunciada

Após o disparo da arma do capitão Tufan, uma equipe médica foi chamada. A doutora chegou mais ou menos quinze minutos após o incidente. Petra Tudor era a médica de plantão na Policlínica 10, no ambulatório do Hospital Elias. De acordo com o horário de atendimento, o ambulatório funcionava diariamente entre 8h e 20h e atendia, principalmente, os funcionários do Comitê Central.

Petra Tudor disse que tentou, em vão, administrar os primeiros socorros ao general que gemia envolto em uma poça de sangue, à beira de um sofá, no sexto andar do edifício do CC. Era o escritório da morte. A sala 621, escritório do coronel Pîrcălăbescu, comandante das Guardas Patrióticas.

Declarou Petra Tudor sobre o momento em que recebeu o chamado:

> Para os casos especiais, existia uma equipe composta por cirurgiões, médicos com formação específica, que constituíam o grupo de intervenção especial de Ceaușescu. Naquele dia, todos estavam muito estressados. Recebi um telefonema, uma voz masculina disse: "Venha depressa para a sala 621 ou 631, um general tentou suicidar-se!". A assistente havia saído para buscar os jornais. Nós tínhamos uma ambulância de resgate, mas não era permitido estacionar em frente ao prédio e ela estava na garagem.[14]

A princípio, a médica chamada para prestar os primeiros socorros não sabia quem era o paciente. Sabia que se tratava de um militar, mas desconhecia os detalhes.

---
[13] Alex Mihai Stoenescu, *Interviuri despre Revoluție*. Bucareste, Editora RAO, 2004.
[14] Petra Tudor, estenograma da audiência da Comissão de dezembro de 1989, 23 de abril.

> Chegamos com muita dificuldade ao local. Tive a impressão de que o elevador subia muito devagar. Em seguida, caminhei por um longo corredor pouco iluminado e entrei numa sala bem escura e cheia de gente. Quando entrei no escritório, à direita havia um sofá onde estava estendido um homem que usava roupas militares. Eu não entendia de patentes. General ou sargento, para mim, era a mesma coisa. Mas, enfim, ele vestia um uniforme militar, estava deitado no sofá e gemia. Ao lado do braço do sofá, parece que havia uma mesinha onde uma pessoa do sexo feminino, não sei quem era, lamentava-se: "Oh, querido, você era um bom homem!". Pensei no que eu deveria fazer para prestar os primeiros socorros. Eu nunca havia atendido um caso parecido. Afrouxei o cinturão, quero dizer, o cinto.[15]

A princípio, a médica não notou o buraco causado pela bala. Em seguida, vivenciou um momento como que extraído dos filmes de ação.

> Tentei ver o buraco causado pela bala. Eu nunca tinha passado por isso, só vi uma situação como essa nos filmes. Portanto, quando abri sua camisa para ter certeza de que respirava, observei que havia uma ferida muito pequena, mais ou menos entre o terceiro ou quarto intercostal esquerdo. Era extremamente pequena, estou tentando transmitir exatamente a imagem que vi. Não sangrava pela frente. Pensei num óbvio choque hemorrágico. Ele gemia, estava com os olhos fechados. Um gemido fraco.[16]

A equipe médica trabalhou quase meia hora antes que a ambulância viesse da garagem. O acesso ao CC era quase impossível devido às barreiras da Securitate. Na situação de Milea, foi travada uma batalha contra o tempo. Declarou, ainda, Petra Tudor:

> Constatei, então, que a bala só havia perfurado superficialmente, atravessando o pericárdio, que provavelmente era um choque produzido pela destruição do pedículo vascular. Não se tratava dos grandes vasos, como a aorta, pois ele não teria sobrevivido até o momento em

---

[15] Idem.
[16] Idem.

que cheguei ao local. Nessas circunstâncias, ele perderia metade do sangue circulante. Pedi à assistente que preparasse um curativo. Enquanto isso, eu queria tirar a pressão, pois tinha certeza de que ele estava tendo um choque hemorrágico com pressão zero. Consegui liberar uma das mãos para pegar a veia, tirei a pressão, que estava zerada, o pulso imperceptível, o choque hemorrágico continuava. Auscultei o coração, os sons eram fracos. A enfermeira estava ao meu lado, injetei 100 gramas de hemissuccinato. Nesse meio-tempo, a maca chegou e pedi a quatro homens que o levassem.[17]

O relato dos legistas

Na Comissão Senatorial "Dezembro de 1989", em 1º de abril de 1991, foi registrado um documento de uma página, em duas vias: "Material sobre a audiência do dr. David Zingher a respeito da autópsia do general Milea". O documento continha três conclusões principais:

- Não havia indícios aparentes de pólvora sobre a pele, na autópsia não foi observado nenhum detalhe especial. O doutor Şchiopu realizou a cirurgia, e o dr. Enescu, junto com a laboratorista, recolheu provas criminalísticas, mas não se sabe se as provas foram tiradas de ambas as mãos.
- Após o disparo, não morreu sufocado, caso contrário, haveria danos nos pulmões e, dessa forma, já estaria em colapso.
- O sangramento durou quase duas horas. Se ele tivesse tido uma parada cardíaca, a hemorragia teria cessado.[18]

Não houve comentários sobre o relatório. Não houve registro de opiniões ou perguntas dos senadores da Comissão "Dezembro de 1989". As dúvidas do "caso Milea" estão longe de serem solucionadas.

---
[17] Idem.
[18] Relato da audiência do dr. David Zingher da Comissão de dezembro de 1989, 1º de abril de 1991.

A suspeita da esposa de Milea

Enquanto o general Milea "mantinha a ordem" em Timişoara, em Bucareste era desmoralizado por Ceauşescu. Sua esposa estava em Predeal, uma vila do Ministério da Defesa, numa casa de repouso para militares. Na mesma casa, mas em outro andar, estava a esposa do general Ştefan Guşă, chefe do Estado-Maior.

Nicoleta Milea declarou ter sérias reservas quanto à morte do marido.

> Recebi um telefonema em Predeal. Num primeiro momento, ouviram-se um tiro e uma voz... Ninguém disse nada. Foi um momento de silêncio e, então, de repente, uma luta, barulhos de pancadas. Em seguida, um tiro. Tudo isso durou cerca de um minuto. A luta era bastante forte e, depois, um silêncio... Em seguida, gritei ao telefone, percebi o que estava acontecendo. Uma voz muito calma me disse: "Senhora, os barulhos que ouviu e o tiro estão gravados".[19]

Durante as audiências, Nicoleta Milea pediu ao presidente da Comissão Senatorial, Sergiu Nicolaescu, para esclarecer o caso do seu marido. Sergiu Nicolaescu era, nem mais nem menos, que o diretor presente na Praça do Palácio em 21 de dezembro de 1989, na dispersão do comício de Ceauşescu...

"Um militar não atira no próprio peito"

As suspeitas da Senhora Milea parecem justas. Vladimir Beliş, diretor do Instituto Médico-Legal de Bucareste, na época em que foi feita a autópsia de Vasile Milea, declarou que, embora não estivesse presente na autópsia do corpo, lhe pareceu deveras estranho o modo como o general atirou nele mesmo. "Atirar em si na região peitoral é uma situação atípica. Normalmente, os militares suicidas atiram na cabeça."[20]

---

[19] Nicoleta Milea, estenograma da audiência da Comissão de dezembro de 1989, 22 de abril de 1991.
[20] Jornal *Adevărul*, 5 de novembro de 2009.

A lógica de Beliş é compartilhada por outros especialistas criminalísticos ou médicos-legistas. Tome-se como exemplo a afirmação do comandante Constantin-Edmond Cracsner, psicólogo, ex-chefe do Departamento de Psicologia Militar do Estado-Maior. "A maioria dos militares se suicida com um tiro. Uma vez que há uma arma por perto, o militar está muito mais propenso a suicidar-se com um tiro do que, digamos, a se enforcar. A maioria dos militares escolhe atirar na cabeça porque o gesto pressupõe um movimento e uma posição mais fácil. Além de ser uma morte rápida, fácil, indolor."[21]

O comandante Cracsner também fez uma análise lógica do caso Milea.

> Tenho dificuldades em interpretar o suicídio do general Milea. Acho que o seu gesto – se é que realmente foi um gesto seu! – pesou emocionalmente, afetivamente, na mobilização posterior das ações firmes do Exército. O general Milea foi declarado traidor. É muito difícil, para um soldado, saber que seu chefe é um traidor, pois dessa forma pode pensar que na hierarquia há outros traidores. Pelo que fez, ou foi induzido a fazer ou alguém o fez em seu lugar, o general Milea deu um sinal ao Exército.[22]

O relatório do legista, resultante da autópsia de Vasile Milea, contém detalhes que não sustentam a teoria do suicídio. Ao contrário, sugere que a bala proveio de uma distância maior do que o comprimento da mão de um homem. Em outras palavras, o dedo que puxou o gatilho não era o de Vasile Milea. Mas, então, de quem era?

As três possibilidades

Existem três possibilidades a respeito da morte de Milea: suicídio deliberado, suicídio por engano (por ferimento acidental) ou assassinato. Os dados do legista e os dados criminalísticos desse caso, em conjunto com os testemunhos recolhidos ao longo do tempo e no contexto

---

[21] Ibidem.
[22] Ibidem.

em que aconteceu o evento, levam a uma conclusão cada vez mais clara: Milea não queria se matar. Ele foi vítima dos próprios cálculos ou de um assassino sangue-frio.

- Suicídio voluntário. Esta possibilidade, sobre a qual foi construída a imagem "do herói Milea que se sacrificou para não atirar no povo", é cada vez menos crível. Tal imagem se sustenta apenas pelas declarações de Ceaușescu ("o traidor Milea se suicidou") – mas Ceaușescu repetia os boatos – e pelos depoimentos de algumas pessoas interessadas: o coronel Corneliu Pîrcălăbescu (chefe da Guarda Patriótica), o capitão Marius Tufan (cuja arma tirou a vida de Milea) e o major Ioan Vătămănescu (assistente do ministro).
- Suicídio por engano. Esta possibilidade foi abraçada pelo historiador Alex Mihai Stoenescu, que estudou exaustivamente o "dossiê Milea". "O suicídio foi, praticamente, uma tentativa de se ferir sozinho. Sentou-se à mesa e apoiou a arma embaixo das costelas, do lado esquerdo. Era como a 'perna engessada' de Stănculescu. Milea queria sair de cena, queria ficar em paz. A bala, no entanto, tocou uma costela, subiu e atingiu uma artéria pulmonar".[23]

Stoenescu sustenta sua teoria pela lógica da situação na manhã de 22 de dezembro de 1989.

> Milea estava convencido de que isso acabaria. Independentemente de "trabalhar" a favor ou contra Ceaușescu, ele seria condenado. Ceaușescu certamente o trocaria de função, pois já o acusara de traição. E se Ceaușescu fosse derrubado, Milea seria responsabilizado por envolvimento direto na repressão de Timișoara. Em 17 de dezembro, atiraram no povo por ordem de Milea, logo, Milea assassinou pessoas. Eram ordens ilegais. Ceaușescu mentiu para ele ao telefone, declarando estado de emergência. Na verdade, o estado de emergência seria declarado bem depois, em 20 de dezembro, e apenas em Timișoara.[24]

---

[23] Entrevista com Alex Mihai Stoenescu, Vălenii de Munte, 19 de junho de 2009.
[24] Idem.

Conclusão: o general Vasile Milea não foi um herói, mas um comandante do Exército que participou ativamente do massacre de 1989. E que acabou tentando se automutilar, sendo sacrificado por aqueles que tinham interesse em eliminá-lo.

- Assassinato. Exatamente assim: alguém tinha interesse em criar uma comoção especial nas alas do Exército e na população, anunciando o suicídio do ministro da Defesa Nacional? Não seria Ceaușescu, de jeito nenhum. De fato, a evolução dos acontecimentos confirmou que a morte de Milea acelerou o fim do regime. A partir daquele momento, os eventos precipitaram-se. O que restava a Ceaușescu era escolher o meio de fuga: tanque ou helicóptero.

Entretanto, havia um grupo para o qual a morte de Milea tinha sido um ato divino: um grupo que trabalhava para derrubar Ceaușescu. Conspiradores. O anúncio do suicídio foi dado pelo melhor agente de comunicação: Ceaușescu (sem saber que estava sendo manipulado) foi usado para espalhar um boato: *na verdade, Milea não cometeu suicídio, mas foi assassinado pelo "odioso ditador!"*. Por quê? *Porque "não quis atirar no povo!"*. Era a imagem insistentemente difundida pelos conspiradores na TVR, logo após a fuga de Ceaușescu.

Golpe duplo: os militares e os civis revoltaram-se ainda mais contra *o tirano que não se saciava de sangue*, e o Exército, através do *mártir Milea*, criou a imagem da Branca de Neve, embora as vítimas da repressão dos dias anteriores estivem na consciência. Foi a situação ideal para reforçar o *slogan* "O Exército está conosco!", lançado uma hora antes. A partir daí, as pessoas foram encorajadas a subir nos tanques para confraternizar com os soldados, as mulheres colocavam flores nos tanques da repressão e Ceaușescu foi forçado a recuar. O exército não estava mais com ele!

Se esse cenário foi arquitetado por alguém, então esse "alguém" foi brilhante. Ou diabólico. Mas para que esse cenário tivesse sucesso, foi preciso derramar o sangue do general Vasile Milea. Era possível matá-lo de três maneiras:

1. Por fuzilamento.
2. Atrasando a intervenção médica (em vez de estancar logo a hemorragia, deixaram-no sangrar, até que não pudesse mais ser salvo).
3. Por asfixia ou estrangulamento, na sede do CC, na ambulância ou no Hospital Elias (tal versão contradiz a conclusão do item 2 do relatório do Senado de 1991, resultante da audiência do dr. David Zingher).

Milea assinou sua sentença em 1962

Os laços especiais entre Milea e Ceaușescu, em dezembro de 1989, não eram aleatórios. Ambos eram antigos combatentes no *front* do comunismo romeno. Mais especificamente, na repressão contra os "desestabilizadores".

Os relatos dos historiadores Constantin Olteanu e Alex Mihai Itoenescu relembram um episódio de 1962, no município de Argeș, quando Milea reagiu duramente, do mesmo modo como em Timișoara e Bucareste, no ano de 1989. Afirmou Stoenescu:

> A história de Milea é extraordinária. Milea foi uma criação de Ceaușescu. Foi descoberto em Pitești. Em 1962, Ceaușescu era deputado na região de Argeș. Em abril de 1962, em duas aldeias próximas a Pitești, irrompeu uma revolta dos camponeses contra os presidentes das cooperativas. Não era um movimento de cunho político. Não tinha nada a ver com a coletividade. Os chefes haviam roubado e as pessoas se revoltaram. Ceaușescu foi até lá, reuniu o Comitê Regional em Pitești, e avaliou a dimensão da revolta camponesa, que não era lá tão grande. As pessoas saíram às ruas e sequestraram os líderes da CAP na prefeitura. Naquele momento, o comandante da Escola de Blindados e Tanques de Pitești, coronel Vasile Milea, ofereceu-se para intervir com os blindados. E liderou uma coluna de veículos russos. Um deles foi danificado. Permaneceu numa vala à noite e foi declarado como perda. Era um canhão. O comandante da companhia de blindados chamava-se tenente-major Ștefan Gușă, e o chefe da sessão

técnica – que permaneceu na unidade – era o tenente Spiroiu Niculae. Em 17 de dezembro de 1989, em Timişoara, Milea faz a mesma coisa: colocou os tanques nas ruas e atirou nas pessoas.[25]

Ex-colega de Exército de Milea, o general Constantin Olteanu tinha várias histórias sobre o ex-ministro. No tocante ao episódio de 1962, Olteanu demonstrou-se receoso. "Eis a história que conheço a respeito de Milea. Em 1962 ele possuía a patente de coronel e era comandante da escola de oficiais de tanques em Piteşti. Houve uma revolta, um protesto dos camponeses na região de Argeş. Ceauşescu foi a Piteşti, na região do partido, e convocou Milea, que era comandante da escola e da guarnição. Pediu-lhe para intervir. Milea reuniu uma coluna de tanques e interveio, mas sem usá-los. Foi apenas um meio de exercer pressão",[26] lembrou Constantin Olteanu. Este era o ministro da Defesa até 1985, quando Ceauşescu o substituiu por Vasile Milea.

O destino de Milea foi influenciado pela revolta dos camponeses em 1962. Ceauşescu notou sua firmeza, nomeou-o general e o promoveu em Bucareste. Vasile Milea orgulhou-se de sua ascensão, por sua proximidade ao comandante supremo. Mal sabia que assinara sua sentença, tornando-se seu prisioneiro. Assim chegou a 1989, à frente do Exército romeno. E terminando prematuramente, aos 63 anos, com uma bala cravada no peito.

---
[25] Idem.
[26] Entrevista com Constantin Olteanu, Bucareste, 10 de agosto de 2009.

"Traição no Exército, traição na Chancelaria!"

> *Diante dos acontecimentos de dezembro de 1989, muitos chegados de Ceaușescu recorreram a artimanhas para abandonar o navio que estava afundando. O general Stănculescu engessou a perna. Dăscălescu trancou-se num banheiro para não ser levado ao helicóptero. Hîrjău disse que iria ao banheiro e desapareceu. Assessores do ditador sumiram. Nicolcioiu "esqueceu" de devolver o dinheiro que trazia quando voltou do Irã.*

"Na bonança, para a frente! Na borrasca, para trás." Este provérbio reflete bem as ações de algumas figuras importantes do sistema comunista ou próximas ao núcleo central, em dezembro de 1989. Quando o barco começou a afundar, eles fugiram ou tentaram abandonar tudo, a fim de salvar a própria pele.

Enviado a Timișoara em 17 de dezembro de 1989, na qualidade de primeiro vice-ministro da Defesa Nacional, o general Victor Atanasie Stănculescu visitou um hospital da cidade. Em 21 de dezembro, ele simulou uma crise de vesícula biliar. Assim evitou ter de ler aos manifestantes de Timișoara o decreto que instituía o estado de emergência. Na noite seguinte, recém-chegado a Bucareste, foi novamente ao hospital, dessa vez para engessar a perna, para livrar-se da chamada "ao dever".

Na manhã de 22 de dezembro, o secretário pessoal de Ceaușescu, Mihai Hîrjău, alegou uma dor de barriga e foi ao banheiro. Imediatamente, evadiu-se da sede do CC, levando Elena Ceaușescu ao auge da apoplexia. "Curticeanu, há traição no Exército, traição na Chancelaria!",[1]

---

[1] Silviu Curticeanu, estenograma da audiência da Comissão de dezembro de 1989, 28 de outubro de 1993.

ouviu-se o grito da camarada Elena, como lembra Silviu Curticeanu, chefe da Chancelaria presidencial. Vasile Milea cometera suicídio poucos dias antes, e a camarada soube, desesperada, que Hîrjău também os "traíra".

Pouco depois, Constantin Dăscălescu, o último primeiro-ministro da Romênia socialista, fingiu que pegaria o casaco e se escondeu num banheiro, só para não subir ao helicóptero junto com o casal Ceaușescu.

O chefe de Estado foi abandonado até mesmo pelos oficiais que faziam sua guarda pessoal. Seus assessores eram o tenente-coronel Vasile Tălpeanu e o major Vasile Bălașa, da Quinta Divisão da Securitate. Cada um possuía como subordinado um chefe de grupo e sete oficiais da mesma unidade. Na manhã de 22 de dezembro, Bălașa desapareceu, e não foi encontrado. Permaneceu "cumprindo o dever" apenas Tălpeanu, que estava posicionado na porta do gabinete número 1. No caos que marcou a fuga para o helicóptero, Tălpeanu também desapareceu! Ele permaneceu no edifício, embora sua tarefa fosse a de não abandonar o comandante supremo. O seu lugar, como guarda pessoal de Ceaușescu, foi tomado pelo major Florian Raț, também da Quinta Divisão.

Uma declaração interessante foi a do capitão Marian Rusu, alto oficial da Quinta Divisão. Perguntado se não abandonara Ceaușescu "depressa demais" (logo após as 13h30, uma hora e meia após a fuga do telhado do CC), Rusu respondeu: "Talvez tenha até demorado. Outros colegas deixaram a sede na manhã de 22 de dezembro, e houve os que saíram na noite de 21 de dezembro".[2]

Coragem inaudita: assine a demissão e puxe a descarga

Victor Atanasie Stănculescu relatou os momentos em que tentou evitar determinadas tarefas, pedindo para ser transferido para a reserva ou simulando problemas de saúde.

---

[2] Marian Rusu, estenograma da audiência da Comissão de dezembro de 1989, 30 de maio de 1995.

Designado a Timişoara desde 17 de dezembro e no contexto em que fora lançada a criação de um comando na cidade, dirigido por ele, Stănculescu preparou um relatório para Nicolae Ceauşescu. Pelo menos, é o que ele afirma. "No informe eu solicitava ser colocado na reserva, porque eu discordava das medidas, etc. Eu queria entregá-lo a um dos assistentes de Dăscălescu e de Bobu, para que o levassem a Bucareste. Quando souberam que eu estava escrevendo, pediram-me para ver e disseram que eu estava louco: "Se você entregar isso, amanhã será fuzilado. Rasgue-o e jogue-o na privada!'. Rasguei-o e joguei-o lá, foi um momento de fraqueza, entre outros."³

Stănculescu disse que na sala onde fez a solicitação havia somente "dois generais, Diaconescu e Brahaciu, espero que se lembrem".⁴

Crise de vesícula biliar

Em 20 de dezembro, Stănculescu ainda em Timişoara declarou ter falado com Milea, por telefone, dizendo-lhe que desejava voltar para Bucareste, ao que Milea respondeu: "Fique aí, ainda não precisa voltar".⁵

> Naquela noite, o general Ion Coman queria que eu fizesse um pronunciamento perante a multidão sobre aquele decreto de estado de emergência, numa cidade que estava tranquila, de certo ponto de vista (não havia mais manifestações agressivas em lugar algum); afirmei que já não tinha nenhum sentido, que só poderia gerar novas tensões. "À noite, de fato, não faz sentido, pois as pessoas ainda estão na rua". Ele disse: "Bem, então amanhã de manhã".⁶

Por temor à leitura do decreto – alega Stănculescu – às 5h da manhã foi ao Hospital Militar de Timişoara. "Fui ao hospital e disse ao médico

---

³ Victor Atanasie Stănculescu, estenograma da audiência da Comissão de dezembro de 1989, 1º de novembro de 1993.
⁴ Idem.
⁵ Idem.
⁶ Idem.

que até as 13h eu ficaria por lá. Disseram-me que Ion Coman havia me procurado por diversas vezes no hospital. Encontramo-nos logo após as 13h e eu lhe perguntei: "O senhor estava à minha procura?". "Sim, por onde andou?" Eu lhe disse que havia sofrido uma crise. E ele: "Veja, como não o encontrei, telefonei ao Gușa, que enviou Chițac, que leu o decreto".[7]

Questionado sobre "se a crise era real, ou não", Stănculescu respondeu: "Foi tudo combinado, na verdade, a crise não existiu".[8] O senador Sabin Ivan, membro da Comissão "Dezembro de 1989", concluiu: "Então, o senhor confirma que simulou uma crise".[9]

O general relembra a visita ao Hospital de Timișoara. O médico plantonista era o próprio diretor do hospital, que Stănculescu conhecia. "Ele me consultou, fez uma ficha de acompanhamento de que eu estava com uma crise de vesícula biliar, e não sei mais o que, deram-me uma injeção e dormi até as 13h. Enquanto isso, Coman telefonou: "Onde ele está?". O médico respondeu: "Está em tratamento conosco, está dormindo, não pode ir!".[10]

O gesso de oito horas do general Stănculescu

Retornando a Bucareste, com um avião militar, na noite de 21 para 22 de dezembro, Victor Atanasie Stănculescu soube que a cidade estava fervilhando.

> Cheguei em casa por volta das duas e pouco. Minha esposa estava assustada. Ela disse que ouviu no rádio que houve movimentos na cidade, que o povo estava assustado, que os membros da Embaixada soviética tinham fugido. Ela me pediu para não ir a nenhum lugar, pois eu poderia ser morto. Eu lhe disse, "Prometo que não irei, não tenho a intenção de

---

[7] Idem.
[8] Idem.
[9] Sabin Ivan, estenograma da audiência de Victor Atanasie Stănculescu da Comissão de dezembro de 1989, 1º de novembro de 1993.
[10] Dinu Săraru, *Generalul Revoluției cu piciorul în ghips*. Bucareste, Editora RAO, 2005.

dar um passo sequer para resolver os problemas criados por outros", e me referia à família Ceaușescu. Então, comecei a buscar soluções. Ninguém me procurou naquela noite. Por volta das 4h telefonei para o oficial de plantão, no ministério, e informei que havia chegado. Perguntei onde estava o ministro e ele respondeu que no CC. Tentei encontrar uma solução para não participar daquilo que era um evidente ato de repressão em 22 de dezembro. Perguntei quem estava de plantão no Hospital Militar. Disseram-me que havia muitos médicos, que o número de feridos era grande e que em quase todas as seções os chefes de departamento estavam presentes. Procurei pelo doutor general Niculescu, chefe da seção de Traumatologia, e lhe disse: "Quero ir ao hospital para tratar de um problema urgente". "Pode vir. Que horas você chegará?" "Imediatamente" (eram cinco e pouco). Fui até lá e lhe disse que não queria ir para o CC. "Encontre uma solução", pedi. Ele foi rápido: "Vou engessar sua perna". Perguntei: "Certo, mas não vai dar na vista?". "Não. Você dirá que teve uma distensão no menisco. Você era um atleta e esse problema é comum na sua idade." E os atendentes colocaram o gesso. Durou cerca de uma hora. "Agora vou para casa", eu disse. Ele respondeu que seria melhor eu permanecer ali. "Não, vou para casa." O gesso na perna era uma proteção bem sólida e bastante pesada. Quando cheguei em casa, minha esposa disse: "O tenente major Barbu procurou por você, como de costume", era um dos assessores do ministro, do Ministério da Defesa Nacional, e houve mais dois que eram do Ministério do Interior, "eu lhes disse que você estava no hospital". Fiquei em casa e, lá pelas 8h, o oficial de serviço me procurou e disse que o camarada ministro pedia que eu fosse ao CC. Pedi que avisasse que eu estava com a perna engessada, que havia sofrido um acidente e não poderia ir. Depois disso, recebi um telefonema, não me recordo ao certo, se do chefe da Chancelaria, Manea, ou de algum outro que perguntou à minha esposa se eu estava em casa. Ela falou que eu estava, mas que estava dormindo. "Qual o assunto?", ela perguntou. "Ele foi convocado pelo ministro da Defesa e deve comparecer aqui."[11]

---

[11] Victor Atanasie Stănculescu, estenograma da audiência da Comissão de dezembro de 1989, 1º de novembro de 1993.

Este depoimento foi dado perante a Comissão "Dezembro de 1989".

No livro *Generalul Revoluției cu Piciorul in Ghips* [O General da Revolução com a Perna Engessada], Stănculescu disse que ele queria, de algum jeito, ir ao Ministério naquela noite, ao voltar de Timişoara, mas que sua mulher não concordou. "A esposa diz: 'Não vai, não! Sou capaz de quebrar o vaso na sua cabeça' – eu tinha um vaso de cristal – 'e derrubo você!'. Discutimos, mas, enfim, eu precisava ir...".[12] E foi a própria senhora Stănculescu – afirma o general – que teve a ideia do hospital. "Minha esposa me disse: 'Fique em casa, não vá!'. E então veio a intervenção, como diria, divina, da minha esposa. Foi quando perguntei: 'Que posso fazer?'. 'Vá ao hospital, veja algum plantonista e encontre uma solução, que faça uma consulta, o internem, faça alguma coisa!'".[13]

Esclarecimento: Elena Stănculescu, a esposa do general, suicidou-se no dia 21 de dezembro de 2003, aos 67 anos de idade, jogando-se do segundo andar do edifício onde morava.

"Que venha, mesmo com as pernas quebradas, senão, vou mandar prendê-lo!"

Na entrevista que fiz com ele em dezembro de 2009, no hospital da penitenciária de Jilava (onde cumpria pena pela participação na repressão de Timişoara), Victor Atanasie Stănculescu (que fora exonerado de sua função militar, não era mais general nem mesmo soldado) contou como construiu o álibi para o caso de eventual suspeita de Ceauşescu. Antes de deixar o Hospital Militar Central, perguntou ao dr. Nicolescu: "E se me examinarem, e se alguém me questionar?". "Não se preocupe, você diz que tem um problema na rótula e que imobilizei sua perna por causa da

---

[12] Dinu Săraru, *Generalul Revoluției cu piciorul în ghips*. Bucareste, Editora RAO, 2005.
[13] Ibidem.

rótula. Nesse lugar da perna não é possível fazer nenhum exame, pois são cartilagens, e não dá para ver",[14] respondeu-lhe o general-médico.

Com a perna esquerda imobilizada pelo gesso da ponta dos dedos até o meio da coxa, Stănculescu finalmente dirigiu-se ao Comitê Central.

> Por volta das 10h, chegou um carro com dois ou três homens da Chancelaria, enviados por Manea, e disseram: "Nossa orientação é levá-lo do jeito em que está". Passei pela entrada da Chancelaria. No corredor me foi dito, não sei por quem, "O senhor precisa ir, pois aconteceu algo muito triste: o general Milea se matou". No caminho, pelos corredores, havia cerca de cinquenta pessoas munidas de armas automáticas. Essa foi a primeira imagem que vi. Perguntei a alguém no corredor onde ficava o Comando Militar. Apontaram para algum lugar perto do gabinete número 1. Entrei, anunciei a minha chegada e todos estavam em pânico. Fui até a sala de Ceaușescu. Creio que Silviu Curticeanu foi um tanto grosseiro comigo. Ceaușescu apareceu e perguntou o que tinha acontecido com a minha perna. Pediu-me que assumisse o comando, que fortalecesse o dispositivo de segurança.[15]

Em seu depoimento, Stănculescu parece confundir um pouco as horas. Na realidade, sua chegada à sede do CC aconteceu antes das 10h, sendo que às 9h50 Ceaușescu o viu entrar na sua sala e comunicou-lhe que assumiria a direção do Exército.

O episódio do gesso foi relembrado por outras pessoas que estavam no CC, na manhã de 22 de dezembro. Constantin Manea, chefe de gabinete de Ceaușescu, conta: "Antes das 11h, logo após tomar conhecimento do suicídio de Milea, Ceaușescu já pensava num substituto. Procurou por Ilie Ceaușescu, o general. Não o encontrou. Então me disse para localizar Stănculescu".[16]

Ao saber que Stănculescu estava em casa, com a perna engessada, Ceaușescu ordenou a Manea: "Que venha com as pernas quebradas!

---

[14] Entrevista com Victor Atanasie Stănculescu, Jilava, 14 de dezembro de 2009.
[15] Victor Atanasie Stănculescu, estenograma da audiência da Comissão de dezembro de 1989, 1º de novembro de 1993.
[16] Constantin Manea, estenograma da audiência da Comissão de dezembro de 1989, 28 de dezembro de 1993.

E que venha em cinco minutos, que não brinque, pois mando prendê-lo!".[17] Manea conta: "Stănculescu veio. Em quinze minutos estava lá. Muito estranho aquele gesso... Não tinha muletas, não lembro nem mesmo de uma bengala. Simulou muito bem que havia se acidentado e que sentia dor".[18]

Quando chegou à sede do CC do PCR, Stănculescu – à paisana – arrastava a perna esquerda, imobilizada pelo gesso. "Não me doía, mas incomodava. Andava com dificuldade e tive feridas por um bom tempo devido àqueles movimentos anormais."[19]

Ouvido em 1994, Ilie Ceaușescu (também vice-ministro da Defesa Nacional em 1989) disse que, por volta das 13h30, Stănculescu chamou o médico na sede do Ministério da Defesa – para onde havia ido entrementes – a fim de tirar-lhe o gesso. "Ele colocou o pé sobre uma cadeira, levantou as calças, e o médico cortou o gesso. Era o mesmo médico que o havia colocado",[20] declarou Ilie Ceaușescu.

Porém, o irmão do ditador fazia confusão. Não foi o general Niculescu do Hospital Militar Central que foi tirar o gesso de Stănculescu, mas um oficial da enfermaria do Ministério. "Veio um médico, tenente-major, com um alicate e cortou o gesso. Depois que o removeu, troquei o traje civil pelo uniforme militar. Eu mantinha um traje militar no escritório."[21]

Passava quase uma hora e meia da fuga do casal Ceaușescu da sede do CC. O gesso ficou enrolado na perna do general Stănculescu por cerca de oito horas: das 5h30 até as 13h30.

***

A "crise de vesícula" em Timișoara e a "perna engessada" em Bucareste não foram as únicas tentativas de proteger Stănculescu no caso

---

[17] Idem.
[18] Idem.
[19] Victor Atanasie Stănculescu, estenograma da audiência da Comissão de dezembro de 1989, 1º de novembro de 1993.
[20] Ilie Ceaușescu, estenograma da audiência da Comissão de dezembro de 1989, 25 de janeiro de 1994.
[21] Entrevista com Victor Atanasie Stănculescu, Jilava, 14 de dezembro de 2009.

da queda de Ceauşescu. Algumas semanas antes, ele conseguira tirar sua filha e seu genro das fileiras da Securitate. Ambos eram oficiais e trabalhavam em zonas operacionais. Sua filha era funcionária na Sociedade "Dunărea" (Danúbio), que desenvolvia operações de importação e exportação. Seu marido era oficial designado na Unidade "R" (de transmissões especiais). Ambos foram retirados da área operacional e transferidos a unidades menos expostas, sendo depois enviados para fora da capital. Finalmente, pouco antes da revolução, foi aprovado seu pedido de transferência à reserva, mesmo tendo menos de 40 anos de idade!

O general Stănculescu resolveu o problema recorrendo aos assistentes do general Iulian Vlad, chefe da Securitate. Para a filha, pediu um serviço ao general Aristotel Stamatoiu (a quem estava subordinada a Sociedade "Dunărea"), e, para o genro, ao general Ştefan Alexie (sob cuja autoridade funcionava a Unidade "R"). Alexie foi abordado no casamento do filho do general Stamatoiu, realizado no Círculo Militar Nacional, no outono de 1989.

Tais manobras não foram casuais. O general Stănculescu era um homem bem informado. Ao longo do ano de 1989 manteve diversos contatos com pessoas-chave, cidadãos romenos e estrangeiros, os quais o avisaram (informaram?) que o desmoronamento do regime de Ceauşescu seria acompanhado de um acerto de contas do Exército com a Securitate, conflito que resultaria em muitas vítimas no âmbito da Securitate. Por isso Stănculescu desejava proteger a filha e o genro. Especialmente pelo fato de que, ele, o general, estava no comando do Exército que dizimaria a Securitate!

Os "traidores" do banheiro

Em 22 de dezembro, os banheiros da sede do CC demonstraram ser os melhores esconderijos.

Mihai Hîrjău, secretário pessoal de Ceauşescu, "desapareceu" da sede do Comitê Central do Partido Comunista Romeno por volta das

8h. Quem melhor conhecia essa história era Constantin Manea, chefe de gabinete do ditador.

> Às 8h, Hîrjău, meu colega, avisou que estava com dor de barriga. Disse-me para ficar atento, pois ele estaria ausente por alguns minutos. Eu disse: "Está bem". Passou meia hora e ele não voltou mais. Notei que um dos ajudantes de Nicolae Ceaușescu também havia desaparecido, o de nome Bălașa. Restou Tălpeanu, que estava de plantão. Tălpeanu estava guardando a porta do gabinete, e eu fiquei encarregado de cuidar de todas as linhas telefônicas e administrar a loucura que reinava no local.[22]

Eram 9h30. Milea se suicida, e Ceaușescu, categórico, chama seu ex-ministro de "traidor". Passada mais meia hora, Constantin Manea conta: "Ceaușescu observou que Hîrjău estava sumido e começou a me interrogar: 'Onde está Hîrjău?'. 'Eu também não o vi, ele sentiu dor de barriga às 8h, já são 10h e ele não voltou.' Mandei procurarem-no por toda parte, pelos banheiros daqui e pelos escritórios, mas não foi encontrado. Ao que ele diz: 'Outro traidor. Que venha Postelnicu!'. E ordenou que Hîrjău fosse procurado para prendê-lo. Foram atrás dele, mas não o encontraram".[23]

Silviu Curticeanu, chefe da Chancelaria, testemunhou a reação de Elena Ceaușescu quando soube que Hîrjău havia desaparecido. Ele contou, em 1991:

> Ela estava na sala de espera e gritava, dizendo assim: "Curticeanu, traição no Exército, traição na Chancelaria!". Eu perguntei: "O que mais está acontecendo?". E ela respondeu: "Veja só, Hîrjău fugiu". E eu: "Talvez esteja por aqui, em algum lugar". Hîrjău deveria estar na sala em que costumava recepcionar. O corredor entre o quarto de Ceaușescu e a sala de reuniões tinha duas campainhas, no primeiro e no segundo. Dessa vez, ele tocou a campainha de Hîrjău, ele não estava lá. Manea, percebendo que Hîrjău não estava, entrou, o que às vezes acontecia, um compensava o outro. Manea

---

[22] Constantin Manea, estenograma da audiência da Comissão de dezembro de 1989, 28 de dezembro de 1993.
[23] Idem.

saiu, e nesse momento chegava Elena Ceaușescu. Ao descobrir que ele não estava ali, começou a loucura, todos perguntavam "Onde está Hîrjău?".[24]

Mihai Hîrjău contou como e quando deixou a sede.

> Lá pelas 8h, durante a reunião convocada por Ceaușescu, fui para casa, onde encontrei minha esposa e meu filho. Eles estavam muito preocupados com o que estava acontecendo. De fato, por volta das 5h da manhã, quando eu já havia passado rapidamente em casa, tinha-lhes dito que a situação era inusitadamente dramática. Falei para eles que não voltaria à sede. Os vizinhos que estavam lá disseram que eu estava me escondendo. Finalmente, saí com pressa e fui até a casa de uma tia de um colega da faculdade. Ficamos lá por algumas horas, até as 14h30...[25]

O membro da Comissão Dezembro de 1989, senador Șerban Săndulescu, que também estava na sede do CC em 22 de dezembro, perguntou a Hîrjău: "'O senhor não teve medo de que, se Ceaușescu o procurasse e não o achasse, poderia vir a ter problemas?". Hîrjău responde: "Eu sei que procuraram por mim, em minha casa, em torno das 11h, foi um risco que assumi, mas fiz isso arriscando a minha própria pele".[26]

Solicitado a justificar a "deserção", Hîrjău conta:

> Eu percebi, aqui, uma atmosfera de guerra. Na parte da manhã, todos os vestíbulos estavam lotados de gente com armas à vista – digo isso em tom moderado, pois o que acontecia, de fato, nem posso reproduzir, tudo tinha uma aparência trágica, de um desfecho... E, nessas circunstâncias, o apego de Ceaușescu pelo poder, sua decisão de ir até o final, seu apelo a uma resistência absurda... É claro que diversos pensamentos me assaltaram: e se ele descer ao subsolo, ao abrigo? Levaria com ele todos os que estavam juntos, para abrir fogo. Era uma situação em que, se eu saísse com vida, poderia colocar a corda no pescoço.[27]

---

[24] Silviu Curticeanu, Constantin Manea, estenograma da audiência da Comissão de dezembro de 1989, 11 de abril de 1993.
[25] Mihai Hîrjău, estenograma da audiência da Comissão de dezembro de 1989, 7 de fevereiro de 1994.
[26] Idem.
[27] Idem.

Então ele saiu. "Eu disse a Manea que iria ao banheiro e saí... Parecia que alguém conduzia os meus passos. Na entrada B, os oficiais me perguntaram: 'Aonde vai?'. 'Senhor, tenho coisas a fazer por aqui.' Então segui caminhando, viram-me só de paletó... Até que avistei a barreira de soldados, tanques, tudo o que havia nas ruas, e continuei, parecia estar drogado."[28]

Dăscălescu "esqueceu" o casaco

Até Constantin Dăscălescu, o então primeiro-ministro da Romênia, fez todo o possível para não acompanhar os Ceaușescu em seu voo final. Ele tinha sido escalado para subir ao helicóptero no telhado do Comitê Central do Partido Comunista Romeno, em 22 de dezembro, ao lado do casal ditatorial e de Emil Bobu.

Quando se preparavam para entrar no elevador, e de lá ir ao telhado, Dăscălescu disse que pegaria o casaco. No entanto, ele se escondeu num banheiro e se trancou por dentro. Ceaușescu, com pressa porque os revolucionários forçavam a entrada do Palácio, levou Manea Mănescu no lugar de Dăscălescu. O chefe do último governo comunista saiu do banheiro só depois de assegurar-se de que o helicóptero já havia decolado.

Nicolcioiu e o dinheiro do Irã

Os pescadores possuem um ditado: em águas turvas é possível fisgar peixes grandes. Assim pensavam também alguns dos correligionários de Ceaușescu. Nem todos se contentavam em salvar a própria pele. Alguns tentavam tirar proveito da loucura daqueles dias. Os melhores colocados para fazer dinheiro eram os responsáveis pelo comércio exterior. Fortalecendo suas relações e usando discretamente o capital do Estado, viriam a ser as pessoas mais ricas da transição do comunismo para o capitalismo.

---
[28] Idem.

O cheiro dos dólares seduziu até os ativistas que não tinham nada a ver com os negócios. Estudo de caso: Vasile Nicolcioiu, chefe de Protocolo do Partido e do Estado. Ele não podia fazer transações em nome de Ceaușescu, pois não fazia senão carregar as medalhas dele e a mala com dinheiro vivo nas saídas para o exterior. Assim como aconteceu também no Irã.

Ceaușescu e sua comitiva retornaram de Teerã na quarta-feira, 20 de dezembro de 1989. Um dia depois, um malote diplomático com segredo deixava a sede do Comitê Central, na indicação de quem cuidava dele: Vasile Nicolcioiu. O seu motorista, Dumitru Cercel, levou-o até um endereço na rua Vitória, onde o entregou a Emil Nicolcioiu, irmão do expedidor e ex-ministro da Justiça no período de 1975 a 1977, durante o mandato de Manea Mănescu.

Quatro anos mais tarde, chegou ao gabinete do senador Valentin Gabrielescu, presidente da Comissão de Inquérito dos Acontecimentos de dezembro de 1989, um envelope lacrado. O parlamentar abriu o envelope, com a paciência de um homem que amargou seis anos nas prisões comunistas. No envelope havia um texto de algumas linhas. Quando começou a ler, Gabrielescu ficou pasmo: uma tal de Nicolcioiu Vera Florica acusava o ex-marido de aproveitar-se do caos instalado no Comitê Central do Partido Comunista Romeno entre 20 e 22 de dezembro de 1989, para "surrupiar" o dinheiro com que Ceaușescu retornara do Irã!

Vasile Nicolcioiu, 52 anos, era chefe de Protocolo desde 1983. Na volta de Teerã, ficou chocado com a atmosfera reinante na Romênia. Uns ares de revolução, de golpe de Estado, de mudança de regime. Então, em sua mente acendeu-se uma luz: e se algo acontecer e, no meio do caos, o rastro do malote diplomático se perder?!

A revolução pegou Vasile Nicolcioiu em uma situação familiar complicada: ele tinha uma esposa, uma amante e um filho com cada uma delas. Ambas as crianças eram meninos.

Em 1994, quando "denunciou" Vasile Nicolcioiu na Comissão Dezembro de 1989, Vera não estava mais casada com ele. Imediatamente após a revolução, o antigo funcionário divorciou-se para casar-se com a amante, que havia trabalhado no bufê do CC e com quem tinha um filho.

Em sua denúncia, Vera Nicolcioiu afirmou que o ex-marido "havia guardado o dinheiro em lugar seguro, mas, de repente, fora acometido de amnésia e não mais se lembrava onde exatamente".[29] Depois, para não ser interrogado, o ex-funcionário decidiu "levar adiante a história da amnésia e declarar-se louco irresponsável", tendo obtido, inclusive, um atestado médico nesse sentido.

A senhora Nicolcioiu ainda disse que "o paciente Vasile Nicolcioiu, com diagnóstico de depressão prolongada e síndrome maníaco-depressiva, casou-se com sua ex-concubina e baniu o próprio filho de casa".[30]

Epílogo: casada, pela segunda vez, com um norte-americano, Vera pegou seu filho e mudou-se para os Estados Unidos. Alguns anos depois voltaram para a Romênia. Daí em diante, a vida de Vasile Nicolcioiu virou um calvário. Na porta de seu apartamento foi pintado um esqueleto, com os dizeres "Morte ao lacaio". Os vizinhos dizem que o autor dos rabiscos era o filho do primeiro casamento. O filho de Vera e de Vasile Nicolcioiu.

O caso do malote diplomático foi encerrado pela Comissão Senatorial, sem qualquer investigação. O rastro do dinheiro evaporou-se. Entrementes, certo bem-estar instaurou-se na vida de Vera e de seu filho. Vasile Nicolcioiu, ex-chefe de Protocolo do Partido e do Estado, foi abandonado num asilo de idosos.

---

[29] Vera Nicolcioiu, intimação perante a Comissão Dezembro 1989, anexa ao estenograma da audiência de Vasile Nicolcioiu, 23 de março de 1994.
[30] Idem.

O gosto amargo
do golpe de Estado

Em 22 de dezembro de 1989, entre 6h e 12h, Nicolae Ceauşescu viveu com insensata intensidade os seus últimos momentos no comando do país. Apesar de tudo estar desmoronando ao seu redor, o velho ditador ainda pensava numa sangrenta repressão contra os manifestantes. Mas não tinha mais recursos para isso: o Exército e a Securitate já o haviam abandonado.

Sexta-feira, 22 de dezembro de 1989. No crepúsculo do dia, a capital ainda cheirava a pólvora, depois da destruição perpetrada pelas forças da repressão durante a noite. O sangue dos fuzilados na região da Sala Dalles foi lavado para remover as marcas das violentas ações, e as pichações nas paredes contra Ceauşescu foram recobertas de tinta.

Na sede do poder, no CC do PCR, Ceauşescu preparava a resistência. Ordenou aos militares que recorressem a qualquer meio no intuito de deter a multidão que se preparava para vir à Praça do Palácio. O grande perigo era que a voragem tomasse de assalto o reduto do poder comunista.

Naquele dia histórico, Ceauşescu acordou às 6h da manhã. "Por volta das 6h30, encontrou-se com seu irmão, o general Ilie Ceauşescu, vice-ministro de Defesa. A conversa teve lugar no gabinete número 1, na sede do CC. Ilie Ceauşescu chegou a sugerir ao irmão que mudasse de estratégia e fizesse as alterações desejadas por Moscou. Aconselhou-o a ser mais conciliador, a negociar. Mas o chefe de Estado deu o exemplo chinês da Praça Tienanmen (Praça da Paz Celestial) e pediu a Ilie que saísse",[1] explica o historiador Alex Mihai Stoenescu. Eugen Florescu,

---
[1] Entrevista com Alex Mihai Stoenescu, Vălenii de Munte, 19 de junho de 2009.

conselheiro de imprensa, confirma: "Ilie tentou chamar-lhe a atenção para o fato de que viriam trabalhadores das fábricas, ao que Ceauşescu respondeu sorrindo: 'Pode deixar: na Praça Tienanmen havia um milhão deles e receberam uma lição como nunca se viu'".[2]

Nicolae Ceauşescu recebeu o relatório pela manhã. Seu secretário pessoal, Mihai Hîrjău, reconstituiu o momento.

> Na antecâmara encontrei Dăscălescu e Bobu. Eles esperavam que um dos dois saísse, ela ou ele. Por volta das 6h30 saiu Elena Ceauşescu, e eles avisaram que concentrações de pessoas começavam a surgir pela cidade, em vários pontos. Nas bocas do metrô, na Pipera, na Turbomecânica. Ela entrou no escritório de Ceauşescu. Saíram juntos, Ceauşescu envolto sumariamente em um roupão de banho: difícil descrever sua aparência naquele momento. Seu semblante estava desfigurado. Deu instruções no sentido de reprimir brutalmente qualquer tentativa de agrupamento. Afirmou ele: "Se eles estiverem no metrô, que joguem gás lacrimogêneo". E que sejam trazidas as Guardas Patrióticas, vamos fazer apelos nas fábricas".[3]

***

Apesar das advertências de Ilie Verdeţ (na noite de 21 de dezembro) e de Ilie Ceauşescu (na manhã de 22 de dezembro), Nicolae Ceauşescu continuou acreditando em "servir a causa". Ele encarava tudo como uma luta heroica pela salvação do socialismo mundial, gravemente ameaçado pelos entendimentos soviético-americanos e pelos agentes que formigavam na Romênia. Inclusive no próprio Palácio, pois o ditador suspeitava de correligionários que teriam se bandeado para o lado inimigo.

O secretário Mihai Hîrjău lembrou o encontro entre Ceauşescu e os dirigentes dos Ministérios de Defesa: "Em torno das 7h, chamou Milea, Postelnicu e Vlad ao gabinete. Ali ficaram por alguns minutos e logo precipitaram-se aos seus postos de comando, já estabelecidos desde o anoitecer".[4]

---

[2] Alex Mihai Stoenescu, *Interviuri despre Revoluţie*. Bucareste, Editora RAO, 2004.
[3] Mihai Hîrjău, estenograma da audiência da Comissão de dezembro de 1989, 7 de fevereiro de 1994.
[4] Idem.

Insatisfeito com as informações recebidas, Ceaușescu tentou apressar a mudança, que poucas horas depois seria fatal para ele. Declarou Hîrjău:

> Às 7h, Ceaușescu pediu uma ligação para falar com Victor Stănculescu. Eu soube, então, que ele o havia chamado de volta de Timișoara. Liguei para o gabinete dele e me informaram que estava no Hospital Militar. Conversei com ele no hospital e lhe disse que Ceaușescu pedia a sua presença. Ele explicou que não poderia vir, pois estava com a perna engessada, mas que poderia enviar seu assistente para assuntos de comissionamento. Comuniquei a Ceaușescu que Stănculescu não poderia vir, e então ele me mandou chamar Ilie Ceaușescu.[5]

***

Os que conversaram com Ceaușescu, nas horas seguintes, sentiram o cheiro de álcool fino que rescendia em seu hálito. Não havia mistério nenhum: no início da manhã, o ditador tinha tomado duas garrafinhas de conhaque Courvoisier da "reserva" do chefe de gabinete Constantin Manea.

Algumas horas mais tarde, Ceaușescu encontrou tempo para tomar a injeção de insulina que negligenciara havia alguns dias. Normalmente, ele injetava insulina duas vezes ao dia, pela manhã e à noite, caso contrário sua glicemia aumentava perigosamente. O diabetes consumia seriamente a saúde do velho ditador.

***

Após receber relatórios de todos os que o circundavam, Ceaușescu convocou, em regime de emergência, uma reunião do Comitê Político Executivo do PCR. Dela, participaram, pouco depois das 8h, apenas alguns dos membros do CPEx, por ter sido anunciada em cima da hora. Na verdade, não foi uma reunião propriamente dita, mas uma escaramuça de Ceaușescu com o general Milea.

---

[5] Idem.

O chefe do Exército se perdeu, começou a gaguejar e foi incapaz de apresentar ao comandante supremo um informe sobre o estado das tropas. Ceauşescu gritou com ele e proferiu a famosa frase: "Fora daqui e traga as tropas!".[6] Visivelmente abalado com a reação do ditador, Milea perambulou, sem rumo, quase uma hora pela sede do CC e se acabou às 9h30 numa sala do sexto andar. Ceauşescu anuncia que o general Milea se suicidou e o chama de "covarde e traidor".

Enquanto isso, Ilie Ceauşescu retorna ao escritório do irmão, chamado pelo secretário Mihai Hîrjău. Declarou Ilie Ceauşescu:

> Entrei no gabinete 1, e ele me disse: "Veja, Milea cometeu suicídio". Naquele momento estava abalado. Ela também estava lá, ao seu lado. Ele me disse: "Prepare-se para assumir o comando do Exército!". Ao que respondi: "Não posso assumir o comando do Exército. Não tenho essa qualificação". E ele: "Então vista o uniforme militar e vá para o ministério! Pare de perder tempo aqui!". Ou seja, eu recusei. De qualquer forma, ele não me daria o comando do Exército, teria sido apenas uma tentativa, uma vez que já tinha chamado Stănculescu.[7]

***

Um episódio controverso ocorreu pouco depois das 9h30, quando o casal ditatorial soube da morte de Milea. Elena Ceauşescu convocou seu assistente, o capitão Marian Rusu, que fazia parte da Quinta Divisão da Securitate. Ele declarou:

> Na manhã de 22 de dezembro, fui chamado por Elena Ceauşescu, por volta das 9h30. Mandaram-me à casa deles, no bairro Primavera, para pegar uma chave. Fui até lá, peguei a chave. A encarregada das mulheres da limpeza sabia do que se tratava, ela cuidava da residência de Snagov, era uma espécie de governanta. Seu nome era Suzana. Ela me deu a chave, e eu a levei à sede. Era uma chave grande – se quiserem a minha opinião,

---

[6] Entrevista com Alex Mihai Stoenescu, Vălenii de Munte, 19 de junho de 2009.
[7] Ilie Ceauşescu, estenograma da audiência da Comissão de dezembro de 1989, 25 de janeiro de 1994.

era uma chave de cofre, logo, um cofre onde se guarda dinheiro. Mas onde ficava o tal cofre, no gabinete 1, no gabinete 2, não tenho como saber.[8]

A chave em questão, recebida de Suzana Andrei, chegou às mãos de Elena Ceaușescu após as 10h. Essa história tem a ver com um pacote e uma maleta de couro, presentes na fuga do casal Ceaușescu, que ocorreria poucas horas depois.

***

Ao receber a confirmação de seus homens de confiança de que o general Milea tinha saído de cena, Ceaușescu adotou a "solução Stănculescu". Ditou aos seus assessores de imprensa um comunicado sobre o suicídio de Milea e anunciou ao "general da perna engessada" que assumiria o comando do Exército. Na sequência houve uma reunião do CPEx – a última – na qual o comandante supremo queria ter certeza de que os "camaradas" estavam decididos a "lutar com ele até o fim".

Ion Radu, um dos membros do CPEx, tinha sido enviado por Ceaușescu para sondar os acontecimentos. "O que você fez, Radu?",[9] perguntou Ceaușescu. "Fui até lá, conforme o senhor ordenou. Foi impossível conversar. Nem chegamos a entrar na fábrica. Eles estavam saindo da ICEM e da Turbomecânica de Militari. Também saíram do '23 August' (23 de agosto). O camarada Avram não conseguiu mais segurá-los. Toda a atividade nos fornos parou."[10]

Ceaușescu percebeu que se tratava de uma ação bem organizada e fez um informe sobre a morte de Milea, em seguida, declarou estado de emergência em todo o país. Já passava das 10h. A principal pergunta de Ceaușescu aos seus sequazes era se todos lutariam "até o fim".[11] A resposta veio em coro: "Lutaremos, camarada secretário-geral".[12]

***

---

[8] Marian Rusu, estenograma da audiência da Comissão de dezembro de 1989, 30 de maio de 1995.
[9] Estenograma da reunião do CPEx, 22 de dezembro, 10h.
[10] Idem.
[11] Idem.
[12] Idem.

Enquanto Nicolae Ceauşescu recebia a confirmação dos membros do CPEx de que lutariam ao seu lado, o general Victor Stănculescu parava as tropas que – seguindo as ordens anteriores de Milea – vinham para fazer grandes estragos em Bucareste.

O momento da destituição do poder de Ceauşescu é relatado pelo historiador Alex Mihai Stoenescu.

> Stănculescu emitiu a ordem das 10h07: fazer a ronda, indicação pessoal do ministro Milea. Stănculescu transmite pelo capitão Tufan, que se encontrava no sexto andar do prédio, como quando Milea vivia. A ordem era para que as tropas voltassem ao quartel e, se encontrassem gente, que negociassem. Foi o momento em que os civis subiram nos tanques. Stănculescu manda de volta aos quartéis até os tanques da Praça do Palácio, ao mesmo tempo que uma força-tarefa do primeiro andar solicitava a presença deles. Das 10h07 às 10h40, Stănculescu repetia a ordem de retornar ao quartel. Assim foi possível entrar na praça, pois os tanques saíram, obedecendo às repetidas ordens emitidas por Stănculescu. Foi esse o momento em que Stănculescu iniciou o golpe de Estado. Ceauşescu dissera-lhe: "Vá e detenha-os!", mas ele ordenou que os soldados não atirassem, que colaborassem.[13]

A ação de Stănculescu fora precedida por uma similar, mas discreta, do general Iulian Vlad. Ele retirou do dispositivo de defesa do Palácio, entre 7h e 8h30, cerca de 2 mil oficiais, sargentos e alunos dentre os efetivos da Securitate. Em primeiro lugar, ordenou ao coronel Răbăcel, chefe do Estado-Maior da Escola da Securitate de Băneasa, que embarcasse os efetivos e os levasse ao quartel. Em seguida, ordenou ao coronel Pavelescu, chefe do Estado-Maior das Tropas da Securitate, que retirasse os efetivos da brigada da Quinta Divisão. Perto das 8h30, após a reunião-relâmpago do CPEx na "salinha", o general Vlad ordenou ao coronel Ardeleanu que retirasse as tropas USLA. Permaneceram em posição apenas aqueles que cuidavam da segurança no interior do edifício. Estes pertenciam à Quinta Divisão.

---

[13] Entrevista com Alex Mihai Stoenescu, Vălenii de Munte, 14 de junho de 2009.

Foi assim que os manifestantes conseguiram chegar perto dos muros do palácio, atirar pedras na varanda e tomar de assalto o reduto do poder.

***

Depois do golpe de Estado desferido por Stănculescu, Ceaușescu resistiu mais duas horas na sede do CC. Depois da reunião do CPEx, ele intencionava assumir o comando do Exército, mas o diretor da Chancelaria, Silviu Curticeanu, não chegou a escrever o decreto.

Às 10h59 foi transmitido por rádio e televisão o comunicado sobre a morte de Milea. Uma hora antes da ordem dada por Ceaușescu!

Pouco depois das 11h, Ceaușescu constatou que suas ordens estavam sendo executadas exatamente ao revés. Em vez de evacuar os manifestantes da Praça do Palácio, ela ficava cada vez mais cheia. Em vez de trazer as tropas ao centro da capital, elas eram recolhidas aos quartéis.

Fechava-se o cerco. O prédio do CC não era mais seguro porque os seguranças tinham baixado a guarda e a Praça do Palácio estava fervilhando de revolucionários. A situação estava se complicando ainda mais no reduto de poder de Ceaușescu. O ditador tomava decisões precipitadas, sentia-se sabotado e testava os chegados na tentativa de detectar os traidores.

O historiador Alex Mihai Stoenescu descreve o final da epopeia no CC.

> Depois das 10h, Ceaușescu pediu por três vezes para abandonar o local. O primeiro pedido foi para ser retirado da sede pelo subsolo, mas os da Quinta Divisão disseram que a rota não estava operante, que os túneis estavam bloqueados. Pediu, então, que um carro viesse até a escadaria. O general Marin Neagoe, chefe da guarda presidencial, aconselhou-o a não sair, pois a rua estava cheia de trabalhadores. Eram quase 10h30. Teimoso, Ceaușescu ordenou ao general Eftimescu, que era o chefe da força-tarefa no primeiro andar, que organizasse sua evacuação pela via militar. Os tanques deveriam estar na praça, mas tinham sido devolvidos ao quartel por ordem de Stănculescu. Deveriam vir com as escotilhas abertas, para que Ceaușescu pudesse sair pela porta do CC e entrar neles diretamente. Os tanques deveriam abrir caminho

à força, abrindo fogo, mesmo que matassem pessoas. Com esses tanques, ele intencionava chegar a Snagov. Esse era o plano de Eftimescu. Por causa dessas falhas na rota de fuga, utilizou-se a variante do helicóptero. Stănculescu falou com o general Iosif Rus, chefe da Aviação Militar, e pediu-lhe helicópteros. Stănculescu fez um acordo com Neagoe. Chamaram dois helicópteros, com a indicação de aterrissarem na cobertura do prédio.[14]

(O general Nicolae Eftimescu era o primeiro assistente do chefe do Estado-Maior do Exército romeno, o general Ștefan Gușă.)

Nicolae Ceaușescu constatou que não mandava mais, que outra pessoa estava no comando. Alguém que, até aquele momento, não mostrara a cara. "O filho mais amado do povo" tinha que abandonar o palácio. No entanto, não abandonaria o povo, não, isso não! Precisava falar ao povo, precisava dizer que se tratava de um golpe de Estado...

Desesperado, apela para a "tática popular" e tenta dirigir-se à multidão.

O megafone preto

O relógio marca 11h30. O Líder Eterno, por detrás de uma cortina, observa a multidão na praça. Que quer essa gente? Que esperam de nós? Caíam pequenos panfletos do céu, aconselhando as pessoas a abandonarem a praça, a voltarem às suas casas, quando bem no dia anterior tinham sido enfileiradas e trazidas ao comício...

Uma lembrança ressoa na mente de Ceaușescu: como foi bonito em 1968, quando os russos invadiram a Tchecoslováquia! A comparação com o presente era dolorosa. Agora, os perigos brotavam de todos os lados. O país estava cheio de "espiões", e os "traidores" tramavam pelas costas do comandante supremo.

Estava decidido: tinha de falar às pessoas da praça! Não era possível que não o entendessem... Tentando criar coragem, esquece que no dia anterior tinha sido vaiado naquela mesma varanda.

---

[14] Idem.

Constantin Manea, chefe de gabinete de Ceauşescu, conta em 1993:

> Quando apareceu o primeiro helicóptero que jogava os panfletos, fez barulho sobre a praça. Dăscălescu teve seu primeiro rompante de fúria: "Camarada secretário-geral, este é um grande erro, quem chamou o helicóptero?". Antes do aparecimento do helicóptero, Ceauşescu tinha dito a Dăscălescu: "Seria bom se você saísse para acalmá-los um pouco, depois veremos o que fazer". Ao que Dăscălescu retrucou: "Só o senhor seria capaz de acalmá-los". Ceauşescu olhou para ele, de esguelha, e acenou com a mão em sinal de desgosto. Chamou o assessor e pediu-lhe que arranjasse um megafone. Encontraram o megafone, colocaram uma bateria, o que durou alguns minutos, mas a ele pareceu uma eternidade. Saíram na varanda – Ceauşescu, Bobu e Dăscălescu. Elena Ceauşescu não quis aparecer, permaneceu no escritório, atrás da cortina, para ver o que acontecia na varanda. Ceauşescu mal conseguiu abrir a boca, pois já começaram a atirar pedras nele. Não foi atingido, nem ele nem os outros, mas uma das pedras quebrou a janela e parou exatamente perto do telefone. Ela se assustou e gritou: "Nicu, Nicu, vamos".[15]

***

Ion Gîtlan, o pai da primeira vítima da repressão em Bucareste, viu tudo lá de baixo, do meio da multidão.

> Eu vim do Parque Cişmigiu. Cheguei ao CC logo após o suicídio do general Milea. Nos panfletos que caíam do céu, jogados pelo helicóptero, estava escrito: "Vão para suas casas! A ordem será restabelecida". Diante do CC havia umas trezentas ou quatrocentas pessoas. Não estavam organizados. Juntavam-se em grupos e falavam de Ceauşescu. Era um dia extraordinariamente quente para ser dezembro. Perto da sede do CC havia roseiras com montículos de terra em volta das raízes. A terra estava fofa, era possível moldá-la com a mão. Eis que, de repente, Ceauşescu sai na varanda. Isso foi depois que os tanques deixaram a

---

[15] Constantin Manea, estenograma da audiência da Comissão de dezembro de 1989, 28 de dezembro de 1993.

praça. Havia microfones instalados, mas não estavam ligados. Ele apareceu com um megafone preto e falou: "Camaradas! Vão para casa! Houve um golpe de Estado, mas vamos restaurar a ordem. Agora vão para as suas casas! Há uma tentativa de golpe de Estado". Não era mais aquela voz autoritária de Ceaușescu, a voz que eu conhecia havia décadas. Era a voz de um homem acabado. E ele estava transfigurado. Dava para ver o medo no rosto dele.[16]

Gîtlan estava bem debaixo da varanda onde Ceaușescu se agitava. Ele fora à Praça do Palácio com a esposa, mas, em dado momento, mandou-a para casa: "Vá, pois esses aí vão matar nós dois e não haverá mais ninguém para criar os nossos filhos! Que ao menos você se salve".[17] Eles tinham dois rapazes e três garotas. Gîtlan não sabia ainda que seu filho mais velho havia sido assassinado na noite anterior, na Sala Dalles.

> Enquanto Ceaușescu nos dizia que fôssemos para casa, peguei um pouco de terra da raiz da roseira e joguei nele. A terra se esfarelou e se espalhou por todo lado. Um homem que estava ao meu lado pegou um pedaço de pau que parecia ser a haste de uma bandeira abandonada após o comício de 21 de dezembro, e jogou-o contra a varanda. Ceaușescu desviou. Quando percebeu que estavam atirando coisas nele, retirou-se decepcionado, com o megafone na mão. Desistiu de ficar lá.[18]

A fuga para o helicóptero

O episódio da varanda foi a gota d'água. Após a tentativa frustrada de falar aos manifestantes, Ceaușescu não pensou mais: abandonaria a sede.

O tenente-coronel Ion Tălpeanu, um dos assistentes de Ceaușescu, viu quão rápida foi a decisão de sair em direção aos elevadores.

---

[16] Entrevista com Ion Gîtlan, Bucareste, 30 de junho de 2009.
[17] Idem.
[18] Idem.

Depois das tentativas malsucedidas de falar à multidão, pediu-me que pegasse seu casaco. Guardava as roupas atrás do gabinete. Peguei o casaco, o cachecol e o chapéu e os levei. Ao chegar, vi que tinha decidido partir. Quando lhe entreguei as roupas, Ceauşescu ou falava com sua esposa ou falava sozinho: "Vamos, são trabalhadores e não podemos disparar contra eles! Vamos embora e veremos o que fazer".[19]

Ceauşescu e seus acompanhantes não foram para o terraço com os dois elevadores da frente do gabinete 1, pois, pelo sistema de construção, eles subiam apenas até o quinto andar. Dessa forma, o "Amado Líder" e a "primeira-dama do país" foram conduzidos pelo corredor principal, à direita, até outros dois elevadores, que ficavam na área destinada ao pessoal de serviço e aos garçons que atendiam ao presidente.

Perto dos elevadores havia dois banheiros, na frente dos quais o casal Ceauşescu passou às pressas. Tiveram a oportunidade de ver, pela última vez, um emblema mantido ali havia mais de 20 anos: as duas placas que indicavam "Homens" e "Mulheres". As figuras eram, evidentemente, as de Nicolae e de Elena Ceauşescu.

Antes de saírem do salão principal, Ceauşescu manteve um diálogo de surdos com os chegados ao seu gabinete. Ninguém mais o ouvia. Os revolucionários estavam às portas e tentavam entrar no prédio. A salvação era uma questão de segundos. O caminho até o helicóptero tornou-se uma corrida contra o tempo. Cada minuto perdido podia significar um linchamento.

O relato do general Stănculescu é notável: "Não vi, senão, alguns homens assustados, esta era a imagem. Espalharam-se como perdizes. Alguns seguiram o casal Ceauşescu e foram embora num elevador lotado".[20]

Segundo o historiador Alex Mihai Stoenescu: "Quando Ceauşescu tomou o elevador do primeiro andar, o general Iulian Vlad, chefe da Securitate, ordenou que abrissem as portas do palácio".[21]

***

---

[19] Ion Tălpeanu, estenograma da audiência da Comissão de dezembro de 1989, 26 de julho de 1994.
[20] Victor Atanasie Stănculescu, estenograma da audiência da Comissão de dezembro de 1989, 1º de novembro de 1993.
[21] Entrevista com Alex Mihai Stoenescu, Vălenii de Munte, 14 de junho de 2009.

O último percurso de Nicolae Ceauşescu na sede do Comitê Central foi de elevador. Do primeiro andar até, perdão, *até perto do* sexto andar. O elevador estancou entre o quinto e sexto andares, a um passo do destino. Inicialmente, os acompanhantes pensaram que ali tinha a mão dos revolucionários, mas algumas testemunhas do CC dizem que talvez Elena Ceauşescu tivesse se encostado na porta do elevador, devido à emoção.

O assessor de Nicolae Ceauşescu, major Florian Raţ, acompanhou o casal ditatorial no elevador. Ele declarou:

> Eram quase 11h45 e entrei no elevador com Elena e Nicolae Ceauşescu para irmos ao sexto andar, onde os helicópteros haviam aterrissado. Quando faltavam cerca de meio metro até o sexto andar, o elevador parou; é provável que alguém tenha mexido nele. Então, Ceauşescu me disse para quebrar o vidro, que talvez assim fosse possível desbloquear a porta. Bati com a culatra da arma e quebrei o vidro, mas não consegui destravar a porta. Então, alguém lá de fora pôs a mão, mexeu na roldana da parte superior e a porta se abriu. Eu saí primeiro e estendi a mão para ajudá-los a sair. Ali estava o general Stănculescu. Ele disse para irmos ao terraço, que o helicóptero estava nos esperando. Falei que não sabia onde era, pois, embora estivesse há dezessete anos no CC, nunca tinha ido até lá.[22]

Uma das lendas da revolução conta que, antes de tomar o elevador, Elena Ceauşescu teria dito a Stănculescu: "Vitinho, tome conta das crianças", referindo-se provavelmente a Valentin, Zoia e o pequeno Nicu. O general diz, no entanto, que tal súplica não existiu e não apareceram testemunhas para afirmar o contrário.

Stănculescu conduziu o casal Ceauşescu até o helicóptero, que os esperava com as turbinas ligadas. Já estavam lá dentro Emil Bobu e Manea Mănescu.

***

---

[22] Florian Raţ, estenograma da audiência da Comissão de dezembro de 1989, 16 de novembro de 1995.

O historiador Ioan Scurtu chama a atenção para um aspecto importante dos eventos da época: o interesse dos soviéticos.

> Depois daquilo, durante uma semana, a liderança soviética evitou expressar publicamente sua posição sobre a Romênia; na manhã de 22 de dezembro, o Congresso dos Deputados do Povo da URSS foi informado por Gorbachev que recebera notícias da Embaixada soviética em Bucareste a respeito dos acontecimentos da noite anterior, diante do que propôs a elaboração de uma declaração política. "O Congresso dos Deputados do Povo da URSS exprime séria preocupação pelas notícias sobre os eventos dramáticos acontecidos na Romênia, que fizeram vítimas humanas. Tal ocorrência despertou um sentimento de profundo pesar. Temos a esperança de que se encontrem na Romênia, o mais breve possível, possibilidades de solução pacífica para os problemas ocorridos, com espírito de paciência, humanidade e respeito aos direitos humanos." Enquanto em Moscou era adotado esse documento, em Bucareste, os revolucionários invadiam o prédio do Comitê Central, e os soldados lá dentro, embora dotados de armas e munição, não opuseram resistência.[23]

---

[23] Ioan Scurtu, *Revoluția din Decembrie în Context Internațional*. Editora Enciclopedică em colaboração com o IRRD, 2006.

O voo para o inferno

> *Em doze minutos, o "Genial" e a "Ilustríssima" trocaram a sede do Comitê Central do PCR pelo Palácio de Snagov. Mas nem mesmo ali se sentiam seguros. Procuravam um lugar tranquilo, onde fosse reconhecido seu status de dirigentes. Ele queria instalar-se num centro de comando seguro, de onde pudesse organizar a resistência. As desilusões vinham em cadeia.*

Dia 22 de dezembro de 1989, 12h09, no Comitê Central do PCR. O helicóptero Dauphin 203, de cor branca, decola com dificuldade do telhado do prédio de seis andares. Lá embaixo, na praça, três palavras eletrizavam a multidão: "Ceaușescu está fugindo!". Dezenas de milhares de pessoas captavam as palavras no ar e as transmitiam adiante, como uma senha libertadora. Até então, antes de pronunciar o nome Ceaușescu, era preciso olhar em volta para verificar se por acaso alguém estava na escuta. Agora, em poucos segundos, toda a praça sabia: Ceaușescu está fugindo! De fato, Ceaușescu estava sendo desalojado.

Mas o que acontece? O helicóptero começa a descer, mergulha de repente pela lateral do prédio... Sexto andar... Quinto... Quarto... O entusiasmo da praça sente um arrepio: vai desabar sobre nós! O helicóptero se recupera e começa a ganhar altura, o suficiente para não bater nos altos prédios da redondeza. Em seguida, voa como uma libélula rumo a um destino ignorado, até se perder no horizonte.

O coronel Vasile Malutan estava transfigurado. O helicóptero pilotado por ele voa para o norte, acima do Arco do Triunfo, e se dirige a... O coronel aguardava os detalhes quanto ao destino. O temor não lhe dava sossego: e se algum louco atirar e nos derrubar? Voava há muitos anos com Ceaușescu e, desde 1985, era o seu piloto favorito, mas jamais sentira tanto medo.

Na cabeça de Maluțan rodava o absurdo filme dos últimos quarenta minutos. Estava em Otopeni, na base da frota presidencial, em sua dupla função de piloto e vice-comandante de esquadrão. Às 11h33 recebeu ordens de seu chefe, o coronel Petru Tenie, de voar até a Praça do Palácio. Tenie, por sua vez, recebera uma ordem do general Iosif Rus, comandante da Aviação Militar. No final da linha estava o general Victor Atanasie Stănculescu, recém-nomeado ministro da Defesa pelo próprio Ceaușescu.

Maluțan não está mais entre nós para confirmar. Ele morreu estupidamente esmagado, em 26 de maio de 1995, quando seu helicóptero – que efetuava serviços agrícolas na zona de Fundulea – colidiu com um fio de alta tensão. Apenas um dia depois de ter testemunhado, em 25 de maio de 1995, perante a Comissão Senatorial Dezembro de 1989. Que terrível coincidência! Maluțan tinha falado demais, *talvez mais do que devia...*

***

Normalmente pousava na frente do Palácio. Quando cheguei sobre a praça, vindo do Athenée Palace, informei por rádio que não podia pousar por causa da multidão. Foi quando perguntaram: "E no prédio? Consegue pousar?". "Sim, claro que consigo", respondi. E pousei no terraço. O terraço estava preparado, pois vi as antenas de televisão encostadas ao chão, eram reclináveis. Esperei uns vinte e poucos minutos. Enquanto estacionava não reduzi as turbinas, deixei-as em ralenti. A qualquer momento poderíamos ter que... Quando o casal Ceaușescu apareceu no telhado, vinham praticamente carregados pelos guardas. Estavam tão assustados! Tinham o semblante desfigurado. Amontoaram-se no helicóptero, e o mecânico de voo mal conseguiu fechar a porta. Era muita gente. O mecânico sentou-se entre a cadeira de Ceaușescu e a porta, assim, encolhido, como se estivesse em seu colo. E decolamos.[1]

Nicolae e Elena Ceaușescu estavam sentados atrás dos pilotos, nos dois assentos VIP, como era costume. Ele à esquerda, ela à direita. Emil Bobu, Manea Mănescu e seus dois assessores espremeram-se no banco traseiro.

---
[1] Vasile Maluțan, estenograma da audiência da Comissão de dezembro de 1989, 25 de maio de 1995.

O piloto Vasile Maluțan descreveu o perigo que todos corriam. "Quando nos preparávamos para a decolagem, a sorte foi que todos os demais que subiram ao terraço não chegaram até o helicóptero. Porque, se alguns se pendurassem nele, seria impossível decolar. E poderia ser até pior: na tentativa de decolar, desabar sobre a multidão. Aconteceriam outros desastres."[2]

***

Dos nove presentes no helicóptero, dois eram "intrusos": Manea Mănescu e o major Florian Rat. Mănescu tinha sido levado a bordo apenas porque o chefe de governo, Constantin Dăscălescu, voltou para pegar o casaco e se trancou no banheiro do primeiro andar para se livrar de Ceaușescu. No lugar de Rat deveria estar outro oficial da Quinta Divisão, o tenente-coronel Vasile Tălpeanu, que estava de plantão naquele dia como assessor de Ceaușescu. Tălpeanu desapareceu, "escondeu-se", disse Maluțan, "porque não queria mais aparecer ao lado de Ceaușescu".[3] Ao contrário, Florian Rat, que não estava de plantão na guarda presidencial, pendurou-se no helicóptero. Em 1990, em seu próprio processo, perguntaram-lhe: "Mas, afinal, por que você subiu?". "Senti medo de ficar lá! Eu vi o que vinha atrás de nós...".[4] Atrás deles vinham dezenas, centenas de revolucionários furiosos.

***

O coronel Maluțan deixa o palácio para trás e se concentra naquele voo absurdo. A transcrição de sua audiência em 1995 ainda é um testemunho valioso.

> Depois que atingimos uma altura segura, viramos para o norte e tirei os fones de ouvido, para poder comunicar-me com Ceaușescu, uma vez que ele não tinha fones de ouvido. Quando ele queria me dizer alguma coisa, batia no meu ombro, e eu virava a cabeça. Perguntei-lhe: "Em que direção?". E ele: "Você já contatou os municípios próximos? Argeș, Dolj...?". Eu respondi:

---

[2] Idem.
[3] Idem.
[4] Florian Rat, processo do guarda-costas de Nicolae Ceaușescu, 1990.

"Não consegui contato com ninguém". Ninguém mais respondia na rede de rádio. Ceaușescu trocou umas ideias com a *madame* e me disse para seguir rumo a Snagov. Comuniquei à base que estávamos indo para "Balta Mică". Assim era conhecida Snagov: "Balta Mică" (Pequeno lago).[5]

O ex-líder comunista Emil Bobu disse que, antes de entrarem no elevador na sede do CC, Nicolae e Elena Ceaușescu pensavam que seria melhor ir até as fábricas "23 de agosto". Os dois pareciam concordar nesse ponto, mas, já no helicóptero, nada comentaram a respeito.

Quando passou sobre o aeroporto de Otopeni, um colega da base perguntou a Maluțan: "Por que não pousa aqui?". "Por enquanto estou obedecendo ordens",[6] respondeu o piloto. Alguns anos depois, ele explicaria: "Eu pensava nele, que ainda era o presidente e...".[7]

Às 12h21, o helicóptero pousou no pátio do Palácio de Snagov, numa clareira de grama em meio ao pomar.

O voo Bucareste – Snagov

DECOLAGEM: 22 de dezembro, às 12h09
POUSO: 22 de dezembro, às 12h21
DURAÇÃO DO VOO: 12 minutos
DISTÂNCIA: 30 km
VELOCIDADE MÉDIA: 150 km/h
VEÍCULO: helicóptero Dauphin (biturbina)
ALTURA DE VOO: 250-300 m
TRIPULAÇÃO: coronel Vasile Maluțan (piloto), coronel Mihai Ștefan (copiloto), mestre militar Stelian Drăgoi (mecânico de bordo).
PASSAGEIROS: Nicolae Ceaușescu, Elena Ceaușescu, Emil Bobu, Manea Mănescu, Major Florian Raț (guarda-costas de Nicolae Ceaușescu) e capitão Marian Rusu (guarda-costas de Elena Ceaușescu)

---

[5] Vasile Maluțan, estenograma da audiência da Comissão de dezembro de 1989, 25 de maio de 1995.
[6] Idem.
[7] Idem.

Os mistérios de Snagov

A escala de 26 minutos encerra alguns elementos-chave: as conversas telefônicas "com os municípios", a conversa entre os irmãos Nicolae e Ilie Ceaușescu, o beijo de Manea Mănescu e o misterioso pacote embarcado no helicóptero.

Snagov, 22 de dezembro de 1989, 12h21. Imediatamente após o helicóptero presidencial pousar no pátio do Palácio de Snagov, ambos os guarda-costas, Major Raț e capitão Rusu, saltam e correm para ajudar o casal Ceaușescu a descer. A tripulação ajuda os outros dois funcionários no helicóptero, Manea Mănescu e Emil Bobu. O medo faz Ceaușescu caminhar a passos forçados nos cem metros até o palácio e o faz escolher uma entrada lateral, localizada perto do local de desembarque.

O major Florian Raț permaneceu perto do prédio, na entrada para a cozinha. "Lá também estava Maluțan, que me pediu um cigarro. Ele não fumava, mas estava sob grande tensão. Percebi que entraram no salão e telefonaram. Entendi, pela explicação de Rusu Marian, que haviam ligado para os municípios de Olt, Constanța, em Târgoviște... Rusu Marian chegou a entrar, depois saiu",[1] declarou Raț.

O capitão Rusu apresentou um relato mais detalhado.

> No átrio, Nicolae e Elena Ceaușescu tiraram o casaco. Eu o ajudei, e Emil Bobu a ajudou. Os casacos não foram colocados no cabide, mas em uma poltrona que estava no saguão. Em seguida, Nicolae Ceaușescu entrou no escritório. Atrás dele entrou Elena Ceaușescu, mas não permaneceu o tempo todo lá. Não fecharam as portas, disseram que os telefones não estavam funcionando. Eu os conectei na tomada, pois alguém os desligara,

---

[1] Florian Raț, estenograma da audiência da Comissão de dezembro de 1989, 16 de novembro de 1995.

entrei no escritório e vi que o telefone operativo funcionava. Liguei para a central, pois precisava fazer funcionar o telefone sem fio. Não era suficiente colocá-lo na tomada para que funcionasse. Liguei para a central e avisei que estava em "Baltă", Snagov, e que estávamos solicitando a ligação dos telefones sem fio. Deu certo e o telefone sem fio foi ligado, mas se falou mais pelo telefone operativo. No "operativo", a conexão era feita através da central de Snagov, que fazia a ligação com a central de Bucareste e depois com outras localidades. Fiquei ao telefone, e Nicolae Ceauşescu me pediu para falar com vários primeiros-secretários dos municípios, um de cada vez. Eu fiz, na sequência, diversas ligações: para Craiova, Constanţa, Târgovişte, Piteşti, Cluj, entre outros municípios. Pedia para falar com o primeiro-secretário e, por exemplo, em Craiova falei com Traian Ştefănescu, em Piteşti, com o primeiro-secretário, em Dâmboviţa, com o primeiro-secretário, em Constanţa, com o primeiro-secretário. E depois de fazer a conexão protocolar, mandava o bom senso deixá-lo a sós na sala... Depois me chamava para fazer mais ligações.[2]

Ao ser perguntado se ouvira o que Ceauşescu conversava com os primeiros-secretários dos municípios, o capitão Rusu disse:

Parcialmente. Nenhuma conversa inteira, mas a primeira pergunta era "Como está a situação aí?". De conversas ulteriores com Bobu e Elena Ceauşescu resultava que o país estava tranquilo, ao menos era o que lhe diziam. O único que lhe disse a verdade foi Traian Ştefănescu de Craiova, que disse que as pessoas se reuniram e pediram que ele saísse para falar com elas. Pediram a Traian Ştefănescu que saísse para conversar com eles, que não ficasse dentro do escritório.[3]

O capitão Marian Rusu reconstituiu, de memória, o que aconteceu depois das conversas com os primeiros-secretários dos municípios. Ceauşescu pediu em sua ajuda alguns helicópteros com militares, armas e munições para proteger o aparato presidencial. Os helicópteros estavam nas proximidades de Otopeni, a alguns minutos de voo. Contou Rusu:

---

[2] Marian Rusu, estenograma da audiência da Comissão de dezembro de 1989, 30 de maio de 1995.
[3] Idem.

No gabinete também foi chamado o comandante do helicóptero Vasile Maluțan, a quem Nicolae Ceaușescu pediu contato com o comando, o general Rus. Deram uns três ou quatro telefonemas para a esquadrilha especial. Em dado momento, solicitaram dois helicópteros com soldados armados para escolta. Deduzi que o pessoal da esquadrilha teria perguntado pelo nosso destino. Maluțan perguntou a Ceaușescu que direção deviam tomar os helicópteros, ao que Ceaușescu respondeu: "Que venham atrás de nós". Maluțan disse que comunicaria quando levantassem voo e que receberiam instruções em seguida.[4]

Ele explicou ainda quem presenciou a conversa sobre os helicópteros de apoio. "Quando Maluțan falou ao telefone com o coronel Tenie, seu superior hierárquico no esquadrão, não estavam no escritório nem Bobu, nem Manea Mănescu, nem Elena Ceaușescu. Tinham saído. No escritório, apenas eu, Maluțan e Nicolae Ceaușescu. Depois de falar com a frota especial, todos foram para o helicóptero. Maluțan adiantou-se e, em seguida, os dois vestiram o casaco e nos juntamos aos demais, no helicóptero."[5]

O irmão Ilie "virou a casaca": aliou-se aos soviéticos!

De Snagov foi dado mais um telefonema, um telefonema realmente muito importante, sobre o qual nenhum dos acompanhantes de Ceaușescu quis falar. A conversa foi entre o ditador fugitivo e o seu irmão, o general Ilie Ceaușescu, que estava na sede do Ministério da Defesa Nacional. Sobre aquele diálogo quem falou foi o próprio Ilie Ceaușescu. Mas vamos voltar um pouco no tempo.

Enquanto Nicolae Ceaușescu ainda não tinha fugido da sede do CC do PCR com destino a Snagov, seu irmão já prestava serviços para aqueles que tomavam o poder. Sem saber que o general Stânculescu começara a

---
[4] Idem.
[5] Idem.

dar ordens contrárias às recebidas de Nicolae Ceauşescu, Ilie Ceauşescu também emitiu uma ordem similar. Foi a ordem 38, dada às 11h30, na sede do MApN. "Telefonei para que as unidades retornassem ao quartel. Que o décimo regimento não entrasse mais em Bucareste. Foi uma ordem via telefone. Estavam em vários pontos. A essência era que todas as unidades fossem para os quartéis. E disse ainda para obedecerem apenas às ordens do comandante supremo. Demorou muito até eu terminar de redigir a ordem. Bateram às duas da tarde",[6] declarou Ilie Ceauşescu em 1994.

Quando Nicolae Ceauşescu se preparava para ir a Snagov, Ilie Ceauşescu recolheu-se no Ministério da Defesa. Instalou-se no gabinete do ministro e começou a fazer um novo governo. O historiador Alex Mihai Stoenescu reconstituiu os momentos em que Ilie Ceauşescu consultou até mesmo os representantes da Embaixada soviética em Bucareste.

> Ilie Ceauşescu anunciou aos soviéticos, em 22 de dezembro, que estava sendo formado um novo governo. Ele preparou uma lista, escrita com capricho. Encabeçando a lista, o nome de Ion Iliescu como primeiro-ministro. Além de que Ilie Ceauşescu advertira seu irmão, ainda pela manhã, sobre a gravidade da situação. Foi até Nicolae Ceauşescu às 6h30 e disse: "Não se oponha aos russos, está claro que eles querem substituí-lo! Coloque o Iliescu!". Seu irmão de Viena, Marin Ceauşescu, havia dito o mesmo, no verão de 1989: "Ponha o Iliescu no comando e não brigue com os russos!".[7]

Enquanto se empenhava em compilar o novo governo, Ilie Ceauşescu recebeu a visita de um personagem importante, lá mesmo, na sede da MApN. Passava um pouco do meio-dia. O episódio foi relatado, de forma truncada, por Ilie Ceauşescu. "A essência das conversas com o adido militar soviético foi de que, naquela situação bastante turva, não se envolvesse nos eventos na Romênia. E ainda lhe disse: 'O senhor tem grande influência da Hungria. Faça todo o possível para que a Hungria não interfira! Que não envie tropas para cá'. Ao que ele respondeu: 'Faremos! Faremos!'."[8]

---

[6] Ilie Ceauşescu, estenograma da audiência da Comissão de dezembro de 1989, 25 de janeiro de 1994.
[7] Entrevista com Alex Mihai Stoenescu, Vălenii de Munte, 14 de junho de 2009.
[8] Ilie Ceauşescu, estenograma da audiência da Comissão de dezembro de 1989, 25 de janeiro de 1994.

Em meio às negociações, o general Ilie Ceaușescu foi chamado com urgência ao telefone e informado de que seu irmão deixara a sede do Comitê Central. Ele voltou a conversar com o adido militar soviético. Acrescentou Ilie Ceaușescu:

> Acho que conversamos por mais de quarenta minutos. E o telefone tocou de novo. Foi então que conversei com Nicolae Ceaușescu, que tinha chegado a Snagov. Ao telefone, ele me disse: "Ouça, tome providências para resolvermos a situação! Como estão as coisas? O que o Exército está fazendo?". Ao que eu disse: "Dei ordens para que entrassem no quartel". Ele diz: "Mas por quê? E o que você está fazendo aí?". Respondi: "Estou com o adido militar soviético". E ele me diz na lata: "Como assim? Quem mandou você chamá-lo?". E eu expliquei: "Bem, eu o chamei para pedir-lhe que não se meta". Ele desligou o telefone, e esta foi a última conversa que tivemos. Nicolae Ceaușescu ficou desapontado comigo, ainda mais por eu ter chamado o adido militar soviético. Acho que eram quase 13h.[9]

Certamente, isso foi antes das 12h47, hora que Nicolae Ceaușescu saiu de Snagov.

***

Após embarcar a família Ceaușescu no helicóptero, o general Stănculescu saiu da sede do CC do PCR, dirigindo-se ao Ministério da Defesa. Obviamente, arrastando sua perna engessada. Estava trajado como civil e atravessou a multidão. "Corri para o Ministério no intuito de saber o que estava acontecendo com o voo e se tudo estava sob controle. Honestamente, eu também estava com medo, pois não tinha ideia para onde iriam. Mas quando cheguei ao Ministério, tive uma visão que me deixou pasmo: Ilie Ceaușescu estava no escritório do ministro da Defesa",[10] declarou Stănculescu.

---

[9] Idem.
[10] Victor Atanasie Stănculescu, estenograma da audiência da Comissão de dezembro de 1989, 1º de novembro de 1993.

O embrulho misterioso

Com que bens saíram os Ceaușescu de Snagov? É uma pergunta que gerou muitas controvérsias ao longo dos anos. Alguns "enxergam" contas, números, senhas secretas e milhões de dólares em dinheiro. Outros falam de "pão, água e maçãs".

O major Florian Raț: "A mulher que cuidava da casa deles ali perguntou: 'Aonde irá o camarada?'. Eu lhe disse que não sabia, e ela falou em arrumar alguma coisa para o caminho. Pedi que colocasse pão, maçãs, água, pois eu não sabia para onde iríamos. Ela fez um pacote, embrulhado em papel branco, e o levou ao helicóptero".[11] Encontraremos novamente esse pacote, volumoso e misterioso, ao longo dessa viagem.

O mapa desdobrável de Elena Ceaușescu, retirado da sede do CC, também foi levado de volta ao helicóptero. O guarda-costas da camarada, o capitão Marian Rusu, tomava conta dele. "Estava com Marian Rusu, eu vi o mapa com ele, quando subi no helicóptero",[12] contou o major Florian Raț, guarda-costas de Nicolae Ceaușescu.

O capitão Rusu admitiu: "Bobu entrou com a pasta preta no helicóptero. Ceaușescu nos disse: 'Vocês dois vão continuar com a gente!', ou seja, eu e Raț, e 'eles ficarão aqui', ou seja, Emil Bobu e Manea Mănescu. Bobu me deu aquela pasta e me disse para cuidar dela como da minha própria vida, pois pertencia à camarada. Levei comigo aquela pasta preta que, na realidade, era um mapa".[13]

O beijo

A decisão foi, portanto, de que Manea Mănescu e Emil Bobu não entrassem mais no helicóptero. Era muita gente e o helicóptero podia cair.

---

[11] Florian Raț, estenograma da audiência da Comissão de dezembro de 1989, 16 de novembro de 1995.
[12] Idem.
[13] Marian Rusu, estenograma da audiência da Comissão de dezembro de 1989, 30 de maio de 1995.

Na despedida ocorreu uma cena memorável, que o major Florian Raţ descreveu assim: "O casal Ceauşescu saiu do prédio e foi para o helicóptero. No caminho de acesso ao helicóptero, Ceauşescu disse a Bobu e a Manescu que permanecessem ali. Vi que Manea Mănescu os cumprimentou e beijou a mão de Nicolae Ceauşescu. Ceauşescu ainda lhes disse que nós iríamos com eles, apontando para mim e Marian Rusu".[14]

Antes de sair de Snagov, a questão que mais preocupava Ceauşescu era conseguir uma guarda verdadeira, uma guarda militar bem armada. Uma guarda que o acompanhasse nos voos que ainda faria.

Vasile Maluţan: "Ceauşescu pediu-me para informar ao general Rus que precisava de dois helicópteros de grande porte, com tropas de apoio, pois se sentia desprotegido. Não tinha uma segurança decente. E insistiu nesse sentido. Entrei em contato com Rus, que disse: 'Fale diretamente com Tenie e transmita-lhe o que acabou de me dizer'. Ou seja, a ordem de Ceauşescu".[15]

O coronel Petru Tenie estava no comando da esquadrilha presidencial de Snagov. Maluţan continuou:

> Eu fiz da forma que o general Rus ordenou, a ligação foi completada, falei com Tenie e ele disse: "Vasile, fique atento, pois, a partir de agora, nenhum helicóptero levantará voo! Então, oriente-se!". Isso me encorajou sobremaneira. A conversa se deu na saída do palácio. Ceauşescu estava nas escadas, ao meu lado, para ouvir o que eu dizia. Ele ouviu a conversa... Balançou as mãos, desgostoso... Mas ele não escutou o Tenie! Não sabia que Tenie me dissera tudo aquilo. Contei ao Ceauşescu que os helicópteros estavam sendo preparados e... que viriam. Menti, pois queria sair de Snagov, e dizer-lhe que precisávamos mudar de helicóptero, que o havíamos sobrecarregado ao decolar do CC e que não era seguro. Se ele quisesse sair daqui e decolar novamente, eu não garantia que chegaríamos inteiros![16]

---

[14] Florian Raţ, estenograma da audiência da Comissão de dezembro de 1989, 16 de novembro de 1995.
[15] Vasile Maluţan, estenograma da audiência da Comissão de dezembro de 1989, 25 de maio de 1995.
[16] Idem.

"E nós, vamos ficar com quem?"

Nicolae Ceaușescu, pensativo, não reagiu imediatamente. Elena Ceaușescu intrometeu-se na conversa. Conta Maluțan:

> Eu tentei mentir para ele. Ao que a madame Ceaușescu disse: "E nós? Como ficamos, se você vai com este...?". "Venho com o outro, de reserva. Com aquele bom." Eu queria estar longe dali... Mas depois disso fui outra vez para dentro e Marian Rusu outra vez se aproximou de mim: "Olhe Vasile, caiu a televisão!". Entendi que tinha sido ocupada por manifestantes. E percebi, a partir daí, que alguma coisa aconteceria... Ou seja, tínhamos que "nos divorciar" de Ceaușescu – foi assim que pensei naquela hora. Em seguida, fui para o helicóptero. Conversei com os meninos: "Vejam, rapazes, eu tentei enganá-lo, para fugirmos com o helicóptero até a unidade. Ele não concordou". Eu não sabia que forças eles tinham lá. Se eu soubesse que havia apenas dois soldados e não sei mais o que, ligava os motores e fugia.[17]

A afirmação de que "caiu a televisão" deve ser interpretada da seguinte forma: ela foi ocupada por manifestantes anti-Ceaușescu, mas ainda não haviam começado as emissões a favor da revolução. Isso aconteceria um pouco mais tarde, quando os Ceaușescu estavam no voo com destino ao município de Dâmbovița.

***

Mas a aventura em Snagov não tinha acabado. O piloto do presidente continua sua história:

> Eu estava fumando um cigarro e novamente me chamaram lá dentro. "Cara, fale de novo com eles. Por que diabos estão demorando tanto? Chame os helicópteros!" Ele acreditava naquilo: que os helicópteros estavam chegando. Entrei em contato com a unidade... com o Tenie, e é claro que foi mera formalidade. Eu disse: "O que acontece com os helicópteros?!

---

[17] Idem.

Veja, o camarada presidente espera por aqueles helicópteros". E ele, por sua vez: "Cara, leve-o na conversa!". Eu planejava fugir de lá. Queria me livrar deles. Pela segunda vez, fui ao helicóptero. Mas me chamaram outra vez! "Cara, volte aqui e ligue de novo, diga para virem logo!". Voltei e liguei para fazer de conta... A mesma conversa inútil... E saí. "Eu vou indo e os espero lá no helicóptero." Mas digo a eles que não podia levar todos, não podia mais decolar com todo mundo, pois não teria lugar para pousar o aparelho como quando saímos do terraço do CC. E disse: "Vou bater nas árvores... Não é possível!". E então, Manea Mănescu e Bobu disseram que iriam se virar, com algum carro ou coisa assim...[18]

Rápido, rápido, que o helicóptero está saindo!

Conta Maluțan:

Depois que Rusu contou que a televisão tinha caído, Ceaușescu puxou-me pela manga e perguntou se eu estava "a serviço da causa". Olhei para ele com ar de surpresa, meio que... pois eu nunca tinha ouvido essa expressão! Seria uma senha dos que trabalhavam no CPEx... Não respondi nada. Pedi permissão para ir ao helicóptero. Lá, eu disse: "Rapazes, não sei como sairemos desta história, mas, de qualquer maneira, vamos ligar as turbinas". Combinei com o mecânico o seguinte: "Antes que eles apareçam, fique atento; na hora em que eu ligar a segunda turbina e fizer sinal de que estamos prontos para decolar, você sabe, puxa a porta e... nos mandamos!". Com as escadas abaixadas, como se fôssemos esperar por eles... Eu falei: "E se, por acaso, eles aparecerem, poderão dar ordens para atirarem em nós. Então, damos a partida e nos mandamos para a unidade, pois no trajeto ninguém pode nos derrubar". Nós sabíamos como chegar sem que ninguém nos derrubasse: bastava não voar muito alto! E liguei a primeira turbina. Quando ouviram o barulho do motor em funcionamento, vieram

---
[18] Idem.

correndo em direção ao helicóptero. Não pude fazer nada! E se mandassem atirar? Se atirassem, morreríamos como tolos. Pois eu não sabia o que eles tinham em mente.[19]

Escala em Snagov

LOCAL: Palácio de Snagov
POUSO: 22 de dezembro, às 12h21 (de helicóptero)
DECOLAGEM: 22 de dezembro, às 12h47 (de helicóptero)
DURAÇÃO DA ESCALA: 26 minutos
PERSONAGENS: Nicolae Ceaușescu, Elena Ceaușescu, Emil Bobu, Manea Mănescu, Florian Raț (guarda-costas de Ceaușescu), capitão Marian Rusu (guarda-costas de Elena), coronel Vasile Maluțan (piloto), coronel Mihai Ștefan (copiloto), mestre militar Stelian Drăgoi (mecânico de bordo) e pessoal do palácio

---

[19] Idem.

Abandonados no céu

> *Ao fugir de Snagov, o casal Ceaușescu esperava ser protegido por dois helicópteros de combate, com soldados armados a bordo, que, entretanto, sequer decolaram de Otopeni.*

Quando o helicóptero Dauphin ganhou altura, Ceaușescu teve a confirmação: os dispositivos de segurança apertavam o cerco em torno do palácio. Olhando para baixo, o ex-comandante supremo – que já era "ex", uma vez que ninguém mais obedecia às suas ordens, salvo o piloto Malutan e os dois guarda-costas – viu a movimentação das tropas em terra. Quando ainda estava no palácio, tais manobras lhe pareceram suspeitas; do ar, vislumbrava a imagem da traição.

Pela primeira vez, pensou na questão da sobrevivência. A perda do poder não era mais a pior coisa que poderia lhe acontecer. A partir de agora, a sua própria vida corria perigo.

Restava-lhe, no entanto, um pingo de esperança. Em poucos minutos ele teria a resposta para uma pergunta capital: será que todos o abandonaram? E se os helicópteros chegassem? E se o Exército não o traiu?

Malutan:

> Ao sobrevoar Otopeni, um dos nossos mecânicos a bordo perguntou: "O rádio está ligado?". Respondi: "Ah, nem pensei nisso". E coloquei na frequência da Rádio Romênia, programa 1. Fiquei escutando nos fones de ouvido o que estava acontecendo. Apenas nós, a tripulação, ouvíamos a transmissão. Aquilo fortaleceu minha determinação de me livrar de Ceaușescu. Perguntei-lhe se queria aterrissar no pátio da unidade. Ele recusou: "Não, siga para Pitești!". Mas ele não foi firme. Não tinha uma ideia concreta de dirigir-se a determinado lugar. Hesitou.[1]

---
[1] Vasile Malutan, estenograma da audiência da Comissão de dezembro de 1989, 25 de maio de 1995.

Ceaușescu recebeu um golpe mortal: os ansiosamente esperados helicópteros de apoio, com tropas, armas e munições, eram uma quimera. O comandante supremo percebeu que dali para a frente só podia contar com aqueles dois agentes da Securitate a bordo e a tripulação do helicóptero. E se nem com eles...?

Vigília no campo de cevada

Ganhamos altura, subimos a 700 metros, para que as pessoas não pensassem que eu queria fugir para algum lugar ou... Não conectei mais a frequência militar, mantive contato com o pessoal do tráfego civil, que me disse: "Sabe, seria bom não se afastar demais!". Tomei isso como uma ameaça. Estava a cerca de 33 quilômetros de Otopeni. Aproximei-me da zona de Titu, Boteni... Quis tirar os fones de ouvido e dar a Ceaușescu, para que ele ouvisse o que estava acontecendo, o que dizia o Rádio... "Fuga do tirano" e assim por diante... Mas ele disse: "Pare de ouvir isso, são só mentiras o que dizem aí!". Eu tinha até vontade de rir, mas a sensação mais poderosa era de medo. Eu quis manobrar para voltar atrás, mas Marian Rusu, assessor dela, disse: "Tio Vasile, isso não está certo! Lembre-se de que ele ainda é o presidente da Romênia". Respondi: "Tudo bem". Rusu pegou os fones de ouvido do meu mecânico de bordo que estava ao seu lado, na parte traseira. Ele ouviu tudo, e eu não pude mais me comunicar com o meu técnico.[2]

Seguiu-se uma decisão crucial. "Avisei Ceaușescu que tínhamos sido detectados pelo radar e seríamos pulverizados em um ou dois minutos. Foi o que me passou pela cabeça naquele momento. Ceaușescu se assustou. E disse: 'Vamos descer'. 'Está bem, concordei, estou avistando Boteni. Vamos para Boteni?'. 'Não, não! Aterrisse perto da estrada!' E pousamos perto da estrada."[3]

---

[2] Idem.
[3] Idem.

Aconteceu perto do vilarejo Sălcuţa, ao sul de Titu. A "pista de pouso" era um campo de cevada de outono, de um palmo de altura. Uma cevada maravilhosa.

Na mira de oito canhões

Na manhã de 22 de dezembro, a frota de helicópteros de Boteni estava em alerta de guerra, como, aliás, todas as unidades militares. O comandante do Regimento, o comendador Ioan Suciu, recebeu pela manhã, do general Iosif Rus, a ordem de se preparar para uma missão no CC do PCR. Depois do anúncio por rádio, às 10h59, sobre a morte do "traidor" Milea, Suciu organizou-se como se fosse para a guerra. Declarou Suciu: Cerca de 20 minutos depois que mandei dobrar os postos e fazer fogo sem comedimento, o helicóptero Dauphin apareceu. Eu não sabia que esse helicóptero havia estado no prédio do CC nem mesmo sabia quem estava a bordo. Eu estava a cerca de 150-200 metros da estação de controle do voo. Corri até lá. As estações estavam funcionando e acionei a frequência que geralmente usava nos voos. Mas não me responderam. Mais tarde compreendi que eles estavam na frequência do aeroporto de Otopeni. Então, ordenei ao comandante do batalhão de artilharia que apontasse as oito peças de artilharia, os canhões, na direção do helicóptero. Que os armasse e deixasse tudo pronto para disparar. Vi o helicóptero e pedi a identificação. Disse que estava vendo um helicóptero Dauphin e queria saber o que fazia lá e quem estava a bordo. Solicitei o prefixo. Era uma situação incomum e na nossa mira parecia inimigo. Não respondeu e aterrissou bem perto de nós, ao lado da estrada.[4]

Após as frustradas tentativas de contato com o pessoal do helicóptero, Suciu manteve a ordem de atirar. Acrescentou Suciu:

Aterrissou, mas não desligou os motores. Chamei pelo rádio e pedi que dissesse quem era. O comandante da bateria estava ao telefone. Ele disse que,

---

[4] Ioan Suciu, estenograma da audiência da Comissão de dezembro de 1989, 23 de novembro de 1994.

assim que eu mandasse atirar, ele pulverizaria a aeronave. Meu substituto de voo perguntou se a ordem era atirar. Respondi que ainda não tinha decidido. Ele quis saber o que eu pensava. Afirmei que, de qualquer forma, os que pilotavam eram gente como nós, e não tinham culpa de nada. Mas o que faziam ali, a quem teriam deixado? Eu não tinha ideia de quem poderia ser. Nem pensei que pudesse ser a família dirigente. O helicóptero decolou pouco depois. Recebi um telefonema e nos disseram que naquele veículo estava Ceauşescu e que precisávamos procurá-lo. O general Rus ordenou que pintássemos as insígnias na barriga dos helicópteros, que tinham formato de estrela. Deveríamos fazê-los em forma de bandeira, ou seja, retangulares, e devíamos decolar com urgência, para fazer uma inspeção aérea em todas as estradas da redondeza.[5]

As buscas foram fracas: os militares de Boteni não encontraram os Ceauşescu, embora eles tenham permanecido por 23 minutos em campo aberto, a poucas centenas de metros do quartel. O destino – esse grande diretor de cena – queria que os fugitivos continuassem a corrida para a morte em um carro Dacia.

Voo Snagov – Sălcuţa

Decolagem: 22 de dezembro, às 12h47
Pouso: 22 de dezembro, às 13h09
Duração do voo: 22 minutos
Distância: 60 km
Velocidade média: 163 km/h
Veículo: helicóptero Dauphin (biturbina)
Altura de voo: 30-700 metros
Tripulação: coronel Vasile Maluţan (piloto), coronel Mihai Ştefan (copiloto), mestre militar Stelian Drăgoi (mecânico de bordo)
Passageiros: Nicolae Ceauşescu, Elena Ceauşescu, major Florian Raţ e capitão Marian Rusu

---

[5] Idem.

Na estrada

Da poltrona VIP do helicóptero presidencial, Nicolae Ceaușescu chegou à beira do caminho. Uma hora antes, ainda era o homem mais importante do Estado. Agora procurava desesperadamente um carro qualquer que o tirasse do deserto.

Sălcuța, município de Dâmbovița, 13h09. A visão do helicóptero na área atraiu a curiosidade dos camponeses e trabalhadores das fazendas próximas. Algumas das pessoas que estavam no trânsito pararam para ver como o chefe de Estado tentava a sorte pedindo: "Pode me dar uma carona?". A maioria lembrava do fugitivo assim: barba por fazer, assustado, com as mãos encolhidas e a voz trêmula. Eles estavam na estrada velha de Bucareste–Pitești, a apenas alguns minutos da cidade de Titu.

Dois velhinhos à margem da estrada. Que fazer? E mais, para que lado ir? A situação ficou desesperadora, pois, alguns minutos antes, a televisão e o rádio atiçavam a população contra o "odioso ditador" e sua "sinistra esposa". Os dois canais de mídia, dirigidos por Silviu Brucan, desencadearam a grande operação nacional. "Vamos prender os Ceaușescu." Daí ao linchamento, só faltava um passo.

Abandonados à margem da estrada Bucareste–Titu–Găești–Pitești, Nicolae e Elena Ceaușescu ainda tinham ao seu lado seus dois guarda-costas: o major Florian Raț e o capitão Marian Rusu.

"Não diga onde estamos nem o que estamos fazendo!"

O piloto Vasile Maluțan reconstituiu os primeiros momentos depois de pousar o helicóptero perto de Sălcuța. "Raț correu rapidamente para a estrada, para encontrar um carro. Rusu ficou assim, mais perto deles, para lhes assegurar alguma proteção. Raț parou alguns carros. O primeiro foi uma Mercedes branca, que vinha de Titu. Em seguida, parou um carro vermelho, que vinha de Bucareste, com três homens e uma mulher com gorro de lã. O casal Ceaușescu não subiu nesse carro, embora as pessoas, pelos gestos, estivessem convidando-os".[1]

Enquanto isso, os Ceaușescu estavam à beira da estrada, protegidos por uma acácia. Vasile Maluțan ainda ficou por perto durante alguns minutos.

> Imediatamente após o pouso, eles desceram. Em determinado momento, o segundo Mihai Ștefan diz: "Ceaușescu está chamando vocês". "Que mais ele quer? Chega, já acabou!" "Não, é sério, ele insiste para irem até lá, está fazendo sinal com a mão." Eu desci e fui ao seu encontro. Ele disse: "Cara, você realmente não serve à causa?". "Mas que causa? Nem sei se tínhamos uma causa em comum". Ao que ele balançou a mão, em sinal de aborrecimento, afirmando: "E agora, o que vai fazer?". "Bom, vou voltar à unidade. Vamos levar a tripulação e o helicóptero à unidade de Otopeni." Ele me estendeu a mão, eu o cumprimentei, e desejei boa sorte. Madame Ceaușescu disse: "E você vai nos deixar assim?". "Bom", eu disse, "não há o que fazer. Se levantarmos voo, eles nos estraçalham." Ele só me disse mais isto: "Não diga onde estamos nem o que estamos fazendo!". Depois disso, fomos embora, decolamos e chegamos a Otopeni. Informamos que eles entraram num carro vermelho.[2]

Errado! Os Ceaușescu não subiram naquele carro vermelho que Maluțan tinha visto, mas num carro que vinha em sentido contrário (de Titu), e não tinha quatro passageiros, mas apenas um: o motorista.

O presidente de ninguém

A cada minuto que passava, a situação se complicava. O ditador fugitivo estava cada vez mais irritado com a agitação ao seu redor, e os

---

[1] Vasile Maluțan, estenograma da audiência da Comissão de dezembro de 1989, 25 de maio de 1995.
[2] Idem.

cidadãos comuns pareciam eletrizados pelas notícias da televisão. Um ar revolucionário, com cheiro de vingança, pairava sobre o fio de asfalto rodeado por velhas acácias.

Pessoas que vinham até o local, por curiosidade ou impulsionadas pelo ódio, ficavam maravilhadas por estar tão perto do *ilustre* e da *cientista*... Perdão, perto do *odioso* e da *sinistra*. Alguns faziam planos de como botar a mão no casal ditatorial. Dentre os trazidos pelo destino, frente a frente com o "tio Nicu", estava também o engenheiro Marius Popescu, chefe da Fazenda em Potlogi, perto de Sălcuța. Com um colega e uma colega, ele vinha no reboque de um trator. Trazia do Banco Agrícola, da sucursal Titu, o salário de dezembro dos seus subordinados. As festas se aproximavam, e o pessoal precisava de dinheiro.

Ao chegar perto do helicóptero "estacionado" no campo de cevada, o engenheiro Popescu esfregou os olhos. Ele mal podia acreditar em quem cruzava o seu caminho. "À medida que olhávamos mais de perto, ao lado do helicóptero, dois funcionários militares, o comandante e o vice do helicóptero. E o que surpreendi? Um silêncio total. Dois idosos. Nicolae Ceaușescu e Elena Ceaușescu. Via-se o chapéu do 'tio Nicu' e o casaco de pele de 'Leana'."[3]

***

Antes que o helicóptero Dauphin decolasse com destino a Bucareste, o engenheiro Marius Popescu presenciou um momento que, para ele, permaneceria um enigma.

> Depois que eles desceram, o major Florian Raț tirou do helicóptero um pacote em forma de paralelepípedo, e o colocou perto de uma acácia à margem da estrada. Pelo esforço do major, que era uma pessoa bastante robusta, o pacote devia ter, creio eu, uns 15 a 20 quilos. Estava enrolado num pano branco, bem esticado, com abraçadeiras como as das escoras usadas nas vigas de uma casa. Dimensões: 70 x 40 x 30 centímetros.[4]

---

[3] Entrevista com Marius Popescu, Titu, 24 de abril de 2008.
[4] Idem.

Em pouco menos de meia hora, o pacote chegou ao porta-malas do dr. Nicolae Decă, o primeiro motorista que deu carona aos Ceauşescu. Decă era de Bucareste e voltava de Găeşti, onde trabalhava como médico no Hospital Municipal. Fazia viagens diárias, 75 quilômetros de ida e 75 de volta, com seu Dacia vermelho.

É possível que o tal pacote – trazido pelos ditadores do Palácio de Snagov – tenha mudado a vida do médico suburbano. O engenheiro Popescu suspeita de que no pesado embrulho houvesse uma grande quantia em dinheiro: "Acho que – pelo tamanho – devia conter cerca de 4 milhões de dólares".[5] Popescu sustenta sua dúvida com uma pergunta retórica: "Alguém ouviu falar mais alguma coisa sobre o doutor Decă? Desapareceu na América! Não é de admirar, com tanto dinheiro...".[6]

Mas tudo a seu tempo!

O primeiro plano de captura

Enquanto isso, perto dos ditadores, começam a aparecer, vindos do campo, pessoas das fazendas da região. Mais antigo no local, o engenheiro Popescu buscava aliados para a captura do casal Ceauşescu. Pelo menos é o que ele alegou. O capitão Rusu, guarda-costas de Elena, andava no meio da estrada à procura de um carro. Perto dos ditadores estava o major Raţ. Conta Popescu:

> Em certo momento, Rusu se aproximou de nós. Eu perguntei: "O que faz o senhor?". Ele disse que não tínhamos nada para falar com ele. Aproximei-me de Ceauşescu, pensando: pronto, é a oportunidade de colocá-lo em nossa carreta e levá-lo a algum lugar. Apareceu também, vindo lá de longe, do campo, um grupo de trabalhadores da Avícola Titu, da Fazenda 5. Eu disse a eles do que se tratava: "Cara! Vamos prendê-los, pois o helicóptero os deixou aqui, fugiu e veja, seu queixo treme e ela está enlouquecida". Eu disse ao meu tratorista para puxar o trator e bloquear a estrada.

[5] Idem.
[6] Idem.

Nesse momento, ficou visível a arma sob a jaqueta de Raț. O tratorista parou, e os trabalhadores da Fazenda 5 também se assustaram. Eles foram para a beira da estrada e se esconderam atrás das acácias. Ficaram olhando de esguelha, observando a estrada.[7]

Na adega da sogra

O engenheiro Marius Popescu quase perdeu a esperança. De repente, apareceu ali, com seu Dacia branco, outro personagem do lugar: Nicolae Vlad, engenheiro zootécnico e chefe da Fazenda 7, da Avícola Titu. O momento é interpretado por Popescu.

> Eu falei com ele: "Veja, é a nossa chance". Eu lhe contei tudo o que tinha acontecido lá, ao que ele disse: "Vamos levá-los no meu carro!". Eu adverti: "Cara, tome cuidado! Se eles embarcarem no seu carro, podemos jogá-los da passarela de Produlești, pois parece que querem ir para lá". Pensávamos em jogar o carro pela passarela, com Ceaușescu a bordo. O capitão Rusu disse que queria chegar a Pitești. E eu assegurei: "Confie em mim!". Mas o major Raț percebeu que era armação e não quis deixar o 'tio Nicu' e a 'Leana' conosco. Eles faziam o que o major mandava. A captura não era mais a questão, pois o major tinha armas.[8]

***

A fúria do engenheiro Popescu contra Ceaușescu tinha raízes profundas no passado. Filho de um padre do pré-guerra, ele havia sofrido nas escolas e como engenheiro. Além disso, as visitas de Ion Dincă – o famoso "vai prendê-lo" – o aterrorizavam. Uma vez ele acordou algemado, sem nenhum julgamento. Seu "crime" era comum naquele tempo: a queimada dos restolhos para permitir a entrada dos tratores na lavoura, se não o "plano quinquenal" ia para o beleléu.

---
[7] Idem.
[8] Idem.

O engenheiro Nicolae Vlad também estava contra Ceauşescu. Mas ele tinha outra tática: ele não queria matar os fugitivos, mas escondê-los num lugar que somente ele conhecia.

> Fui até Ceauşescu e lhe disse: "Senhor Ceauşescu, o senhor quer ir a algum lugar?". Ele tinha os olhos como a minha unha: pretos, perfeitamente redondos, penetrantes. Não esboçou qualquer reação, apenas respondeu assim: "Sim. Eu irei. Mas ainda ficarei mais um pouco. Sim. Eu irei". Eu queria levá-los e escondê-los. Eu queria levá-los ao porão da casa dos meus sogros, em Gura Foii, perto de Găeşti, pois meu sogro era sacerdote e "adorava" os comunistas, pois haviam tirado dele tudo o que tinha.[9]

Gura Foii ficava a poucos quilômetros de Petreşti, aldeia natal de Elena Ceauşescu, onde ainda vivia a sua mãe, Alexandrina.

***

No fim das contas, o casal Ceauşescu não chegou nem ao reboque do engenheiro Popescu, nem ao Dacia branco do engenheiro Vlad. Subiram no Dacia vermelho do doutor Decă: ele à direita do motorista, e ela atrás do motorista. O major Raţ sentou-se à direita de Elena e atrás de Nicolae. Em Sălcuţa, eles perderam o capitão Rusu, ficando apenas com um guarda-costas.

O dr. Decă embicou em direção a Titu, onde havia duas opções: seguir rumo a Găeşti–Piteşti ou Târgovişte. Aonde os levará o destino?

"Alô, é da televisão? Ceauşescu está num Dacia vermelho!"

Depois que o carro do doutor Decă saiu de Sălcuţa, o engenheiro Marius Popescu pensou que, para conseguir capturar o casal Ceauşescu, deveria comunicar a sua posição através da televisão. Com um grupo de Sălcuţa, ele foi a uma farmácia em Titu, onde sabia que havia um telefone.

---

[9] Entrevista com Nicolae Vlad, Titu, 1º de maio de 2008.

Entramos no carro de um funileiro que eu conhecia, chamado Vasile Alexe. Fomos até a farmácia de Titu–Târg e liguei para a central, que me passou para a televisão. Falei com Teodor Brateş, contei-lhe quem eu era. "Marco topográfico Boteni, na estrada DN 7, Ceauşescu está num Dacia vermelho placa nº 4-B-2646 e está indo rumo a Piteşti." Em seguida, pegamos a estrada e um ex-trabalhador da Avícola, ex-aduaneiro, um menino inteligente, ouviu o anúncio. Ele nos avisou: "Vocês informaram errado, eles não foram para Piteşti, foram para Târgovişte, eu me encontrei com eles". Então afirmei: "Vamos voltar à estação, na central, para telefonar e avisar que não foram a Piteşti, mas para Târgovişte!". Fui à estação, liguei para a central, falei com a televisão, com George Marinescu, locutor. "Senhor, eu sou fulano de tal, o mesmo do aviso. Veja, Ceauşescu vai a Târgovişte, não mais para Piteşti." E na estação anunciaram imediatamente que os ditadores estavam fugindo para Târgovişte, a bordo de um Dacia vermelho.[10]

**

Vasile Alexe de Sălcuţa era o funileiro que levou Marius Popescu a Titu, no rastro dos Ceauşescu.

Cheguei ao campo, em Sălcuţa, depois que Ceauşescu já tinha ido embora. Lá estava o engenheiro Popescu, eu o conhecia. Ele me contou que os Ceauşescu estiveram ali e que haviam fugido num Dacia vermelho, rumo a Titu, rumo a Piteşti. Então eu falei: "Vamos a Titu!". No carro, ficamos assim: dois na frente, quatro atrás, e dois ou três no porta-malas. Saímos com o porta-malas aberto. Era um "Dacia com nove lugares!". E o engenheiro Popescu me disse: "Vamos logo à farmácia de Titu–Târg, para telefonar à televisão, para dizer-lhes que foram para Piteşti". O sr. Popescu telefonou e falou com Brateş: "Veja, Ceauşescu está a bordo de um Dacia vermelho com placa de Bucareste indo para Piteşti. Está com Elena Ceauşescu e com um guarda-costas". Lá, havia uma atendente da farmácia com um rádio. E aquilo que o engenheiro Popescu acabara de informar pelo telefone foi dito também no rádio, que Ceauşescu estava indo para Piteşti. Depois, mudou o trajeto para Târgovişte.[11]

---

[10] Entrevista com Marius Popescu, Titu, 24 de abril de 2008.
[11] Entrevista com Vasile Alexe, Titu, 25 de outubro de 2009.

O episódio Sălcuţa

Localização: Vila Sălcuţa, município de Dâmboviţa
Chegada: 22 de dezembro, às 13h09 (de helicóptero)
Partida: 22 de dezembro, às 13h32 (de carro)
Duração: 23 minutos
Personagens: Nicolae Ceauşescu, Elena Ceauşescu, major Florian Raţ (guarda-costas de Nicolae Ceauşescu), capitão Marian Rusu (guarda-costas de Elena Ceauşescu), coronel Vasile Maluţan (piloto), coronel Mihai Ştefan (copiloto), mestre militar Stelian Drăgoi (mecânico de bordo), engenheiro Marius Popescu, engenheiro Nicolae Vlad, dr. Nicolae Decă e vários curiosos

Elena fica sem os cheques dos filhos

> *Ao sair de Sălcuța, no Dacia do doutor Decă, Elena Ceaușescu esqueceu a pasta das cadernetas com o capitão Rusu, seu guarda-costas. O valor dos sete cheques: 3,5 milhões de lei. Os cheques estavam em nome dos três filhos dos ditadores – Valentin, Zoia e Nicu – e em nome de um netinho (filho de Valentin).*

A loucura de Sălcuța terminou depois que os Ceaușescu e o major Florian Raț subiram no Dacia vermelho do doutor Decă. O guarda-costas de Elena, o capitão Marian Rusu, teve mais cuidado com a pasta da camarada do que com a própria camarada. Ele embarcou no Dacia branco do engenheiro Nicolae Vlad e, surpresa: enquanto o Dacia vermelho seguia para Titu, o branco pegou a direção oposta, rumo a Bucareste!

Como se chegou a essa distribuição? O major Florian Raț conta:

> Eu vi, em algum lugar, à direita, um Ford Taunus parado e fui pedir-lhe para nos levar a Târgoviște. Ele disse que não tinha gasolina. Enquanto isso, Marian me chamou e disse que um senhor havia se oferecido para nos levar. Vi que era um Dacia vermelho, que vinha de Titu e virou cerca de 30 graus. No carro, havia um cidadão com gorro de pelica e casaco. Perto dele estavam Elena e Nicolae Ceaușescu e, ainda, Marian Rusu. Quando cheguei perto deles, Ceaușescu entrou na frente, e Marian Rusu deveria subir atrás perto dela. O motorista disse que nos daria as chaves, se quiséssemos dirigir, mas Ceaușescu disse que o motorista devia dirigir, pois o carro era dele. A princípio, Rusu embarcou, mas me disse para entrar, pois ele tinha arrumado outro carro.[1]

---

[1] Florian Raț, estenograma da audiência da Comissão de dezembro de 1989, 16 de novembro de 1995.

O cidadão "com gorro de pelica e casaco" era o misterioso doutor Nicolae Decă.

***

O capitão Rusu relatou assim aqueles momentos:

> Ceaușescu elogiou a tripulação e apertou a mão de Maluțan. Fomos para a estrada, onde os carros já estavam parados. Estava claro que precisávamos continuar o caminho sobre rodas. Não poderíamos ir a pé. Um dos motoristas que parou aproximou-se de Nicolae e Elena Ceaușescu e lhes disse que se chamava Decă e que era primo do seu peliceiro, Săndulescu. Esse tal de Decă ofereceu-se para levá-los de carro.[2]

Rusu explica por que abandonou os Ceaușescu em Sălcuta: "Calculei que era o momento certo para me desvincular".[3] A aventura, no entanto, estava longe do fim.

> Fui para Bucareste com o engenheiro Vlad, o motorista do carro. Ele disse que, se alguém nos parasse, diria que eu era seu primo. Eu carregava uma bolsa que recebi na saída de Snagov, bem como a pistola Stecikin. Fomos até uma bifurcação do caminho: para Bucareste e para Târgoviște, em Bâldana. Nesse momento, acabou a gasolina do carro. Deixei a arma e os carregadores embaixo do banco da direita, abri a pasta e encontrei um envelope grande, branco. O envelope não estava colado. Nele havia alguns talões de cadernetas de poupança que entreguei mais tarde. Estavam em nome de Valentin, Zoia e Nicu Ceaușescu. Um nominal, outro com senha. Havia também uma caderneta em nome do filho de Valentin. No total, eram sete cadernetas. O valor total era de 3,5 milhões de lei.[4]

De Bâldana, Rusu não continuou no caminho para Bucareste, mas partiu com outro carro para Târgoviște, onde encontrou o major Rat. Enquanto isso, Rat também tinha se "desvinculado" do casal Ceaușescu.

---

[2] Marian Rusu, estenograma da audiência da Comissão de dezembro de 1989, 30 de maio de 1995.
[3] Idem.
[4] Idem.

De Târgoviște, os dois oficiais da Securitate rumaram juntos para a capital, escondendo-se dos revolucionários e procurando soluções para se colocarem à disposição do novo regime.

Ao chegarem a Bucareste, os últimos guarda-costas dos Ceaușescu foram ao destacamento das tropas aduaneiras, onde o capitão Rusu entregou as cadernetas de poupança dos Ceaușescu. E o major Raț, a bolsa com o armamento. Elas foram recebidas, pessoalmente, pelo coronel Teacă, chefe do destacamento, que as fez desaparecer no prédio. "Foi ao Ministério da Defesa Nacional. Quando retornou, disse que as deixara lá",[5] declarou o capitão Rusu. "O coronel Teacă nos cumprimentou e disse que nos agradecia, em nome da Frente",[6] complementou o major Raț.

A "Frente" era a Frente de Salvação Nacional, o novo órgão do poder estatal, liderado por Ion Iliescu. Por suas ações armadas, o coronel Teacă foi promovido a general.

***

O engenheiro Nicolae Vlad disse que viveu momentos de terror ao longo dos 18 quilômetros de Sălcuța a Bâldana.

> Seu segurança, Marian Rusu, entrou no meu carro. Partindo os Ceaușescu, eu e o engenheiro Popescu, a quem conhecia bem, queríamos colocar as mãos pelo menos no assessor deles. Quando ele entrou no carro, "Vamos pegá-lo!". Quando ia prendê-lo, puxou uma arma e apontou na minha cabeça. Disse: "Pronto! Vá em frente! Vamos voltar para Pitești!". Eu respondi: "Não podemos mais voltar, vamos para Bucareste! Não tenho gasolina". Eu tinha também gás, e esta foi a minha sorte. Rusu carregava uma pasta marrom, com senha. Ele começou a tirar dela envelopes. Ele os abria e colocava no bolso o que havia dentro deles. O que não precisava, deixava no meu carro. "Há água, alguma floresta por aqui?", perguntou-me. Eu pensei: esse daí quer me matar. Já me via morto. Estava até vendo todo mundo chorando por mim. Depois, em Bâldana, fingi que estava sem gasolina e me livrei dele, que saiu num Lăstun rumo a Târgoviște.

---

[5] Idem.
[6] Florian Raț, estenograma da audiência da Comissão de dezembro de 1989, 16 de novembro de 1995.

Dirigi-me, então, à polícia, em Tărtăşeşti. Ele tinha deixado em meu carro um cachecol, aquela maleta com a senha e a arma com 82 cartuchos.[7]

Assustado, Nicolae Vlad imediatamente entregou tudo no posto policial de Tărtăşeşti.

***

O engenheiro Marius Popescu foi envolvido na primeira cena dura entre o capitão Marian Rusu e o engenheiro Nicolae Vlad.

> Depois que o Dacia do doutor Decă foi para Titu com o casal Ceauşescu, eu fiquei com Nicolae Vlad e Marian Rusu. Como eu me lamentava por ter perdido os Ceauşescu, Rusu foi até o meu amigo e ordenou: "Leve-me para Bucareste". E ele disse: "Levo, sim". Virou o carro na direção de Bucareste, pois estava direcionado para Piteşti. Nesse momento, Rusu também embarcou, à direita do motorista. Quando me dei conta, encostei do lado direito do carro, ao menos pegaria esse. As portas tinham travas antifurto. Testei cada uma, para ver se podia abrir ao menos uma. Ele percebeu as minhas intenções, pois me viu cismado. Fui de novo à porta dele, tentando entrar a qualquer custo. Ele carregava um revólver bastante grande. E quando viu que eu puxava a porta, pôs o revólver no pescoço de Nicolae Vlad, dizendo: "Se não der a partida, eu atiro!". Ele estava desesperado. Nicolae Vlad, com o revólver na jugular, gritou comigo: "O que você tem contra ele, o que esse homem fez a você? Deixe-o em paz!". Fiquei pasmo. Mas compreendi Nicolae Vlad, pois era ele quem estava com um revólver no pescoço, não eu.[8]

---

[7] Entrevista com Nicolae Vlad, Titu, 1º de maio de 2008.
[8] Entrevista com Marius Popescu, Titu, 24 de abril de 2008.

Aventuras em Văcărești

> *Quando ainda faltavam sete quilômetros para Târgoviște, o doutor Nicolae Decă transferiu os Ceaușescu para o Dacia de Petrișor Nicolae, um morador da região que trabalhava com dedetização de ratos.*

Depois de entrar no carro do dr. Decă, o casal Ceaușescu e o guarda-costas Florian Raț, que tinha ficado de prontidão, seguiram para Titu. A princípio, queriam ir para Pitești, mas mudaram de ideia no trajeto. Major Raț: "Depois que nos acomodamos, Decă disse conhecer um caminho mais seguro para Târgoviște, por um atalho. Esse caminho levava ao Complexo Industrial de Aços Especiais".[1]

O engenheiro Marius Popescu conta detalhes: "O carro de Decă partiu rumo a Titu com destino a Pitești. Eu estava a dois metros deles quando o major Raț perguntou a Decă: 'Você nos leva a Pitești?'. E ele respondeu: 'Claro, por que não?'. Ele mal esperava que subissem em seu carro".[2]

Como eles chegaram, mesmo indo pelo caminho que levava a Târgoviște? "Na estrada para Titu–Târg, o doutor Decă disse-lhes que não era possível passar por Găești, que ele tinha vindo de lá e havia muita gente por ali e que o caminho para Pitești não permitia desviar. Disse que seria perigoso seguir por Găești e então eles concordaram em virar à direita, por Produlești, rumo a Târgoviște",[3] explica o engenheiro Popescu.

Major Florian Raț:

---

[1] Florian Raț, estenograma da audiência da Comissão de dezembro de 1989, 16 de novembro de 1995.
[2] Entrevista com Marius Popescu, Titu, 24 de abril de 2008.
[3] Idem.

Enquanto isso, o motorista ligou o rádio. Só falavam nisso. Que "o ditador fugiu"... Foi quando Ceauşescu mandou desligar o aparelho. Ao perceber o que estava acontecendo, creio que Decă quis se livrar deles. Entramos em Văcăreşti – eu não conhecia a área – e o motor começou a tossir, o contato falhava e o motorista afirmou que o carro não funcionava mais. Achei que ele tivesse algum plano em mente. Decă disse que estávamos sendo seguidos por um carro cheio de gente. Os Ceauşescu pensaram que se tratava do capitão Marian Rusu. Eu lhes disse que não podia ser Marian, pois eram muitos dentro do veículo. Elena Ceauşescu falou: "Esse também nos traiu!".[4]

O homem que caçava ratos

O major Raţ conta como transcorreu o transbordo.

Em Văcăreşti, havia um cidadão lavando o carro no quintal. O doutor Decă foi até ele e depois eu o segui, pois ele demorou a voltar. Finalmente, ele disse que poderia pegar o Dacia preto. O médico sentou na frente, o outro, atrás de nós e, numa curva, fizemos a troca de carros. Entramos no Dacia preto nas mesmas posições: Nicolae Ceauşescu na frente, Elena Ceauşescu atrás do motorista e eu ao lado dela. Após várias conversas, o motorista disse que era adventista, tinha sido reprimido e levaria o casal Ceauşescu para sua casa, mas ainda era dia claro e as pessoas os veriam... No final das contas, Ceauşescu lhe disse para seguir em frente, pois conhecia um atalho. O motorista falou que nos levaria a um lugar onde ele havia trabalhado, o Centro de Plantas.[5]

O cidadão em questão era Petrişor Nicolae e lidava com erradicação de insetos e ratos. Ia com frequência à Inspetoria Municipal de Proteção às Plantas para buscar as substâncias químicas de que precisava. A Inspetoria ficava na saída de Târgovişte para Câmpulung Muscel.

---

[4] Florian Raţ, estenograma da audiência da Comissão de dezembro de 1989, 16 de novembro de 1995.
[5] Idem.

A versão de Petrişor Nicolae foi publicada no livro *Revoluţia în Dâmboviţa* [A Revolução em Dâmboviţa], do autor Vasile Duţă.

Tirei o carro para lavá-lo na plataforma da ponte, em frente ao meu portão e, depois, iria para Târgovişte, buscar a cota de gasolina mensal de dezembro. Eu só tinha a gasolina do tanque. Enquanto tirava água do poço, ouviu-se um rangido de rodas, um carro parando a cerca de 5 metros do meu. Dele desceu um homem à paisana que se dirigiu a mim, pedindo-me para lhe arrumar gasolina para chegar até Târgovişte, e que pagaria imediatamente o valor. Fui à garagem, peguei uma garrafa de plástico e uma mangueira para tirar a gasolina. Quando comecei a tragar, Nicolae Ceauşescu, em pessoa, abriu a porta do carro em que estava e me disse que não havia necessidade de tirar a gasolina, e que eu fosse com eles para Târgovişte. Naquele momento, fiquei chocado e não esbocei reação alguma, perdi o controle e não conseguia recolocar a tampa no tanque de combustível. Foi quando o "civil", acreditando que eu queria enganá-lo, mudou repentinamente de atitude, foi ríspido comigo, abriu seu casaco, deixando entrever uma arma. Ameaçado, subi no carro e coloquei a chave na ignição. Alguém quis abrir as portas do lado direito, mas elas estavam trancadas por dentro. Enquanto isso, pessoas da aldeia começaram a se aglomerar em torno do carro desconhecido. Ao reconhecerem Ceauşescu, começaram a comentar. Liguei o carro e tentei partir depressa: saí cantando pneu, para me afastar logo daquele lugar. Eles ficaram surpresos no início. Fui alcançado pelo outro carro, uns 2,5 quilômetros adiante. Ele encostou no meu para-choque. O "civil" veio pela direita e bateu com o punho na janela. Abri a porta, ele ficou de cócoras e começou a me xingar porque eu tinha saído disparado com o carro. De medo, desci do carro, observando que no outro veículo havia três pessoas: o motorista, Elena e Nicolae Ceauşescu. Ceauşescu sentado no banco da frente, o "civil'" e Helena no banco de trás. Antes de partir, Ceauşescu me perguntou se eu conhecia o caminho para Cobia, aconselhando-me a andar logo, pois estávamos sendo seguidos. Olhei para a traseira do carro e constatei que no encosto do banco, entre Elena Ceauşescu e o "civil", havia uma arma, apontada para trás... Cerca de 600 metros adiante, virei à esquerda numa estrada vicinal. Levei uma pancada forte na parte direita da cabeça, e bati a cabeça no vidro. O "civil" me questionou: "Qual é? Você quer nos matar?". Eu lhe disse que estávamos sendo seguidos. Então ele desceu, com as armas na mão, na estrada principal. Voltou e disse que eram os mesmos que estavam nos seguindo desde Titu. O "civil" disse para dar a ré e retornar à estrada principal. O medo paralisou meus movimentos, e eu não conseguia dominar a tremedeira do pé no acelerador. Elena Ceauşescu disse: "Foi esse bêbado que pegamos para nos levar de carro!". Respondi que eu não tinha bebido nada e pedi que não me fizessem mal porque tinha três filhos para criar. Nicolae Ceauşescu colocou a mão esquerda na minha perna, tentando me acalmar. Perguntou qual era a minha profissão, se eu era membro do partido e se eu podia ajudá-los a chegarem a Cobia.[6]

O major Florian Raţ – o "civil" de quem falava o motorista – contou: "Em Văcăreşti, depois do transbordo, o dr. Decă disse que pararia os que nos seguiam, mas ficou lá e não mais veio atrás de nós. No caminho, o motorista declarou que era adventista e Ceauşescu o tinha reprimido, mas ele falou: 'Deixe para lá, leve-nos ao lugar!'. O motorista afirmou que gostaria de levá-los à sua casa, mas ainda era dia e os vizinhos veriam".[7]

Já eram 14h e fazia quase uma hora que a população estava sendo bombardeada pelo rádio e pela televisão com expressões do tipo "o tirano", "o odioso ditador e sua sinistra mulher", "os carrascos do povo romeno"... Isso explica por que todos evitavam acolher os fugitivos. Um dia antes, teriam feito isso com satisfação e orgulho. Ou, talvez, com medo.

---

[6] Vasile Duţă, *Revoluţia în Dâmboviţa*. Târgovişte, Editora Sfinx, 1999.
[7] Florian Raţ, estenograma da audiência da Comissão de dezembro de 1989, 16 de novembro de 1995.

O misterioso doutor Decă

> *Em Văcăreşti–Dâmboviţa, quando os ditadores fugitivos foram transferidos do Dacia do dr. Nicolae Decă para o de Petrişor Nicolae, o embrulho de Snagov ficou no porta-malas do primeiro carro. Pouco tempo depois, Decă obteve visto para os Estados Unidos e deixou a Romênia, junto com a família, para saborear o "sonho americano" aos quase 60 anos.*

O doutor Nicolae Decă é um personagem misterioso que – como nos filmes de espionagem – aparece e desaparece no momento certo. Viajante regular pela rota Bucareste–Găeşti, ele "se mandou" mais cedo do hospital em 22 de dezembro, pois era uma sexta-feira. Se chegou a Sălcuţa lá pelas 13h30, significa que saiu de Găeşti pouco depois das 13h.

A pergunta é: o encontro com os Ceauşescu foi casual ou ele simplesmente executou uma missão especial? As coincidências levantam muitas dúvidas, especialmente pelo prisma dos acontecimentos ulteriores. Vamos comparar.

Dez coincidências bizarras

1. Não foi o casal Ceauşescu que pediu ao doutor Decă para levá-los em seu carro: foi ele mesmo que se ofereceu. Decă insistiu em "participar do filme", por mais que o engenheiro Marius Popescu, pensando em outra cena, o instasse: "Saia! Vá embora daqui".[1]

---

[1] Entrevista com Marius Popescu, Titu, 24 de abril de 2008.

2. Decă teve muito respeito com os dois fugitivos – saiu do carro, tirou o chapéu e disse: "Salve, camarada secretário-geral! Meus respeitos à camarada Ceaușescu!".[2]
3. Decă forneceu aos ditadores uma informação que parecia uma senha: "Eu sou neto do curtumeiro Săndulescu, de lá de onde os senhores vêm", ou seja, da sede do CC do PCR.
4. Ceaușescu preferiu renunciar ao guarda-costas (capitão Rusu) para deixar o doutor Decă ao volante.
5. Em Văcărești, ficou "esquecido" no porta-malas do carro de Decă aquele pesado pacote de 70 cm x 40 cm x 30 cm, que parecia conter uma carga preciosa. "Pesava de 15 a 20 quilos e continha uns 4 milhões de dólares",[3] sustenta o engenheiro Popescu, testemunha ocular do momento em que colocavam o embrulho no porta-malas do Dacia de Decă.
6. Nem o casal Ceaușescu nem o major Raț "se lembraram" do embrulho no porta-malas, na hora da troca dos carros. Talvez o próprio Raț o tenha colocado lá.
7. Chegando a Văcărești, Decă alegou que não tinha mais gasolina, argumento derrubado pelo engenheiro Popescu. "Um raciocínio simples me diz que se tratava de um truque. Decă tinha gasolina suficiente para percorrer os 60 quilômetros de Titu a Bucareste, e não tinha gasolina para os 36 quilômetros de Titu a Târgoviște?!"[4]
8. Embora não seguisse viagem com os Ceaușescu, Decă teve o cuidado de não deixá-los ao deus-dará, e assim conseguiu outro carro para que pudessem dar sequência à aventura.
9. Pouco depois da revolução, o dr. Decă "esfumou-se" nos Estados Unidos da América.
10. Nos seus últimos três dias de vida, os Ceaușescu jamais se queixaram de ter esquecido algo importante no carro de Decă. Ao contrário, muitos dos seus guardiões alegaram que a ex-família soberana prometera milhões de dólares a quem os ajudasse a escapar.

---

[2] Idem.
[3] Idem.
[4] Idem.

E agora uma hipótese: e se Decă tivesse a missão de recuperar o embrulho misterioso dos fugitivos e entregá-lo a alguns destinatários estabelecidos de antemão? Como um membro da família Ceaușescu?

O fato é que aqueles momentos deram uma guinada na vida do misterioso dr. Decă.

As mentiras do doutor Decă

Antes de desaparecer na América, o doutor Nicolae Decă conseguiu testemunhar a respeito daquele dia histórico. Sua versão é cheia de contradições e de inverdades flagrantes:

> Em 22 de dezembro de 1989, eu vinha pela estrada velha, sentido Bucareste. No caminho que levava ao aeroporto militar de Boteni, um homem alto me parou, ele vestia um casaco cinza e tinha um aparelho transmissor daqueles que usam os policiais. Mais tarde, fiquei sabendo que era Ivan Marian, originário do município de Petreşti, aquele que sempre aparecia na televisão atrás de Elena Ceaușescu, pegando as flores que, com excelsa gratidão, eram-lhe oferecidas nos mais diversos eventos. Ele me mostrou o casal Ceaușescu. Eles estavam perto de um helicóptero. Ele me disse: "Dê-me as chaves do carro!". Retruquei: "Não, eu dirijo". Elena e Nicolae Ceaușescu estavam acompanhados também por um homem de casaco cinza que possuía um rádio do mesmo tipo e um revólver daqueles que dispara trinta tiros. Nicolae Ceaușescu foi ao banco da frente, comigo, e Elena Ceaușescu, no banco de trás, perto do segundo homem, que depois eu soube tratar-se do general Neagoe. Marian Ivan ficou a pé na estrada.[5]

Um momentinho! Algumas mentiras são óbvias. Segundo as declarações das testemunhas, Decă só chegou *após* a saída do helicóptero pilotado por Maluțan, portanto, ele não tinha como ver os Ceaușescu "perto de um helicóptero".

---

[5] Vasile Duță, *Revolutia în Dâmbovița*: Târgoviște, Editora Sfinx, 1999.

Ele confundiu (ou inventou) os nomes dos oficiais (Ivan Marian, em vez de Rusu Marian, general Neagoe em vez de major Raț). De fato existia um Ivan Gelu, de Petrești (guarda-costas de Elena Ceaușescu em Bucareste), e um general Marin Neagoe (chefe da Quinta Divisão da Securitate), mas não em Sălcuța!

A declaração de Nicolae Decă parece extraída de um filme de ficção científica. Contudo, vamos adiante com ele.

> No caminho para Găești, Ceaușescu perguntava insistentemente: "O Marian está vindo?". Atrás de nós havia um carro vermelho, um Dacia, com quatro lenhadores de Dragodana. Eu disse a eles que estávamos sendo seguidos por esse carro, a uma distância média de 500 metros de nós. "Não, tem que ser um carro branco", eles afirmavam. Eu soube, então, que eles esperavam o carro do irmão de Marian Ivan, uma perua branca (*outra mentira!*). Nicolae Ceaușescu perguntou: "Você viu o que aconteceu?". Eu não soube o que dizer. Era uma resposta importante. "Houve um golpe de Estado. Estamos indo para organizar a resistência, você vem conosco?" O revólver de Neagoe (*Raț*) estava apontado para mim. Eu disse: "Estou velho e doente. Sou médico. Tenho três filhos". Ele sempre perguntava: "E Marian, vem vindo?". À direita, ficava a estrada para Târgoviște, passando pelas aldeias Speriețieni, Gura Șuții, Văcărești. Neagoe me disse para virar à direita, rumo a Târgoviște. Afirmei que a estrada era ruim e eu conhecia muito bem aquela zona. "Por que não ir por Găești?", perguntei. "Não, vamos para Târgoviște!" Na aldeia, avistava-se de vez uma mulher idosa ou uma criança. Talvez estivessem todos vendo televisão. O carro vermelho com os quatro lenhadores continuava atrás de nós. Na frente de um moinho, Nicolae Ceaușescu me disse para parar. Parei. Então ele se dirigiu a Neagoe (*!!!*): "Vamos dar um telefonema!". Ela sempre mantinha a mão esquerda no peito, por baixo do casaco. Fiquei sabendo que ela era uma atiradora de primeira (*!!!*). De dentro do moinho, saiu uma mulher que disse que lá não havia telefone, mas que na C.A.P., a uns 500 metros, havia. O carro vermelho também parou na C.A.P. Ceaușescu e Neagoe (!!!) entraram novamente no carro. "Vamos seguir em frente".[6]

---

[6] Ibidem.

E continuam as fantasias do dr. Decă, entre as quais se intercalam parcos vestígios de verdade.

> No município de Văcăreşti, o giclê do carburador entupiu. Notei que na frente de um portão, um morador lavava o carro, um veículo de passeio Dacia 1300 preto. Parei a 2 ou 3 metros daquele carro e comuniquei os passageiros que não podia prosseguir, pois precisava consertar o defeito. Depois que saí do carro, desceu também o major, que caminhou em direção ao cidadão, com o casaco aberto e com o revólver à vista. Perguntou-lhe se tinha gasolina. Ele disse que tinha 20 litros, e então o major disse: "Venha conosco e lhe daremos a gasolina em Târgovişte". Mais tarde, esse cidadão, que descobri chamar-se Petrişor Niculae, disse estar convencido de que eu fazia parte da Securitate. Naquele momento, Nicolae e Elena Ceauşescu ainda estavam no meu carro e, em seguida, ele abriu a porta. Petrişor Niculae – provavelmente atrapalhado tentando tirar o combustível do tanque – reconheceu Ceauşescu e gritou algo para a esposa, que vinha do quintal. Mais que depressa ele entrou no carro e embicou para Târgovişte. Eu também subi no meu carro e, atrás de mim, o major; corremos atrás de Petrişor, dando sinal para que parasse, o que só aconteceu um quilômetro mais adiante.[7]

Separamo-nos aqui do dr. Decă, sem qualquer remorso. Ele mesmo nos deixou sem um testemunho sério. Deixou apenas a sensação de que os acontecimentos daquele dia o transformaram em um homem mais livre e mais rico.

***

As explicações dadas pelas testemunhas para o transbordo em Văcăreşti são bastante pueris.

O dr. Decă disse que "o giclê da marcha lenta entupiu" e precisava consertar o "defeito" (isso não o impediu de voltar para Titu e, de lá, para Bucareste, distância muito maior do que alguns quilômetros até Târgovişte).

---

[7] Ibidem.

O testemunho de Decă entra em contradição com o de Petrişor Nicolae. Petrişor argumenta que o major Raţ "me pediu para emprestar-lhes gasolina para chegar a Târgovişte, e que possivelmente pagaria o valor à vista".

E para completar o caos, vem a declaração do major Florian Raţ: "Acho que Decă queria se livrar deles. O motor tossia e o contato falhava, então o motorista disse que não conseguia mais andar. Creio que ele tinha algum plano".[8]

Pela lógica, o motivo do transbordo era completamente diverso e os dois motoristas improvisados não tinham nenhuma relação com ele. A decisão provavelmente foi do casal Ceauşescu e do major Raţ, baseando-se em uma razão evidente: o carro de Decă já estava com a perseguição decretada. Depois dos repetidos anúncios por televisão e rádio, o país inteiro procurava um "Dacia vermelho placa 4-B-2646, que se dirigia a Titu, rumo a Târgovişte".[9] Nessas circunstâncias, que tolo tentaria entrar na cidade com aquele carro? Os Ceauşescu tentavam escapar, não chamar a atenção. Talvez tenha sido por isso que tentaram trocar de carro antes de chegar a Târgovişte.

Mas então por que as três testemunhas mentiriam? A explicação é simples: as suas declarações foram prestadas logo depois dos acontecimentos, quando os ânimos ainda estavam exaltados ou assustados. Nicolae Decă e Petrişor Nicolae articulavam sua própria lenda de revolucionários que *enfrentaram os tiranos*, e o major Raţ estava justamente sendo julgado por *defender o odioso ditador e a sua sinistra mulher*. Era a época dos excessos de toda índole.

Mais tarde, teria sido difícil que as testemunhas mudassem suas declarações. Elas tinham que defender sua própria honra (os três), os privilégios oferecidos na qualidade de revolucionários (Decă e Petrişor) ou até sua liberdade (Raţ).

---

[8] Florian Raţ, estenograma da audiência da Comissão de dezembro de 1989, 16 de novembro de 1995.
[9] TVR, 22 de dezembro de 1989.

A corrida Sălcuța – Văcărești

PARTIDA: Sălcuța (município de Dâmbovița) – 22 de dezembro, às 13h32
CHEGADA: Văcărești (município de Dâmbovița) – 22 de dezembro, às 13h55
DURAÇÃO: 23 minutos
DISTÂNCIA: 39 km
VELOCIDADE MÉDIA: 100 km/h
VEÍCULO: Dacia 1300, vermelho, placa 4-B-2646
MOTORISTA: dr. Nicolae Decă
PASSAGEIROS: Nicolae Ceaușescu, Elena Ceaușescu, major Florian Raț

Vou apedrejá-lo, amado líder!

> *Em Târgovişte, os Ceauşescu sofrem um novo choque: os trabalhadores da Usina de Aços Especiais, dos quais esperavam a salvação, bombardeiam-nos com garrafas, canos e pedras. Às 14h20, os fugitivos perdem o contato com seu último guarda-costas. Sua grande esperança, Pantelimon Găvănescu, está a um passo do linchamento.*

Um Dacia preto de placa 1-DB-3005 corre rumo a Târgovişte. Nele havia quatro pessoas mortas de medo. Cada qual pensava em como se livrar da encrenca em que tinha se metido. Nicolae e Elena Ceauşescu, caçados através de anúncios no rádio e na televisão, veiculados pelos "traidores" de Bucareste, procuram alguém para abrigá-los e reconhecê-los como líderes do país. Seu guarda-costas, o major Florian Raţ sabe que pode ser linchado a qualquer momento se as pessoas souberem que ele é um segurança armado, o que, naquele momento, significava ser um "terrorista". O motorista Petrişor Nicolae, de Văcăreşti, é dominado por pensamentos apocalípticos e uma pergunta que não lhe dá sossego: por que o destino foi escolher justamente ele?

Petrişor Nicolae retoma o fio do relato:

> Cheguei a Colanu, a primeira vila depois de Văcăreşti. O "civil" dirigiu-se a Nicolae Ceauşescu, dizendo que o caminho para Cobia poderia estar bloqueado e seria melhor ir para o Complexo Industrial de Aços Especiais, onde falaria com a gerência e, em seguida, poderia falar aos trabalhadores. Ceauşescu concordou e disse para entrarem no Complexo Industrial pelos fundos, onde se pressupunha que não haveria aglomeração de gente. O "civil" falou que eu devia me dirigir ao galpão de escórias e entrar no Complexo Industrial pelos fundos. Cerca de 300 metros mais adiante me fez parar e

disse para desligar o motor. O medo se apoderou de mim, pensei que fosse o fim. Notei que o mesmo carro ainda nos seguia. O "civil" perguntou o que deveria fazer. Elena Ceauşescu questionou: "Que está havendo?", e me pediu para ligar o rádio. Ao ouvir as notícias, a cabeça do tirano desabou e assim permaneceu por alguns minutos. Reanimado, começou a gritar: "É um golpe de Estado! Eles se venderam por um punhado de dólares!", em seguida, disse-me para dar a partida. Ao avistar Târgovişte, disse: "Depois de tudo o que fizemos por esta cidade, agora o povo não me quer mais!?".[1]

Major Florian Raţ:

> Ceauşescu perguntou ao motorista se conhecia o caminho para o Complexo Industrial e o motorista disse que sim, que era pelos fundos de uma estação de trem. No caminho, em algum lugar à direita havia um prédio. Ele pediu ao motorista que parasse e me disse para checar se eles tinham telefone. Eu fui e lá havia duas mulheres que me afirmaram não haver telefone, mas que havia um na sede da Cooperativa Agrícola de Produção (C.A.P.). Voltei, eles estavam a uns 200 metros; informei que não tinham telefone, então ele disse para prosseguirmos.[2]

Bombardeados no Complexo Industrial

A aventura continua no Complexo Industrial de Aços Especiais, na periferia da cidade de Târgovişte.

Petrişor Nicolae:

> Entramos no Complexo Industrial pelo galpão de escórias, sem nos deter na barreira do guarda, indo direto à estação de trem. Paramos a três metros da estação, com o motor ligado, o "civil" telefonaria à direção do Complexo Industrial. Nos trilhos, um cidadão notou que os ditadores estavam dentro

---

[1] Vasile Duţă, *Revoluţia în Dâmboviţa*. Târgovişte, Editora Sfinx, 1999.
[2] Florian Raţ, estenograma da audiência da Comissão de dezembro de 1989, 16 de novembro de 1995.

do carro e correu para a estação, onde os trabalhadores assistiam à televisão. O "civil" voltou correndo e me disse para arrancar depressa, pois as pessoas começaram a atirar garrafas, canos, pedras e outros objetos.[3]

Major Florian Raț:

Chegamos aos fundos do Complexo Industrial, que era uma espécie de estação de trem, um prédio, mas não sei para que servia. Ele pediu que parássemos e me mandou ir até lá e chamar o secretário do partido e o diretor. Ele desceu do carro – é como se eu ainda pudesse vê-lo, neste exato momento, desabotoando o casaco, enquanto ela permanecia no veículo. Entrei, havia um corredor e, do lado esquerdo, as pessoas assistiam à televisão. O barulho era alto. Perguntei a alguém onde ficava o telefone e me disseram que ali ao lado ficava a secretaria e que lá havia telefone. Fui até lá e havia uma mulher de uns 30 anos, perguntei-lhe se havia um telefone e se eu podia falar com o diretor, engenheiro-chefe ou o secretário do partido. Estávamos nos fundos do Complexo Industrial. A mulher discou o número, mas ninguém atendeu. Então, ela me perguntou quem eu era. Somente então ela notou que eu não era de lá, mas ninguém viu os outros (o casal Ceaușescu), pois as pessoas não estavam lá fora, estavam todos vendo televisão. Ele estava fora do carro e eu o avisei que não havia encontrado os chefes, então ele disse para irmos à Organização Municipal do Partido. O motorista pediu que ele tirasse o gorro, pois as pessoas poderiam reconhecê-lo; ele tirou o gorro, em seguida, disse-lhe para tirar o casaco, eu o ajudei, ele o tirou e eu o coloquei no banco de trás. Depois que passamos por uma linha ferroviária, uma pessoa começou a gritar: "Fora, tirano!". Talvez o tivessem reconhecido. Passamos pelo Complexo Industrial, saímos perto de algumas ruelas e Ceaușescu disse para não pararmos exatamente na frente da sede do município, mas numa rua lateral.[4]

Foi uma reviravolta dramática! Na noite anterior, os artistas da pátria aglomeravam-se na televisão, durante as duas horas de programa, para recitar de modo pleonástico: "Eu te louvo e te glorifico, amado líder!". E agora, o "amado líder" estava sendo apedrejado numa cidadela

---

[3] Vasile Duță, op. cit.
[4] Florian Raț, estenograma da audiência da Comissão de dezembro de 1989, 16 de novembro de 1995.

da Época de Ouro... (A propósito: o autor da expressão Época de Ouro, o jornalista e escritor Octavian Paler, estava justamente fazendo um *mea culpa*, num programa de televisão, e se tornava *professor de democracia*...)

Aconteceu certa vez em Ulmi...

Os Ceaușescu estavam desnorteados. Uma vez fora do Complexo Industrial, aonde poderiam ir?

Petrișor Nicolae: "Eu estava desorientado. Nicolae Ceaușescu disse que desejava ir para Ulmi, onde já havia estado hospedado. Elena Ceaușescu replicou dizendo que não fazia sentido irem até lá, pois a pessoa tinha morrido".[5]

Tempo esgotado! A cidade de Ulmi, situada na saída de Târgoviște para Bucareste, já fizera parte do percurso biográfico de Ceaușescu, influenciando o seu destino. Em 15 de janeiro de 1936, quando tinha dezoito anos, foi preso na casa de um ativista de Ulmi, Ion Olteanu. Ceaușescu participava de uma reunião da "célula", na qualidade de representante da Regional UTC Prahova (União da Juventude Comunista), que coordenava as atividades em três municípios: Prahova, Dâmbovița e Ilfov. No entanto, o anfitrião Ion Olteanu tinha avisado o policial da aldeia, coisa que os pegou de surpresa. Com Ceaușescu foram encontrados alguns panfletos subversivos, incluindo *Lumina vine de la răsărit* e *Discursul tovarășului Molotov* [A luz vem do Leste e O discurso do camarada Molotov].

A "facção Ulmi", composta por dezoito pessoas, quatro das quais da própria Ulmi, foi "alojada" na delegacia de Târgoviște e depois transferida para Brașov, onde acontecia o julgamento. No tribunal, Ceaușescu adotou uma atitude arrogante, que lhe valeu uma sentença severa, em junho de 1936: dois anos e seis meses de cadeia, incluindo o período de arresto.

Os prisioneiros foram transferidos para Doftana, a famosa "universidade comunista" no município de Prahova. Lá, Ceaușescu se aproximou de alguns dos líderes comunistas romenos, entre os quais

[5] Vasile Duță, op. cit.

Gheorghe Gheorghiu-Dej e Chivu Stoica. Também manteve contato com um dos condenados de Ulmi, Gheorghe Dumitrache. Dumitrache compartilhava com Ceaușescu alguns pacotes de comida trazidos pela irmã, Elena Dumitrache.

Então, em 22 de dezembro de 1989, por um momento as esperanças do fugitivo Nicolae Ceaușescu se voltaram para a família Dumitrache! Se a "pessoa" a quem se referia Elena Ceaușescu, dizendo que "tinha morrido", fosse Gheorghe Dumitrache, então a "camarada" estava enganada: o velho ativista de Ulmi ainda estava vivo! Morreria somente em 1993; assim, em 1989 poderia ter hospedado o seu velho companheiro.

A escala malsucedida na Sede Distrital do Partido

Voltemos à história de Petrișor Nicolae.

> O "civil" sugeriu irmos ao Comitê Municipal do Partido. Estávamos na periferia da cidade, indo em direção ao Microbairro 11 e notamos, na avenida Domnească, um tráfego intenso de carros agitando bandeiras tricolores. O "civil" me disse para não pegar a rua principal, mas que transitasse por entre os prédios. Eu dirigia bem devagar, na contramão, sendo visto pela multidão de manifestantes, que gritava para nós. Então, Elena Ceaușescu disse ao tirano que tirasse o gorro e o casaco, para não serem reconhecidos. Cheguei até a rua do lado oeste da loja Chindia, na tentativa de alcançar a avenida Domnească. O "civil" me orientou para seguir para o Micro 9, passando pelo BIG e pela lavanderia química. Saímos na avenida Domnească, misturando-nos no trânsito. No cruzamento, seguimos para o lado contrário, em direção a uma ruela que desembocava atrás do Ginásio Ienăchiță Văcărescu, onde estacionamos. O "civil" foi ao palácio a pé no intuito de trazer um automóvel Aro para os dois.[6]

A "parada" perto do Palácio Administrativo também é relatada pelo major Florian Raț:

---

[6] Ibidem.

Chegamos, sem nenhum problema, a uns 500 metros da Sede Distrital do Partido. Ceaușescu me disse para procurar o primeiro-secretário e voltar com um Aro, mas não era para eu ir pela parte da frente. Eu disse que não sabia onde ficava a sede e então o motorista me explicou onde era, na avenida principal, a cerca de 200 metros dali. Eu levava comigo um rádio Motorola, mas não tinha com quem falar ali, por isso o deixei no carro. Fui à Sede Distrital do Partido. Quando cheguei lá, a varanda estava abarrotada de revolucionários, muita gente e não dava para entrar. Eu portava armas, eles poderiam pensar que eu atiraria. Nós nem sabíamos em que pé estava a situação. Voltei ao lugar em que os havia deixado, mas não os encontrei mais. Eu não sabia o que fazer. Pensei em ir a Bucareste, para ver quem tinha assumido a liderança. (...) Encontrei algumas pessoas que gritavam "Vitória!". Eu também gritei. (...) Uns 300 metros adiante, senti uma batida no meu ombro e congelei, pensei comigo mesmo: "Pronto!". Mas era Rusu Marian que disse para me livrar das armas. Aleguei que eu tinha porte e que, se alguém me visse, iria me matar com elas.[7]

Găvănescu, o homem da varanda

O que o major Raț não sabia – e Ceaușescu nem desconfiava! – era que o primeiro-secretário do partido, Pantelimon Găvănescu, aquele do qual todos esperavam uma ajuda providencial, estava em uma situação desesperadora. Pouco antes da chegada de Raț ao Palácio do PCR, Găvănescu tinha sido amarrado com arame; erguido pelos revolucionários por cima da mesa e pendurado na varanda, a seis metros do chão. Os homens seguravam Găvănescu por uma perna sobre a balaustrada, enquanto os seus "carrascos" perguntavam à multidão da praça: "Devemos soltá-lo?". E a multidão respondia: "Siiiim!!!". O esmagamento na calçada e o linchamento pareciam inevitáveis. No entanto, Găvănescu foi salvo no último momento por outros revolucionários da sacada, que –

---

[7] Florian Raț, estenograma da audiência da Comissão de dezembro de 1989, 16 de novembro de 1995.

menos inflamados – gritavam: "Irmãos, não precisamos sujar as mãos com sangue! Somos revolucionários, não criminosos!".⁸

Vamos recordar: duas horas antes, depois de fugir de helicóptero do Comitê Central da sede do Partido Comunista, Nicolae Ceaușescu ligava de Snagov ao primeiro-secretário do Partido de Dâmbovița: "Găvănescu, está tudo tranquilo em Târgoviște?". E a resposta veio prontamente: "Está tudo sossegado, camarada secretário-geral!". Isso acontecera em torno das 12h40, e agora eram 14h20. Em cem minutos, a situação mudara radicalmente. Ceaușescu era um cão perseguido, e Găvănescu, uma ratazana nas garras dos gatos.

Porém, uma vez que a revolução digere muita coisa, Găvănescu seria cooptado no primeiro núcleo da FSN de Târgoviște. Ele também se passava para *o lado do povo...*

A vida sem guarda-costas

De volta a Petrișor Nicolae, o motorista do Dacia de cor preta.

> Após a saída do "civil", Elena Ceaușescu não parava de me ameaçar com uma pistola. Uns cinco minutos depois, fomos observados por dois jovens, de um quintal, que começaram a gritar: "Vejam os tiranos, aqui mesmo, ao nosso lado!". Assustada, Elena Ceaușescu me disse para sair de lá o quanto antes. Tentei ligar o carro, sob a ameaça da arma, mas, por causa da gasolina, formou-se uma crosta de gelo no carburador. Pensando que eu não queria dar a partida, Elena Ceaușescu gritou: "O seu fim chegou! Se nós vamos morrer, você também morre!". Tentei manter o carro em ponto morto até que o motor pegou.⁹

A partir daquele momento, a corrida continuou com novo arranjo. No Dacia preto de placa 1-DB-3005 só havia três pessoas: o proprietário do carro (Petrișor Nicolae) e os ditadores fugitivos (Nicolae e Elena

---
⁸ Entrevista com Petre Cristea, Târgoviște, 2 de novembro de 2009.
⁹ Vasile Duță, op. cit.

Ceaușescu). Saiu de cena o major Florian Raț, o último guarda-costas dos antigos dirigentes.

Petrișor Nicolae conseguiu se livrar de um dos motivos que o assustavam: as armas do major Raț. Agora, era a multidão que o assustava. Poderiam ser linchados a qualquer momento.

O motorista estava perto do fim de sua aventura.

> Virei à esquerda, na rua da Justiça. Nicolae Ceaușescu insistiu em ir ao palácio, ao Comitê Distrital do Partido. Ele perguntou a Elena se Raț – era a primeira vez que pronunciava o seu nome – tinha deixado o radiotransmissor. Ela respondeu: "Sim". Saímos na avenida Domnească, ao lado do museu, e continuamos até o ponto de táxi próximo à Biblioteca Municipal. Notando a multidão que se dirigia ao palácio, Elena pediu que Nicolae se escondesse, para não ser visto. Ele a atendeu. Ela também se escondeu, sempre me ameaçando com a arma. Ele me pediu para retornar e voltamos para a avenida Domnească, dizendo-me para ir ao Mosteiro Dealu. Em "Doi Brazi", passamos com farol vermelho, viramos à direita, atravessamos a ponte Mihai Bravu, e chegamos ao Hotel do Partido. Elena achava que lá estariam em segurança. Paramos o carro na escadaria do hotel, onde havia dois jovens. Ceaușescu abriu a porta do carro e disse: "Nós também queremos entrar aqui". A moça, que usava o uniforme do hotel, correu pelas escadas, dizendo que as chaves estavam com o chefe e que tudo estava trancado. Elena me pediu para sairmos de lá, para evitar a aglomeração na cidade. Viramos à direita, ao lado da Igreja Crețulescu. Elena indicou que fôssemos para Sinaia. Respondi que não tínhamos gasolina e seria bom pararmos na estação PECO Teiș. Chegamos perto da estação, mas não me deixaram parar e descer. Minha intenção era deixá-los no carro e fugir, pois eu corria perigo por causa da multidão que tinha me visto e também aos dois ditadores. Eles mudavam os planos a todo momento. Pediram, então, para levá-los à floresta, pensando que talvez pudessem entrar em contato, pelo rádio, com seus "cães de guarda". Segui para Priseaca, passando pela periferia da cidade, pela rodoviária. No Centro de Proteção de Plantas, a porta estava aberta e eu achei que era a minha chance de escapar com vida. Virei à direita,

entramos no pátio e parei em frente aos escritórios, debaixo de algumas árvores. Pedi permissão à Elena para entrar, para ver se havia alguém ali. Eu tinha ouvido um barulho no escritório do diretor.[10]

Alto lá! Existem diversos detalhes discutíveis na história de Petrișor Nicolae, mas um deles é uma mentira deslavada: a de que Elena Ceaușescu teria uma arma. Todas as outras testemunhas e todos os demais relatos contradizem essa tese. Nenhum dos ditadores fugitivos portava arma. A última pessoa armada a bordo do Dacia de Petrișor foi o major Raț, mas ele já atuava em outro filme.

Contos de Văcărești

Em 1989, Maria Ungureanu era prefeita de Văcărești, distrito por onde passaram no intervalo de uma hora, tanto o casal Ceaușescu (num Dacia vermelho, depois transferidos para um preto) quanto a dupla Manea Mănescu – Emil Bobu (num Aro). O relato da ex-prefeita traz mais detalhes da mescla de pânico e exaltação daquele dia.

> No dia 22 de dezembro, eu estava na prefeitura com alguns funcionários. O marido de uma das funcionárias apareceu e disse que a situação era calamitosa, que havia passeatas, estradas bloqueadas. Enquanto isso chegou mais alguém, um morador local, e disse que o casal Ceaușescu tinha passado por nosso distrito. Que primeiro pararam em uma fazenda pertencente ao Comitê Distrital do Partido. Que entraram em contato com os empregados, pedindo-lhes que fizessem uma ligação e entrassem em contato com o primeiro-secretário do partido, Pantelimon Găvănescu. Eles não conseguiram telefonar. Disseram que, em seguida, o casal Ceaușescu parou no portão de Petrișor, um cidadão do distrito, e que os dois subiram no carro dele. Fiquei chocada. Consegui um furgão basculante. Fui até o posto policial. Havia muita gente agitada. Ficou gravada em minha mente a história de um cidadão do distrito, triste, desdentado, que me perguntou: "Camarada prefeita,

[10] Ibidem.

que faço agora? Posso matar o bezerro?". Eu respondi: "Sim, mate-o agora, pois não se sabe o que vai acontecer". Em seguida, houve grande alvoroço ao redor de um carro. As pessoas tentavam tombar o veículo, agitavam-se muito nervosos. Era o carro do doutor Decă e todo mundo tentava vasculhar nele. Em dado momento, quando saí da prefeitura, vi aquele Aro com Manea Mănescu e Emil Bobu. Mandei os rapazes atrás do carro e descobri que ele tinha sido parado em Perșinari. Enquanto isso, alguém me disse que Petrișor tinha chegado em casa. Fui com alguém até a casa de Petrișor, pois me diziam: "Vamos lá, camarada prefeita: as pessoas querem incendiar a casa dele, porque ele escondeu o Ceaușescu". Entrei na residência e me apresentei, pois eu não o conhecia. Ele me contou como tinha sido o seu trajeto até Târgoviște, onde os deixou. Passei muito tempo com Petrișor, pois as pessoas queriam partir para cima dele e eu tinha receio. Coloquei até vigilância na casa dele. As pessoas suspeitavam de Petrișor porque ele havia escondido Ceaușescu. Alguns diziam: "Você fez muito bem!". Outros lhe pediam satisfação.[11]

Trajeto Văcărești – Târgoviște

PARTIDA: 22 de dezembro, às 13h58
CHEGADA: 22 de dezembro, às 14h26 (ao Centro de Proteção de Plantas)
DURAÇÃO: 28 minutos
DISTÂNCIA: 16 km
VELOCIDADE MÉDIA: 34 km/h
VEÍCULO: Dacia 1300, preto, placa 1 DB-3005
MOTORISTA: Petrișor Nicolae
PASSAGEIROS: Nicolae Ceaușescu, Elena Ceaușescu e major Florian Raț – que foi apenas até o centro de Târgoviște

---

[11] Entrevista com Maria Ungureanu, Târgoviște, 2 de novembro de 2009.

Gente aborrecida

Depois de quase uma hora de fuga pelo distrito de Dâmbovița, em dois carros Dacia improvisados, o "odioso" e a "sinistra" chegaram ao escritório de um engenheiro das "Plantas". No edifício ainda estavam a faxineira, o guarda, duas contadoras e alguns trabalhadores. O restante dos funcionários tinha ido ao centro da cidade, para comemorar a fuga do ditador.

Dia 22 de dezembro de 1989, às 14h26, os Ceaușescu são abandonados pelo motorista do Dacia preto, Petrișor Nicolae, na Inspetoria Municipal de Proteção às Plantas, conhecida pelos moradores de Dâmbovița como Centro de Proteção de Plantas. Ou, de forma abreviada, Proteção de Plantas ou até "Plantas". O prédio estava localizado nos arredores de Târgoviște, na saída do trevo para Câmpulung Muscel.

Ali, Ceaușescu ficou frente a frente com pessoas comuns, por ele mantidas no frio e na miséria por anos a fio. No entanto, naquele dia de dezembro, quem estava em situação dramática era o Grande Líder, não os pobres coitados. Não por acaso, alguns deles quiseram defendê-lo.

Na entrada, no terreno do Centro de Plantas de Târgoviște, a primeira pessoa que o casal Ceaușescu viu foi uma faxineira. Vasilica Mateescu (44 anos). Ela recorda aqueles momentos com nostalgia.

> Petrișor apareceu com o carro preto. Ele entrou com eles no terreno. Dizia que estavam sendo perseguidos e por isso tinham entrado aqui, na Proteção de Plantas. Estavam assustados. Não tinham mais aquela aparência mostrada pela televisão. Ele usava um gorro de lã, ela, um casaco e uma echarpe. Entraram no escritório. Eu os segui. Não havia mais ninguém nas Plantas. Com toda aquela agitação, todos tinham ido ao palácio. Dos chefes, só restara o engenheiro Șeinescu.[1]

---
[1] Entrevista com Vasilica Mateescu, Izvoarele (Dâmbovița), 2 de novembro de 2009.

Durante as conversas, Ceaușescu pede ajuda a Vasilica. "Ele me pediu para levá-los a algum lugar, para escondê-los, pois tinha acontecido um golpe de Estado. Escondê-los. Eu não tinha aonde levá-los. Eu não tinha casa naquela época. Morava em dois cômodos minúsculos e não tinha onde acomodá-los. Eu dormia com quatro filhos e nenhum deles tinha terminado os estudos. Onde os deixaria? Como colocá-los na mesma cama?! Assim que os vi, fiz o sinal da cruz. Quando os vi naquele estado... Pareciam pessoas comuns. Não dava para dizer que era 'Leana' Ceaușescu, aquela figura poderosa, com muitas funções em Bucareste.[2]

"Não posso, o povo vai ouvir"

O diretor do Centro de Plantas, Petru Dan Păun (49 anos), não estava na instituição. Tinha ido para casa. A maioria dos funcionários estava "na revolução". A direção da instituição ficou por conta do engenheiro Victor Șeinescu, que assistia à televisão no escritório do diretor.

Assustado e sem rumo, Ceaușescu sonda o terreno. Procura apoio. Viu a contadora Constanța Mihăescu (cinquenta anos). Ela relembra o diálogo que teve com o casal Ceaușescu.

> Ele me pediu para telefonar para Pitești. Eu disse que não podia ligar, pois o povo ouviria. Eu não sabia o que estava acontecendo em Târgoviște, uma vez que eu vivia na periferia. Perguntei a Elena Ceaușescu: "Com quem vocês vieram?". Ela respondeu: "Com o dr. Decă, ele nos levou até Văcărești. E de lá, outra pessoa nos trouxe". Então eu disse: "Os ciganos traíram vocês". E Elena Ceaușescu replicou: "Pode deixar, pois os ciganos também são gente". E Nicolae Ceaușescu perguntou: "Quem é o chefe aqui?". Expliquei que era o senhor engenheiro Petru Dan Păun.[3]

---

[2] Idem.
[3] Idem.

Ceaușescu e o "tirano"

Da Secretaria, Ceaușescu caminha até a porta do lado esquerdo, que dava para o escritório do diretor. Chegando à porta, o fugitivo avista a televisão no canto à sua frente, sobre uma mesa. A pequena tela esbravejava apelos à captura do "odioso ditador" e sua "sinistra esposa". Os apresentadores, exaltados, decretavam a vitória da revolução sobre a tirania.

No escritório, com a televisão à sua esquerda e a porta à direita – mas ambas fáceis de "captar" com o olhar – o engenheiro Șeinescu vive um momento de paralisia. À esquerda, os Ceaușescu são "odiosos", "vampiros", "sangrentos". Três metros à direita, são dois velhinhos humildes, com rostos desfigurados de medo.

Para o engenheiro Șeinescu, a primeira sensação foi de pavor. Como se tivesse sido surpreendido escutando a Rádio Europa Livre ou outras emissoras "inimigas". Por um instante, o tempo pareceu ficar em suspenso. A situação se resolveu ao se ouvir a voz cansada e ao mesmo tempo firme de Ceaușescu: "Desligue a televisão! São só mentiras, não acredite nos que deram golpe de Estado!".[4]

Eram 14h28 e Șeinescu desligou a televisão. Ele tinha visto o suficiente para perceber que em Bucareste estavam sendo reassentados os pilares do poder.

***

O momento da aparição de Ceaușescu no escritório do diretor foi presenciado também por Petrișor Nicolae, o condutor que trouxera o casal Ceaușescu com o Dacia preto.

> No escritório havia umas seis pessoas, incluindo o guarda, o engenheiro Șeinescu e a contadora-chefe. Eu lhes disse que havia trazido o casal Ceaușescu e perguntei o que devia fazer. As mulheres se assustaram e fugiram, restando apenas o guarda e o engenheiro Șeinescu, que me disse para trazê-los para dentro. Voltei ao carro e lhes fiz sinal para descerem. Eles estavam desconfiados e tive que chegar mais perto e assegurar-lhes que não havia ninguém lá. A primeira a descer foi Elena Ceaușescu. Ela carregava

---

[4] Idem.

nas mãos o gorro do marido. Em seguida, com ajuda, ele também desceu do carro, pegando o casaco no banco da frente.

Ele tremia de tanto medo e parecia um velho prostrado, incapaz até de vestir o próprio casaco. Elena o ajudou, empurrando-o em direção ao edifício. Eu o peguei pela outra mão e, andando de costas, abri a porta com o cotovelo. Elena permaneceu alguns metros atrás, para nos vigiar. Entramos no saguão. Abri a porta da Secretaria, onde Ceaușescu foi convidado a entrar no tom áspero do engenheiro Șeinescu: "Entre logo de uma vez!". Elena, ouvindo o timbre com que ele se dirigia ao seu marido, tirou a pistola do bolso e a apontou para Șeinescu. Ela empurrou Ceaușescu para dentro. Șeinescu mudou de atitude e eu senti arrepios na espinha, imaginando que poderiam me matar.[5]

Petrișor Nicolae persistia na fantasia com o revólver. O engenheiro Șeinescu e o guarda Tudorache morreram sem deixar nenhum testemunho a respeito. Os sobreviventes dessas cenas não se lembram de haver um revólver. Nem mesmo as "mulheres que fugiram do escritório" ou a faxineira viu se Nicolae e Elena Ceaușescu portavam alguma arma. E não existe outra prova nesse sentido.

"Vamos nos esconder, vai que atiram na gente!"

Dentre os que se encontravam no Centro de Plantas, inclui-se a contadora-chefe, Ioana Diniță (54 anos). Ela afirma que se assustou com a chegada daqueles dois e procurou se esconder em um dos escritórios. Porém, não muito distante do local onde Ceaușescu conversava com as pessoas.

Assim que a televisão começou a funcionar, ouvi Mircea Dinescu: "Ceaușescu fugiu!". Estávamos lá eu, Cârstea Ecaterina e a faxineira. Acompanhamos a evolução da fuga de helicóptero, que foi a Boteni, logo a Văcărești. E que depois ficaram pulando de galho em galho, e foi quando nos deparamos com Petrișor – que era um velho colaborador – dizendo que tinha vindo

---

[5] Vasile Duță, op. cit.

com os Ceaușescu. Eu me levantei da cadeira e disse: "Suma com eles daqui!". Eu os vi pela janela. Ele estava com o casaco na mão, e ela, com o casaco no ombro. Andavam muito devagar. Eu disse à minha colega: "Vamos nos esconder, talvez Ceaușescu tenha uma arma! Vai que atiram na gente!".[6]

A senhora Diniță lembra o que os Ceaușescu queriam. "Eles pediam um carro para levá-los até a floresta. Passou pela minha mente: 'Se eu tivesse um carro agora, iria levá-los para a minha casa'. Mas era o jejum de Natal. Eu só tinha sopa de verduras. O que eu lhes daria para comer?".[7]

A mulher ainda contou que o engenheiro Șeinescu não perdeu a oportunidade de pedir satisfação a Ceaușescu sobre o modo de vida daquela época. "Șeinescu interpelou-o com rispidez, dizendo que nossa vida era ruim no regime dele. 'Como assim?', perguntou Ceaușescu. 'Ora bolas: não tinha luz, não tinha água, não tinha aquecimento', dizia Șeinescu. 'Como assim, não tinha?', perguntou Ceaușescu. Eles se contradiziam. Ceaușescu ficou em pé, e ela vagava pela sala o tempo todo."[8]

A faxineira, Vasilica Mateescu, completou a fala de sua colega: "Ela sentou na cadeira da secretária. Ele foi até o chefe, e a televisão estava ligada. Ele ficou em pé, com os olhos fixos na janela. Olhava para cima, acho que esperava por um avião".[9]

Um ano depois desses acontecimentos, o engenheiro Șeinescu faleceu. Ele tinha 50 anos e estava tentando escrever um livro. Até já havia escolhido o título: *Lamento ter entregue o Ceaușescu*.

O senhor e a senhora Păun

O inspetor-chefe da Proteção de Plantas, engenheiro Păun, também morreu logo após a revolução. Tinha pouco mais de cinquenta anos. Os acontecimentos surpreenderam a esposa dele, Ioana Păun, no exercício

---

[6] Entrevista com Ioana Diniță, Târgoviște, 2 de dezembro de 2009.
[7] Idem.
[8] Idem.
[9] Entrevista com Vasilica Mateescu, Izvoarele (Dâmbovița), 2 de novembro de 2009.

de um cargo importante: secretária da Agricultura no Comitê Municipal do Partido. Ela trabalhava diretamente com o primeiro-secretário Pantelimon Găvănescu, amigo de Ceaușescu.

A senhora Păun relembrou o momento em que o engenheiro Șeinescu avisou o marido dela sobre o aparecimento do casal presidencial.

> O engenheiro Șeinescu telefonou: "Senhor inspetor, temos hóspedes ilustres". Meu marido perguntou: "Quem?". Mas ele hesitava. "A família Ceaușescu. Eles pedem que o senhor venha com sua esposa." Ao que o meu marido replicou: "Dê-lhes um café, ganhe tempo, verei o que posso fazer!". Nossa filha, como qualquer jovem faria, pegou o telefone e ligou para a sede do partido no município, mas ninguém atendeu; ligou para a polícia municipal, onde ninguém atendeu também, dava ocupado o tempo todo. Era uma debandada geral. Desceu do prédio, havia um telefone público no açougue, aproveitou e ligou. Não se lembra ao certo. Polícia distrital, polícia municipal... De qualquer forma, telefonou para a polícia. Não se identificou, mas avisou que o casal Ceaușescu estava na Proteção de Plantas.[10]

A insistência de Ceaușescu em telefonar ao inspetor-chefe Păun não era casual. O ditador fugitivo soube, através de Petrișor Nicolae, que a *camarada Păun*, esposa do diretor, era "importante" no comitê do partido. Ceaușescu tinha a esperança de chegar, por esse caminho, ao primeiro-secretário Pantelimon Găvănescu. Esperança vã, evidentemente.

"Irmãos, peguei o Ceaușescu"

Os chefes da polícia não levaram a sério o telefonema dado pela filha do casal Păun. Mais um louco que diz saber onde está Ceaușescu, pensaram. Mas eles receberam outro indício.

Saindo a toda velocidade do Centro de Plantas, Petrișor não voltou imediatamente para Văcărești, mas foi para o centro de Târgoviște. Ele deu o alarme.

---

[10] Entrevista com Ioana Păun, Târgoviște, 1º de maio de 2009.

Meu primeiro pensamento foi ir à cidade, contar a alguém o que tinha acontecido e onde eu tinha deixado aqueles dois. Parei o carro em frente à Casa de Cultura dos Sindicatos. Desci e comecei a gritar: "Irmãos, quem quer vir comigo? Peguei o Ceaușescu!". Eu vestia um macacão surrado, botas de borracha velhas e estava mentalmente esgotado depois de tudo o que tinha passado. As pessoas pensaram que eu estava inventando, nem me deram bola. Acharam que eu era louco. Então, o engenheiro Ispas veio falar comigo e me disse que devia parar com isso, pois poderia ser linchado. Ele sugeriu que nós dois entrássemos no meu carro e fôssemos à polícia. Lá encontrei o sargento-major Enache, que estava à paisana. Contei-lhe que Ceaușescu estava no Centro de Proteção de Plantas. A conversa foi ouvida por muitos dos presentes. Enache não mostrou interesse pela informação.[11]

Nesse momento, Petrișor sai do filme da fuga dos Ceaușescu. Em troca, entra em cena o subtenente Constantin Paise (33 anos) e o sargento-major Ion Enache (26 anos), da polícia rodoviária de Dâmbovița. Embora a princípio parecessem "desinteressados" pela notícia trazida por Petrișor, pois a consideravam infundada, em pouco tempo os dois suboficiais chegaram ao Centro de Plantas.

***

O sargento-major Ion Enache foi um dos primeiros policiais a tomar conhecimento da presença dos Ceaușescu em Târgoviște. Como trabalhava com a viatura, conhecia muitos motoristas que o mantinham a par das notícias.

Ion Enache:

Em dado momento apareceu um cidadão, que eu sabia ser um motorista de caminhão-tanque, e dirigiu-se a mim: "Ceaușescu está no Complexo Industrial! Corri atrás dele com o carro, mas sofri uma pane e não consegui segui-lo. Passou pelo Complexo Industrial. Pegou a marginal no Micro 11, em Târgoviște". Fiquei estupefato. Fui para o escritório e relatei o fato ao chefe da polícia distrital, onde estava o inspetor-chefe, além de vários

---
[11] Vasile Duță, op. cit.

oficiais e sargentos. Eles acompanhavam os fatos pela televisão. Então gritei: "Ceaușescu está em Târgoviște!". O inspetor-chefe disse: "Vá cuidar da sua vida, que isso é tolice!".[12]

O inspetor-chefe da Inspetoria Distrital de Dâmbovița, órgão do Ministério do Interior, era o coronel Ion Georgescu.

***

O trajeto que o motorista do caminhão-tanque reportou a Enache era o mesmo que Petrișor Nicolae, o motorista do Dacia preto, havia descrito pouco antes perante o Comitê Distrital do Partido e à polícia, mas ninguém havia acreditado. De fato, naqueles momentos controvertidos, circulavam dezenas de boatos sobre os Ceaușescu, alguns dos quais eram simplesmente fantasmagóricos.

Pouco depois, Enache deu de cara com Petrișor. Conta o ex-sargento-major:

> Eu estava diante da Inspetoria e vejo outro cidadão conhecido: Petrișor, de Văcărești. Ele veio até mim. "Seu Enache, ajude-me, pois entrei numa fria! Levei o casal Ceaușescu, pois eles me ameaçaram com um revólver desde Văcărești. Fui até a Proteção de Plantas e os deixei lá. Eu disse a eles que não tinha gasolina, porque eles queriam que os levasse até Voinești." Depois disso, ele foi embora. Fui falar com os chefes. "Camarada coronel, um homem à frente da polícia afirmou ter levado os Ceaușescu para a Proteção de Plantas e que eles estão lá." E eles responderam a mesma coisa: "Cuide de sua vida, isso é tolice! Vocês embarcam nas fanfarronices de qualquer um...".[13]

***

Contudo, Enache tinha um aliado: o subtenente Constantin Paise.

> O meu colega Paise usava uma expressão que sempre repetia: "Arre". "Arre, meu, vamos lá, vamos atrás deles!", ele me disse. Guardamos o

---

[12] Entrevista com Ion Enache, Târgoviște, 12 de julho de 2008.
[13] Idem.

radar na garagem. Mais que depressa pegamos o carro 1-DB-4112 branco. Quando estávamos saindo pelo portão da Inspetoria, surgiu mais um carro Aro, com três colegas: Ion Săftoiu, Andrei Osman e Dan Fluierariu. Não sabíamos para onde eles iam nem eles sabiam do nosso destino. Quando chegamos à Proteção de Plantas, a faxineira estava na escadaria. Eu perguntei: "Onde estão?". Ela indicou que estavam lá dentro. Quando entrei, vi Elena Ceauşescu. Ela estava perto da porta. Fui direto em sua direção. Peguei-a pelo braço. Ceauşescu recuou dois passos. Ele segurava o gorro na mão e perguntou: "Quem são vocês? Cidadãos da República Socialista da Romênia: vieram prender um chefe de Estado?". "Não, respondemos, somos da polícia. A população ficou sabendo que estão aqui, eles estão contra os senhores, viemos para oferecer-lhes apoio. Venham conosco", eu lhes disse. "Para onde vão nos levar?", perguntou. "À polícia distrital". E eles foram.[14]

Procurado até nos depósitos de veneno

O casal Ceauşescu ficou na Proteção de Plantas por 24 minutos. Tempo suficiente para que todos soubessem o que tinha acontecido lá. Como em qualquer cidade pequena, em Târgovişte a notícia também corria rápido. Especialmente em momentos como aqueles, de 22 de dezembro de 1989.

Revolucionário roxo, o almoxarife Ion Rainea (35 anos) chegou poucos minutos depois que os Ceauşescu foram levados pelos dois policiais. "Até agora lamento não ter topado com eles. O que eu não faria com o Ceauşescu... Sofri demais por sua causa. Não teria saído vivo das Plantas!",[15] diz Rainea.

Na noite de 22 de dezembro de 1989, a situação de Rainea se complicou.

---
[14] Idem.
[15] Entrevista com Ion Rainea, Târgovişte, 02 de novembro de 2009.

> Eu estava em casa com um vizinho, tomando uma cachaça. Tanto civis quanto soldados do Exército vieram à minha casa, dizendo que eu tinha escondido o Ceaușescu. Queriam que eu fosse com eles até as Plantas, que eu os tinha enfiado em algum depósito. Expliquei que ninguém resistiria mais de um minuto naqueles depósitos. Havia pesticidas perigosos, venenos para ratos. Havia substâncias que queimavam a mão. E quanto ao cheiro, nem se fale. E fui com eles aos depósitos. Logo de cara, levei-os aonde o cheiro era mais forte. Aquele que abriu a porta não deu nem mais um passo e voltou com a mão na boca. Eu os levei a todos os depósitos. Disse a eles que, se eu tivesse encontrado o Ceaușescu, ele nem chegaria às mãos deles.[16]

As duas contadoras viveram experiências similares à de Rainea, Ioana Diniță e Constanța Mihăescu. Elas também foram acusadas de esconderem o ditador. Foram seguidas pelas ruas e convocadas à noite para se apresentar ao local de serviço. Tiveram que abrir os escritórios para os revolucionários se convencerem de que Ceaușescu não estava encaramujado atrás de alguma porta do Centro de Plantas.

A contadora-chefe das "Plantas", Ioana Diniță, lembra o que aconteceu depois os dois militares e os Ceaușescu saírem:

> Quando cheguei em casa, apareceu um carro. Era alguém do Exército e um civil. Eu devia acompanhá-los de volta ao Centro de Plantas para dizer onde eu tinha escondido os Ceaușescu. Expliquei que veio a polícia e os levou. E eles: "Não, você vem conosco, ou será presa". Fomos ao escritório, abri o escritório, a porta do arquivo, em seguida pediram para abrir os depósitos. Eu disse que não tinha as chaves e expliquei que nem uma mosca poderia viver em nossos depósitos por causa dos inseticidas. Fomos ao jardim. Estava escuro. Não se enxergava nada. Foram embora e me deixaram aqui.[17]

A informação tendenciosa e a desconfiança borbulhavam também em Târgoviște, não apenas em Bucareste, onde as pessoas eram

---

[16] Idem.
[17] Entrevista com Ioana Diniță, Târgoviște, 02 de novembro de 2012.

conclamadas pela televisão a lutar *contra* terroristas invisíveis. Outras vezes, as pessoas eram chamadas a lutar *junto* aos terroristas. Atiravam uns nos outros. Para haver uma revolução, era preciso que houvesse mortos, caso contrário pareceria um golpe de Estado.

Ceauşescu não tinha mais nenhuma autoridade, mas seus palácios foram rapidamente ocupados por pessoas sedentas de poder.

O episódio "Proteção de Plantas"

LOCALIZAÇÃO: Târgovişte (Inspetoria Distrital de Proteção de Plantas)
CHEGADA: 22 de dezembro, às 14h26 (de carro)
PARTIDA: 22 de dezembro, às 14h50 (de carro)
DURAÇÃO: 24 minutos
PERSONAGENS: Nicolae Ceauşescu, Elena Ceauşescu, engenheiro Victor Şeinescu, Ioana Diniţă (contadora-chefe), Constanţa Mihăescu (contabilidade), Vasilica Mateescu (faxineira de plantão), Ion Dumitrache (guarda) e alguns trabalhadores

Disfarçados de policiais

> *Às 14h50, os ditadores estavam nas mãos de dois agentes de trânsito, que os colocaram na viatura para levá-los ao posto policial, mas as coisas se complicaram.*

O embarque dos Ceaușescu no carro da polícia aconteceu no beco de acesso à Sede do Centro de Plantas. O motorista era o sargento-major Ion Enache; à sua direita estava o suboficial Paise; no banco de trás à direita, Nicolae Ceaușescu, e atrás do motorista, Elena Ceaușescu. Foi com essa disposição que teve início uma nova aventura dos ditadores fugitivos.

Ion Enache lembra-se de como tirou os Ceaușescu do Centro de Plantas:

> Enquanto nós saíamos, chegaram os colegas do Aro. "Cara, qual é a de vocês?", perguntamos. Ao que eles responderam: "Soubemos que Ceaușescu está aqui, vamos lá para...". Eu disse: "Pois bem, eles estão aqui no carro conosco". Então eles perguntaram o que deviam fazer, e eu respondi: "Vocês podem ir na frente, como batedores, e, se acontecer alguma coisa, eu poderei passar sem ser visto, para chegar até a polícia do Distrito". Não estabeleci a rota. E fomos embora. No cruzamento da Romlux, de onde saía a estrada e o caminho para a cidade, achei melhor não passarmos pela cidade. Havia muita gente... As pessoas podiam nos ver... Peguei pela marginal, pela ponte do Complexo Industrial, e cheguei aos fundos da polícia distrital. E segui por esse caminho. Eles seguiram em frente, foi quando nos separamos.[1]

---
[1] Entrevista com Ion Enache, Târgoviște, 12 de julho de 2008.

O que aconteceu depois seria digno de um filme policial. No entanto, era bem real. Aconteceu pouco depois das 15h, três horas depois da decolagem do telhado do Comitê Central do PCR.

> Quando cheguei ao cruzamento, no Complexo Industrial, o semáforo estava vermelho. Um caminhão parado do lado direito. No caminhão, umas 5-6 pessoas pulavam na carroceria. Um deles gritou: "Olha lá, estão naquele carro!". Ao ouvir isso, não ia ficar no semáforo! Passei o sinal vermelho e virei à esquerda. Quando cheguei sobre a ponte, já dava para ver o pátio da Inspetoria Distrital da Polícia. Juntou-se uma porção de gente. Havia muitos atrás. Eu disse ao Paise, ao colega, que não era boa ideia entrarmos, que seríamos linchados. E seguimos pelo caminho. Eu usava uma jaqueta de outono, arranquei as divisas, arranquei o emblema do boné, e dei a Elena Ceaușescu para que colocasse na cabeça dele, no lugar do gorro, e dei o cachecol a ela. Tanto o boné quanto o cachecol eram azuis – acessórios da polícia. Eu usava aquele cachecol havia alguns anos. Estava um pouco puído, mas limpo. Ela olhou, meio assim, e depois o enrolou no pescoço.[2]

Ion Enache continua sua história:

> Um ônibus que vinha pela avenida quase nos atingiu em cheio. Notei que atrás de nós vinha um carro – só identifiquei o motorista mais tarde: Fane Ciobanu. Ele viu os Ceaușescu no carro e bateu na minha traseira. O porta-malas se abriu e começou a entortar. Chegamos ao centro. Em frente à loja Muntenia andamos com mais facilidade. Fane queria nos ultrapassar. Andamos lado a lado, e eu lhe disse: "Fane, deixe-me em paz, pois sei o que estou fazendo!". E ele, nada: "Ei, pare!". Eu gritava para ele: "Por favor, estou pedindo, deixe-me em paz, pois sei o que devo fazer!". Depois disso, o carro dele parou, pois o radiador furou por causa da batida. Ele parou.[3]

A versão de Enache foi confirmada por Vasile Ciobanu, dito "Fane", que era o motorista do Dacia que bateu na viatura.

---

[2] Idem.
[3] Idem.

No cruzamento da estrada para Găeşti com a via marginal, um carro Dacia de cor branca vinha em nossa direção, proveniente de SARO... Reconheci o sargento-major Ion Enache ao volante e... Pasme: no banco de trás do carro, Elena Ceauşescu. Percebendo que o rádio dava informações distorcidas, dizendo que os dois estavam na zona de Cobia, dei a volta e fui ao encontro do Dacia. Alcancei o veículo e me posicionei logo atrás dele. Bati com força na traseira do Dacia, momento no qual ergueu-se também Nicolae Ceauşescu. Até então, ele tinha ficado deitado no colo de Elena Ceauşescu. Após o impacto, o porta-malas do carro perseguido se abriu. O motorista acelerou, tentando se livrar de nós. O outro suboficial pegou Ceauşescu pela gola. Ao mesmo tempo, falava pelo radiotransmissor do carro. Na perseguição que se seguiu, ninguém respeitava os sinais de trânsito, andando na contramão. A perseguição continuou pela rua Cuza, rua da Amizade, avenida da Independência, e tive que diminuir a velocidade por causa da multidão reunida diante da prefeitura. Gritei que parassem o carro da frente. Disse-lhes que naquele carro estavam os dois ditadores. No tumulto provocado pela multidão, interpôs-se entre nós um ônibus e, aproveitando essa cobertura criada de modo acidental, o carro perseguido ganhou distância.[4]

Paise e Enache procuravam um abrigo. A sede da milícia tinha sido ocupada pelos manifestantes. As notícias da televisão, segundo as quais os ditadores estavam na área de Târgovişte, infundiram uma verdadeira histeria coletiva. Diante dessas circunstâncias, os dois policiais embicaram para Bucareste, no intuito de saírem da cidade.

Ion Enache:

Avisei a central pelo rádio que os dois peões principais estavam no carro comigo e perguntei quais eram as ordens. "Entrem numa floresta, em algum lugar, escondam-se e esperem!", disse o seu Mihai da central. Elena Ceauşescu, sentada no banco atrás de mim, cutucava-me. E sussurrava: "Não lhes diga, não lhes diga onde estamos!". Na saída de Ulmi, a central

---
[4] Idem.

ligou novamente para saber onde estávamos. Respondi que na entrada da cidade. E sempre informava um lugar pelo qual tínhamos passado, mas de onde já estávamos bem longe.[5]

Constantin Paise: "Nós só pensávamos em nos esquivar da fúria das pessoas. Saímos rumo a Bucareste, e seis ou sete quilômetros adiante desviamos por uma estrada secundária em algum lugar, porque pela rodovia nacional havia muito movimento. Como o meu colega conhecia a área, pois era o 'seu setor', viramos à esquerda, em direção a Rățoaia, embora Ceaușescu quisesse ir para Bolovani, onde ele conhecia uma zona de caça".[6]

Fugitivo na aldeia de sua detenção na juventude

Às 15h05, a radiopatrulha da polícia de Târgoviște com o "odioso" e a "sinistra" no banco de trás deixava a cidade pela aldeia de Ulmi. Mais uma oportunidade de sonho para Nicolae Ceaușescu, que fora preso em Ulmi, em 15 de janeiro de 1936, aos 18 anos, em uma casa onde se urdia uma conspiração.

Desde então, já havia se passado quase 54 anos, mas Ceaușescu nunca esquecera a casa de Ion Olteanu, onde ele tinha sido "apanhado" pela polícia local. Assim como não esquecera da casa de Dumitrache, seu companheiro de clandestinidade, de julgamento e de prisão em Doftana. Elena depositara suas esperanças na família Dumitrache, uma hora antes, quando, no carro de Petrișor Nicolae, falou ao marido sobre a solução Ulmi. Mas agora tudo parecia desmoronar. Mesmo assim, escondido no banco de trás com um boné de policial na cabeça, Ceaușescu tentou captar com o olhar, pela janela do carro em fuga, a casa de tantas lembranças em preto e branco.

---

[5] Idem.
[6] Jornal *Adevărul*, 18 de novembro de 2009.

"Vamos nos esconder naquele tanque!"

Antes de começar a aventura com os Ceaușescu, o sargento-major Ion Enache – na qualidade de guarda de trânsito – teve que comandar uma coluna de tanques para Bucareste. Era a manhã daquele mesmo dia, em torno de 8h. Os blindados deviam sair da unidade militar de Teiș, por determinação do general Vasile Milea. Antes de se suicidar, o ministro da Defesa ordenou que uma coluna de tanques viesse para a capital, no intuito de reprimir as manifestações e defender a sede do Comitê Central do PCR.

Algumas horas depois, a situação mudou radicalmente. Conta Ion Enache: "Da coluna de tanques que conduzi aquela manhã para Bucareste, um deles sofreu uma pane, à direita, na saída de Ulmi. Ceaușescu disse que deveríamos parar, entrar no tanque e ali permanecer. Ele disse: 'Vamos nos esconder naquele tanque!'. Eu respondi que não era possível, que deveríamos ir mais adiante. Ninguém falou mais nada".[7]

Como a vida dá voltas! Pela manhã, o sargento-major Ion Enache comandava os tanques enviados para defender Ceaușescu. À tarde, o mesmo Enache estava com Ceaușescu em seu carro, sem saber exatamente que *status* atribuir ao homem: preso ou protegido?! Sendo que o próprio Ceaușescu insistia em se esconder em um dos tanques que não chegou a defendê-lo na sede do CC nem a evacuá-lo da capital.

Ion Enache retoma o fio da meada:

> Eu quis entrar na floresta de Ilfoveni. Havia uma barreira operante. Avancei mais um pouco e entrei no caminho de ligação entre a rodovia DN 71 e a DN 711. Era ainda mais retirado. Dirigi lentamente por ali. Parei para fixar melhor o capô que trepidava. Pelo caminho, eu andava com a mão para

---
[7] Entrevista com Ion Enache, Târgoviște, 12 de julho de 2008.

fora da janela, fazendo o sinal de vitória, como todos faziam. Os Ceaușescu olhavam assustados, mas entendiam a situação. Poderia ser qualquer coisa para eles, menos uma vitória...[8]

Que choque devem ter levado os dois fugitivos! A vitória dos romenos era a sua derrota. E num momento de desvario, a mão direita de Ceaușescu "escapou" e, num gesto alucinado, ergueu dois dedos em "V"... Vitória! Mas aquele braço idoso e flácido logo recuou, envergonhado, para dentro da manga do grosso casaco. E aquele velho desesperado aconchegou-se ainda mais no colo de Elena, que o confortava como se fosse uma criança...

***

Ion Enache:

> Quando entrei naquele caminho secundário, dava para ver a fazenda de gado de Negrașu. Ceaușescu disse para irmos até lá, que era a fábrica de açúcar de Răcari. Percebi então que ele conhecia bem a área. Se fôssemos um pouco mais adiante, encontraríamos a fábrica. Entramos em Racovița. Lá, Ceaușescu disse: "Vamos parar em uma casa, pois ainda deve haver pessoas boas que irão nos receber". Eu disse que de jeito nenhum. E fomos para a frente. Passamos a DN 711, e eu pensava qual seria o melhor caminho a pegar. Eu disse: "Preciso me orientar e encontrar um lugar mais retirado". Entramos por uma via lateral e paramos atrás de um pântano, perto de uma colina. Mais um pouco e entrávamos na aldeia Rățoaia.[9]

O carro que o sargento-major Ion Enache dirigia não chegou por acaso a Rățoaia. A sugestão de tomar tal direção era do subtenente Constantin Paise, que era de lá, do distrito de Caragiale, situado nas proximidades.

---

[8] Idem.
[9] Idem.

Trajeto Târgovişte – Răţoaia

PARTIDA: 22 de dezembro, às 14h50 (Proteção de Plantas)
CHEGADA: 22 de dezembro, às 15h25
DURAÇÃO: 35 minutos
DISTÂNCIA: 40 km
VELOCIDADE MÉDIA: 68 km/h
VEÍCULO: Dacia 1300 (radiopatrulha da polícia), branco, placa 1-DB-4112
MOTORISTA: sargento-major Ion Enache
PASSAGEIROS: Nicolae Ceauşescu, Elena Ceauşescu e subtenente Constantin Paise

O secretário-geral no matagal

> *Os dois policiais queriam esconder os Ceaușescu no mato. Afinal, chegaram a um juncal, onde os mantiveram por uma hora e meia. Eles ainda encaravam o "Tio Nicu" como presidente da Romênia, secretário-geral do PCR e comandante supremo das Forças Armadas.*

Uma vez no campo, os dois policiais e seus "convidados" desceram do carro. Deram alguns passos pelo juncal. Ceaușescu olhava para as colinas. Por alguns minutos, ninguém abriu a boca. "Ambos estavam com medo. Não disseram nada. Ainda estavam muito assustados com a batida de Ciobanu em nosso carro",[1] recorda Enache.

O silêncio de Rățoaia foi quebrado por um barulho persistente, vindo do outro lado da estrada principal. Conta Ion Enache:

> Pensei que fossem helicópteros. Descemos do carro, começamos a arrancar juncos, tiramos as capas dos bancos e tentamos cobrir o carro para camuflá-lo da melhor forma possível. Precisava ver a camarada Elena arrancando o capim e colocando-o em cima do carro!... Em dado momento, parei e vi os sapatos de Nicolae Ceaușescu. Estavam meio sujos. Embora o Natal estivesse se aproximando, o chão estava descongelado. Teria ele sujado os sapatos daquele jeito alguma vez na vida?... Finalmente, colocamos os matos e capas em cima do carro, só depois percebi que eram tratores arando a terra.[2]

---

[1] Entrevista com Ion Enache, Rățoaia (Dâmbovița), 8 de novembro de 2009.
[2] Idem.

> "O episódio Rățoaia durou cerca de uma hora e meia. Ceaușescu tinha um problema. Bem evidente, por sinal: a próstata. Muitas vezes descia do carro para se aliviar. Em determinado momento esbarrou no batente do carro e ficou reclamando de dor o tempo todo. Sentia dor no joelho."[3]

O choque foi estarrecedor: o temido Nicolae Ceaușescu, o homem que os dois policiais continuavam a considerar como chefe de Estado, desce do carro e dá alguns passos para escolher a moita mais apropriada. Olha para a esquerda, olha para a direita – parece não haver sinal de vida no campo. Apenas os quatro e o carro da polícia... No horizonte, olhando para a aldeia, vê fumaça saindo das casas. Ele pensa: *eles têm lenha, porque a floresta fica perto...* Ele gostaria de se aquecer ao fogo de uma lareira. Mesmo que simples, não importava. Não precisa ser de terracota. Quão aconchegantes são as lareiras de tijolos colados com barro!... E se tivessem forno, então... Quando era criança e vinha da rua, congelado até os dentes, grudava as mãos, as costas, as pernas na lareira e se amortecia. Às vezes se enfiava atrás da lareira, como os gatos... E quando o Natal se aproximava, cheirava a abóbora assada...

"Camarada presidente, o senhor precisa de alguma coisa?", a voz de Paise despertou-o do sonho. Ele estava em um lugar inóspito, era inverno e precisava urinar ali mesmo. "Não, meu caro, não preciso de nada. E não fique olhando." "Não estou olhando, camarada presidente! Só estou cuidando para que não aconteça nada..."

Paise vira de costas. Enache e a camarada estão no carro. O camarada vira de lado para o bosque, solta o cinto da calça, abre os botões, um após o outro, tira "o instrumento"... e despeja um jato fino. O Grande Líder termina rapidamente, como de costume, e a última gota, também como de costume, cai em suas calças. O Comandante Supremo fecha os botões e antes de retornar ao carro olha mais uma vez para a aldeia. Nenhum movimento. Talvez as pessoas estivessem em casa assistindo à televisão... Ouvindo os traidores que deram o golpe de Estado... Ah, se ele pudesse lhes dizer o que aconteceu...

---
[3] Idem.

De fato, as pessoas da aldeia estavam com os olhos fixos na televisão. Sabiam que *o tirano* estava escondido por ali, em seu distrito. Mas o distrito era grande. Como adivinhar que o odioso ditador fazia xixi nos arredores de sua aldeia, suspirando enquanto via a fumaça que exalava das chaminés? Ou que sua sinistra esposa se encolhia de frio dentro do carro? E que ambos tremiam de medo?

***

Nas conversas mantidas no carro, os Ceaușescu tinham uma dúvida: Por que as pessoas estavam tão ensandecidas contra eles? Os dois policiais tentam, em tom respeitoso, enumerar as acusações que lhes eram imputadas. As queixas das pessoas chegam aos ouvidos dos ditadores ali mesmo, em um lugar esquecido do mundo.

Ion Enache:

> Em dado momento, ela começou: "O que essas pessoas querem conosco? Por que estão contra nós? Tinham comida, tinham tudo de que precisavam... Ordenei que dessem 700 quilos de trigo, por ano, por pessoa...". Eu disse que não era bem assim, que nós – como policiais – circulávamos pelas rodovias, assegurávamos o transporte dos grãos no outono e ouvíamos que a produção tinha sido de 3 mil... Segundo o presidente da C.A.P., 4 mil; outro, 5 mil; o primeiro-secretário dizia 7 mil, e cada um inflava a quantidade. "Não é verdade, pois eu nunca vi nenhum homem morto de fome", revoltou-se ela. Expliquei a questão do cartão de racionamento. Eles não acreditaram que o pão também fosse racionado.[4]

Depois, a preocupação de Elena Ceaușescu tomou outro rumo. Ion Enache tentou reconstituir fielmente esse momento. "Começou a se perguntar como estariam as coisas em sua casa, com tantos presentes ganhados ao longo dos anos... Que estaria fazendo Zoe? Só falou de Zoe. E ele a acalmava: 'Esqueça, querida, nós vamos dar um jeito em tudo'."[5]

***

---

[4] Idem.
[5] Idem.

As conversas entre os policiais e os ex-dirigentes eram mantidas em termos de convivência pacífica. Paise e Enache ainda consideravam ambos como chefes de Estado.

"Perguntaram se estávamos do lado deles. 'Estamos com o senhor, mas que podemos fazer?' Pediram que os levássemos para Pitești, que 'lá o Exército está mais organizado e podem entrar em contato com quem é de direito'. Depois, mudaram de ideia: 'Não, vão para Voinești, para Voineasa...'."[6]

As lembranças de Ion Enache encadeavam-se como os pardais que riscavam o firmamento naquele dia de inverno. "Eu sou fumante e, diante de tantas emoções e o estresse que passei, queria acender um cigarro. Pedi permissão para fumar. E disseram: 'Claro que sim'. O meu colega disse que também fumaria um. Abri a janela e continuamos conversando."[7]

Outra ocorrência, mais relativa à caça: "Em dado momento, uma raposa apareceu na frente do carro. Ficou uns 15-20 segundos e olhou para nós. O colega Paise até brincou: 'Se eu tivesse um fuzil, atirava nela e lhe dava de presente uma pele de raposa'. Paise era caçador. Ele realmente falou isso – mas em tom de brincadeira, não como deboche – que sua sorte era dispor de uma arma e poder abater um coelho, ou algo parecido, para prover o sustento dos filhos".[8]

O tempo passava. Começou a esfriar. Mesmo que fosse um dia bonito, ainda era inverno, e o Natal se aproximava. No interior da viatura, as perguntas continuavam. A mais difícil de todas: "Para onde vamos?".

Enache recorda: "Estávamos pensando no que fazer. 'Vamos voltar à polícia distrital, pois talvez as coisas estejam tranquilas por lá e estaremos em segurança.' Mas ela insistia em não ir para lá. 'Afinal, qual é o problema? Eu tenho a minha casa. Vamos para Petrești, à minha casa, vamos ficar lá", dizia ela.[9]

---

[6] Idem.
[7] Idem.
[8] Idem.
[9] Idem.

Petreşti era a aldeia natal de Elena Ceauşescu. Ficava no distrito de Dâmboviţa, a 35 quilômetros de Răţoaia e a 32 de Târgovişte. A mãe de Elena ainda vivia, embora tivesse mais de 90 anos.

Enache reconstitui, do começo ao fim, o "episódio Răţoaia".

> Começaram a me chamar pelo rádio. Lá pelas 16h30, quando me perguntaram onde estávamos, disse que em Bucşani, nem mencionei que na verdade estávamos em Răţoaia. Fui informado de que não havia mais problemas na Inspetoria. Contei ao casal Ceauşescu, propondo-lhes que fôssemos até lá. Mas eles não queriam ir à polícia. Queriam ir para Voineşti, para Piteşti... Enfim, mudei as placas do carro, pois eu tinha outro jogo. A viatura circulava em diversas zonas, com placas diferentes. Ajustei novamente o capô do porta-malas e fomos embora.[10]

Ao entardecer, a viatura Dacia de placa 1-DB-4112 se tornou placa 3-DB-9136. O trajeto de retorno a Târgovişte mudou de nome, mas os personagens continuaram os mesmos.

Episódio Răţoaia

LOCALIZAÇÃO: Răţoaia, distrito de Dâmboviţa
CHEGADA: 22 de dezembro, às 15h25 (de carro)
PARTIDA: 22 de dezembro, às 16h50 (de carro)
DURAÇÃO: 1 hora e 25 minutos
PERSONAGENS: Nicolae Ceauşescu, Elena Ceauşescu, subtenente Constantin Paise e sargento-major Ion Enache

***

Por volta das 16h30, a missão de esconder Ceauşescu foi encerrada. Paise e Enache abandonaram o pântano de Răţoaia e voltaram para Târgovişte. Quando entraram na cidade, já era breu.

Ion Enache conta:

---
[10] Idem.

Em Târgovişte, entramos na avenida Castanilor para ver, por precaução, se na Inspetoria ainda havia problemas, se ainda havia revolucionários. Eu me importava conosco, com o carro, pois era a viatura do serviço... Pensei que, se houvesse alguma coisa, poderíamos entrar no pátio da unidade militar, que ficava do outro lado da rua, a alguns metros. Ceauşescu perguntava a todo tempo: "Para onde estão nos levando?". Entrei pelo portão dos fundos, por onde passam as viaturas e falei em tom mais alto: "Eu não disse que os levaria à polícia do distrito, pois não há mais problemas?". Quando íamos passar pelo portão, os soldados nos barraram e não nos deixaram entrar. Eu não tinha mais as minhas patentes. Não sabiam quem éramos. E então Ceauşescu gritou comigo: "Traidor! Você me traiu! Em Târgovişte fui recolhido e a Târgovişte serei devolvido".[11]

O "seu Nicu" da Central

A operação de esconder o casal Ceauşescu no campo, na tarde de 22 de dezembro de 1989, foi coordenada com base em Târgovişte, da central distrital de polícia por um oficial adjunto: Mihai Nicolae (cinquenta anos). Por um período de quase três horas, ele manteve contato com Paise e Ion Enache através do sistema transceptor instalado na viatura.

Nesse dia, Mihai Nicolae era o oficial de plantão na Inspetoria de polícia de Târgovişte. Por ele, passavam todos os telefonemas, ele mantinha contato com as equipes de campo. Mihai Nicolae passou a desempenhar um papel fundamental desde que os Ceauşescu foram mantidos sob a guarda dos suboficiais Paise e Enache. O "seu Nicu" ou "seu Mihai", como os seus colegas o chamavam, também sabia o que acontecia em Bucareste, pois tinha "uma televisão Sport, colorida, de um colega", conforme lembra. "Havia mais uma televisão na sede, mas ficava na sala do comandante coronel Dureci."[12]

***

---

[11] Entrevista com Ion Enache, Târgovişte, 12 de julho de 2008.
[12] Entrevista com Mihai Nicolae, Târgovişte, 21 de abril de 2008.

O oficial Mihai Nicolae começou a se comunicar com Paise e Enache desde quando a viatura foi seguida em Târgoviște.

> De repente, ouço o rádio: "Crisântemo 783. Já partimos, estamos na ponte do Complexo Industrial. Estamos sendo observados, alguém está nos seguindo". Aproximou-se da unidade, desceu da ponte, lá, a entrada era pelos fundos. "Crisântemo, podemos entrar na unidade?" Comecei a me preocupar. Se eles trouxessem os Ceaușescu para cá, as pessoas os linchariam. Eu disse que continuassem, não entrassem na unidade. Mas me chamaram novamente: "Ele bateu no carro, que devo fazer?". "Não tem problema", digo-lhe, "continue para onde você estava indo, esquive-se." Naquele momento estávamos sendo invadidos pelos revolucionários. O pátio estava cheio, alguns penetraram pelos fundos, outros quebraram o porão, soltaram os que estavam em prisão preventiva.[13]

Mihai Nicolae descreve o modo como cooperava com os suboficiais da radiopatrulha. "Eu sempre perguntava onde estavam. 'Posição? Posição?' Ora respondiam 'estamos em Ulmi', ora 'saímos de Ulmi, aonde devemos ir agora?'. Eu disse a eles: 'Vão para a floresta de Ilfoveni!'. Chegaram lá, na floresta, e disseram que havia um cadeado na cancela. 'Continuem pelo caminho e entrem em algum lugar, numa casa qualquer, que ninguém os prenda e os linche. Entrem num quintal, num estábulo... Achem algum canto, caramba!' E seguiram rumo a Racovița."[14]

Foi o mesmo Mihai Nicolae que transmitiu a ordem de retirada de Rățoaia. "Permanecemos em contato com esses rapazes até as 17h30. Eu não sabia o que estava acontecendo lá. Eles não podiam me contar na frente dos Ceaușescu. Apenas podiam dizer que estavam bem. Que estavam em algum lugar atrás de Comișani, não sei como."[15]

***

---

[13] Idem.
[14] Idem.
[15] Idem.

Enquanto isso, alguns dirigentes da polícia chegaram ao centro de Târgovişte, no Palácio Administrativo. Eram eles o coronel Eugen Bâlă, o vice-comandante Ion Dureci e o major Cornel Atanasiu, chefe da guarda e da ordem no município.

> Vasile Ciobanu, aquele que bateu no carro em que estavam os Ceauşescu, foi ao centro, à sede do Comitê do Partido, e disse que a polícia protegia os Ceauşescu. "Eu os vi na viatura, a polícia está ajudando-os e vai deixá-los fugir", disse ele aos chefes. Então, o coronel Bâlă e o major Atanasiu me ligaram de lá. "Ó, Mihăiţă, qual é o problema? Apareceu um cidadão aqui e afirmou que o Ceauşescu está no carro do Enache." Eu: "Não sei de nada, senhor". Eu não quis dizer nada, até ter certeza de que os traria inteiros à unidade. E acrescentei: "Permaneça ao telefone, que vou tentar novamente", para que notasse que os rapazes da viatura não atendiam. Discava da estação de rádio, pela tecla, e ouvia-se um chiado. Discava e chamava. "Alô, alô, parece que não atendem." Mas a estação estava desconectada. Quando eu a conectava, fazia "shhhh", eu a desconectava e chamava novamente. "Percebe que não respondem?" "Está certo, tente depois, talvez respondam."[16]

Outro momento importante, vivido pelo suboficial Mihai Nicolae, na sede da polícia de Târgovişte, foi a invasão dos revolucionários.

> Depois da chegada dos manifestantes, todos os chefes fugiram. Fiquei sozinho na unidade, cerca de uma hora, duas... Em determinado momento, recebi um telefonema de Bucareste, do general Suceavă. Ele ligou para o escritório de Dureci; e não encontrou ninguém no local, ligou para mim na Central. "Há mais alguém na unidade?", perguntou Suceavă. "Não tem mais ninguém", respondi, "se mandaram." "Aquele que aparecer primeiro, o que tiver maior grau, peça para entrar em contato comigo, em Bucareste. E a partir de agora, Mihăiţă, diga a todos que estão sob as ordens do Exército até novo aviso." Quando Conţ apareceu, eu lhe disse: "Senhor, telefone para Suceavă, em Bucareste!". Relatei-lhe a questão do Exército.

---

[16] Idem.

O senhor Suceavă ordenou a Conț que permanecesse no comando e o mantivesse a par de tudo que acontecesse em Târgoviște.[17]

Por que Ion Suceavă, de Bucareste, se dirigia a Mihai Nicolae, de Târgoviște, pelo apelido familiar "Mihăiță"? Simples: até o ano anterior o coronel Ion Suceavă tinha sido comandante da Inspetoria de Polícia de Dâmbovița, portanto, chefe do suboficial Mihai Nicolae. Esse detalhe biográfico nos induz a colocar em guarda: Será que os Ceaușescu teriam sido mantidos no campo, em Răţoaia, sob a guarda de dois sargentos de polícia por ordem do novo poder de Bucareste? E não teria sido o coronel Ion Suceavă o elo para que isso ocorresse?

Naquele momento, o coronel Suceavă passara recentemente *para o lado do povo*, um dia depois de ter caçado manifestantes anti-Ceaușescu na Praça Romana. Na verdade, ele era amigo da família Ceaușescu: tanto quando prestava serviços para a polícia de Găești como quando dirigia o distrito, Suceavă tomava conta do bem mais precioso do distrito: a mãe de Elena Ceaușescu. No entanto, como em 22 de dezembro o coronel Suceavă apareceu na televisão para condenar o *odioso ditador*, ele abria caminho para a patente de general (com duas estrelas grandes obtidas em apenas dez meses) e um cargo sob medida no Ministério do Interior.

***

O suboficial Mihai Nicolae cooperou bastante com os revolucionários, mas atraiu a hostilidade do Exército, porque não reportou a posição dos Ceaușescu.

Mihai Nicolae:

> Até eu conseguir trazer os Ceaușescu para a unidade, os coronéis Dinu da Securitate e Kemenici do Exército me procuraram no escritório umas três ou quatro vezes. Eu não dizia nada. Requisitei ao senhor coronel Kemenici que me enviasse dois soldados para ficarem por ali, pois eu estava completamente sozinho. Eu também estava com medo. E ele me mandou dois militares armados, mas sem munição. A última vez que falei com eles foi perto das 17h30. Enache

---

[17] Idem.

estava a caminho da sede. Eu os chamei para virem. Estava tudo mais tranquilo, no pátio e na sede, havia apenas uns poucos revolucionários. Escureceu. Dinu e Kemenici disseram-me que iriam a Găeşti. "Soube que Ceauşescu tem uma casa secreta lá e veremos se conseguimos encontrá-lo", disseram. "Manteremos contato pelo rádio", disse eu. Saíram e, em 10 minutos, no máximo 15, liguei para Enache. "Ó meu chapa, onde estão vocês?", pois eu aguardava a sua chegada. "Estamos no pátio, nos fundos." "Então subam logo!" E vieram com eles.[18]

***

Saí na porta e dei de cara com Nicolae e Elena Ceauşescu. Ele diz: "E aí, que está acontecendo aqui?". Não lhe respondi. Enache e Paise perguntam: "Tio Nicu, que fazemos com eles, aonde vamos levá-los?". Eu os colocaria comigo, lá atrás, pois havia lugar. Eu tinha uma cama lá. Mas disse: "É melhor levá-los ao escritório de Dureci, pois o Conţ esta lá". Telefonei para o coronel Kemenici. Ele ainda não tinha saído para Găeşti. "Senhor coronel, venha, pois os Ceauşescu estão conosco." "Mas como?", estranhou ele. "Venha para cá, depressa!" E chegaram em poucos minutos.[19]

O coronel Andrei Kemenici tinha dois oficiais de confiança na polícia: o major Ion Mareş e o capitão Boboc. Eles tinham a missão de colocar ordem na sede da polícia, de receber os Ceauşescu e de trazê-los para a unidade. Os dois oficiais foram testemunhas de algumas cenas tensas, num balaio de gatos que poderia explodir a qualquer momento: os Ceauşescu, os revolucionários, os militares, os policiais, os agentes da Securitate.

As buscas trapalhonas do Exército

Enquanto o casal Ceauşescu era mantido na selva de Răţoaia, a histeria por sua captura tomou conta do Exército. O comandante da Guarnição

---
[18] Idem.
[19] Idem.

de Târgovişte, coronel Andrei Kemenici, também montou grupos de busca. Ele vasculhou todo o distrito, menos os campos de Răţoaia.

Kemenici:

> Os eventos sucederam-se a partir das 14h. Eu cheguei aos Aços Especiais com uma subunidade, um subtenente e dois carros. Disseram que eles tinham saído de lá. Fomos então ao Centro de Plantas. Também já tinham ido embora. Sabia que poderiam ir de helicóptero ao mosteiro Dealu. Enviei uma subdivisão para procurá-los lá também. Eu não tinha homens capacitados para tais missões e pedi um pelotão de antiterroristas, que eram subordinados da Securitate de Câmpulung. Enquanto organizava o pelotão e o enviava ao mosteiro Dealu atrás dos Ceauşescu, fiquei sabendo que eles já estavam em Târgovişte, na polícia. Então os mandei para lá e... foi isso.[20]

Trajeto Răţoaia – Târgovişte

Partida: 22 de dezembro, às 16h50
Chegada: 22 de dezembro, às 17h45 (na polícia distrital)
Duração: 55 minutos
Distância: 35 km
Velocidade média: 39 km/h
Veículo: Dacia 1300 (radiopatrulha da polícia), branco, placa 3-DB-9136
Motorista: sargento-major Ion Enache
Passageiros: Nicolae Ceauşescu, Elena Ceauşescu e subtenente Constantin Paise

---

[20] Andrei Kemenici, estenograma da audiência da Comissão de dezembro de 1989, 12 de julho de 1994.

Na polícia

> *Na sede da polícia de Târgovişte, o casal Ceauşescu foi submetido à primeira revista pessoal daquele dia e dos últimos 24 anos. Eles carregavam diversos objetos, mas não armas. Irritado com as críticas proferidas pelo revolucionário Ilie Ştirbescu, o ditador fugitivo ergueu o punho para acertá-lo. Em seguida, desmaiou com a boca aberta e a língua de fora.*

A fuga de Nicolae e Elena Ceauşescu está chegando ao fim. Cinco horas e 36 minutos após a decolagem do helicóptero presidencial do prédio do Comitê Central do PCR, eles chegam à sede da polícia distrital de Dâmboviţa. É 22 de dezembro de 1989, 17h45, e anoitece em Târgovişte. Nas ruas da cidade, gritos de vitória anunciam a queda da ditadura.

Os Ceauşescu vivem um novo calvário de 45 minutos. Ambos são revistados e inquiridos por um personagem-surpresa: o tapeceiro Ilie Ştirbescu, um homem de 46 anos de idade que se apresenta como líder dos revolucionários que haviam invadido a sede da polícia.

Quando decidiu aderir à revolução, Ilie Ştirbescu foi induzido por profundas insatisfações.

> No dia 22 de dezembro, eu estava muito chateado. Eu vendia lenha do pomar que os tratores derrubaram em 1989. Eu tinha árvores frutíferas – maçã, pera, nozes, cereja – em 6 mil metros quadrados. Mas os tratores enviados pelos militantes do partido colocaram tudo abaixo. Na manhã de 22 de dezembro, eu estava em casa quando o "tio" de Titu chegou com um trator. Ele queria comprar lenha. Fechamos negócio. Fomos com as crianças até o vale Voievozii, a cerca de 5 quilômetros de Târgovişte, para carregar a lenha. Quando estávamos quase terminando, o "tio", aquele de Titu, disse: "Eu me deparei com cerca de 50 tanques indo a Bucareste.

Que será que aconteceu?". Eu respondi: "Ouvi pela rádio *Voz da América*, que há uma grande revolta em Timişoara. Estão tentando reprimi-la. É muito sério". As crianças pararam a orelha. Carregaram a lenha no trator mais do que depressa e disseram: "Pai, não ficaremos mais, vamos para casa". Eu tive que permanecer para trancar o celeiro e dar comida aos animais. Fui a pé para casa. Na aldeia, no vale Voievozii, um cidadão me parou: "Moço, venha aqui, rápido: Ceauşescu fugiu de helicóptero do Comitê Central, com rumo desconhecido!". Entrei na casa dele, vimos a notícia pela televisão e me convenci do que se tratava. Depois, o homem começou a se lamentar que não tinha remédios para a filha hospitalizada, coisas assim. Na saída, até me ofereceu um copo de vinho.[1]

Vamos à revolução!

Minha esposa e meus quatro filhos, três meninos e uma menina, estavam me esperando à frente de casa. "Por que demorou tanto?", perguntaram aflitos. "Já chega!", eu disse; botei uma roupa e fui ao centro, ao Palácio. As crianças disseram que iriam comigo. O mais velho tinha 20 anos, o mais jovem, 13 e meio. Fomos para a frente do Palácio Administrativo, onde ficava a sede distrital do partido. Lá encontrei muitos conhecidos, colegas que entravam e saíam. Eu não entrei, olhei lá de baixo como arrancavam cartazes, painéis com a figura de Ceauşescu. Alguém saiu na varanda e disse por um megafone que recebera informações de que Ceauşescu teria sido visto na área de Titu, em Văcăreşti, e agora poderia estar em Târgovişte. Que deveríamos andar rápido para ocupar as sedes da Securitate, das polícias distritais, da polícia municipal e da prefeitura. Fui com um grupo de jovens, a maioria com uns 20 anos. Havia cerca de quatrocentos a quinhentos jovens. Pegamos a avenida Castanilor rumo à Inspetoria do Ministério do Interior.[2]

---

[1] Entrevista com Ilie Ştirbescu, Târgovişte, 21 de abril de 2008.
[2] Idem.

Era quase 13h30. A televisão tinha se passado *para o lado do povo* havia quase meia hora. Ilie Ştirbescu presencia o momento na polícia de Târgovişte. "Fomos recebidos na escadaria: 'O que vocês querem aqui? Que estão procurando?'. 'Estamos procurando por Nicolae e Elena Ceauşescu, se estão aqui. Se aqui há presos ou detentos políticos, devem soltá-los.' 'Não temos aqui nenhum Nicolae Ceauşescu ou Elena Ceauşescu, nem... Vamos verificar!'".[3] E entraram.

> Organizamo-nos no primeiro andar, no escritório do inspetor-chefe. Lá tínhamos televisão e telefones. Chegou mais uma leva de revolucionários, mas era gente de mais idade, que tinha algumas contas para acertar com o pessoal da polícia e da Securitate. Começaram com um tapa, depois um chute, um soco na nuca. Os capacetes rolavam pelo chão. As salas trepidavam, e os policiais e os membros da Securitate fugiram para onde podiam. O tenente-coronel Ştefan Conţ era o único oficial que ficou por lá. Estava também o seu Mihai, suboficial centralista.[4]

A revista

Às 17h45, os Ceauşescu entraram pelos fundos e subiram ao primeiro andar. Eu estava sozinho no escritório do inspetor-chefe. O soldado da porta me avisou: "Venha depressa, pois na sala ao lado entraram Nicolae e Elena Ceauşescu e dois senhores que não conheço!". Saí do escritório e fui ao lugar indicado pelo soldado. Bati à porta, disse "Boa noite". Na sala estavam o casal Ceauşescu e dois policiais que não tinham divisas nos ombros, pois as tinham rasgado. Eram Paise e Enache. Ceauşescu se queixou de ter sido traído. Ele disse: "Sabe, o senhor, o que está acontecendo em Timişoara?". "Sei, sim, camarada presidente." Enquanto isso, a porta se abre, entram o capitão Boboc, o tenente-coronel Conţ e um revolucionário, Mihai Ionescu. Ficamos alinhados à frente deles.

---
[3] Idem.
[4] Idem.

Eles espreitavam pela janela, ouviam-se gritos: "Abaixo os comunistas! Abaixo a ditadura! Abaixo Ceaușescu!". Os dois estavam em pé e havia uma mesa grande, preta, que nos separava. Estávamos no escritório do comandante. Conț cobre a boca com a mão e me dirige a palavra, por trás do capitão Boboc. "E se os revistarmos, o que acha?" Eu faço um sinal de concordância. Ceaușescu observa: "Quem vocês pensam que são para me prender? Sou o seu presidente! Seu secretário-geral! Sou seu comandante! E quem são vocês?". "Meu nome é tenente-coronel Conț Ștefan da polícia distrital de Dâmbovița. Ele se chama..." Mas ele mesmo se apresenta: "Capitão Boboc Ion, da Unidade Militar 1378". Conț continua: "Ele se chama Știrbescu, ele Ionescu, são representantes das massas populares". Ceaușescu fica surpreso, olha assustado para nós. Eu levantei a cabeça por cima do capitão Boboc, que era mais baixo, e disse: "Procedam com a revista!". Paise e Conț foram revistar Nicolae Ceaușescu. Enache vai revistar Elena. Ao que Elena intervém: "Por que me revistar? E ao meu marido...". "Camarada Ceaușescu, para que não tenha objetos duvidosos com a senhora", disse eu. "Não tenho." "Vamos verificar." Ela abre uma bolsa na qual havia medicamentos, tanto comprimidos como injetáveis. Dentro, um estojinho com batom, espelho, pente, maquiagem, isso que costumam usar as mulheres. Na revista pessoal, feita sumariamente, não se encontrou absolutamente nada. Nenhuma arma, nem dinheiro, nem identificação. Não havia nada. Conț tira o casaco de Ceaușescu, de onde retira uma agenda. De outra roupa, tira mais uma agenda, ainda verifica a gola, a fim de checar se ele não ocultava uma daquelas pílulas para se envenenar. Ele me mostra a segunda agenda. Uma de capa azul, a outra de capa bordô. De uma delas, faltavam duas páginas. Não havia nada escrito nelas. Durante a revista, tirei um lenço, duas canetas, tinha também um relógio, olhou para ele, colocou-o na mesa, eu o devolvi. Havia algo mais, do tamanho de um isqueiro, entalhado, de cor marrom.[5]

***

---

[5] Idem.

Ilie Ştirbescu continua o seu depoimento. "Apareceu o major Mareş, da UM 01378. Ele entrou, deu "Boa-noite", todos responderam. Ele não sabia que tínhamos feito a revista. Dirige-se a ele, pensando em tranquilizá-lo: "Camarada presidente, saiba que nós garantimos a sua proteção". Nós, isto é, o Exército. Ceauşescu, furioso: "Mas quem é você?". Mareş usava um uniforme de guerra.

> Camarada presidente, meu nome é major Mareş Ion, da unidade militar 01378, e vim para garantir-lhes proteção. Sentou-se entre nós, e Conţ nos disse: "É melhor irmos para a sala ao lado, pois lá temos um telefone direto para contatar a unidade militar". Mudamos do escritório do comandante Dureci para o escritório do seu assistente. Ofereci uma poltrona a Ceauşescu, outra a Elena, eu e Enache sentamos no sofá, Paise sentou no canto da mesa do escritório e Ionescu na janela. Conţ, Boboc e Mareş permaneceram na porta com a missão de contatar a unidade militar, a fim de impedir o acesso dos manifestantes e de preparar um carro para a escolta. As portas eram travadas por dentro com trancas de ferro. Tinham grades.[6]

Passavam das 18h. Os revolucionários cercavam os ditadores, e os policiais preparavam-se para entregá-los ao Exército.

No julgamento do povo

Ilie Ştirbescu:

> Eu fiquei lá no escritório. Ceauşescu esfregava as mãos, olhava para o teto, não parava quieto. Em determinado momento, indagou: "Por que me trouxeram aqui, rapazes?". Eu respondi, pois era o mais velho: "Por causa das coisas boas e das más que foram feitas, camarada presidente". "E pode-se saber que foi que eu fiz?" "Bem, em primeiro lugar, ordenou que atirassem nos manifestantes, crianças e pessoas inocentes, que não participavam efetivamente da manifestação em Timişoara. Só estavam olhando.

[6] Idem.

> Por que o senhor fez isso?" "Isso não é verdade!" "Como assim, não é verdade? Os seus seguranças ainda estão atirando na capital. Pena que a televisão está na sala ao lado, ou eu lhe mostraria isso ao vivo, para que veja o que o senhor tem sido capaz de fazer neste país." "Se os seguranças atiraram e ainda atiram, só significa que estão cumprindo seu dever." "Saiba o senhor que eu sou comunista. E todos aqueles que estão agora no escritório são comunistas. Nós não atiraríamos em nosso próprio povo. Se os seguranças cumpriram seu dever, saiba que nós também cumprimos o nosso!" "Você não é um comunista, você é um traidor." "Traidor? Traidor de quem? A quem estou traindo? Por acaso estou traindo meu país, traindo meu povo? Estou traindo o senhor, que traiu a todos nós, isso sim!" Ele se surpreende com a resposta. Esfrega as mãos, olha para o teto, não para quieto.[7]

Ştirbescu sabe, pela televisão, que "os agentes de segurança continuam atirando na capital". A informação vai se revelar como um boato bem urdido, mas, em dezembro de 1989, a população não tinha como saber. Acreditava piamente no que a televisão dizia.

A discussão é retomada com mais fervor. Ilie Ştirbescu conta:

> Em dado momento, Ceauşescu desafia: "Diga-me, o que mais eu fiz?". "O senhor deixou o povo sem comida, sem aquecimento, sem luz. Por que castigou o povo desse jeito?" Suspira e diz: "Sim. Fui obrigado a isso. Compramos petróleo e gás da URSS e concordamos em fornecer carne e outros alimentos em troca. É por causa dos russos que estou aqui agora, com vocês". Assim, categórico. E em seguida: "Eu não fiz nada por este país, por sua Târgovişte? Fiz o complexo siderúrgico, a plataforma industrial, e aqui fui preso na clandestinidade. É essa a recompensa que vocês me oferecem?". "Sim, o senhor está dizendo a verdade. Mas eu falei desde o começo que vocês estão aqui pelo bem e pelo mal. Serão elogiados pelas coisas boas e pelas ruins, prestarão contas perante o povo." Elena Ceauşescu saltou em defesa do marido: "Hummm... Vocês viram pessoas mortas de fome?". E eu: "Não, camarada Ceauşescu, eu vi pessoas roendo ossos". Ela se enfureceu e fez cara de nojo.[8]

---

[7] Idem.
[8] Idem.

Um minuto para retomar o fôlego. Logo, mais um assalto:

> Nicolae Ceaușescu estava cada vez mais conturbado. Ele pergunta: "Diga-me, e o que mais eu fiz?". "O senhor ordenou a demolição de aldeias e cidades, tomou a terra das pessoas até perto da casa delas. Por que fez isso? Para que as pessoas não tivessem mais do que viver?" Quando eu disse isso, parece que pegou fogo. Levantou-se da poltrona e veio de punho fechado em minha direção, para me acertar: "Escute aqui, que aldeias eu demoli?", e queria me estrangular com as próprias mãos. Eu me defendi e disse: "Acalme-se, que já, já, lhe digo. Eu tinha colmeias, 180 famílias de abelhas, e ia com elas à zona de Bucareste, Giurgiu Snagov, Otopeni, 30 de dezembro, mas a polícia me perseguiu...". Não consegui terminar a frase, pois parecia que Deus o havia transformado numa estátua de pedra. Ficou de boca aberta, língua de fora e mãos voltadas em minha direção. Achei que ele ia morrer. Paise interveio: "Viu só o que você fez? Talvez estoure um vaso sanguíneo dele e nós dois seremos responsabilizados. Por favor, não provoque mais discussões". Receava que Ceaușescu morresse. "Está bem, não discuto mais", disse eu. Vendo que alguém estava do seu lado, Ceaușescu começou a retroceder, dando pequenos passos, até a poltrona. Enache interfere: "Deixe-os em paz, cara! Deixe eu lhe contar por quantas peripécias passei para chegar aqui". E contou como havia chegado à Proteção de Plantas, como tinha atravessado a cidade com eles, como chegou a Rățoaia, o caso da raposa e assim por diante... Contou tudo isso na frente dos Ceaușescu. Eles ouviram e não negaram nada, não disseram "Seu mentiroso!". Isso significa que Enache dizia a verdade.[9]

Poderia significar também que Enache e Paise tivessem combinado com os Ceaușescu de apresentar *determinada* verdade. Só Deus sabe...

Esses momentos tensos na polícia são relatados também pelo sargento-major Ion Enache. "Ştirbescu submeteu Ceaușescu a um verdadeiro interrogatório. Em dado momento ele ficou bravo: 'Por que nos matou de fome? Por que demoliu nossas aldeias? Por que vendeu nosso petróleo?...'. Ceaușescu irritou-se, por sua vez, e retrucou: 'Quem fez o complexo in-

---

[9] Idem.

dustrial para vocês?, Quem fez essas casas para vocês?...'. Ficou vermelho e as veias saltaram-lhe nos pescoço. Eu disse a Ştirbescu: 'Deixe-o sossegado, pois pode acontecer algo e teremos aborrecimentos'."[10]

O caminho mais curto é o da prisão

O revolucionário Ştirbescu desfia a história até o fim.

A porta se abre novamente e aparece o coronel Ion Dureci, comandante da polícia distrital. Atrás dele, o tenente-coronel Ştefan Conţ, que diz a Dureci: "Dê um passo à frente para ver que é o próprio camarada Ceauşescu... a camarada Ceauşescu...". Dureci enfia a cabeça, vê os dois, dá um sorriso irônico e se retira para o seu escritório na sala ao lado a fim de entrar em contato com seus superiores em Bucareste. O major Ion Mareş da UM01378 também aparece. "Camarada presidente, venha conosco, pois aqui não podemos mais lhe garantir proteção. As pessoas gritam palavras de ordem lá embaixo, querem entrar à força." "Para onde vamos?" "Para a unidade militar", diz Mareş. Elena: "Daqui não saímos, não vamos a nenhum lugar!". Mas a última palavra foi dele. "Vamos". Ele se levanta, ela também. Ele pega o casaco e o coloca sobre os ombros como uma capa, não havia lugar para se vestir ali. Tinha esquecido as luvas sobre a mesa – umas luvas pretas de couro – mas nós, revolucionários, as entregamos a ele. Costumava segurá-las próximas ao peito, e o gorro também. Veio em minha direção, coloquei-lhe a mão no ombro para arrumar o casaco, mas ele: "Ei, tire a mão de mim, pois você é um traidor!". Dei um passo para atrás e Paise um passo à frente. Acomoda-lhe o casaco. "Você também é um traidor, tire suas mãos de mim!" Epa, o tempo virou! Ele sai para a sala de espera e lá estavam Dureci, Conţ e Mareş... Sai Ceauşescu, sai Elena, sai Paise, sai Enache e eu saio para o saguão. É um *hall* amplo que liga a polícia e a Securitate no mesmo andar. Tomamos o

---

[10] Entrevista com Ion Enache, Târgovişte, 12 de julho de 2008.

caminho errado, que descia à prisão. Conţ acena com a mão: "Voltem, vocês erraram o caminho, estão indo para a prisão".[11]

Ceauşescu estremece. Estava cansado, não tinha dormido à noite, o dia tinha sido infernal e agora... Seus pensamentos se atropelavam. *Como assim "prisão"? Eu, na prisão? Que é isso? Sou o comandante supremo! Sou o presidente da República Socialista da Romênia!*

Mas rapidamente percebe que houve uma confusão. Ninguém o está levando à prisão como um infrator, mas a uma unidade militar como um comandante que precisa ser protegido. *O Exército jamais trai seu comandante supremo! Especialmente quando liderado pelo general Stănculescu, que nem conversa com traidores...*

Dinu: a surpresa da Securitate

Ilie Ştirbescu descreve os últimos momentos vividos pelos Ceauşescu na sede da polícia. "Descemos ao térreo. Ali, como no andar de cima, os soldados estavam alinhados de frente para a parede, cobrindo as janelas com o próprio corpo, para que os revolucionários lá de fora não vissem quem estava lá dentro. Descemos com as luzes apagadas e fomos com eles ao pátio interno da Inspetoria do Ministério do Interior."[12]

Um Aro branco quatro portas, a serviço da Securitate, aguardava no pátio. Ao volante, o coronel Gheorghe Dinu, que tinha acabado de tirá-lo da garagem. Dinu era assessor do coronel Diaconu, chefe da Securitate em Dâmboviţa, que estava ausente havia bastante tempo. Na sua ausência, Dinu comandava tudo.

Ilie Ştirbescu:

> Eles estavam à paisana e não dava para distinguir quem era da Securitate e quem era policial, pois já tinha escurecido. Nicolae Ceauşescu entra no Aro, cujas portas estavam abertas. Elena também sobe, depois Paise e

---
[11] Entrevista com Ilie Ştirbescu, Târgovişte, 21 de abril de 2008.
[12] Idem.

Boboc. Mareș sentou-se no banco da frente, e eu contornei o carro para ver quem pegaria o volante. De repente, o que se vê? Quem sobe no veículo é o coronel Dinu da Securitate! Epa, pensei, se eles o deixarem escapar, estamos fritos! Ponho a mão no volante: "O que o senhor está fazendo aqui, o que procura?". Eu não era um medroso, com meus 120 quilos aos 46 anos, podia apertar uma pedra até tirar água. "Estou com os soldados do Exército e faço parte da escolta", diz Dinu. "Como assim, faz parte da escolta?" E interveio Mareș: "Vamos lá, meu senhor, vai dizer que não me conhece?". Eu o conhecia porque ele era meu vizinho e era casado com uma de minhas vizinhas. Eu os deixei sair, mas os segui para que não tomassem o rumo para Bucareste. Se Ceaușescu voltasse ao poder, eu seria um homem morto.[13]

***

As posições dentro do Aro e no quartel da UM01417 poderiam ser diferentes, não fosse a insistência do subtenente Constantin Paise. Segundo o major Ion Mareș: "Quando coloquei os Ceaușescu no Aro para conduzi-los da polícia ao quartel do Exército, eu os acomodei no banco traseiro. Minha intenção era enquadrá-los entre dois de nossos oficiais do Exército. Coloquei o capitão Ion Boboc de um lado, e pensava em posicionar o tenente-major Sorin Nica do outro. Foi quando Paise insistiu em levá-lo junto, pois ele já estava acostumado com os Ceaușescu. Pensei que, se não o atendesse, botaria a boca no trombone e viriam os manifestantes para dar cabo de nós na unidade. Então, tirei Nica e coloquei Paise. E no banco da frente, eu estava do lado direito, e Dinu, ao volante.[14]

Foi assim que o miliciano Paise se introduziu na unidade militar. Usava vestimenta azul, de policial, mas sem divisas, porque ele as arrancara algumas horas antes para não ser linchado.

Dinu, coronel da Securitate, estava no quartel desde o dia 17 de dezembro. Na qualidade de dirigente substituto da Securitate Distrital (por ter assumido o comando na ausência do comandante Diaconu),

---
[13] Idem.
[14] Entrevista com Ion Mareș, Târgoviște, 21 de abril de 2008

quando foi instituído o alarme de guerra *Radu, cel frumos*[15] (Radu, o belo), Dinu se tornou assessor do chefe da Guarnição de Târgovişte. Foi assim que "grudou" por oito dias históricos ao escritório do coronel Kemenici, na "unidade militar da estação de trem".

A artimanha de Kemenici

O major Mareş relembra aqueles momentos em que decidiu o destino do casal Ceauşescu:

> O coronel Kemenici deixou a unidade com um Aro militar e um caminhão. Foi com eles até a polícia. Ao chegar lá lhe disseram: "Mareş saiu com eles pelos fundos!". A manobra foi extraordinária. Eu saí por uma rua e cheguei com eles ao quartel. Quando Kemenici chegou com o Aro e o caminhão, chegou também a leva de revolucionários que vinha do centro, do Palácio Administrativo. Queriam pegar Ceauşescu. Achavam que ele estava no Aro ou no caminhão. Kemenici lhes disse: "Não está aqui comigo. Podem comprovar!". Os revolucionários conferiram tanto no Aro quanto no caminhão e não encontraram nada.[16]

Conta o coronel Kemenici:

> Peguei um caminhão com soldados para encontrar o Aro que levava os dois. Eu sabia que os manifestantes haviam deixado o Palácio quando souberam que os Ceauşescu estavam na Inspetoria M. I. e estavam decididos a pegá-los. Pela avenida os manifestantes se aproximavam, desenfreados... Acelerei, e na Inspetoria obtive a informação de que o carro com os Ceauşescu tinha saído para a unidade por um desvio. Voltei para a unidade, mas a entrada estava bloqueada pelos revolucionários que forçavam os portões do quartel. Eles queriam o Nicolae Ceauşescu. Eles já sabiam que os Ceauşescu estavam nas mãos do Exército. Quando me viram,

---

[15] Referência a um nobre pertencente à família Dracula, que governou a Romênia quatro vezes no século XV. (N. T.)
[16] Idem.

reconheceram-me e tiveram a impressão de que os procurados estariam escondidos naquele caminhão, entre os soldados. Parei, desembarquei as tropas da carroceria e dei permissão para que verificassem. Acabaram por se convencer e eu lhes disse que faziam muito bem, que deviam se engajar daquela forma a partir daquele momento, pois Nicolae e Elena Ceauşescu ainda não estavam presos e precisávamos da ajuda deles para não perder os fugitivos. Os manifestantes acreditaram em mim e voltaram ao Palácio.[17]

As manobras da noite de 22 de dezembro, em Târgovişte, são narradas também pelo major Ion Ţecu, um dos oficiais no comando da UM01417.

No dia 22 de dezembro, às 17h30, Kemenici enviou Mareş e Boboc à Inspetoria Distrital do Ministério do Interior para contatar Dureci ou Conţ na polícia. Lá pelas 18h10, Mareş ligou dizendo que o casal Ceauşescu estava lá. Enquanto isso, Kemenici recebeu um telefonema do Palácio. Foi avisado de que os manifestantes em massa tinham saído dali e se dirigiam à sede da polícia. Percebendo o perigo, Kemenici me disse para permanecer na unidade e cuidar da recepção daqueles dois, e ele saiu à frente do prédio, visando conter os manifestantes. Evacuamos o piso térreo do Comando, desligamos as luzes, colocamos guardas nas entradas e nas saídas, avisamos o vigia da guarita do portão: "Se vier um Aro branco, deixe-o entrar".[18]

O major Ion Mareş descreve os perigos que rondavam não apenas o casal Ceauşescu, mas também os seus acompanhantes, no carro da Securitate, pelo trajeto de algumas centenas de metros, da polícia até o quartel do Exército.

Passei com eles pela estação sul de Târgovişte, diante de quinhentas a oitocentas pessoas que gritavam: "Olê, olê, olê, olê, Ceauşescu já não é!". Dentro do carro, eles também ouviam o coro. Para não serem descobertos enquanto passávamos pela multidão, coloquei-os no assoalho do carro, Boboc e Paise os acobertaram com o corpo. Fui dirigindo bem devagar,

---

[17] Viorel Domenico, *Ceauşescu la Târgovişte*. Editora Ion Cristoiu, 1999.
[18] Entrevista com Ion Ţecu, Târgovişte, 21 de abril de 2008.

para não irritar os revolucionários, e chegamos ao quartel. Os Ceauşescu estavam atrás, flanqueados por Paise à direita e Boboc à esquerda. Eu estava à direita do coronel Dinu, que era o motorista.[19]

No dia 22 de dezembro de 1989, às 18h35, o carro Aro da Securitate de Dâmboviţa, de placa 1DB-190, entrava pelo portão da UM 01417. Nele, estava o casal Nicolae e Elena Ceauşescu. Eles nem suspeitavam de que não sairiam vivos daquele quartel.

O episódio da "polícia"

LOCALIZAÇÃO: Târgovişte (Distrito Policial de Dâmboviţa)
CHEGADA: 22 de dezembro, às 17h45 (com a radiopatrulha da polícia, Dacia 1300)
PARTIDA: 22 de dezembro, às 18h30 (com o carro Aro da Securitate)
DURAÇÃO: 45 minutos
PERSONAGENS: Nicolae Ceauşescu, Elena Ceauşescu, Ilie Ştirbescu, coronel Gheorghe Dinu (Securitate), major Ion Mareş, capitão Ion Boboc (ambos do Exército), coronel Ion Dureci, coronel Ştefan Conţ, segundo-sargento Mihai Nicolae, primeiro-sargento Constantin Paise, sargento-major Ion Enache (todos da polícia), suboficiais e revolucionários

---
[19] Entrevista com Ion Mareş, Târgovişte, 21 de abril de 2008.

O pão preto do quartel

O casal Ceaușescu ficou horrorizado com as condições de vida na unidade militar em que eram mantidos escondidos. Eles dormiram em um estrado de ferro e a comida era deplorável.

Em dezembro de 1989, o maior quartel de Târgoviște estava dividido em duas unidades militares: UM 01417 e UM 01378. O quartel ficava perto da estação de trem de Târgoviște, ao lado da Escola de Petróleo e a uma pequena distância da Inspetoria Distrital do Ministério do Interior (polícia + Securitate).

Os secretários do partido, nas duas unidades militares, eram dois cunhados, ambos com patente de major: Ion Țecu e Ion Mareș, respectivamente. Seu chefe comum era o coronel Andrei Kemenici, comandante da UM 01417 e da Guarnição de Târgoviște.

Durante três dias, o destino dos dois majores se cruzou com o do casal Ceaușescu. Mareș os apanhou na polícia, e Țecu os recebeu no quartel.

Ion Țecu: "Enquanto Kemenici estava fora, Mareș apareceu com os dois. Paise, Boboc e Dinu tinham permanecido no carro. Eu trouxe o Aro até a entrada principal do Comando, mandei os soldados – uns 20 – se postarem de costas para o Comando e de frente para a avenida 'para observar qualquer movimento fora do quartel'. Mas na verdade era para que não vissem os dois!".[1]

Ion Țecu também descreve os diálogos na hora do desembarque dos passageiros.

"Pela parte traseira do Aro, Nicolae Ceaușescu abriu a porta e me perguntou: "Onde estou?". Eu respondi: "Estão numa unidade militar onde

---
[1] Entrevista com Ion Țecu, Târgoviște, 21 de abril de 2008.

vamos garantir sua guarda e defesa". "Quer dizer que o Exército me pegou." Ele quis descer, mas ela não quis: "Eu, não... O que eu estou fazendo em uma unidade militar?". Justo naquele momento aproximava-se um grupo de manifestantes, vindos da estação. Buzinaços, palavras de ordem, "Olê, olê, olê, olê, Ceauşescu já não é"... Ele, assustado: "Querida, pode descer, aqui estamos seguros".[2]

Major Mareş:

Ajudei Ceauşescu a descer do carro. Ele olhou para a esquerda e para a direita. Ela não queria descer. Mas ele disse que descesse, que estava tudo bem. Reinava um silêncio sepulcral. Ţecu e Kemenici haviam "limpado" a área. Não havia mais ninguém lá. Somente o oficial do portão nos vira. Então, Ţecu pegou Nicolae Ceauşescu pelo braço e o guiou até o Comando. Eu ofereci o braço a Elena Ceauşescu. Quando chegamos ao corredor, alguém acendeu as luzes. Ţecu tinha preparado uma sala especial para os dois. Era o escritório do encarregado de logística – a Oficina de Serviços, como se dizia então. Nós ficávamos e dormíamos nos escritórios desde o dia 17 de dezembro, desde que tínhamos recebido o alarme de guerra. Eles foram acomodados naquelas camas. Eram catres militares de ferro. A sala ficava bem ao lado do escritório do comandante.[3]

***

O cabo Dorian Dobriţa (19 anos) estava cumprindo o serviço militar obrigatório. Desde a noite de 17 de dezembro era o guarda-costas do coronel Kemenici. Dobriţa testemunhou a chegada do casal Ceauşescu ao quartel.

No dia 22 de dezembro, por volta das 18h, o coronel Kemenici deixou a unidade e ordenou que ninguém entrasse no escritório antes que ele retornasse. Fiquei lá, com cobertores pregados nas janelas. As janelas

---

[2] Idem.
[3] Idem.

do Comando davam para a avenida Castanilor, por onde passavam os revolucionários, e era o local por onde os terroristas poderiam atacar. Perto das 18h30, entrou um Aro no quartel. Algumas pessoas desceram, mas eu não sabia quem eram. Estava muito escuro. Abriram a porta, entraram no edifício e alguém disse: "Acendam as luzes". Foi quando vi os Ceauşescu. Estavam a um metro de mim. Fiquei espantado. Acenei com a cabeça, à guisa de saudação.[4]

Além das caras conhecidas, o cabo Dobriţa também viu um desconhecido, a quem descreveu assim: "Era da polícia, magrinho, de bigode".[5] Era o sargento Paise, aquele que não saíra de perto dos Ceauşescu nas últimas 3 horas e 45 minutos.

Paise ficaria perto dos dois ditadores até o último momento de vida. Não importava que era um policial e estava em um quartel do Exército. O importante era que na estrada e no deserto havia ganhado a confiança dos dois fugitivos.

Stănculescu, o patriota

O primeiro recinto onde os Ceauşescu foram alojados não era o "dormitório" especialmente preparado para eles, aquele com camas de ferro, mas o primeiro quarto à direita. Em cima da porta, a placa dizia: "Comandante". Era o escritório do coronel Andrei Kemenici.

O major Ţecu explica:

> Eu os levei à sala de Kemenici. Apresentei-me e Ceauşescu perguntou: "Onde está o comandante?". "Ele está enfrentando problemas com os manifestantes, foi tentar tranquilizá-los..." "E vocês? Que pretendem fazer?" "Defendê-los." "Que ordens estão executando? De quem?" "Dos nossos superiores." "Certo, certo, mas de quem?" "Do camarada general Guşă", ocorreu-me tal resposta, sabendo que Milea não mais existia e o segundo

---

[4] Entrevista com Dorian Dobriţa, Bengeşti-Ciocadia, 24 de julho de 2009.
[5] Idem.

na hierarquia militar era Guşă. Então, revoltado, Ceauşescu disse: "Não obedeçam às ordens de Guşă! Ele é um traidor, ele não executou as minhas ordens em Timişoara. Não foi capaz de dominar a situação. Ele nos traiu. Obedeçam apenas às ordens de Stănculescu, ele é o seu ministro, assinei o decreto de nomeação hoje pela manhã".[6]

O major Ţecu pressentiu que as coisas não estavam muito claras. E passou à ação.

> Eles estavam cansados, no escritório de Kemenici não havia condições para o repouso, só havia um leito. Levei-os ao almoxarifado, encostado no escritório de Kemenici. No corredor, abriu-se a porta do oficial de plantão e vi despontar a cabeça do tenente-major Iulian Stoica. Assim que os deixei na "Logística" com Dinu, Mareş e Boboc, voltei e chamei o Stoica no corredor. Perguntei-lhe: "O que você viu?". "Eu vi algo..." "Venha comigo!", e abri a porta da sala onde os dois estavam, para mostrá-los. "Ai de nós, que vamos fazer?", assustou-se. "Se você os viu, terá que defendê-los! Pegue armas, munição e fique de prontidão na porta deles. Ninguém entra ou sai, exceto os que já estão lá e Kemenici. Ninguém mais deve vê-los e ninguém pode saber que eles estão na unidade!" "Entendi", disse Stoica.[7]

A partir daquele momento, o tenente-major Iulian Stoica viveu um período de três dias e três noites que jamais se repetiria. Três dias e três noites em que a vida e a morte se entrecruzavam a cada passo, espreitando onde quer que se escondessem os Ceauşescu: no caminhão militar, no tanque ou no dormitório improvisado no Comando.

Capitão Ion Boboc: "Desde que entrei com eles no escritório onde haveriam de viver seus últimos dias, recebi ordens de vigiá-los dentro da sala, de não deixá-los juntos, para evitar um possível suicídio. Cabia ao Stoica vigiar pelo lado de fora".[8]

* * *

---

[6] Entrevista com Ion Ţecu, Târgovişte, 21 de abril de 2008.
[7] Idem.
[8] Viorel Domenico, *Ceauşescu la Târgovişte*. Editora Ion Cristoiu, 1999.

Quando o major Ion Mareş fez seu relato, ele respirou fundo, como se não quisesse esquecer nenhum pormenor daquelas cenas.

> O senhor Kemenici chegou, mas foi protelando ao máximo entrar onde eles estavam. Foi naquela sala que conversei com eles pela primeira vez. Boboc, Paise e Ţecu estavam presentes. Paise vestia um uniforme militar, mas tinha rasgado as divisas. Os "hóspedes" pediram água mineral; mas onde acharíamos água mineral?! Perguntei se estavam com fome e responderam que sim. Eu tinha uma empregada na cozinha chamada Ştefan Maria. Fui até lá e expliquei do que se tratava. Pedi-lhe que se eu morresse contasse tudo aos meus filhos e à minha esposa. Solicitei que preparasse alguma comida e que ela mesma a levasse aos Ceauşescu, sem ninguém por perto, e que ninguém encostasse na bandeja. Nós tentamos guardar segredo ao máximo. Ela trouxe o que havia na cozinha. Almôndegas com feijão, chá... Esta foi a primeira refeição. Ceauşescu fez um pequeno escarcéu: "Por que pão preto?". E quando contei que o pão era controlado, perguntou: "Como assim, racionado?". "Muito simples. Nós somos em quatro, portanto temos direito a dois pães por dia", expliquei. "O pão preto é o pão dos soldados romenos, é isso que comemos." Ele dizia que não sabia nada disso. Tomou um gole de chá e o cuspiu em seguida. Elena gritou: "O que vocês estão fazendo, querem matar o camarada? Não sabem que ele é diabético?". Como é que eu poderia saber que ele tinha diabetes? E então trouxeram chá sem açúcar. Sorveu um gole, não comeu quase nada. Só beliscou. Não tinha vontade de comer.[9]

Essa primeira refeição foi registrada também pelo capitão Ion Boboc. "Eles estavam com fome. Trouxeram almôndegas, chá e pão preto da cozinha. Ele experimentou o chá e cuspiu com nojo. Mordeu a almôndega e fez a mesma coisa. 'O que é isso?', perguntou. 'Traga-lhe chá sem açúcar e pão branco!', disse ela. 'Não temos. Este é o pão que se come aqui', respondi."[10]

---

[9] Entrevista com Ion Mareş, Târgovişte, 21 de abril de 2008.
[10] Viorel Domenico, op. cit.

"Salve, camarada comandante supremo!"

O tenente-major Iulian Stoica presenciou o primeiro encontro entre Ceauşescu e Kemenici.

> Quando o casal Ceauşescu chegou à unidade, o major Ţecu me incumbiu de cuidar do corredor, do lado de fora da porta. Kemenici ainda não tinha chegado da Inspetoria MI; Ceauşescu insistia: "Que venha o comandante!... Preciso falar com o comandante...". Assim que vi Kemenici entrando no Comando, relatei-lhe a situação. E ele: "Deixe-me, camarada! Não tenho tempo para isso...". Dirigiu-se ao seu escritório, onde Dino, Mareş e Ţecu o aguardavam. Ceauşescu insistia em mandar chamar o comandante. Finalmente, 2 ou 3 horas depois, Kemenici concordou em ir vê-lo. Abri a porta e ele, na soleira, em posição de sentido, cumprimenta e se apresenta: "Salve, camarada comandante supremo! Sou o comandante da unidade". Fechou a porta atrás de si e eu fiquei paralisado. Ele se apresentou como se nada tivesse acontecido, como se estivesse ali para receber ordens. Foi aí que comecei a suspeitar dele, pensei que poderia estar do lado do ditador! Lembrei mais tarde que Ceauşescu o havia chamado mais vezes e que Kemenici se negara categoricamente.[11]

Os oficiais do quartel do coronel Kemenici começaram a nutrir suspeitas perigosas. Suspeitas que nos dias seguintes ganharam proporções catastróficas.

***

Vamos juntar as "peças": nos primeiros momentos de vida no quartel, os Ceauşescu partilharam o quarto com um capitão do Exército (Ion Boboc), um coronel da Securitate (Gheorghe Dinu) e um sargento da polícia (Constantin Paise). Os três – Dinu, Paise e Boboc – estavam no carro Aro com o qual o casal Ceauşescu foi trazido à unidade. Boboc

---

[11] Ibidem.

não se separava de jeito nenhum da pistola automática e dos pentes de cartuchos. Estava armado para a guerra.

No corredor, do lado de fora do escritório-dormitório, a porta era vigiada por dois soldados armados: o tenente-major Iulian Stoica e o cabo Dorian Dobrița. O cabo explica: "Eu tinha uma pistola automática, e o tenente-major Iulian Stoica, uma metralhadora de tambor. Tínhamos muita munição. Caixotes com cartuchos, carregadores preparados. Precisávamos resistir".[12]

Vez por outra, os Ceaușescu viam aparecer os majores Ion Țecu e Ion Mareș na pequena "comunidade" da sala-dormitório, quando a situação exigia sua presença. O mais difícil de ver era o coronel Andrei Kemenici.

---
[12] Entrevista com Dorian Dobrița, Bengeşti-Ciocadia, 24 de julho de 2009.

Os telefonemas de Iliescu

Na noite de 22 de dezembro de 1989, após às 19h, os oficiais que vigiavam os ditadores ficaram desorientados diante de uma recomendação dúbia: tanto Nicolae Ceaușescu quanto Ion Iliescu pediam que obedecessem somente às ordens do general Stănculescu! Iliescu mantinha contato pessoal com o quartel em Târgoviște, embora naquele momento não exercesse nenhuma função no governo romeno.

Quartel da UM 01417 de Târgoviște. Uma vez instalado o casal Ceaușescu no prédio do Comando, na sala ao lado da sala do coronel Andrei Kemenici (comandante da unidade), a paranoia começou.

Kemenici procurou avisar a "central" o mais depressa possível de que os Ceaușescu estavam sob sua guarda e tutela. Contudo, a liderança em Bucareste ainda parecia difusa, não estava claramente delineada. Kemenici não sabia exatamente a quem se reportar. Por isso, contatou o general Gheorghe Voinea, comandante do Exército I.

Andrei Kemenici explica os passos dados naqueles momentos:

> Apelei aos meus chefes em linha hierárquica. Liguei para o general Voinea, comandante do Exército I, e relatei-lhe a situação daqueles dois. Quando ele ouviu o caso, tratou-me rispidamente. Senti que o homem não queria se envolver em "um assunto como esse" e me forneceu um número direto pelo qual eu podia encontrar Stănculescu. Liguei para o general Stănculescu, mas quem atendeu foi o general Militaru! Não lhe disse do que se tratava e pedi para chamar Stănculescu. Stănculescu estava calmo, como se eu não tivesse lhe contado uma novidade – dramática para mim. Ele disse simplesmente: "Está bem, mantenha-os aí e ficaremos em contato. Mas guarde sigilo absoluto, que ninguém mais saiba. Ninguém mesmo! Retenha-os a qualquer custo!".[1]

---

[1] Viorel Domenico, *Ceaușescu la Târgoviște*. Editora Ion Cristoiu, 1999.

Eis que entra em jogo o general Nicolae Militaru. O agente soviético ainda não tinha qualquer função oficial, ele era apenas um reservista aposentado, mas tinha acesso a uma informação crucial: onde estava o casal Ceaușescu sob guarda.

O major Ion Țecu, que em dezembro de 1989 era o braço direito de Kemenici, dá sequência ao relato.

> Depois de trazer os Ceaușescu ao quartel, liguei imediatamente para Bucareste. Lá o pessoal não queria saber de nada. Nós éramos subordinados ao Exército. Telefonamos para o comandante do Exército I, o general Voinea. Mas não encontramos Voinea, pois estava com Petre Roman na televisão, municiando Roman no que devia dizer ao microfone. Nós não acompanhávamos a televisão o tempo todo, mas quando a ligamos, vimos que estava lá. Alguém – o general Popa, seu delegado – forneceu-nos o telefone de Stănculescu. E daquele momento em diante, só Stănculescu se comunicou conosco. Na maioria das vezes era ele que ligava. Eram telefonemas operacionais.[2]

A declaração de Țecu levanta uma dúvida quanto à sinceridade de Kemenici. Como veremos, Kemenici introduz o general Voinea na conversa como elemento de pressão. Possivelmente, isso ocorre porque em 1999, quando Kemenici (entrementes promovido a general) dava tais declarações, Voinea não mais vivia para poder falar.

O primeiro telefonema de Ion Iliescu

Quando os oficiais de Târgoviște entraram em contato com o general Stănculescu, já eram quase 19h.

Kemenici continua: "Não muito depois da conversa com Stănculescu, quando pensávamos no modo de emitir os comunicados oficiais, Ion Iliescu telefonou de Bucareste. Perguntou se era verdade

---

[2] Entrevista com Ion Țecu, Târgoviște, 21 de abril de 2008.

o que lhe contara Stănculescu e disse: 'Mantenha-os aí até enviarmos alguém para buscá-los'. Pensei que isso poderia levar várias horas. Então, guardar segredo... Precisávamos veicular a desinformação o quanto antes...".³

Atenção: naquele momento, Ion Iliescu não tinha qualquer atribuição no governo romeno. Ele era apenas diretor da Editora Técnica, função da qual ainda não havia se demitido.

Após a conversa com Ion Iliescu, os oficiais que cuidavam dos Ceaușescu em Târgoviște (os coronéis Andrei Kemenici e Gheorghe Dinu, o major Ion Țecu e o major Ion Mareș, o capitão Ion Boboc e o primeiro-lugar-tenente Iulian Stoica) perceberam que o homem de confiança em Bucareste era o general Victor Atanasie Stănculescu. Era com ele que deveriam manter contato para saber como proceder no tocante aos dois "convidados de honra".

O coronel Kemenici disse que naquele momento se sentia corroído de inquietações.

> Poucas horas antes, Ceaușescu era dono do poder. Agora ele estava em nossas mãos, sem sabermos se ainda detinha aquele poder fabuloso, sem sabermos que forças continuavam fiéis a ele e que estruturas secretas ainda o sustentavam. Estávamos desesperados, ainda mais cientes de que a cidade rugia de manifestantes que queriam linchá-lo, porque a televisão e o rádio já haviam anunciado que os Ceaușescu estavam presos em Târgoviște. Os revolucionários pressionavam as unidades militares. Da Inspetoria do Ministério do Interior teria vazado a informação de que "Kemenici os pegou"... Estávamos com um medo terrível das massas revolucionárias, pessoas descontroladas, agitadas, no fundo bem-intencionadas, desejando, emocionalmente, livrar-se dos déspotas. Mas eu os tinha nas mãos, de modo concreto, físico. Não podia pensar com a cabeça da massa alucinada. Tinha o dever de defendê-los para entregá-los às novas autoridades.⁴

---

³ Viorel Domenico, op. cit.
⁴ Ibidem.

O segundo telefonema de Ion Iliescu

Houve um momento crítico naquela mesma noite. Kemenici conta os detalhes.

> Eu tinha certeza de ter conseguido afastar o perigo de assalto à unidade pelos revolucionários, quando recebi a ligação do coronel Alexe, oficial que assumiu a liderança do distrito de Dâmbovița. Ele falava diretamente do Palácio Administrativo. A conversa foi mais ou menos assim: "Camarada, eles foram levados a você?". "Quem?" "Eles, quem... Você sabe quem..." "Ninguém veio a mim, camarada..." "Mas será possível, Kemenici, não brinque com fogo! Estão me pressionando de Bucareste, gente do mais alto escalão, e não sei o que dizer." "Que os de Bucareste liguem para mim, pois o comandante do quartel sou eu!" "Kemenici, você até pode ser o comandante do quartel, mas eu dirijo o distrito. A responsabilidade é minha. Diga-me, claramente: estão ou não com você?" "Quem, senhor?" "Camarada Kemenici, vai pagar por isso!" Essa conversa me transtornou. (...) Por conta própria fui ainda mais longe, executando as ordens de Stănculescu: "Discrição total, seu pescoço está em jogo por eles!".[5]

No entanto, o perigo maior ainda estava por vir. Kemenici sente arrepios ao relatar aqueles momentos.

> Mais ou menos meia hora depois, eu soube que, incitados pelos alto-falantes instalados na praça em frente ao Palácio Administrativo, milhares de manifestantes gritavam em coro: "Kemenici traidor". No entendimento deles, Kemenici estava escondendo Ceaușescu para ajudá-lo a escapar. Pouco depois, soube que os manifestantes da praça pensavam em se dirigir à base para tirar Ceaușescu das mãos de Kemenici. Foi quando, num ato de desespero, peguei o telefone e liguei para Bucareste. Primeiro para o general Voinea, que gritou comigo como de costume, pois era esse o jeito dele. Voinea deu a entender que só Stănculescu era quem tratava dessa questão. Antes de discar o número de

---

[5] Ibidem.

Stănculescu, Ion Iliescu surpreendeu-me com mais um telefonema. Contei-lhe do perigo que os manifestantes corriam se entrassem no quartel e lhe pedi que emitisse um comunicado pela televisão de que aqueles dois tinham sido confinados pelo Exército e estavam sob guarda segura em algum lugar perto de Târgoviște, e que seriam julgados pelos crimes cometidos. Ao mesmo tempo, propus que entrasse em contato com o distrito e que contatasse os novos dirigentes instalados no Palácio Administrativo, no sentido de dissipar a ideia de que eu estaria pensando em salvar os Ceaușescu. Mais ainda, sugeri que fosse difundido um apelo por rádio e por televisão, proibindo a entrada dos revolucionários nos quartéis do Exército, uma vez que o Exército estava do lado da revolução, senão os soldados atirariam. Ele me prometeu apoio nesse sentido.[6]

Kemenici evitou revelar qual foi o recado dado por Ion Iliescu, pois Iliescu não lhe telefonaria apenas para perguntar sobre a saúde dele. O ex-coronel relembra ainda o desfecho daqueles acontecimentos: "Prevendo que os revolucionários de Târgoviște quisessem invadir o quartel, posicionei alguns aparelhos de televisão nas janelas do comando, de modo que o apelo difundido por sugestão minha pudesse ser visto da rua. Minha mensagem foi transmitida pela televisão cerca de meia hora depois e acho que alguém entrou em contato com o distrito, porque os manifestantes foram tirados do caminho".[7]

"Recorram ao método!"

Continuando, o coronel Kemenici permaneceu em contato constante com o general Stănculescu.

> Liguei novamente para Stănculescu, relatei a situação e pedi-lhe rapidez no sentido de enviar, com urgência, as forças necessárias para remover aqueles dois da base. Sua resposta me desarmou: "Segure-os aí! Você responde por eles com a sua vida. Deve defendê-los, custe o que custar, e

---
[6] Ibidem.
[7] Ibidem.

deve manter contato comigo. Tenha cuidado, pois você responde com a sua própria vida!". Antes dessa conversa, tive outra com Voinea. O comandante do Exército I disse-me o mesmo com muito mais aspereza, foi muito mais categórico, eu me lembrarei de suas palavras pelo resto da vida: "Ora, coronel, você não entende que está acabado?! Ou você ou ele! Desta revolução não escaparão os dois! Ponha na sua cabeça: é você ou ele!". Ligando as duas conversas, entendi do que se tratava e contei a Stănculescu: "Camarada general, antes que sejam mortos, morreremos nós. Nós só os entregaremos por cima do nosso cadáver!". E ele: "Sim, se for o caso, recorra a esse método!". Para mim ficou tudo muito claro, foi uma ordem: os Ceauşescu não podiam ser raptados, não podiam ser removidos da unidade, a não ser por Stănculescu. Qualquer um que tentasse deveria ser impedido.[8]

Kemenici menciona a palavra de ordem que se tornaria um código nas conversas entre ele e Stănculescu naqueles dias: "recorram ao método". Em outras palavras, liquidem os Ceauşescu! "Acidentalmente", sem processos ou outras "complicações".

A fórmula "recorram ao método!" tinha sido sugerida ao general Stănculescu por Bucareste, pelo misterioso revolucionário Gelu Voican Voiculescu. Stănculescu declararia: "Depois de uma insólita dissertação sobre Descartes, o *Discurso do Método* e a razão do Estado, apresentados em tom calmo e sereno em contraste com seus olhos faiscantes, Gelu Voican Voiculescu propôs a variante de suprimi-los imediatamente".[9] Desse modo, um general do exército romeno era instigado por um civil "cartesiano"!

***

As mensagens enviadas por Ion Iliescu desorientaram os oficiais do grupo de comando em Târgovişte. O favorito das novas estruturas de Bucareste (televisão, Exército, grupo estalinista de Brucan) pedia aos militares do quartel de Târgovişte que obedecessem às ordens do general Stănculescu.

O problema era que o mesmo incentivo provinha também de Nicolae Ceauşescu! O testemunho do major Ion Ţecu, confirmando o

---

[8] Ibidem.
[9] Dorian Marcu, *Moartea Ceauşeştilor*. Editora Excelsior C.A., 1991.

relato do major Ion Mareş, reproduz claramente a reação do fugitivo quando soube que os oficiais atendiam ao comando do general Ştefan Guşă, o chefe do Estado-Maior. "Não executem as ordens de Guşă! Ele é um traidor, pois não executou as minhas ordens em Timişoara. Não foi capaz de dominar a situação. Ele nos traiu. Executem apenas as ordens de Stănculescu, ele é o seu ministro, assinei o decreto de nomeação esta manhã",[10] dissera Ceauşescu.

Os oficiais sentiam que o chão rodava sob os seus pés. Ion Iiescu, ao telefone, e Nicolae Ceauşescu, que estava cara a cara com eles, diziam a mesma coisa: que deviam confiar no general Stănculescu. Surgiu então todo tipo de suspeitas na mente deles. De que lado está Stănculescu? Do lado da revolução ou da ditadura? Como pode ser "recomendado" ao mesmo tempo por Ceauşescu e por quem chama Ceauşescu de "tirano"?

"Iliescu e Militaru vão acabar conosco!"

À medida que anoitecia, o casal Ceauşescu tentava se adaptar às condições do quartel. Já havia passado quase dez horas desde a fuga de helicóptero do CC do PCR. Dez horas que o fizeram trocar seus gigantescos escritórios de trabalho – gabinete 1 e gabinete 2 – por uma sala quadrada, de seis por seis, que era ao mesmo tempo quarto, banheiro e refeitório.

Nas primeiras horas de proteção/detenção (ninguém sabia exatamente qual era a condição deles), os Ceauşescu tentaram se informar sobre a situação em Bucareste. Pediram que lhes fosse trazida uma televisão, mas a requisição foi negada pelo comandante da unidade.

Na falta de televisão, sondaram aqueles com quem compartilhavam o quarto. Tanto Nicolae quanto Elena eram de natureza inquisidora. Comparados uns com outros, os depoimentos dos soldados de Târgovişte apresentam algumas lacunas, repetições e até contradições. Provavelmente, além dos diálogos diretos com o casal Ceauşescu, teriam

[10] Entrevista com Ion Ţecu e Ion Mares, Târgovişte, 21 de abril de 2008.

assimilado histórias vividas e contadas por outrem. No fundo, porém, são testemunhos valiosos – os únicos capazes de reconstituir os três últimos dias da vida de Nicolae Ceaușescu.

***

Conta o major Mareș: "Na noite de 22 para 23 de dezembro, o casal Ceaușescu teve várias conversas. Ele queriam saber quem governava o país. Eu não sabia. Em dado momento vi Ion Iliescu e contei a eles. Foi a única vez que ele ralhou com ela. Ele disse: 'Viu só? Falei para você acabar com ele, e você disse que bastava marginalizá-lo!'. De resto, era ela que conduzia todas as discussões. Depois, sobre Militaru: 'Aquele agente da KGB'. Quando soube de Sergiu Nicolaescu, ficou pasma: 'O que esse cara quer? Deixamos ele passear pelo mundo afora...'".[11]

Os comentários dos Ceaușescu sobre os novos líderes da Romênia foram reproduzidos em detalhe pelo capitão Ion Boboc no livro *Ceaușescu la Târgoviște* [Ceaușescu em Târgoviște]. O diálogo entre o ditador e os oficiais teve lugar pouco depois de se instalarem no dormitório improvisado do Comando.

"Quem governa agora?", perguntou Ceaușescu. "Iliescu", disse eu. "Quem?" "Iliescu." "E quem é esse sujeito?" Não se lembrava. Ficou surpreso. Ela intervém: "Como que não conhece Iliescu? Aquele...". Lembrou-se: "Ah, aquele... Não me deixaram acabar com ele. Nem, vocês (*para Elena*)! Vocês são culpados. Nem agora me deixaram destituir Milea e Gușă. Esses dois são traidores da nação e do país! Traidores que não querem outra coisa a não ser entregar a Transilvânia aos húngaros, destruir a Romênia e afundá-la na miséria...".[12]

***

No dia seguinte, 23 de dezembro, escondido em um caminhão militar (PCM – ponto de comando móvel), no pátio de manobras atrás do quartel, Ceaușescu pergunta novamente sobre o novo governo em

---
[11] Viorel Domenico, op. cit.
[12] Ibidem.

Bucareste. O capitão Ion Boboc relata: "Depois de um período de calmaria, ele se dirigiu a mim novamente: 'Quem comanda o Exército?'. 'O general Militaru.' 'Quem??? Mas esse é agente da KGB, é o homem dos russos! Eu tinha nomeado ministro o general Stănculescu... Eles acabaram com ele, coitado... Também o derrubaram... Traidores!'".[13]

O momento também é relatado por outro que vivenciou aquelas cenas históricas: o primeiro-lugar-tenente Iulian Stoica.

> Fui à cozinha, para trazer-lhes algo de comer e mais água e chá para beberem. Creio que demorei mais de uma hora. Fiquei vendo televisão, havia uma lá fora, tirada lá de dentro e colocada em cima de uns caixotes. Estava passando uma transmissão do Canal 4 e eu também vi o que estava acontecendo por lá, vi Dinescu, que circulava por ali, Sergiu Nicolaescu, e o próprio Iliescu no meio da multidão... Percebi, eu também, quem governava o país, o que passava na televisão, e perguntei o que mais tinha acontecido por lá. Quando voltei ao caminhão e coloquei as garrafas na mesa, disseram que eu tinha demorado demais. "Você ouviu no rádio ou na televisão o que está acontecendo em Bucareste?", perguntou ele. "Os militares e seus oficiais têm uma televisão lá fora e vi mais gente ali, na televisão. O que me surpreendeu é que aparecia escrito Canal 4, mas tem um logotipo diferente, e ficam gritando uns com os outros por lá... Tem um poeta, Mircea Dinescu..." Ela me interrompeu: "Quem, aquele poeta? O que ele foi fazer lá? Ele é um demente". Também lembrei de Caramitru. Ela: "Até os atores começaram a aparecer em público e a falar... E o que dizem? Falam de nós?". Evitei responder diretamente. "E quem mais?" "Tem o diretor Sergiu Nicolaescu", digo, pois o conhecia pelos filmes. Ela, num tom gozador: "Veja só quem tem a coragem de nos... E ele fala mal de nós?". Eu respondo: "Sim, ele fala mal...". Ela se vira para Ceaușescu: "Está vendo? Demos a ele permissão para sair, obteve passaporte para ir ao exterior, tinha carta branca... Desgraçado... Ingrato... Um depravado! Com todas as prostitutas em sua cama... Nas mãos de quem foi cair este pequeno país!...". Era ela que mais falava.[14]

---

[13] Ibidem.
[14] Ibidem.

Para o primeiro-lugar-tenente Iulian Stoica, o "interrogatório" ainda não havia terminado.

> "E quem mais está na televisão?", perguntou ela. "Ion Iliescu", respondi. Eu tinha ouvido falar dele por alto. Aí, ele ficou furioso, subiu no banco e falou para ela assim: "Você não me deixou, é por sua causa que isso está acontecendo... Você não me deixou acabar com ele, e agora você vai ver que ele vai acabar conosco". Ela, mesmo com todo o orgulho, não reagiu nesse momento. E ele, dirigindo-se a mim: "E o que ele está fazendo?". "Ele está no Canal 4, dando ordens." "Ora, ora, ele vai governar! Esse miserável junto com o Militaru, que você também protegeu..." "Eu não o protegi, ele teve um problema com uma das filhas, que ficou doente..." "Espião soviético, espião soviético comprovado. Você os colocou... Por sua causa... Você não me deixou fazer as coisas que eu tinha decidido... Acabar com eles... Você vai ver que esses dois vão acabar com a gente!"[15]

"Esses dois" eram Ion Iliescu e o general Nicolae Militaru.

Quem é "Marcel"?

Várias testemunhas-chave dos eventos no quartel mencionam uma frase misteriosa proferida por Elena Ceaușescu em várias ocasiões. "Você viu o que Marcel nos fez?", teria dito a "erudita" ao seu companheiro de vida e de morte.

O major Ion Mareș relata uma conversa no gabinete-dormitório dos Ceaușescu na noite de 22 de dezembro. "Estávamos na sala, eu, Boboc e Paise, além dos Ceaușescu. Tivemos um diálogo mais demorado e, no final, perguntei: 'Por que o senhor não ficou no Irã?'. E ele, indignado: 'Como assim, ficar no Irã?! Aqui é o meu país!'. Ele me deu as costas e começou a conversar baixinho com Elena. Sussurravam algo difícil de entender. Ouvi apenas uma pergunta que ela lhe fez: 'Você viu

---

[15] Ibidem.

o que Marcel nos fez?'. Quem seria esse tal de Marcel e o que ele teria feito só Deus sabe!"[16]

Essa frase misteriosa é confirmada pelo major Iulian Țecu. O primeiro-lugar-tenente Iulian Stoica fornece detalhes.

> Essa pergunta, "Você viu o que Marcel nos fez?", foi proferida por ela, dirigida a ele, no próprio dia 22 lá pelas 19h30, cerca de uma hora depois que foram trazidos. Eles estavam no quarto com Mareș, Țecu, Dinu, Paise, Boboc. Quando fez essa afirmação, ela estava de pé. Ele estava sentado na cadeira. Ela se aproximou dele e lhe disse diretamente: "Você viu o que Marcel nos fez?". Ele assentiu com a cabeça. Só entendi o sentido dessa conversa uns dois anos mais tarde... Mareș gravou essa cena na mente... A gente só especulava, depois que tudo terminou, até que soubemos através de Mareș e Țecu que o assunto foi desvendado lá em Bucareste... Eles ficaram sabendo de todo o enigma. Na opinião deles, Marcel teria sido Gogu Rădulescu. Rădulescu e mais um grupo de seguidores teriam insistido com Ceaușescu em promover o comício de 21 de dezembro, que foi fatal. Quem sabe "Marcel" esperasse que as coisas desandassem e que Bucareste também se rebelasse depois de Timișoara. Era a isso que se referia Elena Ceaușescu.[17]

Iulian Stoica diz que "Marcel" ainda foi citado em 23 de dezembro, quando os Ceaușescu foram levados ao ponto de comando móvel (PCM). "Também comentaram algo no dia 23 sobre essa questão do Marcel, mas mesmo então não me ficou muito claro, a ponto de ter certeza de que se tratava de Gogu Rădulescu. Eles se censuravam pelo erro cometido, por terem confiado no 'Marcel'. E falavam da ingerência estrangeira, inseriam o Marcel no contexto da intervenção estrangeira."[18]

O mesmo Iulian Stoica declarou, em 1994, perante a *Comissão de Inquérito do Senado sobre os eventos de dezembro de 1989*: "Há quem diga que Marcel era Mikhail Gorbachev...".[19]

---

[16] Ibidem.
[17] Ibidem.
[18] Ibidem.
[19] Iulian Stoica, estenograma da audiência da Comissão de dezembro de 1989, 1º de junho de 1994.

Difícil de acreditar que os Ceaușescu se referissem a Gorbachev. Já a versão Gogu Rădulescu parece plausível. Até 22 de dezembro de 1989, Gogu (Gheorghe) Rădulescu era membro do Comitê Político Executivo do CC do PCR, ocupando cargos de vice-presidente do Conselho de Estado e presidente do Tribunal de Contas. Na época da revolução, ele tinha 75 anos. Comunista militante desde 1933, ascendeu na hierarquia do partido graças às suas relações privilegiadas com Moscou. Sua esposa havia sido coronel da NKVD (bisavó da KGB). Além disso, no remoinho dos eventos de dezembro de 1989, Ceaușescu e outros membros do CPEx suspeitavam de que Gogu Rădulescu fosse um agente soviético.

Depois da revolução, Gogu Rădulescu recebeu um tratamento preferencial por parte do novo poder. Ele foi retirado na surdina, do "lote CPEx", que estava sendo julgado pela culpa coletiva de não ter feito oposição a Ceaușescu na reunião de 17 de dezembro de 1989, quando o ditador ordenou atirar nos manifestantes. A maioria dos membros do CPEx ficou 3 a 4 anos na prisão. As exceções foram Constantin Dăscalescu, Gogu Rădulescu e Ion Urso, altos funcionários do "clube soviético".

Há mais uma versão para o misterioso "Marcel" invocado pelos Ceaușescu: Marcel Shapira, chefe da maçonaria romena no exílio. Nicolae Ceaușescu tinha diversas ligações com ele, particularmente monetárias. Mas as conexões entre eles nos últimos dias do regime permaneceram envoltas nas brumas do tempo.

O pinico do comandante supremo

> *No quartel de Târgovişte o ex-ditador passou por momentos de fúria e de humilhação. Ele e a esposa espremiam-se em uma cama de ferro e falavam cochichando. Por razões de segurança, não eram levados ao banheiro do corredor: faziam suas necessidades em um balde de plástico, ao amparo de um biombo, no mesmo quarto onde dormiam.*

Enquanto em Bucareste, um grupo de "oportunistas" se instalava no poder pisando em cadáveres, os Ceauşescu continuavam seu calvário no quartel de Târgovişte. Na ampulheta da vida, a areia estava quase no fim para eles.

Oficiais e sargentos dirigiam-se a eles respeitosamente, como convém a um chefe de Estado e sua esposa. "Eu falava educadamente com o '*camarada presidente*' e a '*camarada Ceauşescu*'",[1] disse o cabo Dorian Dobriţa. O coronel Kemenici dirigia-se a eles nos termos da hierarquia militar: "*camarada comandante supremo*".[2]

A vida real não se comparava nem um pouco com a dos altos funcionários do governo. Comida escassa, quarto austero e higiene precária faziam com que os Ceauşescu se considerassem prisioneiros. Estavam mais ou menos satisfeitos por se sentirem protegidos, depois dos sustos do dia 22 de dezembro, mas logo descobriram a crua realidade: faziam suas necessidades num balde de plástico no mesmo quarto onde dormiam. O recipiente usado como pinico ficava atrás de uma cortina, a poucos metros da cama. Boboc e Paise saíam, um por vez, e levavam a vasilha

---

[1] Entrevista Dorian Dobriţa, Bengeşti-Ciocadia (Gorj), 24 de julho de 2009.
[2] Idem.

ao banheiro do corredor. "Não os deixavam ir ao banheiro por razões de segurança, para que não surgissem problemas",[3] diz o cabo Dobriţa.

A cama do meio

No comando, os Ceauşescu ficavam em um recinto quase quadrado de 5,70 metros por 5,90 metros, com pé-direito de 4 metros. O quarto tinha duas janelas grandes, altas, com grades de ferro. As janelas estavam forradas com cobertores, como no gabinete do comandante ao lado. Assim, Nicolae e Elena Ceauşescu não podiam ver o que estava acontecendo fora das quatro paredes. Mas eles ouviam o que as pessoas gritavam na rua.

No quarto havia três camas militares de ferro, que nas noites anteriores, desde 17 de dezembro, tinham servido a alguns oficiais da unidade. Na noite de 22 de dezembro, depois que os ditadores foram trazidos ao quartel, foi destinada a Elena Ceauşescu a cama da direita, ao lado da parede que separava o quarto do gabinete do comandante Kemenici. Nicolae Ceauşescu recebeu a cama do meio. Depois de um tempo, os dois pediram aos guardas para ficarem juntos. Os soldados aceitaram, então, que a camarada se mudasse para junto do camarada, na cama do meio. Desde então, os dois nunca mais se separaram. Espremeram-se um ao lado do outro, acariciando-se e sussurrando.

No lado direito do quarto, perto da porta, havia uma lareira de terracota. Era uma lareira a gás.

No lado esquerdo havia, nesta ordem: uma pia isolada por um biombo alto de plástico (perto da parede do corredor), uma escrivaninha com quatro cadeiras (ao meio) e uma cama (na janela). A terceira cama era usada, por turnos ou simultaneamente, pelos dois guardas internos dos Ceauşescu: o capitão Ion Boboc e o subtenente Constantin Paise.

Na entrada do gabinete-dormitório, havia outro biombo com uma portinha à direita. Por cima daquele biombo, que era mais baixo do que o outro, dava para ver a sala, mas a entrada só era possível pela portinhola perto do fogão.

---

[3] Idem.

No quarto não havia televisão, mas ouvia-se através da parede o som fraco da televisão do gabinete do comandante, o coronel Andrei Kemenici. Os Ceauşescu não podiam ouvir quem falava na televisão nem o que dizia, mas o zumbido atiçava a curiosidade deles.

***

Sobre conversa na noite de 22 de dezembro entre o capitão Boboc e os Ceauşescu, logo após a refeição, conta o oficial:

> Eu perguntei: "Sabe aquela situação em Timişoara?". Ele: "Eu não dei ordem de atirar". Ele estava inquieto, agitado, queria continuar a frase, balbuciou alguma coisa, mas ela interveio: "Calma, Nicu... Não fique nervoso". Ela o abraçava e o acariciava, passava-lhe a mão no rosto, no cabelo... Ela: "E pensar, Nicu, quanta coisa fizemos por este país e pelo povo!... Construímos cidades, complexos industriais, quitamos a dívida externa... E agora eles nos fazem de bobos, organizando um golpe de Estado... Mas deixe estar, o povo verá que os traidores querem o mal do país... Qual é o seu nome? De onde você é?". Eu não disse meu nome, disse apenas que era de Piteşti. "E você não gosta de ver como ficou a sua cidade? Quantos edifícios... Era assim no tempo dos seus pais? Quanta coisa fizemos em Piteşti!" "O povo construiu tudo", respondi. Pedi a ele para fumar um cigarro e me permitiu. A partir daí, passei a fumar o tempo todo, mas não o incomodava. Na verdade, acho que nem percebia... Estava como um leão enjaulado, caminhava de lá para cá, nervoso, agitado, pensativo. Eu perguntei: "Por que o senhor deixou o Comitê Central?". "Foi um erro, não devia ter saído... Devia ter ficado ali, para dizer ao povo..." "E como saiu de lá?" "Veio o helicóptero e eu queria visitar os grandes empreendimentos, *República, 23 de Agosto*... onde há uma classe trabalhadora forte, para reuni-los e dizer-lhes... Mas embicamos para Târgovişte, onde diziam que a situação estava tranquila... Só que aterrissamos perto de Titu. Pegamos um carro vermelho na estrada, depois um branco... eu só queria chegar ao complexo industrial para falar aos trabalhadores...".[4]

Passando em *slalom* pelas memórias do capitão Boboc:

---

[4] Viorel Domenico, *Ceauşescu la Târgovişte*. Editora Ion Cristoiu, 1999.

Era meia-noite e ele me pediu para trazer uma televisão. Eu disse que não havia mais programas, pois, por ordem dele mesmo, a programação era interrompida às 22h... Ele sentiu fome. Pediu-me para trazer-lhe ricota e água mineral. Falei que não tinha e ele ficou furioso: "Trouxeram-me até aqui para gozar da minha cara?! Sou o presidente da Romênia e seu comandante supremo!". "Peço que compreenda: não temos ricota na unidade e mesmo aqui na cidade nunca vi esse queijo. E nem água com gás, e a água mineral foi envenenada pelos terroristas." "Quem são esses sujeitos?" "Se o senhor não sabe, como é que eu vou saber? Eles atiraram no povo e agora estão atirando aqui. Estamos sendo atacados e estamos nos defendendo." Lá fora havia disparos. Ceaușescu estava temeroso. Ele disse: "Quero ir ao comitê do partido, quero ver o camarada Găvănescu!". "Agora não é possível, preciso garantir sua segurança... O senhor não está ouvindo o que está havendo lá fora?" Os manifestantes estavam nas ruas. Gritando: "*Olê, olê, olá, Ceaușescu não tá mais lá!*". Ele se concentrou por um instante e decifrou os gritos da rua. Seu olhar tornou-se sombrio, assim como o de Elena. Foi quando ele recuperou a confiança em mim, e até mesmo no Exército.[5]

***

Ele se agitava, debatia-se como um cão raivoso. Ela: "Nicu, acalme-se!... Vamos dormir, já é tarde"... Ele a ouviu e se esticou na cama. Ela cochilou. Ele não pregou o olho um instante sequer. Levantou-se e começou a vagar pelo quarto. Vinha para perto de mim, parava na minha frente e me fitava com olhos assustadores, parecia querer revelar-me algo. Eu receava que me hipnotizasse e desviava meus olhos do olhar dele. Então, ele ia para junto dela, consolava-a, trocavam alguns olhares, comunicando-se em silêncio, discretamente combinavam alguma coisa... Aquele quarto o sufocava. Estava de um jeito indescritível, algo entre a arrogância e a submissão, entre o poder e a impotência, entre o cume e o abismo.[6]

***

---

[5] Ibidem.
[6] Ibidem.

Na noite de 23 para 24 houve um violento tiroteio, especialmente no pátio onde tínhamos estado durante o dia. Ele não estava bem. Não tinha dormido nada. Andava de lá pra cá agitado no quarto estreito, onde sobrevivíamos. Ela, porém, adormecia. Ficava deitada na cama e, de vez em quando, o sono a dominava. Parecia um cadáver. Dormia com a boca aberta, com as mãos sobre a barriga. Ela tinha uma pele seca e amarelada... Dava a impressão de que estava morta.[7]

***

No dia 24 de dezembro, as vivências do capitão Boboc tomaram rumos inesperados.

A chuva de balas recomeçou. Pela janela da sala onde estávamos não entrou nenhuma bala. Logo, não éramos visados. Mas, nesse momento, ele se mostrou deveras assustado. Entrou em pânico. Estava paralisado de medo. "Que está acontecendo?" "Estamos sendo atacados!" No decorrer do tiroteio, estavam comportados, como crianças procurando por lugares mais protegidos. Era visível neles o instinto de defesa, de conservação... Após essa fúria guerreira, ele retomou suas andanças nervosas pelo quarto. Não eram rotas sem sentido, eram seus pensamentos transformados em movimento. Mas quem poderia decifrá-los, se eu estava sem dormir havia uma semana, morrendo de fome, que nem mais sentia, abandonado pelos meus chefes e subordinados, desorientado e sem informação, deixado à mercê, ao deserto dos pensamentos que vinham de toda parte, frente a frente com o mais procurado e caçado homem daqueles dias![8]

Nesse contexto, o capitão Boboc passou por outras provocações que o colocaram à prova.

Naquele quarto havia alguns livros de instrução político-ideológica que os oficiais que trabalhavam ali consultavam. Ele pegou um livro daqueles, folheou-o durante algum tempo, incapaz de deter-se em uma página,

---

[7] Ibidem.
[8] Ibidem.

e então o jogou no lugar de onde o havia tirado, suspirando. Depois de algum tempo, ouviu-se um grunhido de porcos na unidade. Ela perguntou: "Quem grita desse jeito?". "Estão matando os porcos", respondi. "Como assim? Isso é uma sem-vergonhice! A situação está desse jeito e vocês matando porcos..." Tentei acalmá-la, explicando que na unidade havia centenas de militares que precisavam ser alimentados, que não se tratava de banquetes, e que a tropa do exército também precisava funcionar nesses momentos. Ele interveio, pacificador: "Veja o que acontece, por favor, vá ao comandante da unidade e peça-lhe algum dinheiro para me comprar uma camisa, pois esta que estou usando está suja... E diga-lhe que hoje quero comer com os oficiais no refeitório. Dizer-lhes que o país foi traído".[9]

As súplicas de Ceaușescu foram em vão. O capitão Boboc levou os pedidos ao conhecimento de seu comandante, o coronel Kemenici, mas ele não deu a mínima.

***

Um testemunho devastador pelo conteúdo e pelo linguajar foi deixado pelo tenente-coronel Gheorghe Dinu, vice-comandante da Securitate em Dâmbovița. Repleto de erros gramaticais, o testemunho do coronel Dinu foi dado no calor dos acontecimentos em 28 de dezembro de 1989:

> Das conversas que mantive com os dois tiranos, víboras prontas a dar o bote contra o povo, concluí o fato, mesmo porque davam a impressão de drogados, de que não percebiam nada daquilo que estava acontecendo. Ficavam o tempo todo insultando e xingando, dizendo que havíamos traído a causa popular, que violamos o juramento militar e que vamos prestar contas perante o povo e a classe trabalhadora. O fato de que não se dava conta de nada fica comprovado pelo fato de que, numa das conversas mantidas pelo coronel Andrei Kemenici na minha presença com os dois tiranos, o número 1 se dirigiu ao comandante pedindo-lhe que lhe emprestasse algum dinheiro para ir comer na cantina.[10]

---

[9] Ibidem.
[10] Ibidem.

Em 1996, o coronel Dinu morreu de repente, sem que qualquer doença anunciasse o seu fim. Ele escrevia freneticamente um livro – *Fui o último motorista dos Ceauşescu* – que desejava publicar naquele ano. Não conseguiu. E o manuscrito do livro desapareceu do hospital onde Dinu estava internado.

As provocações em Târgovişte

Assim como em Bucareste, surgiram em Târgovişte "inimigos invisíveis" que atacavam as forças aéreas e terrestres. A jogada era criar um alvoroço durante o qual os Ceauşescu seriam suprimidos. O coronel Kemenici deu várias ordens para atirarem "acidentalmente" nos ditadores, sem qualquer julgamento.

A troca de tiros no entorno da UM01417 de Târgovişte, onde estavam Nicolae e Elena Ceauşescu, começou no dia em que os dois foram trazidos ao quartel: 22 de dezembro. Depois da óbvia receita de usar rajadas curtas e sinais de luz no céu, assim como também nas telas do radar, os soldados lutavam contra atacantes inexistentes e contra alvos que apareciam e desapareciam do nada.

As primeiras trocas de tiro da unidade foram registradas em 22 de dezembro, logo após as 22h30. Os ditadores estavam no quartel havia quatro horas. Em Bucareste, os novos dirigentes do país sabiam tudo sobre a posição dos Ceauşescu. Ion Iliescu e o general Stănculescu haviam falado pessoalmente com os oficiais do Comando de Târgovişte.

No livro *Ceauşescu la Târgovişte* (Ceauşescu em Târgovişte), Viorel Domenico transcreveu do "Diário de guerra" do comandante da unidade: "Às 22h40 abriram fogo com armas de infantaria e artilharia contra um helicóptero, desferindo onze disparos de explosivos calibre 85 mm. Durante a ação contra o alvo aéreo, o inimigo fez uso de forte interferência no radar de localização".[1]

---

[1] Viorel Domenico, *Ceauşescu la Târgovişte*. Editora Ion Cristoiu, 1999.

No "Diário de guerra" não consta a finalidade da ação, se o alvo foi derrubado ou não. Oficiais da unidade, no entanto, confirmam que nenhuma aeronave foi derrubada, que nunca foi capturado nem um centímetro de chapa do "helicóptero inimigo". A explicação é simples e foi fornecida por especialistas em guerra eletrônica: as "aeronaves" não existiam de verdade, eram projeções virtuais. Elas só apareciam à noite, por duas razões:

1. para instigar um pânico suplementar;

2. porque durante o dia poderiam ser detectadas como falsas, pois os "hologramas" não tinham forma perfeita como a de um helicóptero, mas eram uma espécie de "vagões luminosos" capazes de simular, inclusive, o barulho de um ataque armado.

No mesmo "Diário de guerra" é apresentado outro ataque: o da manhã de 23 de dezembro."Entre as 4h30 e 6h45, o inimigo age com helicópteros na zona de fogo da UM 01417. De acordo com a missão recebida, as baterias antiaéreas abriram fogo contra alvos descobertos, disparando dez tiros explosivos. Um balão luminescente usado pelos terroristas para induzir ao erro foi derrubado."[2]

Ele queria escapar por entre as balas

Enquanto lá fora disparavam a torto e direito, os Ceaușescu estavam na sala que tinha duas janelas, bem no setor por onde a unidade seria supostamente atacada. Mais precisamente, do Liceu Industrial Petrolífero, localizado em frente ao quartel da UM 01417. A avenida Castanilor separava o quartel do Liceu.

Boboc sustenta que naquela noite, o "odioso" pediu-lhe para organizar sua fuga:

> Veio até mim: "Você pode arrumar um blindado com que possamos chegar a Voinești-Câmpulung para ir à casa de umas pessoas?". Eu

[2] Ibidem.

respondi: "Não estariam seguros. As pessoas que os seguiram vão continuar os seguindo". Bateu no meu ombro e sussurrou, como que se escondendo de Elena: "Eu lhe dou dinheiro, divisas, o que você quiser!". Eu disse a ele: "E que caminho tomaríamos? Estamos cercados por manifestantes e terroristas, que só esperam por isso". Então ele: "Eu sei, eu sei..". Eu o enganei: "Espere o tumulto se acalmar lá fora e poderemos sair". Ele se tranquilizou um pouco, mas a cada rajada, ambos entravam novamente em pânico. Mais tarde, ele me disse: "Podemos partir lá pelas 2 ou 3 horas da manhã, quando a situação se acalmar um pouco".[3]

A tensão das ruas podia ser sentida no quarto dos Ceaușescu. Boboc conta que, por causa da movimentação de forças lá fora, os ditadores quase não dormiram aquela noite. Foi a segunda noite inquieta, depois daquela na sede do CC do PCR.

A segunda investida contra a unidade ocorreu na manhã de 23 de dezembro. Os ataques foram precedidos por uma ameaça via telefone. O comandante da unidade, coronel Andrei Kemenici, lembrou-se daquele momento, vivido junto aos majores Țecu e Ion Mareș (do Exército) e do coronel Gheorghe Dinu (da Securitate).

Eu estava no escritório com Mareș, Dinu e Țecu. Eram 6h05. Analisamos as medidas que deveriam ser tomadas assim que amanhecesse. Tocou o telefone público. Mareș atendeu. Percebi que ele amarelou, que sua voz e mãos tremeram. Pedi o receptor e ouvi: "Kemenici, tenha cuidado!". Então a pessoa sabia quem eu era. Falava comigo com superioridade, chamando-me pelo nome. "Se em meia hora não entregar os traidores no portão, exterminaremos o quartel da face da Terra." Eu perguntei: "De que traidores está falando, e quem é o senhor?". E ele responde: "Tropas especiais. Veja, não tenho tempo para brincadeiras. Vocês têm meia hora". E desligou.[4]

De acordo com o mesmo Andrei Kemenici, meia hora depois, lá pelas 6h35, começou o inferno.

---

[3] Ibidem.
[4] Ibidem.

Os soldados que estavam de vigia detectaram, a uma altura suficientemente grande, cinco alvos aéreos que evoluíam como helicópteros. Eles não tinham aparecido nas telas do radar. Isso eu soube depois. A olho nu, viam-se as luzes claramente, indo para Târgovişte, para nós, para o norte. Então Mareş, que estava no centro do comando, deu sinal verde às baterias da artilharia antiaérea. Teve início um fogo acirrado, com armas de todos os calibres, incluindo as de infantaria. Seguramente na vertical. Havia um total de quinhentas bocas de fogo. Após esse surto de fogo, assim que se fez silêncio, recebi outro telefonema da mesma pessoa das "tropas especiais". "Pensou que estávamos brincando? Isso é só o começo".[5]

As rajadas do alto dos prédios

Outro depoimento referente à provocação foi dado por um dos guardas que ficava na porta da sala onde estavam os Ceauşescu. O primeiro-lugar-tenente Iulian Stoica viu atiradores no alto dos edifícios próximos ao quartel. Declarou Stoica:

> Do local onde eu estava, vi que de um edifício próximo atiraram sobre a unidade militar. Eram disparos bala a bala, não automáticos, mas em ritmo acelerado. No pátio havia tanques dotados de refletores. Eles iluminaram o local e gritaram para as pessoas do edifício para que saíssem das janelas e se deitassem no chão, porque eles iriam atirar. Atiravam do terraço do prédio e, do ângulo em que eu estava, vi luzes, o fogo do cano de uma arma. Na linha de tiro da arma havia uma escada de incêndio. Um sujeito de extraordinária destreza deslizou pela escada e desceu do prédio. Aqueles que atiravam o seguiram com uma rajada.[6]

Isso aconteceu também na manhã de 23 de dezembro, depois que as baterias antiaéreas atiraram em alvos fictícios durante a noite toda.

---

[5] Ibidem.
[6] Iulian Stoica, estenograma da audiência da Comissão Dezembro 1989, 1º de junho de 1994.

Os "terroristas" do guindaste

A histeria dos ataques terroristas. Um episódio desse tipo aconteceu em 24 de dezembro por volta das 17h. O coronel Ion Mareş estava patrulhando a cidade com o tanque.

Ion Mareş:

> De repente, nossa atenção foi atraída pelos gritos da multidão em cima de uma passarela. Faziam sinais para um guindaste usado para construir um complexo agroalimentar. Na plataforma, em cima, notei dois indivíduos. Ordenei ao comandante do tanque, segundo subtenente Petrescu, que movesse o tanque na direção do guindaste. Durante a manobra, um grupo de militares abriu fogo sobre aqueles dois. Eu gritei: "Não atirem!". O fogo cessou, mas um daqueles dois morreu. Ficou pendurado uns três ou quatro metros abaixo da plataforma, no pé do guindaste. Ordenei aos funcionários que prendessem o outro, que levantou as mãos. Era um homem alto, que usava um casaco jeans. Tinha uma barba espessa. Verifiquei seus documentos. Estremeci. Era um cidadão romeno de nacionalidade alemã. Cheirava a bebida e tinha um olhar como nunca havia visto antes. Fiz algumas perguntas. "Qual é o seu nome?" "Kurt Horst", respondeu. "Onde mora?" "Em Târgovişte." "Onde trabalha?" "No Complexo Industrial de Aços Especiais. Sou engenheiro", disse ele. "Que estava fazendo no guindaste?" "Fui à fazenda de um amigo e matamos um porco. Também bebemos um pouco. Quando voltei, aquele que estava comigo no guindaste disse-me para subir, para ver melhor o que estava acontecendo na cidade." "Bem", digo, "mas de lá estavam atirando sobre os manobristas da estação." Ele disse: "Não fomos nós". Ainda perguntei: "Quem é aquele que ficou pendurado no guindaste?". Ele: "Não o conheço, só o encontrei agora". Ordenei que fosse preso. Ele foi solto no dia seguinte. Veio sua esposa, que era assistente, e o médico do Centro Militar Distrital, que testemunharam a favor dele.[7]

---

[7] Viorel Domenico, op. cit.

Histeria no centro de comando

Dois soldados gravaram na memória o que aconteceu no gabinete do comandante da UM 01417, Andrei Kemenici, durante as missões de combate. Eis um momento tenso da noite de 22 para 23 de dezembro de 1989.

Coronel Kemenici

4h35 – Helicóptero ao chão, derrubem-no!
        A bateria 3 disparou sobre um objeto em movimento.
        – Ninguém foi a lugar nenhum, todo mundo em posição.
4h36 – Ouviu-se um estrondo de canhão na retaguarda.
        Verificar o que aconteceu!
4h38 – A bateria de 85 milímetros disparou sobre um objeto
        em movimento que explodiu. Verificar para obter dados.
4h40 – Entrar em contato com Dâmbovița!
        – Na ponte da siderúrgica, cinco Dacia 1300,
        um deles preto, dirigem-se ao Micro 11.
4h45 – Um helicóptero se aproxima da zona de fogo.
        Destruído imediatamente.
4h46 – Há outro helicóptero no ar.
        – Tenho tanques. Mandei buscar munição de artilharia.
        – Ciupitu vai trazer munição para os tanques.
        – Não consegui destruir os que estavam no solo.
        – Quero derrubá-los no ar, antes que atinjam o solo.

Ataque terrorista até o andaime do pintor

Outro capítulo da série "Quem atirou em nós depois de 22?" na UM 01417. Durante as provocações terroristas, os oficiais do quartel constataram que os militares atiravam contra um inimigo que não "acertava" o prédio do Comando, nem uma única bala sequer. Explica o primeiro-lugar-tenente Iulian Stoica:

Outro episódio interessante foi o ataque vindo da frente: o pavilhão teria sido atacado pelo pessoal do Liceu que ficava à nossa frente, do outro lado da avenida Castanilor. De onde eu estava, ouvi o canhão. Não sei em que momento abriram fogo, mas o tiro foi do quartel para a escola. Na comissão de inquérito, em 1990, constatou-se que todos os vestígios de balas provinham de nós. Da parte deles, não havia nada. Olhamos com muita atenção. Ainda mais interessante é o fato de que o pavilhão foi pintado por ordem do coronel Kemenici, como se estivesse crivado de balas. Isso pode ser visto ainda hoje, foi pintado até certa altura, até onde alcançava o andaime do pintor.[8]

Andrei Kemenici explicou por que recorreu a esse truque: pintar os "vestígios" de balas após os acontecimentos de dezembro de 1989, na fachada do Comando.

Reconheço, aumentei com reboco a quantidade de furos de balas, mas sem nenhum interesse pessoal. Milhares, dezenas de milhares de pessoas passavam diariamente pela estação, pela avenida Castanilor, entre os dois edifícios imponentes localizados frente a frente: a Escola Superior de Petróleo e o Quartel da UM 01417. Enquanto a escola estava completamente furada de balas, despedaçada, o prédio do quartel mantinha-se praticamente intacto. Havia poucos vestígios de balas, quase invisíveis da rua. Qualquer transeunte estava livre para olhar à esquerda e à direita. O que ele pensaria? Que nós atiramos feito loucos, sem motivo. Então, que foi que pensei? Vamos salvar a honra do Exército! Vamos dar algumas pinceladas e vamos resguardar a imagem do Exército.[9]

Ordem de Bucareste: executem os Ceauşescu!

O fenômeno terrorista simulado em torno do quartel de Târgovişte poderia tomar dimensões trágicas. Os soldados diretamente envolvidos na guarda dos Ceauşescu receberam ordens dúbias, fora da conduta militar.

---

[8] Iulian Stoica, estenograma da audiência da Comissão de dezembro de 1989, 1º de junho de 1994.
[9] Viorel Domenico, op. cit.

O comandante da UM 01417, Andrei Kemenici, ordenou várias vezes aos seus subordinados que executassem "acidentalmente" os dois ditadores.

Pressionado pela nova liderança de Bucareste no sentido de "recorrer ao método", o comandante do quartel de Târgoviște estava prestes a enviar os seus próprios oficiais à morte. Desde que recebeu os Ceaușescu na unidade, o coronel Kemenici foi pressionado, primeiro com sugestões, depois com ordens explícitas, a fechar as contas dos dois prisioneiros.

Após a conversa telefônica com o general Stănculescu (22 de dezembro, às 19h30 - 20h), Kemenici considerou qualquer ataque contra a unidade catastrófico. O coronel procurou situações em que seus subordinados pudessem "recorrer ao método", como tanto pedia Stănculescu. Executar os Ceaușescu e pronto. Porém os oficiais que receberam essas ordens fizeram todo o possível para não executá-las. As ordens eram dadas de tal modo que os assassinos do casal ditatorial também corriam o risco de ser liquidados.

"Ion, você executa Nicolae! Țecu, você executa Elena!"

Um dos primeiros momentos em que Kemenici quis "recorrer ao método" foi na manhã de 23 de dezembro. A loucura começou depois que a unidade recebeu o misterioso telefonema dizendo que entregasse os Ceaușescu "ou, em meia hora, o quartel vai desaparecer da face da Terra".[10]

O episódio foi relatado por um dos que custodiava os ditadores, o major Ion Mareș.

> Fomos provocados o tempo todo. O objetivo era um só: que nós os executássemos. Kemenici disse a mim e ao Țecu: "Ion, você executa Nicolae! Țecu, você executa Elena! Caso o quartel seja invadido". Esta foi a que recebemos, Țecu e eu. As ordens que Stoica ou outros receberam... são outra história. Eu tinha anotado em uma agenda tudo o que acontecera

---
[10] Ibidem.

até então, com horas e minutos, tudo o que fizemos. Assustei-me e rasguei a folha, perguntei ao Kemenici se podia rasgá-la. Fui até o bloco de alimentos. Havia um barril, pois tínhamos barris cheios de areia para os bombeiros. Na manhã do dia 23, quando começou o suplício, rasguei a folha em pedaços e a enterrei na areia. Foi uma espécie de diário de luta... Kemenici me chamou com a folha. Espere aí... Voltei ao barril, derrubei-o, juntei os pedaços rasgados, refiz o papel e o entreguei a Kemenici, para que o passasse no "Diário de guerra".[11]

O major Ion Țecu confirma totalmente a ordem recebida por ele e pelo major Ion Mareș do comandante Kemenici: "Ion, você executa Nicolae! Țecu, você executa Elena!".[12]

"Matem-nos e voltem às posições!"

O dia 24 de dezembro foi quando os oficiais da UM0 1417 receberam mais ordens de executar Nicolae e Elena Ceaușescu. Eram ordens desesperadas dadas por Kemenici, que, por sua vez, estava sendo pressionado por Bucareste, no sentido de "recorrer ao método". O depoimento do capitão Boboc reforça os testemunhos dos majores Țecu e Mareș.

Às 17h aconteceu algo que pareceu uma jogada de grande importância, diferente. Uma provocação, creio eu. Houve disparos provenientes do colégio do outro lado da unidade. Desencadeou-se um tiroteio acirrado vindo do interior do edifício. Foi um tumulto indescritível. Um estrondo, uma confusão e a perfeita debandada. Atiravam dos corredores, dos escritórios, dos quartos, de cima. Um eco assustador. E eu, lá dentro, tinha a impressão de que havia luta no corredor, que os terroristas tinham entrado no Comando. Na verdade, ouviam-se apenas os ruídos do interior. Do lado de fora, não atiravam. Nesse momento, o comandante passa correndo e diz: "O Comando está caindo!... Matem-nos e

---
[11] Entrevista com Ion Mareș, Târgoviște, 21 de abril de 2008.
[12] Entrevista Ion Țecu, Târgoviște, 21 de abril de 2008.

voltem às posições!... Salve-se quem puder!...". E desapareceu. Pouco depois, o silêncio imperou. Todos abandonaram o Comando. Ficamos apenas eu e Stoica, cuidando dos dois. Mais tarde fiquei sabendo que ao retornar à posição Kemenici teria avisado às pessoas que o Comando tinha caído. Sem coragem de executar a ordem recebida – a de exterminar os dois – saímos para o corredor. O Comando estava vazio. Em desordem. Silêncio. Todos tinham abandonado as suas posições. Os telefones do gabinete zumbiam... Não havia ninguém com quem falar. A quem pedir conselho? Pela janela, podíamos ver apenas duas pessoas no pátio, com armas apontadas para o Comando. Também tinham sumido aqueles dois tanques mantidos de prontidão para a retirada forçada daqueles dois – um na porta dos fundos, outro na frente do corpo da guarda. Talvez aguardassem a nossa saída. Então me dei conta do cenário: se tivéssemos executado os dois, nós teríamos sido baleados por não cuidarmos deles, por termos fugido e abandonado a missão que nos fora confiada. Poderiam declarar que os dois tiranos tinham sido mortos por desconhecidos que invadiram a unidade naqueles momentos conturbados. O pessoal foi voltando à unidade sem nos darmos conta de como. Cerca de uma hora após esse incidente, todos estavam em seus postos. O comandante nos evitou outra vez.[13]

"Descarregue um pente em um deles e mais um no outro!"

Outro oficial que permaneceu perto dos Ceauşescu, no período de 22 a 25 de dezembro, foi o primeiro-lugar-tenente Iulian Stoica. Ele ocupava uma posição estratégica: ficava na porta do recinto onde eram mantidos os ditadores. Stoica diz que ele recebeu várias ordens de liquidar os dois. A razão dada pelo comandante, o coronel Kemenici, era de que a unidade cairia "em mãos inimigas".

Eis o que declarou Iulian Stoica em 1994, perante a Comissão Dezembro 1989:

---
[13] Viorel Domenico, op. cit.

Pessoalmente, tive algumas dúvidas com relação ao comandante da unidade sobre a missão que me atribuiu. Fui acusado de traição na manhã de 25 de dezembro. Recebi a ordem de matar os Ceauşescu, sem julgamento, na noite de 24 para 25 de dezembro. Foi o coronel Kemenici que me deu tal ordem. Tudo aconteceu quando houve um bombardeio entre a escola e o Comando. Ele veio a mim, eu estava no corredor, e me disse: "Nós perdemos tudo! Virão nos pegar. Vá e descarregue um pente em um deles e mais um no outro!". E foi embora. Na manhã seguinte ele me disse que eu era traidor. Foi no dia 25 pela manhã. Não executei sua ordem e fiz bem. Um oficial declarou que tinha ordem de atirar em mim. Ele disse ter sido posicionado com tanque e metralhadora na direção da janela onde estavam aqueles dois e que, se escutasse tiros no quarto, deveria abrir fogo com a metralhadora de 14,5 mm. Quando eu entrasse, ele estaria bem na minha frente.[14]

Iulian Stoica foi o primeiro oficial de Târgovişte que acusou diretamente Kemenici de ter pretendido realizar um massacre no quartel: começaria com a execução dos Ceauşescu, para depois crivar de balas os guardiões, assassinos dos Ceauşescu.

"Vá lá e atire nos dois"

Os Ceauşescu passaram a noite de 24 de dezembro no pátio dos fundos do quartel, dentro de um tanque. O comandante Andrei Kemenici tentou liquidá-los ali também. Dessa vez, confiou a missão ao subtenente Constantin Stoican. Vamos conferir o testemunho do suboficial.

> Na noite de 24 para 25 de dezembro, dois TABs e mais tanques e infantaria foram enfileirados no pátio da unidade. No primeiro TAB, operado por um mecânico civil da usina de Moreni, estavam os dois Ceauşescu junto com Stoica, Boboc e Paise. No segundo, dirigido por mim, estava o coronel Kemenici, o tenente-coronel Dinu, o subtenente Birtan, um cabo radiotelegrafista e um soldado – os três últimos eram húngaros. Enquanto

---
[14] Iulian Stoica, estenograma da audiência da Comissão de dezembro de 1989, 1º de junho de 1994.

o cabo mexia no rádio – "Stejar, está me ouvindo?... Stejar, você está me ouvindo?" –, pela janela do comandante foram penosamente introduzidos dois sacos, que Dinu pegou e colocou no assento ao seu lado, com grande dificuldade. Embora eles dissessem que os dois sacos continham roupas, tenho certeza de que lá havia pessoas, pois os sacos pareciam ficar sentados no banco, como gente... Além disso, após essa operação, eles respiravam com dificuldade, ficaram ofegantes... Kemenici estava fora do TAB e me chamou. Usava um casaco e mantinha as mãos no bolso. Perguntou-me: "Ei, você sabe quem está naquele TAB?". Digo, ou não digo? "Bom, disseram alguma coisa... mas não tenho certeza." Ele acrescenta: "Se você quiser entrar para a história, vá lá e atire nos dois!". Dito isso, ele foi até o outro TAB, tirou o mecânico civil e me mandou tomar o seu lugar. Eu hesitei, mas não tive coragem de me opor, cheguei a lacrimejar de tanto medo. Expliquei que estava com a barba por fazer e que tinha vergonha de me apresentar ao comandante supremo naquele estado. Acabei subindo, mas empurrado. Eu os vi. Eram eles, os dois usavam uniformes militares. Olhei para Stoica e para Boboc. Cochilavam com as armas sobre os joelhos. Mal abriam os olhos e suas pálpebras se fechavam. Paise estava ao meu lado, com a arma travada numa vigia, apontada para fora, para que não pudesse usá-la no interior. Ele se agitava e se mexia, encostava nos dois e sussurrava algo com eles. Logo que subi nesse TAB, aquele outro, o das múmias nos sacos, desapareceu. Não cheguei a vê-lo nem no dia seguinte. Pensava comigo: devo ou não devo fazer o que ele mandou? Procurava o momento certo. Procurava pelo em ovo. Ora estava disposto a fazê-lo, ora desistia e deixava pra lá, tinha medo de fazer e de não fazer. Assim passou a noite. Recebemos ordem de voltar à unidade. Ao chegar à frente do Comando, procedi da mesma forma que vi procederem quando foram trazidos. Aceleramos os motores para criar uma cortina de fumaça e assim disfarçar sua descida do TAB.[15]

Em 1998 Iulian Stoica declarou que o subtenente Stoican lhe disse que tinha recebido de Kemenici a missão de atirar, tanto nos Ceauşescu como nos seus acompanhantes.

---

[15] Viorel Domenico, op. cit.

O capitão Ceauşescu, prisioneiro no caminhão

Em 23 de dezembro de 1989, em plena agitação terrorista, o "odioso" e a "sinistra" foram transferidos do Comando da UM 01417 de Târgovişte para o pátio da unidade. Um dia depois, Ceauşescu quis falar aos revolucionários, mas quebrou o nariz.

No dia 23 de dezembro de 1989, os Ceauşescu foram "disfarçados" de militares e escondidos em uma unidade de comando móvel. Ele vestia um capote de capitão, e ela, roupas de soldado, trazidas do almoxarifado da unidade.

Após uma noite e uma manhã vividas sob as rajadas contínuas que rondavam a UM 01417 de Târgovişte, a liderança da unidade militar decidiu transportar os Ceauşescu a um lugar secreto. Naquele momento, a maioria dos oficiais do Comando estava convencida de que forças maléficas ou irresponsáveis queriam pôr as mãos nos dois. A pergunta é: o comandante da unidade, coronel Andrei Kemenici, acreditava nisso ou estava ciente da estratégia diversionista e fazia figuração diante dos seus oficiais? Eis um dos mistérios não esclarecidos da operação "Târgovişte 89".

Invocando a ameaça terrorista, Kemenici decidiu esconder o casal Ceauşescu em um caminhão militar. O veículo, especialmente equipado, tinha a função específica de centro de comando móvel. Kemenici decidiu que o veículo em que estavam escondidos os dois ditadores ficasse camuflado entre dois galpões metálicos, no pátio da unidade. A poucas dezenas de metros do esconderijo, ficava o centro de comando de uma bateria antiaérea.

Andrei Kemenici:

Na manhã de 23 de dezembro, considerando a curta distância entre o meu gabinete e a sala onde eles estavam, cerca de 30 metros, tomei providências e os levei a um ponto de comando, um veículo blindado de transporte onde havia condições de trabalho, mas com as devidas medidas de segurança. Vesti os dois com capotes, bloqueei a zona e trouxe o veículo até a escadaria, depois comuniquei que não mais dirigiria as ações de luta daqui, mas do ponto de comando. Eu os segurei ali até a noite de 23 de dezembro. Na noite do dia 23, por causa da falta de higiene, precisei trazê-los de novo para perto do meu gabinete no Comando.[1]

Impõe-se uma correção: entre o gabinete de Kemenici e o dormitório dos Ceauşescu não havia "cerca de 30 metros", mas no máximo 10 metros pelo lado externo. Mesmo porque só havia uma parede dividindo os dois ambientes!

***

No ponto de comando móvel (PCM), os Ceauşescu também foram protegidos pelo capitão Ion Boboc e pelo primeiro-lugar-tenente Iulian Stoica. Boboc relata:

Na manhã de 23 de dezembro recebemos ordens e lhes dissemos que iríamos para um lugar mais protegido, que tínhamos que deixar a sala e o prédio e nos deslocar para outro lugar. Ele teve a ideia, surpreendente para mim, de que seria bom vesti-los com uniformes militares para que não fossem reconhecidos. A ideia foi aceita. Ele pegou meu capote e o quepe de um soldado, e ela vestiu um uniforme completo de soldado. Mais tarde soube que suas roupas civis foram tiradas e levadas à Inspetoria do Ministério do Interior. Subimos com eles em segredo – nem o próprio motorista sabia de quem se tratava – num ponto de comando móvel e fomos embora. Queríamos introduzir o veículo em uma garagem, mas não coube por causa da altura, então o escondi entre dois galpões. Por cima do veículo joguei uma lona e por cima dela, uma malha de camuflagem. Quando terminaram todas as manobras de estacionamento, Nicolae Ceauşescu se

---

[1] Andrei Kemenici, estenograma da audiência da Comissão de dezembro de 1989, 12 de julho de 1994.

mostrou profundamente descontente, censurou-me: "Por que viemos até aqui? Não vai nos levar aonde prometeu?". Eu lhe disse: "Ainda é perigoso... Quando não houver mais perigo, iremos". Fazia frio no caminhão. Eles estavam encolhidos, encostavam um no outro para se aquecer. Ele viu o aquecedor interno. Pediu-me para ligá-lo. Expliquei que não estava funcionando, que era assim que viviam os soldados no inverno durante as manobras, que não tínhamos óleo diesel, peças de reposição... Ele engoliu em seco e fez um gesto de nojo com a mão. Ela tentou acalmá-lo.[2]

Quando brigava com Boboc por não levá-los "aonde ele tinha prometido", Ceaușescu se referia ao seu sonho de chegar a Voinești.

Faziam suas necessidades sob uma lona de camuflagem

Depois de presenciarem a vida dos militares no quartel, os Ceaușescu passaram por uma nova experiência: a sobrevivência em campo. Capitão Ion Boboc:

> O motorista não sabia quem estava dentro do seu veículo. Ele tinha ordem de permanecer na cabine e, em caso de perigo, defender o veículo. Em determinado momento, deparamo-nos com o C.I. da unidade (oficial de contrainformações que pertencia à Securitate – N.A.), surgido como que por encanto. Stoica o viu e o manteve à distância, indo ao seu encontro. Bem naquele momento, os dois tinham saído para fazerem as suas necessidades perto do caminhão, embaixo da lona e da cortina de camuflagem, e eles olhavam para fora como na roça, atrás de uma cortina, a céu aberto. O C.I. perguntou a Stoica qual era a sua missão e por que havia camuflado o veículo. Ele respondeu: "Pergunte ao comandante da unidade! Eu tenho ordem de não deixar ninguém se aproximar e o aconselho a cuidar da própria vida". Ele saiu. Stoica me disse: "Se ele voltar mais uma vez, atiro nele". Não voltou mais.[3]

---

[2] Viorel Domenico, *Ceaușescu la Târgoviște*. Editora Ion Cristoiu, 1999.
[3] Ibidem.

No momento em que saía para se aliviar atrás do caminhão, entre os arbustos, Ceaușescu observou o lugar onde estava. A apenas algumas centenas de metros viam-se as chaminés do Complexo Industrial de Aços Especiais. O caminho pelo qual viera do quartel desembocava no anel viário da cidade de Târgoviște.

O capitão Boboc passou por uma nova experiência.

> Ceaușescu continuava obcecado pela ideia de deixar a área de cativeiro e, vendo os TABs e os tanques no pátio, disse: "Seria bom montar uma coluna de blindados e partir para Bucareste". Eu respondi: "Não dá. A situação em Bucareste está confusa. Os terroristas da sua guarda estão atirando". Furioso, com desdém, pegou seu capote e levantou-se para sair: "Você não é um verdadeiro comunista! Sou o seu comandante supremo e ordeno!". Eu o interrompi: "Entendi, eu entendo o senhor, mas executo ordens do meu comandante direto". Ele me disse: "Leve-me ao seu comandante". "Agora não posso", respondi. Ele, com raiva: "Eu vou embora! Se vocês não me derem um tanque, saio na estrada e acho um carro para me levar a Bucareste. Não posso ficar aqui enquanto o país é destroçado pelas mãos de traidores!".[4]

Na tentativa de acalmar a situação, o capitão Ion Boboc pediu ao primeiro-lugar-tenente Iulian Stoica para comunicar o ocorrido a Kemenici. Isso acalmou um pouco o ditador. "Os dois Ceaușescu sentaram à mesa do ponto de comando, frente a frente e começaram a cochichar. Ao mesmo tempo, ele traçava esquemas com o dedo sobre a mesa",[5] relatou Boboc.

***

Ainda no caminhão, o primeiro-lugar-tenente Iulian Stoica teve algumas altercações bastante duras com o "comandante supremo". Os nervos começavam a fraquejar. Conta Stoica:

> Bem cedo, quando ele saiu do caminhão para se aliviar, começou a vociferar lá fora que fosse levado aos seus trabalhadores do Complexo Industrial. Eu também gritei com ele e lhe disse: "Leve-a também e vão jun-

---

[4] Ibidem.
[5] Ibidem.

tos até lá, que não andarão mais do que 10, 20, 25 metros! Serão vistos e farão picadinho de vocês, atirarão tudo o que têm em vocês. Até granadas atirarão em vocês". Eu disse a eles para saírem da lona do esconderijo e o ajudei, puxando-o para um canto. "Vamos lá, eu ajudo vocês a saírem daqui, pois já estou cheio de tudo isso!" Ela o acalmou e entraram. Lá, houve outra discussão. "Dê-me uma arma com trinta balas, pegue um blindado e dois tanques e vamos para Bucareste ou para Voineşti! Quero chegar ao Comitê Central, especialmente à Televisão. Para falar ao povo romeno sobre a traição...". E desfilou o discurso clássico. Traição e mais traição, e mais agências estrangeiras... Digo: "Não! Isso não posso fazer!". "Eu vejo você, tão jovem, e não obedece às ordens do comandante supremo... qual é o seu nome?" Novamente lhe digo quem sou. Mas ele continua: "De onde você é? Você é membro do partido? E não luta pela causa?". Nesse hora, digo: "Que causa, senhor? Não está vendo que...". Interrompeu-me: "E por que não executa as ordens do comandante supremo?". Eu respondi: "Não executo as ordens de ninguém, executo as ordens de quem eu quero. Desde a morte do general Milea, por favor, considere-me um oficial rebelde – executo só o que me dá na telha". Ele ficou irritado: "Aaaah, um oficial rebelde! Muito bem! Quando toda essa história acabar, vou executar toda a sua família e você será o último para que assista a tudo. E todos aqueles que não cumpriram as nossas ordens". Fiquei furioso e saí.[6]

Uma casca de pão

Se na noite anterior, quando os Ceauşescu chegaram à unidade, eles ficaram indignados por não receberem água mineral e ricota, no dia 23 de dezembro, quando estavam no blindado, pareciam estar resignados com o regime do quartel.

Capitão Ion Boboc:

---

[6] Ibidem.

Era meio-dia. Não tinham comido nada desde a noite anterior. Ela me disse: "Ele precisa comer um pouco, várias vezes ao dia. E precisa dos remédios. Telefonem para que tragam os remédios dele!". Enquanto isso, Stoica também veio do Comando, sem nenhuma resposta, e o mandei buscar comida além de se informar sobre os remédios que os dois precisavam tomar. Quando Stoica voltou, trouxe queijo, salame, pão preto e água. Coloquei tudo na mesa, para que eles se servissem. O momento de raiva tinha passado. Olharam para os alimentos que estavam dispostos diante deles e disseram, quase com lágrimas nos olhos: "É este o salame para eu comer? Este queijo para...?". Repeti o que já lhes havia dito na unidade: "Ficaríamos felizes se tivéssemos este salame e este queijo todos os dias". Ele me fitou demoradamente. Pegou um pedaço de pão, colocou duas fatias de salame e me ofereceu: "Tome, coma você, porque nem você...". Seu gesto me impressionou e pensei que, no fundo, nós dois compartilhávamos a mesma sorte, ambos estávamos presos. Ambos estávamos esquecidos pelos nossos. Eu estava isolado, desgarrado da unidade. Mantinha contato apenas com Stoica e qualquer intermediário me induzia à dúvida. Porque nem eu nem ele tínhamos com quem nos comunicar. Pregávamos no deserto, pois ninguém mais nos escutava. Ele partiu e comeu apenas a casca do pão e bebeu água.[7]

Perto das 15h, Constantin Paise dirigiu-se à unidade a fim de checar por que o almoço estava demorando. O caminho pelo pátio até a unidade passava pelo Autoparque. Lá, alguns motoristas e mecânicos e todos os soldados ficaram de olho na farda de policial do Paise. Pensaram que era um terrorista infiltrado no quartel. Paise foi espancado e levado à força para o Corpo da Guarda, para ser jogado na prisão.

Justo naquele momento, o major Ion Țecu saía do Comando. Estava levando o almoço para os Ceaușescu. Țecu viu que Paise apanhara bastante e explicou aos dois que o levavam – um suboficial e um soldado – que o policial não era um terrorista. Pegou Paise e o deixou no seu escritório e depois foi para o campo levar o almoço aos dois ditadores. Eles estavam mortos de fome.

---

[7] Ibidem.

"Cobriram o camarada de sangue!"

No quartel da UM 01417 de Târgovişte a tensão tornou-se insustentável. As provocações sucediam-se num ritmo alucinante. Os militares imaginavam todos os cenários possíveis, ainda mais que a presença dos ditadores no quartel acabou sendo um segredo impossível de guardar. O que será que o comandante Kemenici tem a esconder? Por que não admite que os ditadores estão no Comando? Por que consulta apenas o coronel da Securitate (Gheorghe Dinu) e os secretários do partido das duas unidades (majores Țecu e Mareș)? Será que Kemenici está tentando deixar os Ceauasescu fugirem e alegar que escaparam? Naqueles momentos de total incerteza houve mesmo certas iniciativas por parte de alguns oficiais de forçarem a entrada no Comando e pegar os dois "prisioneiros". Assim, a glória não seria apenas de Kemenici!

Era um quartel superlotado: cerca de quinhentos soldados "locais" (empregados na UM 01417 e na UM 01378) e cerca de setecentos soldados trazidos de outros lugares (Câmpulung Muscel, Ploiești, Moreni, Teiș) como "reforços". No total, cerca de 1.200 militares armados, prontos para a luta desde 17 de dezembro.

Por não se conhecerem, os oficiais das duas unidades do quartel e os que chegaram como reforço suspeitavam uns dos outros, especialmente porque eles tinham uniformes de cores e divisas diferentes. Os artilheiros da antiaérea, caçadores de montanha, soldados de infantaria, tripulantes de tanques, batedores, especialistas de radar... Todas essas subunidades foram deslocadas para o "quartel da estação ferroviária" por ordem do general Victor Atanasie Stănculescu. Essa mobilização militar maciça devia-se à presença dos Ceaușescu na unidade.

As tensões acumuladas no quartel criariam mais incidentes.

***

Nicolae Ceaușescu começou a perder a confiança no capitão Boboc. O oficial lhe havia dado a entender que tentaria tirá-lo da unidade, levá-lo a Voinești ou, pelo menos, ao Complexo Industrial de Aços Especiais, mas nada tinha mudado. No dia seguinte, após os choques vividos no caminhão militar, os Ceaușescu passaram por mais uma experiência traumática. Até então, tinham congelado de frio no caminhão, comido mal e dormido quando possível. Além disso, tiveram que usar roupa militar de campanha, um capote cáqui sobre as roupas civis, um gorro (ela) e um quepe (ele) enfiado na cabeça.

O personagem central do domingo, 24 de dezembro, por volta do meio-dia, foi o capitão Ion Boboc.

> Na frente da unidade militar, retornaram os manifestantes, os revolucionários de toda a cidade, milhares de pessoas exigindo a cabeça de Ceaușescu. Ele ouvia os slogans: "Olê, olê, olá, Ceaușescu não tá mais lá", "Ceaușescu, era nova/vai passar na cova!", "Morte à ditadura!", "Hitler, Stalin, Ceaușescu", "O sapateiro e a analfabeta" etc. Mesmo assim ele quis abrir a janela que estava a cerca de 20 metros da rua. Eu me opus. Disse que não seria possível, porque "as pessoas não sabem que vocês estão aqui". "Melhor ainda. Quando me virem, vão acabar com a palhaçada... Tenho que dizer ao povo que o país está sendo traído!" Tirei-o da janela, ele me empurrou, eu fiz o mesmo, nos atracamos, ambos estávamos desesperados e não sei como isso aconteceu, o fato é que o vi cheio de sangue. Escorria-lhe sangue do nariz, enquanto Elena gritava comigo: "Ei, ei, camarada... Por que está batendo no comandante supremo?". Então, ela foi até a porta e bateu com os punhos, gritando: "Ele está nos matando... desmiolado, bandido... por favor, alguém nos acuda, ele encheu o camarada de sangue!"... Stoica entrou, assustado. Ele gritou: "Parem com isso!". Depois, veio o comandante. Eu estava exausto, perdido e Nicolae Ceaușescu disse: "Este traidor bateu no comandante supremo, quis me matar...".[8]

As duas janelas do quarto estavam forradas com cobertores, para que ninguém de fora ou de dentro enxergasse qualquer coisa. Nicolae Ceaușescu subiu com um pé na cama e outro na cadeira ao lado e quis arrancar o cobertor da janela. Boboc o puxou para baixo e ele, na queda, bateu de encontro ao cabideiro próximo da cama.

***

---

[8] Ibidem.

O capitão Boboc continua seu depoimento.

O comandante resolveu a situação de modo impecável, penso eu: trocou-nos de lugar. Pronto! Ele disse: "Boboc você fica na porta e você, Stoica, vai proteger o comandante supremo dentro do quarto!". E sumiu. Então me mudaram. Era o que eu mais queria. Aquilo que tinha pedido ao Mareş, porque sentia que não conseguiria resistir, nem física (estava morrendo de cansaço) nem psicologicamente (aquela incerteza e indefinição da minha missão), e que o Mareş negou por considerar a necessidade de manter o segredo da missão. ("Mas até quando?", perguntei-lhe. "Até quando for necessário', afirmou ele).[9]

Quando calculou a distância entre a janela de Ceauşescu e a Avenida Castanilor em "cerca de 20 metros", o capitão Ion Boboc fez uma estimativa bastante precisa. Medições no lugar mostraram que a distância exata era de 26,3 metros. Era isso que separava os ditadores-prisioneiros do "povo" que eles tanto invocavam e que, na verdade, pretendia linchá-los...

***

O incidente entre Ceauşescu e Boboc também foi narrado pelo comandante da unidade, o coronel Andrei Kemenici.

Passando pela avenida, os manifestantes pararam em frente à unidade gritando "Olê, olê, olá, Ceauşescu não tá mais lá". Ele ouviu, mas não interpretou o slogan no sentido do entusiasmo popular pela queda da ditadura, mas ao contrário: "O que faremos sem Ceauşescu, que não está mais lá?". Ceauşescu queria abrir a janela, que ficava a 26 metros dos manifestantes, para falar com eles, mas Boboc o impediu. Furioso, Ceauşescu forçou a saída em público e o oficial o puxou da janela. Ceauşescu se desequilibrou e caiu, batendo na quina da mesa e aí escorreu um pouco de sangue e Elena se assustou e começou a gritar: "Acudam, o assassino está matando o camarada!". Stoica, que guardava a parte externa da porta, assustou-se e me chamou: "É uma briga!". Eu entrei, acalmei a atmosfera, tirando o Boboc do quarto e colocando o Stoica em seu lugar, como segurança interno, ao lado de Paise. Ou seja, troquei as suas posições...[10]

---

[9] Ibidem.
[10] Ibidem.

A versão do primeiro-lugar-tenente Iulian Stoica não difere muito da de Boboc. Somente a hora é muito defasada porque, naqueles dias, o passar do tempo era bastante relativo para os oficiais presos na vertiginosa situação.

> Na manhã de 24 de dezembro, por volta das 10h-10h30, ocorreu um pequeno acidente no quarto onde estavam os Ceaușescu. Ele, Nicolae, teve um momento de perda de controle, foi até a janela e disse que desejava falar ao povo, enquanto nas ruas havia grupos de manifestantes. O capitão Boboc o segurou e puxou para baixo, para que não lhe acontecesse nada – era perigoso – para que nossos colegas não descobrissem que eles estavam lá, pois assim havia sido decidido, que ninguém soubesse que eles estavam ali. Eu ouvi a briga e abri a porta. Escorria sangue do nariz de Ceaușescu. O capitão Boboc estava extremamente nervoso e transfigurado e ela dizia que Boboc tinha batido no comandante supremo e pedia que alguém viesse em socorro. Eu chamei o coronel Kemenici, a quem Ceaușescu disse que foi empurrado, que ele queria falar ao povo. O capitão Boboc afirmou que não aguentava mais e pediu para trocar de lugar. Foi quando o sr. Kemenici ordenou que eu ficasse dentro do quarto que o capitão Boboc ficaria no meu antigo lugar, lá fora. Ceaușescu disse que Boboc devia ser julgado e condenado por ter batido no comandante supremo.[11]

Iulian Stoica ficaria apenas algumas horas na sala com os ditadores. No período da tarde, do mesmo dia, Ceaușescu aproveitou a visita do major Ion Țecu para dizer com firmeza: "Eu não quero mais ficar com esse daí! Prefiro o outro!". *Esse daí era Stoica, o outro, Boboc.*

Țecu aconselhou-se com Kemenici e decidiram satisfazer "o convidado". Assim, Boboc retomou a posição de guarda dentro da sala-dormitório, e Stoica voltou para a porta.

No quartel, a vida continuava. Pressentia-se que o hálito gelado da morte estava cada vez mais perto.

---

[11] Ibidem.

O segredo da floresta

No quartel de Târgovişte, Ceauşescu prometeu "dinheiro e divisas" para um oficial e "um milhão de dólares" para outro. Ele queria fugir para Voineşti, para um Centro de Comando do Exército para situações de guerra. O ditador acreditava que dessa maneira poderia neutralizar o golpe militar em Bucareste. Mera ilusão.

No comício de 21 de dezembro de 1989, Nicolae Ceauşescu prometia aos romenos uma soma de cem lei a mais na aposentadoria. Nos três dias seguintes a oferta aumentou para um milhão de dólares. Entretanto, não valia para todo mundo, apenas para os soldados que o vigiavam no quartel de Târgovişte! A jogada era salvar o casal de ditadores.

***

Depois da fuga de Bucareste, o casal Ceauşescu foi parar nas mãos de civis e militares. Nos últimos três dias de vida, eles tentaram subornar alguns deles. Ou melhor, tentaram fazer promessas de suborno, porque não tinham dinheiro com eles.

Uma vez no quartel da UM 01417 de Târgovişte, na noite de 22 de dezembro, Nicolae Ceauşescu e Elena foram entregues à guarda de alguns oficiais, suboficiais e soldados de plantão. Dois deles comentaram as tentativas de Ceauşescu de comprar sua colaboração, com muito dinheiro: o capitão Ion Boboc, que estava na sala com os ditadores e o primeiro-lugar-tenente Iulian Stoica, segurança da porta. Boboc falou sobre "dinheiro e divisas", Stoica menciona um montante: um milhão de dólares.

O capitão Boboc foi aliciado depois da meia-noite de 22 para 23 de dezembro. "O senhor pode garantir um blindado para que eu vá à zona Voinești-Câmpulung, à casa de algumas pessoas?",[1] Ceaușescu perguntou. O oficial não tinha como saber por que o comandante supremo insistia em sair de Târgoviște, rumo a Voinești. Era um dos segredos de Ceaușescu.

"Garoto, você pode ganhar um milhão de dólares!"

Subitamente, o primeiro-lugar-tenente Iulian Stoica encontrou-se sozinho com os Ceaușescu entre quatro paredes, em 24 de dezembro, quando o capitão Boboc foi "removido" por algumas horas, depois do incidente com o seu prisioneiro. Em situação normal, Constantin Paise, o subtenente da polícia que tinha "grudado" no casal Ceaușescu, também deveria estar na sala. Porém, no momento do incidente entre Boboc e o ditador fugitivo, Paise não estava lá. Tinha ido buscar comida na cantina e só voltaria meia hora depois.

Stoica declarou perante a Comissão de "Dezembro de 1989": "Na entrada do escritório havia um pequeno biombo com uma cadeira. Senti a necessidade de sentar um pouco. Ceaușescu andava agitado e, em dado momento, veio até mim, colocou a mão na minha divisa, do lado direito e disse: 'Garoto, você pode ganhar um milhão de dólares e qualquer posição dentro do Exército romeno se me tirar daqui e me levar a Voinești!'. Eu respondi que ele não tinha nenhuma chance. Foi quando Elena Ceaușescu disse: 'Deixe-o em paz, meu bem, não vê que ele é servo do Iliescu?'".[2]

Coincidência: tanto para Stoica como para Boboc, Ceaușescu pediu para ser levado a Voinești. Sinal de que lá havia alguma jogada importante. Pelo menos na mente de um homem desesperado.

---

[1] Viorel Domenico, *Ceaușescu la Târgoviște*. Editora Ion Cristoiu, 1999
[2] Iulian Stoica, estenograma da audiência da Comissão de dezembro de 1989", 1º de junho de 1994.

Ponto de comando

No tocante ao dinheiro prometido por Ceaușescu podem ser levantadas duas questões fundamentais:
1. Por que Ceaușescu queria a todo custo ir a Voinești-Câmpulung?
2. Como ele teria, naquelas condições, um milhão de dólares?

Vamos analisar cada uma delas.

A insistência de Ceaușescu em deixar a cidade de Târgoviște rumo a Voinești pode ser explicada por um detalhe de ordem militar. Em 1989, depois da Inspetoria Distrital de Proteção de Plantas, poucas centenas de metros adiante, havia uma estrada à direita. Tal estrada levava a uma floresta nos arredores de Târgoviște. Na floresta havia uma unidade militar estrategicamente importante: o Ponto de Comando do Exército (PCE) para situações de guerra. Ele pertencia ao Exército I (liderado naquele tempo pelo general Gheorghe Voinea) e cobria toda a zona sul da Romênia, de Mehedinți até Tulcea e do Danúbio até os cumes dos Cárpatos Meridionais.

A unidade de comando – estritamente secreta – estava aparelhada para atuar em tempos de guerra, inclusive com um centro de controle de radar e uma torre de comando. Isso significava que, teoricamente, Nicolae Ceaușescu poderia assumir o comando do Exército I, que também operava na zona da capital. Com uma condição: se as pessoas daquela unidade o reconhecessem como comandante supremo. Era praticamente uma utopia, pois Bucareste tivera o cuidado de dar as ordens convenientes e a televisão não parava de rotular o fugitivo como "tirano", "carrasco" e "ditador". O plano para derrubar Ceaușescu funcionou perfeitamente e o golpe foi avassalador.

Mesmo que recebesse ajuda de alguns oficiais leais, Ceaușescu teria perdido o jogo. O apoio esperado desse ponto de comando era uma esperança vã à qual se apegava o fugitivo, como um afogado agarrado a um galho.

As cadernetas de poupança de Rusu e o pacote de Decă

No tocante às promessas financeiras, as coisas são claras: Ceaușescu não tinha dinheiro nem para comprar uma camisa (só se fosse com a ajuda de alguém, naturalmente, pois ele não podia sair do quartel). Tinha se separado dos seus últimos recursos na estrada para Târgoviște. Em Sălcuța, na zona Titu-Boteni, onde aterrissara de helicóptero, ficou sem as sete cadernetas de poupança que totalizavam 3,5 milhões de lei (o equivalente a cinquenta carros de passeio Dacia, naquela época). As cadernetas, em nome dos filhos e do único neto, estavam numa pasta aos cuidados de um dos guarda-costas, o capitão Marian Rusu. Ao se separarem de Rusu, a pasta – que continha as cadernetas e tudo o mais – ficou com o oficial da Securitate.

Depois, houve o mistério do pacote "volumoso e pesado" – conforme lembram testemunhas oculares – que tinha sido colocado no mesmo lugar, em Sălcuța, no porta-malas do Dacia dirigido pelo dr. Nicolae Decă. Em Văcărești, 35 quilômetros mais adiante, os Ceaușescu foram transferidos para outro Dacia, mas o pacote ficou no porta-malas de Decă.

Assim, de onde Ceaușescu tiraria tanto dinheiro a ponto de prometer milhões de dólares? Um mistério que o dr. Decă talvez pudesse elucidar, desde que contasse a história de seu destino de norte-americano próspero traçado em pouco tempo, logo após a Revolução...

Com o tanque, rumo à capital

No dia 24 de dezembro de 1989 na UM 01417 de Târgovişte ocorreram fatos que poderiam levar a um grande derramamento de sangue e ao massacre dos ditadores no dia anterior. As provocações sucediam-se em ritmo alucinado. O coronel Kemenici estava a ponto de iniciar uma marcha rumo à capital, com uma coluna de tanques e com os Ceauşescu a bordo.

Sob a mira das provocações terroristas, o comandante do quartel de Târgovişte deu sinais de que a situação estava fugindo de controle. No dia 24 de dezembro de 1989, o coronel Andrei Kemenici comportou-se como um militar imprudente. Ora desaparecia por cerca de uma hora do ponto de comando, ora ordenava a partida do casal Ceauşescu, com uma coluna de tanques, para Bucareste. E tudo isso enquanto o general Victor Atanasie Stănculescu o pressionava a "recorrer ao método", ou seja, a liquidar os ditadores.

No "Diário de guerra" da UM 01417 apareceu uma anotação que levava a crer que a unidade de Kemenici iria à guerra. Era uma ordem de preparar tropas, desde os menores detalhes técnicos da munição até a alimentação para os soldados.

"A partir das 15h, foram abastecidos com combustível líquido todos os carros, tratores, tanques e autocanhões existentes no pátio do quartel. Foram usadas cerca de 7,5 toneladas de combustível. Também foi tirada do armazenamento e carregada em caminhões a comida fria para um dia de batalha".[1] Toda essa mobilização, desencadeada por ordem de Kemenici, preparava o deslocamento da coluna de blindados para Bucareste. Antes de formar a coluna,

---
[1] Viorel Domenico, *Ceauşescu la Târgovişte*. Editora Ion Cristoiu, 1999.

Kemenici foi aconselhar-se com o tenente-coronel N.E. Mutu, comandante de uma divisão de tanques de Teiş. A coluna deveria ser composta por dezesseis tanques, que acompanhariam os três veículos blindados (TABs) nos quais estavam os Ceauşescu, seus guardas e os oficiais do Comando.

***

O tenente-coronel M.E. Mutu relembra aquelas horas terríveis.

> Na noite de 24 de dezembro, o lado norte da unidade foi fortemente atacado. Na direção do tanque onde eu estava, vinha um TAB com um único farol aceso. Virei um dos tanques para dentro... Era o comandante, o coronel Kemenici. Ele me perguntou com quantos tanques poderia contar no caso de uma marcha rápida, possivelmente para Bucareste. Nenhuma ordem foi dada, mas precisava haver uma alternativa se as forças hostis se infiltrassem no Comando da unidade... E no caso de não haver mais contato com Bucareste... Que faríamos com eles?... Informei-lhe que poderia sair imediatamente com dezesseis tanques. Debatemos a questão durante uma hora. Se o quartel caísse e perdêssemos contato com o Ministério, sairíamos com os blindados e com os prisioneiros para um local qualquer onde tentaríamos organizar a defesa. Se por acaso fôssemos fortemente atacados ali também, resistiríamos o quanto fosse possível e, depois, nós mesmos mataríamos os Ceauşescu. Eles não escapariam de jeito nenhum.[2]

***

Qual foi o motivo ou o pretexto invocado por Kemenici para acionar a marcha rumo a Bucareste? Tudo começou com um novo telefonema ameaçador.

Eis o que o major Ion Mareş escreveu em suas memórias:

> Em 24 de dezembro, em torno das 19h-19h30, depois que terminei o relatório sobre as ações nas quais participei, um dos telefones tocou insistentemente. Todo o "Estado-Maior" da operação de Târgovişte estava no gabinete.

---

[2] Ibidem.

O coronel Kemenici atendeu. De repente, ele ficou lívido. Desligou o telefone, ficou pensativo e, em seguida, disse: "Uma noite difícil nos aguarda. Temos que fazer alguma coisa". Eu perguntei: "Mas o que aconteceu?". Ele olhou para mim e respondeu: "Vamos ser atacados com gás e depois haverá um desembarque aéreo. Provavelmente serão três aviões com pessoal treinado para agir em tais condições". Ficamos preocupados com essa notícia. No gabinete pairou um silêncio macabro. Ninguém sabia o que dizer. Era demais para nós. Foi o próprio senhor Kemenici que propôs: "Encontrei a solução! Vamos levá-los a Bucareste!". Eu falei: "Sim, mas como?". Kemenici respondeu: "Simples. Temos tanques e transportadores TABs. Montamos uma coluna, colocamos eles dentro de um tanque e só paramos com eles no Ministério".[3]

A iniciativa de Kemenici parecia uma loucura. Os majores Țecu e Mareș alertaram o comandante de que se tratava de uma decisão arriscada.

***

A reação dos colegas levou Kemenici a consultar Bucareste antes de colocar os blindados em movimento. Ligou para o general Victor Stănculescu, do Ministério de Defesa, para comunicar-lhe o seu plano.

O major Ion Mareș presenciou a conversa telefônica entre Kemenici e Stănculescu.

Ele pegou o telefone, discou um número e disse: "Senhor general, não podemos resistir ao ataque anunciado. Vamos levá-los a Bucareste". Em seguida, o coronel Kemenici disse apenas: "Entendi... entendi...". Ao desligar, ficou pensativo. E então nos disse: "Falei com o general Stănculescu. Ele disse que a missão rumo a Bucareste seria uma catástrofe. E que a situação ficou fora de controle. Ordenou-me que aguardasse novas instruções". Foi quando perguntei: "Bem, nesse caso, que vamos fazer?". Ao que o coronel Kemenici respondeu: "Tomaremos medidas para nos defender, mas também nos prepararemos para a ação. Se for necessário, apelaremos para elas". Eu, então: "Nesse caso, acho que eu deveria entrar em contato com o comandante e com o chefe do Estado-Maior da defesa antiaérea".

[3] Ion Mareș, Diário pessoal.

Kemenici concordou: "Está bem. Você, Țecu e o coronel Dinu preparem a outra ação. O Estado-Maior precisa reorganizar a defesa".[4]

Nada mais era do que o início de uma ação sem propósito. Uma desorganização total, em que, se os soldados executassem as ordens de Kemenici, o resultado seria um massacre.

"Não faça nenhum movimento sem minha ordem!"

O coronel Kemenici também falou das conversas com o general Stănculescu.

> Depois que relatei a situação a Stănculescu e pedi que mandasse alguém para tirá-los das minhas costas ou eu os levaria para Bucareste, ele teve um acesso de raiva: "Não, não... isso seria uma catástrofe... Aqui os acontecimentos estão fora de controle... A situação é confusa e incerta. Não, isso de jeito nenhum... Mantenha-os aí o máximo possível e aguarde novas ordens minhas... Vou tomar providências". Eu respondi: "Bem, prepararei ações de defesa, mas ao mesmo tempo organizarei também o deslocamento. Se necessário, recorrerei a isso. Eu os levo para onde o senhor mandar, mas não fico mais com eles aqui!". "Não faça nenhum movimento sem minha ordem! Vou tomar medidas", disse Stănculescu no final.[5]

Kemenici mandou os subalternos redigirem a ordem de marchar para Bucareste, enquanto ele, Țecu e Dinu elaborariam o plano de ação.

Para entender a mensagem confusa de Stănculescu, devemos considerar o que estava acontecendo naqueles momentos em Bucareste, na sede do Ministério de Defesa. O general Stănculescu havia perdido poder, tendo sido obrigado a executar as ordens do general Nicolae Militaru pela hierarquia militar, e do rolo compressor da dobradinha Ion Iliescu–Silviu Brucan pela linha civil. Esse grupo do poder estava

---

[4] Viorel Domenico, op. cit.
[5] Ibidem.

justamente decidindo "a solução final" para os Ceaușescu: julgamento sumário, condenação à morte e execução imediata.

É por isso que Stănculescu estava adiando a conversa com Kemenici: porque ele esperava a decisão do grupo Iliescu–Brucan–Militaru! Decisão que deveria ser mantida em segredo até o dia seguinte.

O sumiço de Kemenici

Perto da meia-noite, Kemenici desapareceu por quase duas horas. O primeiro-lugar-tenente Iulian Stoica declararia:

> Era a noite de 24 para 25 de dezembro, em torno das 22h. Um pouco mais cedo ele havia me dado a ordem de executar os Ceaușescu. Às 22h o sr. Kemenici saiu. Ele estava circulando pela unidade. Os dois TABs da frente da porta do Comando haviam desaparecido. Mais tarde, eu soube que tinham ido abastecer. Quando não viu mais os dois TABs, Kemenici deu no pé. Ele fugiu para o pátio como um desertor. Chegou a algum lugar na Zona II, pelo lado de trás da unidade. Os componentes das unidades foram avisados por ele de que os terroristas tinham chegado, de que o Comando tinha caído e de que tínhamos perdido tudo. Também lhes disse que quatro TABs tinham sido tomados pelos terroristas e que a Securitate nos tinha traído.[6]

Naquelas circunstâncias, os oficiais que haviam recebido ordens de embarcar para Bucareste executaram sua missão. Colocaram os Ceaușescu num TAB e esperaram cerca de duas horas.

As manobras de Kemenici tornaram-se mais claras: ele tentou mandar o TAB com os Ceaușescu para o campo, pela frente do pátio, com a intenção de transformar a situação num *ataque blindado* contra a unidade, para que fosse destruído. Porém os soldados reconheceram o TAB como sendo da unidade e não atiraram nele.

***

---

[6] Iulian Stoica, transcrição da audiência da Comissão de dezembro de 1989", 1º de junho de 1994.

O coronel Kemenici tem sua própria explicação para essa crise. Ele diz que o sumiço dos TABs da frente do Comando o fez perder a razão.

> Desde a noite de 22 de dezembro, os TABs não tinham saído das duas entradas. Eu estava apavorado. Ao mesmo tempo, lá da estação começaram a atirar contra a unidade. Então pensei: "Pronto! Isso é uma traição!". E não sei como, mas naquele momento me perdi. Comecei a correr, atravessei o pátio interno, em direção à posição dos atiradores, sozinho, para procurar os TABs... Eu estava sozinho, confuso... Como se estivesse drogado. Tudo girava ao meu redor. Tudo rodava. Parecia estar sofrendo uma alucinação. Estava perdido no quartel que conhecia como a palma da minha mão. Eu vivia lá havia 26 anos e mesmo assim não conseguia mais me orientar, estava perdido. Não recordo o que se passava na minha cabeça. Lembro-me apenas da fuga, fuga desesperada para o segundo anel viário da unidade. Eu corria na direção das pessoas, fugindo no escuro... Em resposta aos disparos vindos da estação, o Comando começou a atirar. Eu não podia mais voltar. As balas zuniam pela minha orelha. Eu tinha a impressão de ser o alvo, correndo como um cão perseguido por entre as balas... Eu, o comandante da unidade, correndo como um fugitivo. Minha alma estava em desespero, com medo... Perto do parque de máquinas avistei um TAB. Estava abandonado, sem condutor. Encontrei no caminho um motorista que nunca tinha dirigido um TAB na vida. Pensei em voltar com ele para o Comando, mas lá havia um tiroteio, não tinha possibilidade de conseguir, então continuei o meu caminho, dentro do TAB, rumo à posição de tiro.[7]

O coronel Kemenici chegou até a área onde estavam os tanques e os autocanhões que tinham sido enviados como reforço de Teiş. Tentou, mais uma vez, encurtar a agonia do casal Ceauşescu. Subiu em um dos tanques da coluna e pediu ao atirador que disparasse no TAB da frente, localizado a poucos metros de distância. Era o TAB onde estava o casal Ceauşescu. No entanto, os soldados se recusaram a cometer tal massacre. Kemenici, nervoso, abandonou a coluna e voltou para a unidade.

Os blindados preparados para Bucareste pernoitaram no pátio da UM 01417. Era a última noite do casal Ceauşescu.

---

[7] Viorel Domenico, op. cit.

Insulina ou veneno?

Apenas doze horas antes de assassinar o casal Ceaușescu, os novos líderes do país enviaram insulina para o ditador, que era diabético. As ampolas assustaram o coronel Kemenici. Ele temia tratar-se de veneno ou de uma bomba sofisticada.

Na noite anterior ao julgamento e execução do casal Ceaușescu em Târgoviște ocorreram fatos estranhos. O comandante da unidade, coronel Andrei Kemenici, foi "dar uma volta" e começou a agir como louco. Seu passeio foi interrompido por uma mensagem: no portão da unidade havia um coronel vindo de Bucareste que insistia em falar com o comandante.

O oficial chamava-se Gheorghe Ștefan, era coronel e trabalhava no Departamento de Inteligência do Exército (DIE). Ele tinha a missão de entregar um envelope lacrado a Kemenici. O envelope continha várias ampolas de insulina para Nicolae Ceaușescu, que sofria de diabetes. O ditador tinha injetado a última insulina na manhã de 22 de dezembro, na sede do CC do PCR antes de fugir de helicóptero. Ele sabia que se passassem três dias sem tomar sua injeção entraria em coma diabético. Até atingir esse limite, ainda faltavam algumas horas.

A visita noturna do coronel Gheorghe Ștefan reavivou o medo de Kemenici. Inicialmente, ele pensou que nas ampolas havia explosivo. Mais tarde, temeu que fosse veneno.

Em 2009, vinte anos após esses acontecimentos, as ampolas ainda existiam no Instituto da Revolução Romena, mas ninguém realizou testes químicos nelas.

Depoimentos de participantes nesses acontecimentos nos induzem a duas questões misteriosas:

1. Quantas ampolas de insulina havia no envelope enviado de Bucareste?
2. Ceauşescu tomou sua injeção de insulina antes de ser executado?

A maioria das testemunhas afirma que o ditador-prisioneiro não utilizou a insulina por medo de ser envenenado. Nesse caso, as duas ampolas recuperadas da mão de Elena Ceauşescu após o processo foram as únicas enviadas de Bucareste.

O vice-almirante Ştefan Dinu, chefe do Departamento de Inteligência do Exército (DIE), sustenta, porém, que uma ampola e uma agulha foram utilizadas. Nesse caso, o envelope trazido para Târgovişte pelo coronel Gheorghe Ştefan continha três ampolas, duas das quais não foram utilizadas.

***

Com a palavra o coronel Kemenici.

> Eram 2h30-3h. Decidi colocar em movimento a coluna de blindados quando, como nos filmes, recebi um chamado pelo rádio, dizendo que eu estava sendo procurado no portão da unidade por um coronel do Grande Estado-Maior, que precisava me transmitir uma mensagem. Dei ordem ao major Costea de identificá-lo, desarmá-lo e introduzi-lo na unidade, escoltado, até eu chegar. Peguei um TAB e voltei ao Comando. Ali, o coronel Ştefan aguardava por mim, conforme havia se apresentado. Tivemos uma conversa em particular a pedido dele, sem testemunhas. Ele tirou de uma pasta do tipo "top secret" um envelope grande, amarelo escuro, selado, e disse para abri-lo somente depois que fosse embora: "O senhor deve abri-lo pessoalmente, pois é uma mensagem confidencial". Mas, dentro havia um objeto e não um papel. Pediu-me para assinar e então eu disse que abriria na sua frente, para saber o que é que eu estava assinando. "Não! Não!", gritou ele, já com a mão na maçaneta da porta.[1]

***

Ao ver-se com o envelope nas mãos, Kemenici entrou em pânico.

---

[1] Viorel Domenico, *Ceauşescu la Târgovişte*. Editora Ion Cristoiu, 1999.

Naquele momento eu tinha certeza de que dentro havia alguma bomba sofisticada, que explodiria ao rasgar o envelope. Alguém queria me ver em palpos de aranha. O coronel Ştefan saiu rápido. Liguei para o Ministério e o general Stănculescu confirmou o envio do envelope, informando tratar-se de remédios, ampolas para injeção: "Aplique as injeções com urgência, do contrário ele morre! Observe que dentro há também um bilhete com instruções". Entretanto, pareceu-me estranho. Naqueles três dias, mesmo quando se sentiu mal, Ceauşescu não pediu qualquer medicamento. Portanto, pensei que, se não fosse uma bomba, certamente seria veneno. Como não aceitei matá-lo com uma arma, conforme sugerido antes, esperava-se, então, que eu o fizesse com uma injeção. Com imensa precaução, abri o envelope. Dentro havia outros dois envelopes: um pequeno e fino, com uma nota manuscrita em letras maiúsculas, sem assinatura: "QUANDO PARTIU, ESQUECEU OS REMÉDIOS. SE NÃO OS TOMAR LOGO, CORRE O RISCO DE ENTRAR EM COMA. ENTREGUE-LHE (O ENVELOPE) PESSOALMENTE". No segundo envelope havia algumas ampolas cor-de-rosa".

É o momento de fazer um reparo: o coronel Kemenici introduz uma mentira grosseira quando diz: "não aceitei matá-lo com uma arma, conforme sugerido". A verdade é outra: Kemenici não só aceitou, como deu ordens de matar os Ceauşescu! A constatação se faz necessária para melhor definir o personagem. Aquele que em muitos momentos se revelou pequeno demais para a história que desabou sobre ele. Se é que não desempenhou um papel diabólico...

***

Depois de falar com Stănculescu, Kemenici foi novamente pressionado por telefone. Desta vez não eram ameaças. O coronel recebeu "dicas" no sentido de administrar as ampolas a Ceauşescu o quanto antes.

Depois das 4h começou a chover telefonemas, tanto de Stănculescu quanto de Militaru, perguntando se tinha aplicado as injeções. Todas as vezes fui pressionado a administrar as injeções com urgência, caso contrário ele entraria em coma. Na época, eu não sabia que Ceauşescu era diabético e que dependia de insulina, de modo que essa insistências quanto às ampolas me deixavam atribulado. A ideia do veneno não saía da minha cabeça. Fui até Ceaușescu e lhe mostrei as ampolas. Ele as analisou durante um bom tempo, examinou-as, estudou-as e fitou a esposa, como era seu costume e então disse: "Sim, é isso de que eu preciso, mas não posso aplicá-las. Não estou preparado, tomei um chá... Vou aplicar amanhã...". Os medicamentos ficaram com os Ceaușescu, no envelope que tinha sido enviado de Bucareste. Eu respirei aliviado. Se alguém me perguntasse, eu tinha a resposta: "O paciente não quis!". Mas no fundo acho que Ceaușescu não confiou no conteúdo das ampolas. Deve ter sido por isso que ele adiou, e não porque tivesse tomado uma xícara de chá.[2]

Mais uma mentira! A afirmação do coronel Andrei Kemenici quanto a não fazer a mínima ideia do diabetes de Ceaușescu foi desarticulada pelo general Victor Stănculescu. Ele declarou à Comissão "Dezembro de 1989": "No dia 24 de dezembro pela manhã o coronel Kemenici me telefonou dizendo que Elena contara que Nicolae Ceaușescu era diabético e não tomava as injeções havia três dias. Pediu-me para resolver esse problema. Trouxeram do Hospital Elias as respectivas ampolas e mandei um oficial com um pacote até Târgoviște para entregar ao Kemenici, pois ele sabia o que fazer".[3]

Lembrete: todos os oficiais que assistiram à chegada dos Ceaușescu ao quartel, na noite de 22 de dezembro, lembram-se da recusa do ditador em beber chá adoçado e a reação irritada de Elena: "O que vocês estão fazendo? Querem matar o camarada? Não sabem que ele tem diabetes?". Desde então, o diabetes do secretário-geral era do conhecimento de todo o Comando e, portanto, também de Kemenici.

**

Quando conversava com Kemenici sobre o tema da insulina, Stănculescu não era mais o ministro da Defesa. Era mantido próximo

---

[2] Ibidem.
[3] Victor Atanasie Stănculescu, estenograma da audiência da Comissão de dezembro de 1989, 1º novembro de 1993.

ao núcleo dirigente para coordenar algumas operações. Até o final, a "missão insulina" ficou por conta do general Ştefan Guşă, que ainda era chefe do Grande Estado-Maior do Exército romeno. Guşă considerou de máxima importância a operação de enviar a insulina a Târgovişte.

Na noite de 24 de dezembro, a insulina foi entregue a Nicolae Ceauşescu. Ela vinha de dois médicos, Georgescu e Mincu. Havia dois envelopes que continham insulina e uma seringa descartável. O general Militaru estava no gabinete do ministro. Ele me chamou e ordenou que os remédios deveriam ser enviados a Târgovişte. Peguei o envelope e chamei o vice-almirante Dinu. Dei-lhe o envelope e disse que fosse de carro até Târgovişte para entregar o envelope ao coronel Kemenici, comandante da unidade onde estava Nicolae Ceauşescu. Ele foi com um Aro do Departamento de Inteligência do Exército. Se Nicolae Ceauşescu tomou a injeção, ou não, isso eu não sei, mas elas foram entregues.[4]

Vamos colocar ordem no quadro geral daquele dia. O general Stănculescu disse ter recebido uma ligação de Kemenici na manhã de 24 de dezembro. O general Guşă foi chamado por Militaru apenas à noite, para organizar o envio da insulina. Ao longo do dia, Kemenici recebeu, com insistência, a ordem de liquidar os Ceauşescu, mas não foi capaz de executá-la.

Na mesma noite de 24 de dezembro, na sede do MApN da capital foi decidido e instituído o Tribunal Militar de Exceção para julgar os Ceauşescu.

***

Um dos principais atores da "operação insulina" foi o vice-almirante Ştefan Dinu, chefe do Departamento de Inteligência do Exército (DIE).

Na noite de 24 de dezembro, por volta das 21-22h, o general Guşă convidou-me à sua sala. Pediu-me que entrasse no quarto de repouso atrás do escritório. Lá estava também o general Iulian Vlad, mas ele me conduziu ao

---

[4] Ştefan Guşă, estenograma da audiência da Comissão de dezembro de 1989, 21 de setembro de 1993.

quarto dos fundos e, cochichando, disse que tinha um envelope com remédios: insulina para Ceaușescu. Ele disse que eu era o mais indicado para organizar uma equipe e enviá-la ao comandante da unidade para entregar o envelope que, se não chegasse antes das 4h da manhã e se não fosse aplicada a insulina, Ceaușescu entraria em coma e não haveria mais o que discutir. Eram dois envelopes. Na minha frente, ele escreveu no primeiro envelope, em letras maiúsculas bem grandes: "O SENHOR ESQUECEU SEUS REMÉDIOS, ESTAMOS LHE ENVIANDO". No outro envelope escreveu, nos mesmos caracteres, ao comandante: "QUANDO RECEBER ESTE ENVELOPE, APRESENTE-SE A QUEM FOR NECESSÁRIO, ENTREGUE O ENVELOPE, ABRA-O E DÊ A QUEM PRECISA", como se fosse um código. Nomeei como chefe da equipe o coronel Ștefan Gheorghe, que pertencia ao Departamento (chefe da Divisão de Mobilização e Organização), acompanhado por outro oficial, o meu motorista pessoal (o instrutor militar Bărbieru) e um fuzileiro. A viagem dos quatro foi com o Aro. Viajaram, relatando que não houve nenhum incidente especial durante todo o trajeto e chegaram à unidade de Târgoviște. O coronel Kemenici ficou meio assustado e tentou contato com Gușă. Gușă não estava no gabinete, por isso Kemenici me chamou. Ele se apresentou e eu disse quem eu era. Ele informou que tinha recebido um envelope e que não sabia do que se tratava. Perguntei se tinha aberto o envelope e ele respondeu que não. Pedi-lhe que o abrisse naquele momento. Ele abriu. Perguntei se tinha entendido e ele respondeu positivamente então pedi que executasse as instruções que estavam escritas nele.[5]

***

A importância da "operação insulina" advém do peso dos personagens envolvidos no envio de algumas míseras ampolas. Vamos relembrá-los: general Nicolae Militaru, recém-nomeado ministro da Defesa Nacional; general Victor Atanasie Stănculescu, vice-ministro; general Ștefan Gușă, chefe do Grande Estado-Maior; vice-almirante Ștefan Dinu, chefe do Departamento de Inteligência do Exército (DIE).

[5] Idem.

Quando mencionamos Militaru, também entram na parada, inevitavelmente, os serviços secretos soviéticos. Por que um agente GRU/KGB insistiria que Nicolae Ceaușescu tomasse uma injeção de insulina, com a máxima urgência, enquanto o mesmo agente GRU/KGB tomava medidas para que o ditador fosse julgado e executado no dia seguinte? Há duas respostas possíveis:

1. Militaru queria garantir que Ceaușescu resistisse até o processo, sem entrar em coma diabético, para poder usufruir do direito ao "justo julgamento do povo";
2. Militaru queria envenenar Ceaușescu, já que, junto com Stănculescu e por meio de Kemenici, ele orquestrou várias tentativas de assassiná-lo.

***

Líderes políticos e militares de Bucareste sabiam, o tempo todo, que Ceaușescu não tinha consumido (todas) as ampolas de insulina. Portanto, eles apostaram alto na recuperação do envelope. Por que duas ampolas de insulina teriam tanta importância?

O vice-almirante Ștefan Dinu:

> Uma vez cumprida a missão, o coronel Ștefan Gheorghe voltou com toda a equipe para Târgoviște. Ele relatou que a missão estava concluída. Por volta das 8h do dia 25 de dezembro, ligou-me o general Stănculescu. Ele me disse para descer ao gabinete do ministro Militaru, que me pediu para esperar. Stănculescu saiu e me perguntou quem tinha ido a Târgoviște. Informei que tinha sido o coronel Ștefan, que estava descansando. Ele me pediu para chamá-lo. Passados uns quinze minutos, apareceu Stănculescu e o coloquei em contato com Ștefan Gheorghe. Na minha frente, só falou isso: "Ștefan, vamos voltar juntos. Você sabe, lá... Prepare-se, pois vamos voltar!". Os remédios foram levados a Ceaușescu, mas voltaram para mim com apenas uma ampola utilizada. Eram agulhas descartáveis. Ainda estão em meu poder. Trata-se de uma agulha usada, evidenciando que a injeção foi tomada. No filme do julgamento de Ceaușescu, em dado momento, ela jogou um envelope na mesa, depois de proferida a sentença. Após a

execução de Ceaușescu, o coronel Ștefan Gheorghe, que tinha voltado a Târgoviște com o general Stănculescu, vendo o envelope jogado sobre a mesa, pegou-o e o trouxe para mim.⁶

O mistério da terceira ampola

Permanece o mistério da terceira ampola: Ceaușescu a utilizou, foi danificada no caminho ou simplesmente não existiu? Em outras palavras, Ceaușescu tomou a injeção de insulina antes de ser executado ou morreu no limiar do coma diabético?

A versão mais próxima da verdade parece ser a de que Nicolae Ceaușescu não teria tomado a insulina no último dia de sua vida. Eloquente é o diálogo reconstituído pelo major Ion Țecu, braço direito do coronel Kemenici, em dezembro de 1989. "Ceaușescu não injetou a insulina. Quando lhe entreguei as ampolas, desconfiado, perguntou: 'Onde foram fabricadas?'. 'Na Irlanda.' 'Significa que são as originais. São boas. Mas prefiro que o meu médico pessoal aplique.' 'E como posso trazê-lo aqui agora?', perguntei. Guardou as ampolas com ele, mas não as usou. O coronel Ștefan pegou-as da mesa após o julgamento, quando os condenados estavam com as mãos amarradas".⁷

O médico pessoal de Ceaușescu era Iulian Mincu, aquele que se tornaria ministro da Saúde após a Revolução, no governo "tutelado" por Ion Iliescu.

---

⁶ Ștefan Dinu, estenograma da audiência da Comissão de dezembro de 1989", 14 de setembro de 1994.
⁷ Viorel Domenico, Ceaușescu la Târgoriște, Editora Ion Cristoiu, 1999.

O último abrigo: um TAB

> *Nicolae e Elena Ceauşescu "festejaram" a noite de 24 para 25 de dezembro de 1989 dentro de um transportador anfíbio blindado (TAB), escondido no pátio da unidade. Era véspera de Natal, mas, em vez de cânticos nas ruas, latiam as metralhadoras. Era a morte que batia à porta e logo chegaria ao "quartel da estação".*[1]

A noite de Natal foi a última e a pior da vida dos Ceauşescu. Eles foram mantidos escondidos em um transportador cercado por outros dois blindados, nos fundos do quartel. Foi uma nova "façanha" do coronel Andrei Kemenici, o comandante do quartel de Târgovişte, pelo mesmo motivo invocado em todas as situações de crise: a existência de "ataques terroristas". Na realidade, não eram ataques, mas subterfúgios.

Os prisioneiros – que nesse meio-tempo tinham perdido a ilusão de estarem protegidos – eram vigiados por antigos conhecidos: o capitão Ion Boboc, o primeiro-lugar-tenente Iulian Stoica, e o subtenente da polícia, Constantin Paise.

A distribuição poderia ter sido diferente, mas as suspeitas do coronel Kemenici intervieram. Ele conta:

> Quando eu disse a Ceauşescu que embarcaríamos nos TABs para deixar a unidade, ele me pediu para não levarmos Boboc conosco. Evitei dar-lhe uma resposta, mas, no estado em que eu me encontrava, tive a impressão de que entre Stoica e Paise de um lado, e Nicolae Ceauşescu e Elena de outro, havia um pacto, um acordo, era como se eles procurassem por algo

---
[1] Alusão ao costume natalino existente em vários países de bater nas casas, cantar e pedir alguma doação. (N.T.)

que eu não sabia. O próprio Nicolae Ceaușescu me disse, apontando para Stoica: "leve-o conosco, ele é um bom moço.²

Uma ressalva: o embarque nos TABs ocorreu no dia do incidente entre Ceaușescu e o capitão Boboc, após o qual o prisioneiro ficou com o nariz sangrando.

E uma dúvida: por que Ceaușescu confiava mais em Iulian Stoica do que em Ion Boboc, quando tinha acabado de pedir que retirassem Stoica do quarto e colocassem Boboc em seu lugar?! Apenas algumas horas na presença de Stoica e o ditador disse ao major Țecu: "Não quero mais ficar com ele! É bem melhor o outro!".³ Então, onde está a lógica da afirmação de Kemenici? Por vezes, o coronel parece ter uma fecunda imaginação.

Se ele dizia a verdade, Ceaușescu era completamente embaralhado ou, então, diabólico.

O AG e a metralhadora

Desconfiando dos guardas dos ditadores-prisioneiros, Kemenici decidiu colocar dois outros transportadores, um de cada lado do TAB onde estavam os Ceaușescu. Todos os três TABs, incluindo aquele onde estava o casal Ceaușescu, tinham claras ordens de dirigir-se ao pátio da unidade.

O coronel Andrei Kemenici:

> Quando planejei a marcha, pedi para que o TAB onde eu estava ficasse na cola daquele em que estava Nicolae Ceaușescu, junto com Stoica e Paise. Ordenei ao atirador da metralhadora que, durante a marcha, se o blindado à sua frente virasse à direita ou à esquerda, tentando escapar, e corresse, e se desviasse daquele da frente, que o destruísse! Que descarregasse nele toda a sua munição. Com a metralhadora e com o AG. Permanecemos

---

² Viorel Domenico, Ceaușescu la Târgoviște. Editora Ion Cristoiu, 1999.
³ Ibidem.

nessa formação por mais de três horas. Enquanto isso, tentei convencer os de Bucareste a me receberem. Mesmo assim, não tive coragem de colocar a coluna em movimento. Enquanto esperávamos, o pessoal dos TABs desceu, circulou, conheceram-se melhor e acho que o meu artilheiro, o suboficial Constantin Stoican, alertou o Stoica sobre a ordem que eu tinha lhe dado... E essa minha desconfiança o abalou profundamente.[4]

Quanto cinismo! Kemenici se espanta de que Stoica tivesse ficado "profundamente abalado" por causa de uma "bagatela": ora, ele acabava de saber que morreria por ordem de seu comandante!

Os desentendimentos entre o primeiro-lugar-tenente Iulian Stoica e o coronel Andrei Kemenici vieram das ordens deste último: ao liquidar os Ceaușescu, seriam liquidados, por tabela, os oficiais que cuidavam de sua segurança.

Nota: o AG mencionado por Kemenici é uma arma chamada de arremessador de granadas, capaz de perfurar a blindagem dos tanques ou dos TABs.

***

Situado no transportador a ser "caçado", o primeiro-lugar-tenente Iulian Stoica tem sua versão para o que aconteceu no pátio da unidade.

> Na hora de sair da unidade com os TABs, Ceaușescu ouviu as ordens dadas por Kemenici. E perguntou: "Você vai nos levar ao campo para atirar em nós, certo?". E eu disse: "Não quero mais ouvir ninguém, pois há outros problemas a serem resolvidos!". Ficamos parados logo que os embarcamos no TAB, esperando pelo coronel Kemenici. Eu o abasteci com diesel e, quando ia partir, o mecânico me disse que as baterias estavam arriadas. Saí e expliquei que não podia arrancar e pedi que o caminhão nos empurrasse. Fomos empurrados e partimos. Kemenici ordenou que fôssemos com as luzes apagadas e que eu me guiasse pelos faróis do transportador da frente. Ele viria logo atrás de nós com o outro transportador. Na metralhadora do TAB de trás, onde estava o comandante,

[4] Ibidem.

ficava o subtenente Stoican. Pelas suas declarações, soube que, enquanto percorríamos os 800 metros do setor I para o setor II, pois avançávamos com três TABs do Comando, Kemenici teria ordenado abrir fogo contra o nosso TAB. O suboficial da metralhadora recusou-se.[5]

***

Sabendo que estava na mira, o primeiro-lugar-tenente Stoica tinha pouca escolha. Ele respeitou as ordens do comandante da unidade. Seguiu a rota indicada e as manobras durante a parada.
Iulian Stoica:

> Chegamos à área dos fundos, acho que depois da 1h, na noite de 24 para 25 de dezembro. Kemenici mandou-me entrar no transportador blindado e ali permanecer imóvel até que se formasse a coluna e fossem tomadas todas as medidas necessárias. Durante esse deslocamento, na tripulação da qual eu fazia parte, havia dois trabalhadores voluntários vindos da Automecânica Moreni. Durante o tempo em que estivemos no TAB, quase três horas, até a chegada do coronel Kemenici, pegamos alguns pães, alguma comida enlatada, cobertores – pois estava frio – e, ao mesmo tempo, o chefe da segurança técnica trouxe munições, algumas caixas de cartuchos para as armas que tínhamos. Entreguei cobertores a todos. O atirador da metralhadora do TAB tinha puxado a manta até o peito e sacudia as mãos embaixo do cobertor. Eu perguntei: "Ó cara, que está fazendo com as mãos aí?", mas ele não respondeu.[6]

Nesse tempo, vestidos com uniformes militares, os Ceaușescu ficaram encolhidos, amontoados um sobre o outro debaixo dos cobertores.

***

No final da noite, entre os oficiais do TAB dos Ceaușescu e os dos outros transportadores que o acompanhavam, pairava uma grande

---
[5] Iulian Stoica, estenograma da audiência da Comissão de dezembro de 1989", 1º de junho de 1994.
[6] Idem.

desconfiança. O primeiro-lugar-tenente Iulian Stoica chegou a solicitar mudanças entre os membros de algumas tripulações.

> Algum tempo depois, tentei mexer no rádio, que jamais tinha funcionado naquele TAB. Pedi ao soldado da nossa unidade para ir até o senhor Kemenici e pedir-lhe que mandasse um perito em transmissões, além de trocar o atirador da metralhadora. Que cedesse o seu atirador e pegasse aquele que estava comigo, porque eu não confiava mais nele. O senhor Kemenici chegou e bateu no blindado. Tivemos uma discussão na qual fui acusado de traição. No final das contas, ele trocou o atirador do meu TAB pelo subtenente Stoican. Eu estava cercado por aqueles dois TABs que me acompanharam no trajeto. De quinze em quinze minutos, ordenava ao motorista que ligasse o motor, pois estava frio, para manter as baterias carregadas. Poucos dias depois, soube pelos meus colegas que haviam recebido ordens de atirar no nosso TAB, caso nos desviássemos. Eles disseram que eu os perturbei a noite inteira porque mandava ligar os motores de quinze em quinze minutos![7]

Toda essa tensão foi sentida também pelo capitão Boboc: "A tensão tornou-se insuportável e a fadiga tinha chegado ao seu clímax. Eu cochilei, assim como todos no TAB. Nem Ceaușescu ligava mais para mim, sabendo que não poderia resolver nada comigo, nem eu me interessava mais por aquelas pessoas, a não ser pelo fato de que deveriam permanecer vivas".[8]

O retorno ao quartel

Após uma longa noite transcorrida no frio e na mira das metralhadoras dos TABs, o casal Ceaușescu foi trazido para a unidade. Oficiais e sargentos que tinham estado a noite toda no polígono de tiro, tremendo de frio, respiraram aliviados. Momentaneamente.

---
[7] Idem.
[8] Viorel Domenico, op. cit.

"Às 5h30, retornamos à sala do Comando. Estávamos congelados. Acenderam o fogo e trouxeram os remédios para Nicolae Ceaușescu dentro de um envelope. Aqueles que vieram de Bucareste de madrugada. O envelope ficou nas mãos de Elena, porque Nicolae não quis que o médico da unidade lhe aplicasse a injeção; ele queria que trouxessem o seu médico particular",[9] contou o capitão Ion Boboc.

Findava assim, para Nicolae e Elena Ceaușescu, uma longa noite transcorrida em um veículo blindado que a qualquer momento poderia ser esmagado pelos TABs da escolta. Chegaram à unidade inteiros, mas congelados. A situação mudaria dramaticamente nas horas seguintes.

**

Enquanto isso, o comandante da UM 01417 de Târgoviște recebeu outra ordem. O casal Ceaușescu deveria vestir suas roupas civis.

Boboc recorda: "Umas duas horas depois, lá pelas 7h30, fomos avisados de que viria uma comissão de Bucareste para encarregar-se deles. Diante dessa notícia, fiquei mais tranquilo. Recuperei um pouco de energia para resistir. Eles receberam a notícia com indiferença. O oficial Paise trouxe os sacos com as roupas deles; então, eles deixaram as roupas militares e se trocaram. Foram embarcados no TAB, às escondidas, na entrada do Comando. E ficamos esperando ali mesmo. Eu lá dentro, com eles, e Stoica em cima do TAB".[10]

O fim estava chegando. Já era 25 de dezembro. Em Bucareste estavam organizando os últimos preparativos para a viagem do corpo jurídico e do comando militar que cumpriria a tarefa de executar os Ceaușescu.

---

[9] Ibidem.
[10] Ibidem.

Os apóstolos da morte

A decisão de exterminar os ditadores foi tomada na noite de 24 de dezembro, na sede do MApN. A solução foi imposta pelo trio Ion Iliescu–Silviu Brucan–Nicolae Militaru. Os atentados terroristas serviram como justificativa para se constituir um Tribunal Militar de Exceção.

Era final da tarde de domingo, 24 de dezembro de 1989. Durante dois dias e mais de uma vez, dirigentes civis e militares em Bucareste tentaram convencer o comandante da UM 01417 de Târgoviște, coronel Andrei Kemenici a "recorrer ao método", ou seja, a liquidar "acidentalmente", sem julgamento, o casal Ceaușescu. Kemenici transmitiu a ordem a alguns de seus oficiais, mas eles se recusaram a assassinar os ditadores-prisioneiros. As tentativas nas quais o coronel Kemenici intervém não surtem efeito: nem o major Ion Țecu, nem o major Ion Mareș, nem o capitão Ion Boboc nem o primeiro-lugar-tenente Iulian Stoica quiseram sujar as mãos de sangue.

Militaru toma decisão no banheiro

Na capital, os líderes do novo regime estão impacientes. Na sede do Ministério da Defesa Nacional (MApN) no bairro Drumul Taberei, partem para a ação. Ao anoitecer, tomam uma decisão histórica: no dia seguinte, o casal Ceaușescu seria sumariamente julgado e executado.

A sede do MApN foi o lugar em que se consolidaram os novos donos do poder, preparados bem antes e que vieram à tona após a fuga dos ditadores. Como o segredo tinha de ser guardado a sete chaves, as conversas mais sensíveis ocorriam no banheiro, situado atrás do gabinete do ministro. Até o dia 22 de dezembro aquele fora o gabinete de Vasile Milea. Desde então tornou-se, sucessivamente, gabinete de Victor Atanasie Stănculescu e de Nicolae Militaru. Era uma sala com um corredor estreito, um quarto de repouso e um reservado sanitário.

Ali, entre paredes de azulejos, foi tomada a decisão capital. Por precaução, os deliberantes deixavam a torneira aberta. A ação de exterminar os Ceauşescu é confiada a um grupo liderado pelo general Victor Atanasie Stănculescu.

"Corvos" e "terroristas"

O grupo que preparava a operação para liquidar os Ceauşescu era relativamente reduzido. A iniciativa provinha de Silviu Brucan, mensageiro do eixo Moscou-Washington. O velho estalinista falava pausado, com firmeza, como se fosse comunicar uma sentença. Uma sentença que parecia vinda do alto do céu. Vinda da soberania.

A versão do julgamento sumário é veementemente sustentada, até mesmo ostensivamente, pelo misterioso personagem que posava de revolucionário: Gelu Voican Voiculescu. Os dois – Voican e Brucan – chamam a atenção sobre eles no intuito de acobertar aquele que de fato tinha a última palavra: Ion Iliescu, presidente do Conselho da Frente de Salvação Nacional (CFSN). Brucan e Voican assumem o papel do cruel, sangrento, de pessoas sem Deus, capazes de matar no dia de Natal. Em troca, Iliescu precisava parecer humanitário, gentil, benevolente, um homem incapaz de matar uma mosca. Ele estava se preparando para uma carreira política de longo prazo e a imagem de líder sangrento não ajudaria, ao contrário. Entretanto, a decisão de suprimir os Ceauşescu partiu, *em primeira mão*, dele!

Além daqueles três, um papel importante pode ser atribuído aos dois generais que dirigiam o exército: Militaru e Stănculescu. Militaru era o mestre de cerimônias das reuniões mórbidas e Stănculescu tinha a missão de executor. Pareciam corvos grasnando à espera da suculenta carniça.

Formalmente, Sergiu Nicolaescu também participou da tomada de decisão, além de Petre Roman, Dumitru Mazilu, Mihai Ispas e Dan Martian. Contudo, a chave estava nas mãos do trio Brucan-Militaru-Iliescu, um trio forjado em Moscou e preparado para execuções ao estilo estalinista.

O modo como foi apresentada a questão da execução foi explicado por Silviu Brucan, de forma cínica e, às vezes, falsa.

> Foi uma discussão bastante longa, com argumentos políticos, jurídicos e militares. Claro que desejávamos que fosse um processo público ou de efeito, que fosse educativo para a população. Foram discutidos os aspectos jurídicos, porque o processo não obedecia às regras. Infringia normas jurídicas elementares, especialmente porque não havia nenhuma dúvida quanto à sentença. No final, as considerações militares prevaleceram. Percebemos que todos esses indivíduos que agiam contra a Revolução, atirando contra alvos estratégicos, faziam isso na esperança de que Ceaușescu retornasse ao poder. Creio que a decisão foi justificada porque, na verdade, depois que o processo e a execução foram exibidos na televisão, a maior parte dos atiradores se entregou e largou as armas.[1]

A primeira grande mentira de Brucan foi estabelecer uma ligação entre a execução dos Ceaușescu e a pacificação do país. Através de um comunicado em 27 de dezembro de 1989, o Conselho da Frente de Salvação Nacional anunciou a constituição dos "tribunais militares extraordinários",[2] que julgariam todos os casos de atos terroristas".[3] O segundo item do comunicado – que nunca se converteu em decreto – determinava que "o julgamento seria efetuado em regime de urgência e a execução das sentenças seria imediata".[4]

O historiador Alex Mihai Stoenescu não deixou escapar essa iniciativa do CFSN.

---

[1] Silviu Brucan, estenograma da audiência da Comissão de dezembro de 1989, 4 de fevereiro de 1994.
[2] Comunicado da CFSN, 27 de dezembro de 1989
[3] Idem.
[4] Idem.

Era uma medida típica das revoluções comunistas, mas o modelo mais apropriado é o adotado pelo líder cubano Fidel Castro. No preâmbulo do comunicado de 27 de dezembro consta que a necessidade de instituir tribunais extraordinários provinha do fato de que, mesmo tendo executado o casal Ceaușescu, "continuavam as ações terroristas por parte de alguns elementos isolados, resultando na perda de vidas humanas e destruição material". Esse texto demonstra que:

1. O tribunal militar de exceção que, dois dias antes tinha condenado o casal Ceaușescu, funcionou e proferiu a sentença anteriormente à publicação do Comunicado no *Monitor Oficial*.

2. Na realidade, o fenômeno terrorista não tinha nenhuma ligação com a ideia de que alguns grupos de fanáticos, formados particularmente por agentes da Securitate que estariam lutando para salvar o ditador, teriam parado com a morte dele – tese defendida por Silviu Brucan.[5]

A explicação de Brucan parece pinçada nos manuais de manipulação. A "ameaça terrorista" é uma teoria que nada tem a ver com a realidade. "Os elementos que atuavam contra a Revolução na esperança de Ceaușescu voltar ao poder" é a frase que representa a maior mentira do final do século XX. Tal fenômeno não existiu pois ninguém mais defendia Ceaușescu. Por convicção ou por oportunismo, todas as estruturas se voltaram "para o lado do povo" desde 22 de dezembro. Ninguém dava a cara para bater por uma causa perdida. As pessoas-chave do governo de Ceaușescu agora punham todo o seu empenho em cair nas graças do novo poder. Alguns faziam cálculos político-financeiros, outros esperavam não serem presos.

Os "terroristas" representam a criação propagandística militar do grupo Brucan-Militaru-Iliescu. Os soldados da Unidade Especial de Luta Antiterrorista (USLA) também foram considerados "terroristas", exterminados na frente do MApN e também os passageiros do helicóptero abatido perto de Alba Iulia, entre os quais estavam os chefes de polícia, os generais Constantin Nuță e Velicu Mihalea. O rótulo também

---

[5] Entrevista Alex Mihai Stoenescu, Vălenii de Munte, 18 de maio de 2010.

foi colocado nos estudantes de radiotransmissão da Escola da Securitate de Câmpina, exterminados em Otopeni. E os exemplos poderiam continuar. Quase todas as vezes, no entanto, as ordens criminosas partiram do grupo cívico-militar do MApN.

Então, quem enchia as ruas de cadáveres? A resposta é bem mais abrangente e requer uma abordagem especial. Por enquanto, vamos voltar aos "corvos" da sede do MApN.

O comunicado de Măgureanu

Antes da decisão de instituir o Tribunal Militar de Exceção, entrou em cena Virgil Măgureanu, o velho companheiro de Ion Iliescu no complô contra o casal Ceauşescu. Măgureanu encontrou seu lugar no novo grupo que assumiu o poder. Em 24 de dezembro, às 15h, ele foi para a TVR e leu um comunicado do Conselho da Frente da Salvação Nacional (CFSN).

O comunicado focava justamente o "fenômeno terrorista", argumento denominado por Brucan de "considerando militar". A intervenção de Măgureanu na televisão antecipa uma decisão crua e salvadora.

> A queda da odiosa ditadura, do clã Ceauşescu, acrescentou uma última página à crônica sangrenta dos anos de sofrimento suportados pelo povo romeno. Os indivíduos perniciosos e irresponsáveis que permaneceram fiéis ao tirano tentaram continuar a prática terrorista do velho regime, criando provocações, ataques contra a população civil, matando indiscriminadamente pessoas desarmadas, atacando instituições públicas, empreendimentos industriais, objetivos militares, estabelecimentos comerciais, hospitais e moradias. O povo romeno mais uma vez resgatou a enorme energia moral da sua vontade de libertação. O exército cumpriu com o seu dever, assim como uma parte dos trabalhadores do Ministério do Interior. A Revolução venceu.
>
> Visando à completa restauração da ordem pública e a garantia da paz necessária para uma vida normal em nossa sociedade livre, o Conselho da

Frente de Salvação Nacional decide adotar medidas excepcionais, imperiosas no momento atual. Um completo e imediato cessar-fogo em todo o país. Qualquer pessoa que violar essa disposição será culpada de crime contra o povo romeno, sendo passível da mais rápida e impiedosa punição.

Não será derramada mais nenhuma gota de sangue! Ao mesmo tempo, qualquer ato de vandalismo e destruição bem como de vingança pessoal será considerado fora da lei, manchando a causa nobre da nossa Revolução. A culpa do ditador e dos seus ex-lacaios perante a história e as leis será estabelecida pelos tribunais, que decidirão com rigor as sanções cabíveis pelas ações de destruição do país. O Exército é o único detentor das armas, o braço firme na defesa dos interesses do povo. Todos (aqueles – N.A.), que tiveram acesso a armas e munições, independentemente das circunstâncias, devem entregá-las em regime de urgência, o mais tardar até segunda-feira, 25 de dezembro, às 17h.[6]

"Vamos julgá-los e condená-los à morte"

No comunicado do CFSN, Măgureanu apontou alguns elementos claros: a culpa do ditador, os tribunais e o prazo limite para a entrega das armas: 25 de dezembro, às 17h. Exatamente no mesmo dia, mas duas horas antes, os Ceaușescu seriam executados.

Sobre a "condenação à morte" fala também Gelu Voican Voiculescu, figura importante na liquidação dos ditadores.

O dia 24 de dezembro foi um momento culminante em nossa vida. Entrávamos dois a dois no banheiro de Milea. Deixávamos a água correr, que coisa boba. Sussurrávamos diversas fórmulas. Eu disse: "Vamos fazê-los fugir da escolta, como foi feito com Zelea Codreanu. Então os matamos e pronto". Eles olharam para mim e eu senti que começaram a me considerar um cara repulsivo. E então parece que Mazilu disse: "O presidente pode

---

[6] Comunicado CFSN difundido na TVR, 24 de dezembro de 1989.

instituir, em situações como essa, um Tribunal Militar de Exceção...". E aqui, atenção: ..."Serão julgados e condenados à morte, pois há fatos suficientes para condená-los".[7]

Silviu Brucan: "Eu definiria a posição de Iliescu deste modo: ele estava de acordo, mas sem ser firme e decisivo nesta questão. Acho que esta é uma característica geral. Quero dizer que ele entendeu que isto era necessário".[8]

Gelu Voican Voiculescu caracterizava o ex-presidente como um "idealista humanitário, inapropriado para aqueles momentos". O "Barbudo da Revolução" justifica sua afirmação: "porque há momentos em que você tem que ser drástico, duro".[9]

O historiador Alex Mihai Stoenescu caracteriza brevemente os do "grupo do MApN".

> Ion Iliescu – um líder hesitante, prisioneiro do humanitarismo socialista e do sistema no qual era obrigado a se aventurar em terreno desconhecido, não tinha a capacidade de restaurar a ordem no governo. Muito próximo a ele agitavam-se duas categorias de aliados e um jovem idealista. Os aliados: de um lado, Silviu Brucan e Nicolae Militaru, dois representantes da subversão externa. De outro lado, Gelu Voican Voiculescu e Sergiu Nicolaescu, dois homens de ação, prontos a qualquer sacrifício pela vitória, prontos a executar atos extremos, do medo ao fracasso. Ao lado, um pró-ocidental, Petre Roman, que acreditava que, com o desaparecimento de Nicolae Ceaușescu, a democracia poderia ser instalada na Romênia.[10]

***

Em seu livro *Revoluție și reformă* (Revolução e Reforma), Ion Iliescu tentou justificar a supressão dos ditadores à sua maneira. "A decisão de

---

[7] Gelu Voican Voiculescu, estenograma da audiência da Comissão de dezembro de 1989, 20 de maio de 1994.
[8] Silviu Brucan, estenograma da audiência da Comissão de dezembro de 1989, 4 de fevereiro de 1994.
[9] Gelu Voican Voiculescu, estenograma da audiência da Comissão de dezembro de 1989, 20 de maio de 1994.
[10] Alex Mihai Stoenescu, Istoria loviturilor de stat în România (A história dos golpes de Estado na Romênia), vol. 4. Bucareste, Editora RAO, 2005.

instaurar o processo, tomada pelo grupo operacional do CFSN em 24 de dezembro, não foi uma vingança política. Não foi ditada por interesses e arranjos ocultos ou porque, conforme foi insinuado, o casal sabia demais sobre os chamados "conspiradores" e "conjuradores" e, portanto, tinha que desaparecer, mas uma solução de força maior para aqueles momentos e circunstâncias excepcionais."[11]

O diretor Sergiu Nicolaescu monta o seu próprio cenário. "Alguém me perguntou, talvez Iliescu ou sei lá quem, o que eu achava de Ceaușescu, se ele devia ser morto para salvar as vidas das pessoas, do mesmo jeito que ele mandava atirar na população. E eu lhes disse: 'É simples. Vocês o colocam dentro de um carro e o entregam a mim. Eu paro, abandono o veículo, as pessoas se ocupam de mim enquanto outros matam o Ceaușescu. É tão simples como dizer bom dia'. Ou seja, o 'método Mussolini'. Aqueles o pendurariam pelos pés."[12]

A instauração do Tribunal Militar de Exceção para julgar o casal Ceaușescu teve como embasamento jurídico um decreto escrito à mão e assinado por "Ion Iliescu, presidente do Conselho da Frente de Salvação Nacional" na noite de 24 de dezembro de 1989. Foi um ato de falsidade ideológica! Naquele momento, Ion Iliescu não exercia nenhum cargo oficial. O CFSN era uma lista composta de 39 nomes – dos quais "se me derem licença, o último da lista, era Ion Iliescu", – mas não havia nem presidente nem vice-presidente, nada. O decreto de nomeação de Ion Iliescu na função de presidente do CFSN seria expedido no dia 26 de dezembro de 1989, dois dias após a criação do tribunal e um dia depois do julgamento e execução!

---

[11] Ion Iliescu, Revoluție și reformă. Bucareste, Editora Enciclopedică, 1994.
[12] Entrevista Sergiu Nicolaescu, București, 10 de setembro de 2009.

Reúnem-se os coveiros

> *A equipe que foi a Târgoviște para exterminar o casal Ceaușescu foi formada na manhã do dia 25 de dezembro. Catorze pessoas faziam parte dela: três representantes da FSN, dois juízes, um promotor, um escrevente, dois advogados, um médico militar, um cinegrafista, um oficial do DIE e dois assessores de Stănculescu.*

A decisão tomada na véspera de Natal, no gabinete de Militaru, tornou-se a prioridade zero do novo regime. Os Ceaușescu precisavam ser liquidados no dia seguinte, ali mesmo onde estavam, no quartel de Târgoviște. Sem sentimentalismo, sem complicações. Só com cinismo e sangue-frio. Para isso, precisavam de uma organização rigorosa. Do tipo militar.

Foi designado como chefe da operação o general Victor Atanasie Stănculescu, o homem em que Ceaușescu havia depositado toda a confiança em suas últimas horas à frente do governo.

Para garantir que a decisão política fosse aplicada com precisão e a tempo, o grupo de Iliescu designou Stănculescu e mais dois membros do CFSN: Virgil Măgureanu e Gelu Voican Voiculescu. Eles acompanhariam o general em Târgoviște, durante o processo.

***

Ion Iliescu apresenta as coisas naquela *língua de madeira*, específica da propaganda comunista, na qual ele fora criado.

> Por esse decreto foi constituída a corte para o julgamento, nomeada pelo Supremo Tribunal que, junto com os procuradores, advogados e representantes do Conselho da Frente de Salvação Nacional – general Victor Atanasie Stănculescu, Gelu Voican Voiculescu e Măgureanu Virgíl – dirigiram-se a Târgoviște, onde, em 25 de dezembro de 1989, se desenrolou

o julgamento do casal Ceaușescu. O julgamento e a sentença contra os Ceaușescu teve uma motivação fundamental, ligada à catástrofe em que haviam mergulhado o país. Em tais circunstâncias, aquilo representava uma medida necessária para estancar o conflito que provocava, continuadamente, a perda de vidas humanas.[1]

"Toda revolução deve fazer rolar a cabeça do chefe de Estado"

Em um diálogo mantido com o historiador Alex Mihai Stoenescu, o general Stănculescu conta como foi dada a ordem de liquidar os Ceaușescu.

> Os componentes do grupo de Iliescu me disseram que era preciso organizar um processo para encerrar definitivamente a era Ceaușescu. "Sim, e depois o que faremos?", disse eu. "Veja, entre em contato com a Procuradoria, com a Justiça." Perguntei: "E como concluiremos o julgamento? Vamos colocá-lo na prisão, mantê-lo em prisão domiciliar, como ele mesmo fez ou acabaremos com ele?". Creio que cada um respondeu: o mais categórico foi Brucan, Voican votou pela eliminação, Iliescu hesitou. Brucan disse: "A ideia é boa, é assim que deve ser feito. Qualquer revolução deve fazer rolar a cabeça do chefe de Estado". E ele começou com a teoria, com Carol II da Inglaterra, com os czares da Rússia... E Brucan ainda acrescentou: "Se ele se transformar num mártir na memória das pessoas, poderão se arrepender em dado momento e se voltar contra nós".[2]

O historiador Alex Mihai Stoenescu acredita que a solução pela supressão física do casal Ceaușescu pode ter sido engendrada em Moscou. "A sugestão de eliminar Nicolae Ceaușescu pode ter existido por parte de Gorbachev, na reunião secreta que manteve no

---

[1] Mihail Andreescu e Ion Bucur, Revoluția Română în București (A Revolução Romena em Bucareste). Cluj-Napoca, Editora Mega, 2009.
[2] Alex Mihai Stoenescu, în sfârșit, adevărul... (Finalmente, a Verdade...). Bucareste, Editora RAO, 2009.

Kremlin com Silviu Brucan. Solicitei a Brucan uma declaração sobre o assunto, mas ele se recusou".[3]

Em abril de 2010, em Bucareste, Gorbachev negou veementemente ter dado tal ordem.

O asilo americano, recusado pelo CFSN

Nicolae e Elena Ceaușescu estavam com o destino selado. O grupo que assumira o poder estava tão obcecado que não levava mais nada em consideração. Nem sequer a surpreendente proposta proveniente dos Estados Unidos na noite de 24 de dezembro de 1989.

Naqueles dias, o homem de ligação entre o Conselho da Frente Nacional de Salvação (CFSN) e o Departamento de Estado norte-americano era o diplomata Corneliu Bogdan, ex-embaixador romeno em Washington. Bogdan voltou ao país, vindo do outro lado do oceano, em 21 de dezembro, um dia antes da queda de Ceaușescu. Em 23-24 de dezembro, ele enviou aos novos dirigentes da Romênia, por intermédio de Petre Roman (com o qual tinha um relacionamento mais antigo), duas mensagens importantes dos norte-americanos.

No dia 23 de dezembro, os Estados Unidos se ofereceram para fornecer à Romênia (com destino especial: às tropas USLA) a tecnologia necessária para a luta antiterrorista, inclusive para operações noturnas. O grupo de Iliescu recusou a oferta.

Em 24 de dezembro, os Estados Unidos se propuseram a dar proteção e asilo ao casal Ceaușescu. Corneliu Bogdan foi apenas o mensageiro. A iniciativa veio do Departamento de Estado dos norte-americano, sob a influência de importantes personalidades americanas: George P. Shultz, Henry Kissinger e Lawrence Eagleburger (membros do famoso "Grupo Bilderberg"). Ceaușescu havia tratado com essas pessoas uma série de operações internacionais nos anos 1970, quando estava embalado nas graças do Ocidente.

---

[3] Idem.

Os norte-americanos tinham mais uma razão para salvar Ceauşescu da morte. O presidente dos Estados Unidos, George Bush não podia esquecer que Ceauşescu tinha concordado, dois meses antes, em salvar da morte o diplomata Mircea Raceanu, cuja execução estava marcada por "traição decorrente da transmissão de segredos", em outras palavras: por espionagem a favor dos Estados Unidos. Tendo sido indeferido seu recurso em agosto de 1989, Raceanu tinha uma única saída: a comutação da pena. Ele apresentou uma petição nesse sentido, mas suas chances eram mínimas. Foi naquele momento que interveio a carta providencial de Bush para Ceauşescu.

Prezado Senhor Presidente,

Chegou ao meu conhecimento que Mircea Raceanu, que por longo tempo foi um especialista nas relações com os Estados Unidos da América junto ao Ministério de Negócios Estrangeiros da Romênia, foi julgado, considerado culpado das acusações imputadas e condenado à morte.

Como um gesto humanitário, solicito que exclua a possibilidade de aplicação da pena capital neste caso.

Atenciosamente,
George Bush

Ao Senhor Nicolae Ceauşescu,
Presidente da República Socialista da Romênia

Em outubro, Raceanu foi avisado de que seu pedido tinha sido concedido e a pena de morte comutada para vinte anos de prisão.

Nesse carrossel da morte o mensageiro também desapareceria. Em 28 de dezembro de 1989, Corneliu Bogdan foi nomeado secretário de Estado do Ministério dos Negócios Estrangeiros, no primeiro governo pós-comunista liderado por seu velho conhecido Petre Roman. Cinco dias depois, o diplomata morreu de repente, aos 68 anos.

***

A corte de julgamento foi designada poucas horas antes de viajar para Târgovişte. O general Stănculescu declarou: "Naquela noite, Voican – e havia mais alguém, creio que era Brucan – disse-me para convocar entre dez e doze homens, porque viriam alguns promotores, juízes e advogados. Sem saber onde buscá-los, estabeleci que todos deveriam reunir-se na sede do Ministério da Defesa".[4]

Começava a ser delineado o "comando para Târgovişte". Os membros do Tribunal Militar de Exceção eram: o juiz, coronel Gică Popa; o segundo juiz, coronel Ioan Nistor; o promotor, major Dan Voinea; o escrivão, subtenente Jan Tănase. Todos provenientes da justiça militar.

A delegação foi completada com dois advogados de Bucareste, cooptados para representarem os acusados na qualidade de defensores de ofício: Constantin Lucescu para Nicolae Ceauşescu e Nicolae Teodorescu para Elena Ceauşescu.

O general Stănculescu também trouxe quatro pessoas de sua confiança do Ministério de Defesa Nacional: seu assessor, o primeiro-tenente Trifan Matenciuc; um jurista militar, major Mugurel Florescu; um médico militar, capitão Liviu Verdes; e um cinegrafista militar, coronel Ion Baiu. Este último tinha a missão de filmar o julgamento e a execução.

Da delegação também fazia parte o coronel Gheorghe Ştefan do DIE, aquele que acabava de voltar de Târgovişte, para onde levara as ampolas de insulina. Desta vez, Ştefan tinha uma única missão: recuperar as ampolas – usadas ou não – e trazê-las de volta para Bucareste. A insistência em passar a mão nas ampolas aumenta a suspeita de que elas não continham insulina!

Assim, o grupo era composto por dez militares e quatro civis (Măgureanu, Voican e os dois advogados). O cálculo é valido, claro, se ignorarmos a patente de capitão que Măgureanu adquiriu na Securitate e também a de capitão, que Lucescu obteve como promotor militar antes de se dedicar à advocacia...

---

[4] Victor Atanasie Stănculescu, estenograma da audiência da Comissão de dezembro de 1989, 1º de novembro de 1993.

Dada a pressa com que foi decidida a execução dos ditadores, os magistrados não tinham um caso para julgar. Então, na manhã de 25 de dezembro, ele foi instruído no local, com informações obtidas de orelhada.

O procurador Dan Voinea disse que tanto ele quanto seus colegas juízes tinham sido convocados por um telefonema do gabinete jurídico do Ministério de Defesa Nacional. O tempo era o principal problema dos magistrados. O major Dan Voinea:

> Na manhã de 25 nos chamaram do MApN e lá nos disseram do que se tratava. Tentamos improvisar um processo. Quando cheguei lá, Popa Gică disse que havia um decreto. Vi o decreto com Gelu Voican Voiculescu. Estava assinado pelo presidente do CFSN, Ion Iliescu. Era uma emergência, o que justificava a formação de um Tribunal Militar de Exceção. Não chegamos a compreender muitas coisas naquele momento, só o fato de que os dois deviam ser julgados. Junto com Gică Popa, procuramos no Código Penal quais infrações poderiam lhes ser imputadas.[5]

O promotor Dan Voinea pegou um "gancho": as ordens de Ceaușescu nas reuniões do CPEx, de 17 e de 21 de dezembro, quando ordenou a repressão em Timișoara e em Bucareste.

> Eu tinha dois dos estenogramas das reuniões do CPEx, achados no Comitê Central. Foram encontrados por um fulano, um tal de Antonescu, e ali ficava claro que ele havia mandado atirar nos manifestantes em Timișoara e reprimir a rebelião. Então eu disse: "Senhor, incitação ao crime é muito pouco. Trata-se, aqui, de atirar na população". Mencionei esse fato, além de um depoimento de Postelnicu, que tomei no dia 23 de dezembro. Pelo que me lembro, na declaração estava escrito assim: "O traidor e a traidora fugiram". Veja, senhor, eles foram embora e o deixaram aqui para morrer. Para ser morto pelos manifestantes. Ele dizia que os Ceaușescu deram ordens para atirar. Alguma coisa assim. Foi uma declaração de uma página.

---

[5] Dan Voinea, estenograma da audiência da Comissão de dezembro de 1989, 27 de abril de 1994.

E tudo isso serviu para instruir o processo. Nem se sabia direito o que perguntar naquele momento.⁶

Os catorze escolhidos para aplicarem a "solução final" começaram a se reunir no Ministério em torno das 8h. Perto do meio-dia, foram levados ao estádio Steaua e embarcados em dois helicópteros, que decolaram por volta das 12, com destino a Târgoviște.

---

⁶ Idem.

Oito paraquedistas rumo ao inferno

>*Cumprindo uma ordem do general Stănculescu, oito paraquedistas de Boteni foram embarcados em dois helicópteros para uma "missão de grau zero". O capitão Ionel Boeru e sete dos seus suboficiais estavam armados até os dentes. Eles não imaginavam que seriam usados como pelotão de execução.*

Na manhã de 25 de dezembro de 1989 – o primeiro Natal livre depois de quase meio século de comunismo anticristão – a Unidade Militar 01842 de Boteni, do distrito de Dâmbovița, encontrava-se em estado de guerra. A maioria dos oficiais, suboficiais, sargentos e recrutas estava fora de Bucareste, em missões de defesa de objetivos estratégicos (televisão, radiodifusão, Ministério da Defesa, etc.).

Mesmo sensibilizados com as notícias dramáticas vindas da capital sobre os colegas mortos, os militares que permaneceram no Exército invejavam os que tinham ido "combater os terroristas". São esses os que fazem história, diziam. Mas eles nem desconfiavam que em breve alguns desses "reservistas' participariam de uma operação que teria uma carga histórica infinitamente maior.

***

Naquela manhã de Natal, logo após o café, o comandante da UM 01842 e do microquartel de Boteni, coronel Ioan Suciu, convocou todo o pessoal militar e civil disponível naquele momento. A Unidade Militar abrigava um regimento de helicópteros militares, um de paraquedistas e uma divisão de mísseis.

Tudo começou com um telefonema recebido pelo coronel Suciu. No outro lado da linha estava o general Stănculescu do MApN. Suciu conta: "No período matutino – lá pelas oito horas, oito e pouco – recebi um chamado do Ministério para fornecer dois helicópteros de transporte e mais três de escolta. Os dois primeiros helicópteros seguiriam rumo a Bucareste, aterrissando no estádio Ghencea; os outros três ficariam de prontidão, pois o encontro seria a oeste de Ploieşti".[1]

O comandante do quartel de Boteni recrutou imediatamente oito paraquedistas, chamando voluntários a pedido de Stănculescu. De fato, os dois oficiais foram eficientes nos últimos três dias, quando o coronel Suciu enviou paraquedistas para atuarem em Bucareste, a pedido do general Stănculescu.

50 soldados, 20 voluntários, 8 escolhidos

Dos oito militares escolhidos pelo coronel Suciu, apenas um era oficial: o capitão Ionel Boeru (31 anos). Automaticamente, os outros sete ficaram subordinados a ele.

O capitão Ionel Boeru (transferido para a reserva naquela época, com a patente de coronel) recorda: "Fomos convocados para uma reunião no planalto, que contou com a presença de todos os militares e funcionários civis da unidade. Os civis foram liberados, e o comandante disse aos militares que precisava de oito voluntários para uma missão especial. De um total de cinquenta, ofereceram-se cerca de vinte militares. O comandante escolheu oito, entre os voluntários, de acordo com as necessidades urgentes da unidade. Eu tive a oportunidade de participar da missão".[2]

Os soldados do Boteni não sabiam que a "missão especial" ou de "grau zero", como foi chamada pelo coronel Suciu, era uma operação

---
[1] Ioan Suciu, estenograma da audiência da Comissão de dezembro de 1989, 23 de novembro de 1994.
[2] Entrevista com Ionel Boeru, Târgovişte, 11 de novembro de 2009.

complexa que se encerrava com a execução do casal Ceaușescu. Apenas algumas horas os separavam daquele momento sangrento.

***

Entre os oito paraquedistas selecionados, estava o sargento-chefe Dorin Cârlan. Ele relembra os acontecimentos daquela manhã.

> Eu tinha acabado de voltar de uma ronda. Em torno das 5h-5h30, "varri" a zona. O comandante da unidade nos tinha dito que tropas da Securitate haviam desembarcado na divisão de mísseis e ordenou que tomássemos medidas, que abríssemos fogo. A missão era detectar um helicóptero inimigo, que vinha equipado com motores mais silenciosos. Verifiquei, mas não encontrei nada. Depois do almoço, o comandante nos reuniu – o pessoal do paraquedismo – e nos disse: "Preciso de oito voluntários para uma missão de grau zero! Não sei exatamente do que se trata, sei apenas que se trata de escoltar algumas pessoas oficiais. Talvez os terroristas ataquem a refinaria de Brazi. Peguem suas armas e munições de ação! Coloco dois helicópteros IAR 330 PUMA à sua inteira disposição". Também estavam presentes o comandante Ioan Suciu, comandante do pequeno quartel de Boteni, e o nosso comandante, coronel Radu Cantuniari, do Regimento de Paraquedistas. Ofereceram-se, com um passo à frente, cerca de doze ou treze colegas dentre uns cinquenta. Escolheram oito, justamente os que eram amigos entre si. O primeiro a se apresentar foi Ionel Boeru, que era capitão, então eu também me apresentei. Depois de mim, apresentou-se meu amigo Costică Bărăngruță e assim nos reunimos. Confiávamos uns nos outros.[3]

A saída do quartel foi rápida como uma ação-surpresa. Dorin Cârlan: "O senhor coronel Suciu foi conosco até os helicópteros. Embarcamos em um ônibus. Parecia que eles olhavam meio torto para nós... Dava a impressão de que nos olhavam como se não fôssemos mais voltar. O semblante deles era de tristeza, como se chorassem um pouco por nós. Como se fosse uma despedida. Talvez as coisas sejam

---

[3] Entrevista com Dorin Cârlan, Bucareste, 4 de novembro de 2009.

assim quando se parte em uma missão de 'grau zero', da qual você tem poucas chances de voltar...".[4]

***

Os oito paraquedistas estavam prontos para a missão. Armados até os dentes, esperavam pela briga com o inimigo. Um inimigo misterioso, ainda indefinido.

O capitão Ionel Boeru: "Disseram-nos para pegar o armamento e caminhar para o ônibus que nos aguardava. O comandante Suciu estava dentro do ônibus, ele nos recebeu e afirmou que não sabia de nada, mas que o serviço era 'desagradável'".[5]

O sargento Dorin Cârlan: "Subimos nos helicópteros às 8h. Os pilotos e os mecânicos de bordo tentaram nos preparar um pouco. Mostraram como funcionavam as metralhadoras de 12,7 mm, instaladas nos helicópteros. Não nos disseram para onde estávamos indo e qual era a nossa missão. Quatro paraquedistas embarcaram em um dos helicópteros, quatro no outro. Fomos apresentados aos comandantes da aeronave e seguimos numa direção que seria definida no decorrer do percurso. Decolamos perto das 8h".[6] Começava a missão da vida deles!

Irados ao ver os cadáveres dos colegas

A "missão especial" de 25 de dezembro de 1989 pegou de surpresa os paraquedistas de Boteni. Eles já vinham atravessando dias terríveis, em que tinham sido "perseguidos" por todo tipo de provocações. O dia mais difícil foi 23 de dezembro, quando, vindos de Bucareste, os corpos de dez dos seus colegas foram levados ao quartel.

O sargento Dorin Cârlan:

---

[4] Idem.
[5] Entrevista com Ionel Boeru, Târgoviște, 11 de novembro de 2009.
[6] Entrevista com Dorin Cârlan, Bucareste, 4 de novembro de 2009.

Entre 22 e 25 de dezembro, aconteceram muitas coisas no quartel. Não dormimos durante três dias e três noites. A maioria de nossas tropas, mais de 75% do efetivo, participava da revolução em Bucareste. Entregavam os fardos de volta para nós, traziam os mortos e nós ficávamos pelo quartel, para garantir a segurança contra qualquer tipo de provocações. À noite, por ordem dos comandantes, acionávamos as tropas que desembarcavam nos pontos que pareciam importantes, ou onde éramos avisados. Recebemos informações dizendo que se tratava de terroristas – ou da USLA, ou helicópteros, ou não sei mais o quê... A guerra psicológica e o rádio eletrônico tiveram um efeito perturbador sobre nós. Todas as noites, com os alvos aéreos... Em seguida, a notícia e depois a chegada dos dez corpos de nossos colegas, mortos na capital... Todas essas coisas nos enfureceram. Tudo isso nos tornou mais solidários com os manifestantes, os revolucionários.[7]

O capitão Ionel Boeru:

No dia 22 de dezembro, após a partida do helicóptero que deixou o casal Ceaușescu na zona de Titu-Boteni, a nossa unidade tornou-se o centro de acontecimentos importantes. Na mesma noite, grande parte do pessoal da unidade foi a uma missão em Bucareste, para defender a revolução. Eu permaneci no quartel, pois fazia parte dos assim chamados "oficiais de manutenção", os que garantiam a segurança da unidade com o paraquedas, com a técnica de saltar. Tinha que estar presente na unidade, caso acontecesse alguma coisa. Eu não era lutador, eu era da manutenção. O pior dia foi 23 de dezembro. Vinham rumores de Bucareste dizendo que havia muitos mortos entre os nossos colegas. Um deles – chamado Livache – era um dos meus melhores amigos. A maioria morreu na televisão, em 23 de dezembro, oito de uma vez. Foram convidados a se retirar da televisão, pois defendiam a instituição interna e, quando saíram, foram metralhados no peito e na cabeça. Mais tarde, soube que foi um cara das Guardas Patrióticas que atirou, e ele também morreu naquela mesma data.[8]

---

[7] Idem.
[8] Entrevista com Ionel Boeru, Târgoviște, 11 de novembro de 2009.

Os corpos trazidos de Bucareste, vítimas dos "terroristas fanáticos de Ceauşescu" – como estava sendo insistentemente anunciado pela televisão e pelos canais militares – enfureceram os militares da UM 01842 de Boteni. Eles foram induzidos a ver Ceauşescu como "uma besta com rosto humano". Portanto, estavam prontos para a ação!

***

Havia mais um elemento que fazia parte do simbolismo da revolta. Dorin Cârlan, o sargento de 1989, afirma que naqueles dias foi pago – assim como outros dos seus colegas – com dinheiro falso. "Fomos premiados com dois pacotes de cigarros húngaros e 350 lei. Lembro-me de que nos deram dinheiro falso. Esse foi o nosso presente de Natal, talvez por termos participado da revolução. O salário estava atrasado. Nossa contadora, coitada, vestida com um macacão de paraquedismo, veio ao nosso encontro com a mala de dinheiro e atiraram nela, do ponto de controle de Chitila. Alguns pontos de controle foram criados pelos civis e militares. E atiraram em nosso dinheiro, em nosso salário."[9]

O papel do coronel Suciu

A unidade de Boteni cruza novamente o destino do casal Ceauşescu. Três dias antes, os ditadores tinham sido abandonados perto do quartel pelo piloto Vasile Maluţan, num campo de cevada de Sălcuţa. Somente a calma do comandante Suciu e as ordens recebidas de Bucareste impediram que o helicóptero fosse pulverizado pelos canhões antiaéreos. Ordens essas que não condiziam com a regra daquele dia: nenhum avião ou helicóptero poderá voar no espaço aéreo da Romênia; caso levante voo, será considerado inimigo e deverá ser derrubado. Portanto, houve uma exceção: a de um helicóptero que não foi abatido...

Os Ceauşescu poderiam ter sido detidos no campo ou na margem da estrada Bucareste–Titu, onde permaneceram por 23 minutos

---

[9] Entrevista com Dorin Cârlan, Bucareste, 4 de novembro de 2009.

para "pedir carona". Até um pelotão de soldados mancos poderia tê-los capturado sem maiores dificuldades, pois os ditadores fugitivos estavam perto do quartel e tinham apenas dois guarda-costas. As intenções do coronel Suciu e dos seus superiores de Bucareste difeririam quanto a prender ou liquidar imediatamente os Ceaușescu.

O sargento Dorin Cârlan relembra aquele dia nebuloso: "Corremos ao campo para pegá-los, mas eles estavam em uma plataforma superior. Chegou um médico, creio que não foi por acaso, que os encontrou e se lembrou de algumas conexões... Nós não chegamos até o local onde o helicóptero pousou, porque encontramos um pessoal que nos disse que já haviam saído. 'Em direção desconhecida', fomos informados, mas depois soubemos que eles foram capturados e mantidos em um quartel de Târgoviște".[10]

O calvário dos Ceaușescu e da Romênia poderia ter acabado em 22 de dezembro de 1989. Não eram mais necessárias tantas provocações e cerca de mil mortos. Mas a simplificação do cenário teria arruinado os planos de alguns indivíduos dotados de uma mórbida sede de poder. Eles precisavam de alguns dias sangrentos, precisavam de uma revolução própria, pois a verdadeira já estava perdida. E, sem uma revolução que lhes pertencesse, não poderiam reivindicar o poder, especialmente porque provinham das altas estruturas do Partido Comunista.

Assim nasceu a contrarrevolução, que o coronel Suciu poderia ter facilmente estancado com alguns tiros de canhão. Mas não o fez. Sua trajetória posterior explicaria as manobras de dezembro de 1989. No final dos anos 1990, Ioan Suciu estava envolvido em uma negociata tenebrosa: o contrabando de cigarros no aeroporto de Otopeni, o célebre caso "Cigarrette 2". Seu parceiro nessa operação foi outra figura-chave da Revolução romena: o coronel Gheorghe Truțulescu, oficial do Serviço de Guarda e Proteção (SGP). Em dezembro de 1989, Truțulescu ostentava a patente de major e era chefe do Estado-Maior da UM 01171 de Buzău, conhecida como Batalhão 404 da Divisão de Inteligência do Exército (DIE). Esse batalhão fazia parte das célebres "tropas de investigação-desvio por

[10] Idem.

meio do paraquedismo atrás das linhas inimigas". Em 22 de dezembro, Truțulescu e seus homens foram chamados a Bucareste, para executar missões no Ministério da Defesa Nacional, de Drumul Taberei. Eles fizeram exatamente o que sabiam fazer melhor: investigação-desvio, contribuindo para sustentar o mito de "terroristas". Mais tarde, Truțulescu exerceu suas qualidades de provocador na revolução dos mineiros de 13 a 15 de junho de 1990. Ele trabalhou junto ao grupo instaurado no poder em dezembro de 1989, grupo liderado por Ion Iliescu.

A filiação de Truțulescu à DIE fornece mais uma pista: a DIE foi a encarregada da "operação insulina", pelas mãos do vice-almirante Ștefan Dinu e da equipe liderada pelo coronel Gheorghe Ștefan...

Mas vamos voltar a Suciu e a Truțulescu, dois oficiais da divisão de paraquedismo com importantes funções em 1989, com papéis especiais na revolução. Ambos se encaixam perfeitamente no cenário do novo poder: ditadores sangrentos são difíceis de prender e aniquilar, porque ao seu lado ainda lutam terroristas fanáticos armados até os dentes e atiram de qualquer posição. Então, Suciu e Truțulescu se reencontram na falcatrua "Cigarrette 2". Os dois são condenados, mas apenas Truțulescu fica atrás das grades. Suciu deveria cumprir dez anos de prisão, mas desapareceu, fugindo para o exterior. Como se fosse uma recompensa pelo papel secreto desempenhado em dezembro de 1989, o Estado romeno não se esforça em procurá-lo.

"Percebi que seria um voo estranho"

Data: 25 de dezembro de 1989. Depois de decolar do quartel de Boteni, os dois helicópteros militares voam para Bucareste. Cada um leva sete pessoas a bordo: três tripulantes e quatro paraquedistas. A capacidade dos helicópteros PUMA é muito maior, então, surge a pergunta: Quem mais deveria subir a bordo?

O comandante Ioan Suciu tinha escolhido os melhores pilotos da unidade para essa missão: o capitão Mircea Militaru e o major Cristian

Mateiciuc. Os aparelhos que eles dirigiam ainda tinham um copiloto (o primeiro-tenente Dan Stănescu e o capitão Alexandru Popa) e cada qual com um mecânico de bordo (os instrutores militares Constantin Sima e Gheorghe Stoica).

Os paraquedistas não sabiam qual era a missão nem para onde iam. Saberiam algumas horas mais tarde, que tinham sido escolhidos para fuzilar o casal Nicolae e Elena Ceaușescu, em um quartel de Târgoviște.

***

A operação "voo rumo a Târgoviște" foi cuidadosamente documentada por Viorel Domenico no livro *După execuție a nins*.[11] Depoimentos tomados por Viorel, "no calor dos acontecimentos", imediatamente após a revolução, reconstituem a descrição de um voo histórico.

O major Cristian Mateiciuc, piloto do helicóptero PUMA 92:

> Por volta das 8h30, depois do café da manhã, recebemos a missão de transportar pessoalmente e de investigar em voo a zona da refinaria Brazi. Às 10h30 tivemos que aterrissar no estádio Ghencea para receber a bordo algumas pessoas que nos informariam da nossa missão concreta. Dada a ordem, duas equipes foram formadas (...) Levando em consideração a proibição total de voar naquele dia, optamos por um voo rasante contornando os obstáculos do solo. A uma altura superior a 10 metros teria sido suicídio na certa, por causa dos tiros da infantaria, conforme comprovado nos primeiros dias da revolução, quando houve helicópteros destruídos. Cinco aparelhos tinham caído, todos atingidos por balas.[12]

O capitão Alexandru Popa, copiloto de Mateiciuc:

> Eu recebi uma missão especial de lutar na zona de Ghencea. Considerando que eu tinha ido lá no dia anterior para investigar e que, durante aquela missão, eu tinha sido atingido por fogo de infantaria, decidi voar abaixo de uma altura de 10 metros, para não sermos descobertos. No entanto, fiquei espantado quando soube que seria acompanhado por

---

[11] Viorel Domenico, *După execuție a nins*. Bucareste, Editora Militară, 1992.
[12] Ibidem.

paraquedistas. Até então só tinha executado missões de modo independente. Então, quando eu os vi armados até os dentes e tão confusos quanto nós no que tangia ao motivo concreto da missão, ficamos com medo. Percebi que seria um voo estranho..."[13]

O primeiro-tenente Dan Stănescu, copiloto de Militaru: "Mateiciuc e Militaru eram os melhores pilotos da unidade. Ambos tinham sido atingidos no dia anterior e mesmo assim se mostravam orgulhosos por não terem sido impedidos de voar. E nós, componentes da equipe, estávamos no céu".[14]

O instrutor militar Costică Sima, da tripulação de Militaru: "Quando nos comunicaram a missão preliminar, disseram: 'Vamos até Ghencea, sem conexão por rádio e o mais longe possível'. O tempo estava escuro, feio, mas eu confiava nos dois helicópteros. Eram novos, fabricados em 1986".[15]

O instrutor militar Gheorghe Stoica, da tripulação de Mateiciuc:

> Quando vi os paraquedistas, todos militares armados até os dentes, fiquei pensativo. Eu imaginava que os levaríamos a algum lugar, para alguma ação, e voltaríamos. (...) Saindo pela autopista, que calvário! Na nossa frente, conforme se via, os carros paravam à direita, abriam as portas e as pessoas desciam apressadas, pensamos que atirariam em nós. Uma transformação, esquivas, imagine o que se passava em nosso coração... Isso, até percebermos que, na verdade, as pessoas paravam para fugir pelo campo, com medo de que abrissem fogo contra elas. Pois era assim naquele tempo: eles eram terroristas para nós, e nós éramos para eles. A informação que tínhamos era de que os terroristas atiravam dos carros e os transeuntes ouviram falar que os terroristas atiravam dos helicópteros.[16]

O sargento Dorin Cârlan, paraquedista do "comando dos 8": "Voávamos em zigue-zague, como costumavam se mover os comandos.

---

[13] Ibidem.
[14] Ibidem.
[15] Ibidem.
[16] Ibidem.

Em determinado momento, avistei a estrada Bucareste–Pitești. Estávamos perto de Bucareste. Voávamos com as portas abertas, porque não tínhamos visibilidade. Permanecemos sentados nos bancos, alguns de nós sentaram-se nas metralhadoras a bordo. Mas não nos separamos nem por um segundo da metralhadora da unidade. A metralhadora era 'santa'!".[17]

O primeiro-sargento Laurențiu Ștefănescu, paraquedista:

> Em dado momento, para encorajar uns aos outros, começamos a nos admirar reciprocamente. Barba por fazer, olhos vermelhos, olheiras fundas pelas noites maldormidas, com os uniformes manchados de lama das trincheiras, mas carregados como Papai Noel com "presentes" caros: nossos bolsos estavam cheios de cartuchos. Ríamos uns dos outros, com entusiasmo e disposição. As quedas em vácuo do helicóptero nos faziam engolir a própria língua, de tanto sufoco. Avistamos uma mulher no pátio de uma casa: quando passamos por sobre a cabeça dela, ficou de joelhos e, olhando para nós, fez o sinal da cruz. Uma cruz grande, feita lentamente e com toda a convicção. Senti a minha pele arrepiar e as lágrimas começaram a cair...[18]

O sargento Constantin Bărănguță, paraquedista:

> Eu me sentia pesado, sobrecarregado: tinha cerca de 150 balas espalhadas pelos bolsos, 80 no pacote junto com a merenda, mais 8 carregadores com 30 balas cada um. Tínhamos pegado muita munição, desmedidamente, o quanto pudéssemos carregar. Até então, só recebíamos dez cartuchos no polígono de tiro; mas agora tínhamos sido liberados, a munição estava à nossa disposição e nos armamos sem limites, em desespero. Todas as nossas esperanças estavam depositadas na quantidade de munição: quanto mais munição tivéssemos, mais confiantes nos sentíamos. Mas estávamos carregados em excesso. Ou não, pois não estávamos equipados como de costume: faltavam os paraquedas...[19]

---

[17] Entrevista com Dorin Cârlan, Bucareste, 4 de novembro de 2009.
[18] Viorel Domenico, op. cit.
[19] Ibidem.

Perigos e suspense em Ghencea

O pouso em Ghencea aconteceu numa atmosfera cheia de desconfiança. A morte pairava no ar, mas não havia como recuar. Pilotos e paraquedistas de Boteni tinham uma missão a cumprir e precisavam levá-la até o fim.

O instrutor militar Costică Sima, mecânico de bordo:

> Uma vez na área de Bucareste, Militaru fez contato com o "Planeta" e pediu que lhe indicasse o local de pouso. Foi quando nos disseram: atrás do placar eletrônico do estádio de futebol Steaua, no perímetro de uma pista de atletismo cercada por um montículo de terra... Reconheci o ponto de pouso marcado. Não vi ninguém à nossa espera. No entanto, eu sabia que ali teríamos que recolher algumas pessoas... "Seja o que Deus quiser, se tivermos que pagar, pagaremos", repetia para mim mesmo. Não se sabia mais quem estava com quem. Não sabíamos o que nos esperava ali, na hora da aterrissagem. E se tivéssemos sido enviados para sermos liquidados, para capturarem o nosso helicóptero?[20]

O capitão Ionel Boeru, chefe do comando de paraquedistas: "Pousamos em um terreno de treino do time Steaua, em Ghencea. Recebemos ordens de esperar. Então, vieram alguns oficiais e perguntaram o que estávamos fazendo ali, por que tínhamos pousado. Conversei com eles e isso acabou sendo proveitoso na volta da missão, por eu ter feito amizade com eles".[21]

***

Lá, no estádio Steaua, que pertencia ao Exército e ficava numa unidade militar, houve um incidente que poderia ter tido consequências trágicas. Um dos paraquedistas, Laurențiu Ștefanescu, quis destravar a arma, mas acordou com um estrondo. "De emoção ou por engano, não sei ao certo, surpreendi-me atirando. O recuo da arma bateu com força

---
[20] Ibidem.
[21] Ibidem.

no meu peito, como se quisesse me acordar do sono ou do torpor. Imediatamente percebi a dimensão do erro. Senti um arrepio pelo corpo, como se todo o meu sangue me subisse à cabeça. Estávamos perdidos: concentrariam a mira sobre nós e acabariam com a gente! Naqueles momentos de tensão, não se disparava um tiro que não fosse respondido por dezenas, centenas",[22] lembra o paraquedista.

Felizmente, a detonação não ecoou. O ruído dos helicópteros, que aguardavam com os motores ligados, tinha acobertado o som dos tiros.

***

O primeiro-sargento Dorin Cârlan, paraquedista: "Dois pilotos se aproximaram de mim. Eu lhes disse que o único perigo vinha do placar do estádio. Era um placar eletrônico... Com uma única arma, disparada lá de cima a cerca de 150 metros, poderíamos ser todos eliminados, eles atingiriam todos de uma vez, com facilidade. Essa expectativa... Não se ouvia nada, não se via nada, ninguém nos dizia coisa alguma... Nossas suspeitas ressurgiram...".[23]

O primeiro-sargento Dumitru Iliescu, paraquedista: "Um dos helicópteros levantou voo para verificar a zona, para checar os arredores. Ele deu algumas voltas em cima do estádio, depois retornou. O piloto chamou Ionel Boeru, discutiram algo, e então ele nos chamou até lá. (...) Estávamos todos juntos. 'Em breve chegará um TAB com algumas pessoas que deveremos embarcar. Vocês precisam ficar em posição de defesa e eu os checarei perto do helicóptero. Se eu abrir fogo, vocês me darão cobertura imediatamente, atirando neles sem aviso!'", afirmou Ionel.[24]

Depois de uma espera que durou cerca de 40 minutos, apareceu um TAB e três veículos Aro. Deles desceram vários personagens que participariam, junto com os paraquedistas, da escrita de uma página sangrenta da história. Personagens sombrios, a maioria trajando unifor-

---

[22] Ibidem.
[23] Entrevista com Dorin Cârlan, Bucareste, 4 de novembro de 2009.
[24] Viorel Domenico, op. cit.

me militar. O mais alto graduado: general Victor Atanasie Stănculescu. Dentre os civis, o mais famoso – graças à televisão – era um barbudo: Gelu Voican Voiculescu.

"Eu o conhecia da parada de 23 de agosto"

A abordagem é rápida. Os depoimentos descrevem a pressa em levar a missão até o fim. Uma missão que, para os oito paraquedistas vindos de Boteni, ainda era um grande mistério.

O sargento Dorin Cârlan, paraquedista:

> Percebi que vinha um tanque, com uma bandeira sem emblema. Foi quando me dei conta de que eram os nossos. Alguns veículos Aro se aproximaram muito de nós. Deles começaram a descer civis e militares. Dentre os militares, vi o senhor general Victor Atanasie Stănculescu, de quem eu ouvira rumores de que teria introduzido tropas no quartel, contrariando as ordens de Ceaușescu. Eu o conhecia da parada de 23 de agosto. Sendo oficial, desfilei na frente do Comandante Supremo, por ser Dia Nacional, junto com as tropas de paraquedistas de todos os regimentos. Aconteceu que, em 1989, o senhor general Stănculescu ocupou-se do desfile.[25]

O capitão Ionel Boeru, chefe do comando de paraquedistas:

> Quando a coluna de transporte parou, primeiro desceu um general. Eu não o conhecia. Apresentei-lhe o relatório: "Camarada general, sou o capitão Boeru Ionel, estou me apresentando, junto com o grupo de paraquedistas, à sua disposição!". Ele se apresentou: "Stănculescu". Percebi então que estava diante do primeiro vice-ministro da Defesa Nacional. Ele falou que nós, os paraquedistas, tínhamos provado ser os soldados mais capazes durante a revolução, e que ele depositava grande confiança

---

[25] Entrevista com Dorin Cârlan, Bucareste, 4 de novembro de 2009.

em nós... Ele estava calmo, imponente, com um leve sorriso no canto da boca. Então, perguntou quem comandava os helicópteros.[26]

O major Cristian Mateiciuc, piloto do helicóptero PUMA 92: "Eu chamei Militaru também e nos apresentamos juntos. Sem dar detalhes da missão, mostrou-nos a rota no mapa de navegação aérea: voaremos até Măneşti, a sudoeste de Ploieşti, em seguida mudaremos para 110 graus. Altura de voo de 5-30 metros, velocidade de 200 quilômetros por hora. Composição: Militaru na frente, eu atrás dele, na lateral esquerda".[27]

Quando os helicópteros decolaram de Ghencea, catorze passageiros novos estavam a bordo – sete em cada aeronave. Havia 28 pessoas somando os membros das tripulações e os paraquedistas, catorze em cada aeronave.

---
[26] Viorel Domenico, op. cit.
[27] Ibidem.

A morte vem de helicóptero

Segunda-feira, 25 de dezembro de 1989, 13h. Após um voo tenso e arriscado, o Tribunal Militar Excepcional e o pelotão de fuzilamento chegam ao local do acontecimento: a UM 01417 de Târgovişte.

Em Târgovişte, os Ceauşescu estavam cansados, prisioneiros dentro de um TAB. No "quartel da estação", nenhuma movimentação, todos aguardavam os helicópteros que deveriam chegar de Bucareste. Eles viriam para tirá-los de sua responsabilidade, acreditava o comandante da unidade, o coronel Andrei Kemenici. Eles viriam para nos salvar, acreditava Nicolae Ceauşescu. Eles estão vindo para assassiná-los, diz o narrador.

A morte se aproximava a 200 quilômetros por hora, fazendo um ruído metálico, de helicóptero.

O instrutor militar Constantin Sima, mecânico de bordo:

> Os motores estavam ligados, prontos para a decolagem. Embarcaram no helicóptero PUMA 90 o civil barbudo, um oficial de justiça, um coronel da artilharia, um oficial médico, o tenente-major e, por último, o general. Eu os acomodei nos devidos lugares para garantir o equilíbrio de voo do aparelho. Essa é uma das atribuições do mecânico de bordo. O lugar dos paraquedistas ficou estabelecido ao centro do helicóptero, em cima das caixas de munição. Depois, mostrei o pinico aos novos passageiros, dizendo-lhes para usá-lo, se necessário. Perguntei ao general se voaríamos com as portas abertas. Ele confirmou e, quando todos estavam em segurança, informei que estávamos prontos para voar.[1]

---

[1] Viorel Domenico, *După execuție a nins*. Bucareste, Editora Militară, 1992.

O pinico mencionado pelo instrutor militar Sima havia de ser muito útil para um dos passageiros! Era Virgil Măgureanu, que devido ao voo tempestuoso, em zigue-zague e em baixa altitude, vomitou durante quase todo o trajeto – na ida e na volta. "O senhor da FSN" pagou um mico, como costuma-se dizer.

"Vocês se orgulharão desta missão!"

O capitão Mircea Militaru, piloto do helicóptero PUMA 90:

> Imediatamente após a decolagem, sabendo que na zona de Ploiești havia uma forte e densa rede de defesa antiaérea e no intuito de evitar essa área, perguntei ao general se voávamos por lá para investigar Brazi. Ele me mostrou o mapa de navegação: "Olhe aqui, é a Mănești que devemos chegar!". "Muito bem, mas precisamos ir por Ploiești?" "Não", respondeu, mas me mandou entrar em contato com Boteni e avisar que os helicópteros preparados para fazer a conexão conosco em Mănești deveriam partir. Assim, teríamos helicópteros de acompanhamento e apoio! Fiz um cálculo mental quanto ao tempo que seria necessário para chegarmos ao ponto de encontro e, quando estávamos sobrevoando Domnești, transmiti a ordem para Boteni.[2]

O instrutor militar Constantin Sima, mecânico de bordo no helicóptero PUMA 90: "Vamos seguir em direção a Buftea, voando em baixa altitude e sem usar as estações de rádio!", disse o general, "e depois nos mandou fechar as portas do helicóptero. Durante o voo, o general tomou o meu lugar, o do mecânico, situado atrás dos pilotos. Colocou os fones de ouvido e, com o mapa que tinha trazido, um mapa turístico, seguia permanentemente o trajeto do terreno".[3]

---

[2] Ibidem.
[3] Ibidem.

O primeiro-tenente Dan Stănescu, copiloto do PUMA 90: "Quando vi que nos davam o itinerário usando um mapa turístico, quando nós tínhamos mapas profissionais, duvidei da competência do general...".[4]

O capitão Alexandru Popa, copiloto do PUMA 92:

> Eu estava obcecado com a vulnerabilidade dos nossos aparelhos. A televisão e o rádio difundiam boatos: a todo instante anunciavam novos ataques com helicópteros. Ora em Craiova, ora no litoral, helicópteros estrangeiros adentravam no país com tropas de desembarque. E se as tropas leais a Ceaușescu tivessem unidades especiais de helicópteros e fossem dotadas de aeroportos subterrâneos? E se os terroristas tivessem tomado os helicópteros de Sibiu...? Criou-se uma psicose "helicopteriana": todos os ataques dos terroristas, todas as infiltrações pela fronteira eram apenas com helicópteros. Preconizava-se uma verdadeira invasão de helicópteros. Os helicópteros chegaram a ser o maior temor do Exército, o maior medo de todos os que carregavam uma arma e que, como tais, eram caçados indiscriminadamente. Será que alguém ainda distinguia se o helicóptero que estava no ar era amigo ou inimigo?[5]

O capitão Popa expressa a confusão das duas equipes naquele momento de dúvidas do dia de Natal. "É claro, eu estava junto com um general do Exército romeno, mas também com pessoas desconhecidas, ou seja, inseguras. Eu supunha fazer parte da liderança provisória do país, que a missão era importante, urgente e muito secreta... Mas e se esse grupo formasse uma dissidência da revolução, e se nossa missão fosse a de favorecer sua fuga, não seria uma traição?! Talvez estivessem sendo seguidos pelo nosso Exército e não pelos terroristas...".[6]

A confusão também é descrita pelo paraquedista Teodor Gheorghe: "Quem somos nós e para onde estamos indo? Quem são eles? Aonde os estamos levando e contra quem garantimos a sua segurança?".[7]

Outro paraquedista, Laurentiu Ștefanescu, acrescenta:

---
[4] Ibidem.
[5] Ibidem.
[6] Ibidem.
[7] Ibidem.

Logo que decolamos de Ghencea, tinha certeza de que voltaríamos para Boteni. Eu achava que se tratava da liderança da Frente (FSN) que, devido à situação de incerteza na capital, à intensificação das lutas, mudaria por um tempo a sede para a nossa unidade. (...) O oficial-médico, que estava ao meu lado, agitava-se o tempo todo, queria participar da nossa conversa, mas não encontrava um motivo. Finalmente quebrou o gelo e me perguntou: "Vocês sabem para onde estão indo?". "Não. Para onde?" "Para uma missão especial. Vocês se orgulharão desta missão!"[8]

Então, o médico Liviu Verdeș sabia qual era a missão! Assim como o major da Justiça – o procurador militar Dan Voinea – que durante o voo de helicóptero "ficou lendo, bem concentrado, ora um livro grosso, ora outro: era o Código Penal e o Código de Processo Penal",[9] conforme se recorda o sargento Dorin Cârlan.

A situação era assustadora para os pilotos e os paraquedistas. Eles não sabiam para onde iam, que missão tinham a cumprir e qual era a jogada dos "cavalheiros" que embarcaram em Bucareste... Não sabiam de nada! Naqueles momentos dúbios, eles não tinham mais certeza se estavam a serviço da revolução ou contra ela...

***

Na área de Mănești, localizada perto de Ploiești, os dois helicópteros que vinham de Bucareste juntaram-se com os três helicópteros enviados diretamente de Boteni. Nessa formação, voaram rumo a Târgoviște.

O major Cristian Mateiciuc, piloto do helicóptero PUMA 92:

> A junção com os três helicópteros foi perfeita, os cinco chegaram à zona de encontro ao mesmo tempo. Reconhecemo-nos à primeira vista. Os aparelhos estavam sendo pilotados pelos capitães Emil Zamfir, Gheorghe Boborel e Octavian Tudor. Zamfir era o piloto do helicóptero que tinha sido atingido no ar, acima do aeródromo, na primeira noite da revolução, e que caiu em chamas. A tripulação tinha sido milagrosamente salva.

---

[8] Ibidem.
[9] Entrevista com Dorin Cârlan, Bucareste, 4 de novembro de 2009.

Eu não esperava que fosse ele, e ainda por cima à frente da formação... Foi fantástico, eu estava profundamente impressionado. Sua esposa estava grávida de nove meses, ele já tinha caído uma vez, e agora de novo: outro helicóptero, outra missão de combate. Eu lhe disse com a voz embargada de emoção: "Bem-vindo, Gipsy, meu chapa! Bravo!". E ele: "Sempre em frente, garotos!". Nem que fosse só para viver um momento como esse valia a pena ser piloto![10]

O capitão Mircea Militaru, piloto do helicóptero PUMA 90: "Quando vi o Gipsy no controle do helicóptero, pensei que estava sonhando. Claro que eu, Mateiciuc e Popa tínhamos sido atingidos no campo de batalha, mas conseguimos trazer o equipamento até o chão, fizemos um pouso forçado. Mas ele foi derrubado! Depois que pulou do helicóptero, junto com toda a tripulação, o helicóptero explodiu. Ou seja, ele viu a morte de perto. Ele se salvou por uma fração de segundo. E agora...".[11]

Havia se passado menos de três dias desde aquele terrível acidente. E Emil Zamfir, apelidado de Gipsy, estava novamente destinado a uma missão de "grau zero".

O instrutor militar Constantin Sima, mecânico de bordo do PUMA 90: "Após o encontro dos três helicópteros, o general Stănculescu ordenou ao piloto Militaru, apontando para uma área do mapa: 'Nós vamos para a Cidade Grande! Foi feita uma curva à esquerda, todos os helicópteros entraram em formação, com o PUMA 90 encabeçando a coluna, e fomos para a 'Cidade Grande' – localidade da qual nunca tínhamos ouvido falar, mas que provavelmente constituía o nosso ponto de destino do voo ou talvez apenas uma senha... Seria no país ou fora dele?!...".[12]

O capitão Mircea Militaru, piloto do helicóptero PUMA 90:

> À medida que nos aproximávamos da "Cidade Grande", comunicávamos aos outros pilotos – por ordem do general – que executassem a missão de cobertura no ar na zona sobrevoada (perto do Mosteiro Dealu), e

---

[10] Viorel Domenico, op. cit.
[11] Ibidem.
[12] Ibidem.

nós continuamos fazendo o reconhecimento, passando sobre uma unidade militar, a cerca de 50 metros de altura, rumo ao Complexo de Aços Especiais. Depois viramos à esquerda, 180 graus. A paisagem era assustadora: canhões, tanques, TABs, centenas de soldados, centenas de canos apontados para cima, em nossa direção, observando-nos através do dispositivo de mira, de metralhadoras e pistolas automáticas... Uma única ordem, um único comando, um erro inocente e estaríamos despedaçados, com helicóptero e tudo, pulverizados mesmo...[13]

A echarpe amarela

Então, a "Cidade Grande" era Târgoviște! A unidade sobrevoada pelos dois helicópteros vindos de Ghencea, que pouco antes tinham se separado dos três helicópteros que acompanhavam, era a célebre UM 01417, onde o casal Ceaușescu estava sob segurança armada! E os canos das armas apontados para cima pertenciam às baterias de artilharia antiaérea que tinha a capacidade de derrubar toda uma frota de aeronaves, não apenas dois insignificantes helicópteros.

Nesse momento, desenrolou-se a "cena da echarpe". Baseado em uma conversa telefônica anterior mantida com o coronel Andrei Kemenici, chefe da UM 01417, o general Stănculescu recorre ao sinal de reconhecimento.

O instrutor militar Constantin Sima, mecânico de bordo do PUMA 90: "O general se levantou da cadeira, dirigiu-se para a porta e puxou uma echarpe amarela de debaixo do braço, com cerca de 3-4 metros de comprimento e um metro de largura. 'O que o senhor pretende fazer?', perguntei contrariado. 'Daqui para a frente, esta será a bandeira do Exército', respondeu ele, com um pequeno sorriso nos lábios. Ordenou então que eu abrisse a porta...".[14]

---

[13] Ibidem.
[14] Ibidem.

A echarpe foi dada ao major Mugurel Florescu, que estava na suíte do general Stănculescu. Conta o sargento Constantin Bărănguță, um dos quatro paraquedistas a bordo do helicóptero PUMA 90:

> Tínhamos passado da Torre Chindia e percebi que estávamos em Târgoviște. Enquanto o helicóptero passava por cima da área industrial, o oficial de justiça, o major, eu acho, tirou uma echarpe amarela para agitá-la fora do helicóptero, para reconhecimento, talvez. Pressentindo o perigo de que a echarpe se enroscasse na hélice traseira, apressei-me e puxei-a de sua mão. Primeiro me agrediu, e com razão: eu me opus a um sinal cujo significado não conhecia, claramente essencial para o sucesso da missão e para poupar a nossa vida. Mas eu lhe expliquei o risco que corríamos e ele concordou em recuar a echarpe até o limite, para eliminar qualquer risco.[15]

O sargento Dorin Cârlan, colega paraquedista de Bărănguță, tem uma versão ainda mais dramática: "No momento em que nos preparávamos para pousar no quartel, uma echarpe amarela foi colocada para fora do helicóptero. Media uns 5-6 metros e podia se enroscar na hélice propulsora. Ainda bem que o nosso colega Costică Bărănguță ralhou com Mugurel Florescu: 'Qual é, quer nos matar?'. Ele puxou a echarpe e escapamos. Isso ocorreu bem em cima da área de aterrissagem".[16]

"Se eu espirrasse, teria provocado o tiroteio"

O final pertence ao piloto Mircea Militaru do PUMA 90:

> Quando parei na marca para a aterrissagem, acima do pátio de defesa antiaérea, os canos dos canhões miraram ameaçadoramente em nossa direção. Nós estávamos ao alcance deles, ao seu critério. Dez, quinze, não sei ao certo quantos eram, mas me pareciam enormes e

---
[15] Ibidem.
[16] Entrevista com Dorin Cârlan, Bucareste, 4 de novembro de 2009.

horríveis. Não eram bocas de artilharia ou bocas de fogo, mas bocas famintas de monstros raivosos que uivavam, gemiam. Bocas apocalípticas escancaradas, prontas para nos engolir, nos devorar. Eu me desorientei, estava com medo da próxima manobra, atrasando a sua execução, quando o general me ordenou com a voz embargada de emoção: "Desça, homem!". E eu pousei. (...) Dezenas e dezenas de soldados, operadores dos canhões, deixaram suas peças de artilharia, as quais tinham mexido com os meus nervos, e ocuparam posições de tiro, com as armas da infantaria apontadas contra nós. Estavam transfigurados, no limite da paciência e do poder, selvagens e tensos, até mesmo ferozes, prontos a puxarem o gatilho. Acho que, se eu tivesse espirrado, teria provocado o tiroteio.[17]

O pouso ocorreu no local de aterrissagem, nos fundos do Comando. Os dois helicópteros foram colocados, milagrosamente, a poucos metros de distância um do outro. E também a alguns metros de um transportador anfíbio blindado (TAB), com um tenente-major posicionado na metralhadora. O oficial era Iulian Stoica, que não dormia havia três dias, desde que começou a cuidar da segurança do casal Ceauşescu. Os ditadores estavam literalmente na "barriga" do monstro blindado.

Voo Bucareste – Târgovişte

DATA: 25 de dezembro de 1989
PARTIDA: 12h10, do Complexo Desportivo Ghencea
POUSO: 13h, no quartel da UM 01417 de Târgovişte
DURAÇÃO: 50 minutos
DISTÂNCIA: 120 km (para contornar a cidade de Ploieşti)
VELOCIDADE DE VOO: 200 km/h (voo em zigue-zague, com estacionamento na marca de aterrissagem)

---

[17] Viorel Domenico, op. cit.

Helicóptero PUMA 90

TRIPULAÇÃO: capitão Mircea Militaru (piloto), major Dan Stănescu (copiloto) e instrutor militar Constantin Sima (mecânico de bordo)
PARAQUEDISTAS: capitão Ionel Boeru, piloto Dorin Cârlan, piloto Constantin Bărănguţă e primeiro-sargento Octavian Gheorghiu
OFICIAIS: general Victor Atanasie Stănculescu (representante da FSN), Gelu Voican Voiculescu (representante da FSN), Virgil Măgureanu (representante da FSN), coronel Gheorghe Ştefan (oficial da DIE), coronel Ion Baiu (operador de vídeo), senhor Mugurel Florescu (oficial de Justiça) e tenente-major Trifan Matenciuc (assessor de Stănculescu)

Helicóptero PUMA 92

TRIPULAÇÃO: major Cristian Mateiciuc (piloto), capitão Alexandru Popa (copiloto) e instrutor militar Gheorghe Stoica (mecânico de bordo)
PARAQUEDISTAS: primeiro-sargento Laurenţiu Ştefănescu, primeiro-sargento Teodor Gheorghe, primeiro-sargento Marian Forjan e primeiro-sargento Dumitru Iliescu
OFICIAIS: coronel Gicaă Popa (juiz), coronel Ion Nistor (juiz), major Dan Voinea (promotor), Constantin Lucescu (advogado), Nicolae Teodorescu (advogado), subtenente Jan Tanase (escrivão) e capitão dr. Liviu Verdeş (médico)

A última alegria de Ceaușescu: "Stănculescu chegou!"

Duas horas antes de ser baleado, o ditador ainda acreditava que Stănculescu tinha vindo para salvá-lo. Fazia três dias que ele se enganava pensando que o general estava ao seu lado. Antes do julgamento, Stănculescu determinou o local da execução: o paredão do Corpo de Guarda na UM 01417 de Târgoviște. Foram oitenta minutos de palhaçada judicial.

Segunda-feira, 25 de dezembro de 1989, 13 horas. Nas casas dos romenos, sentia-se o vapor de pinga quente, o cheiro dos charutinhos de repolho e o aroma das linguiças de porco. Revolução, revolução, tudo bem, mas era Natal.

Por cima do quartel de Târgoviște, ouve-se o grasnar dos corvos. A morte está impaciente, e os corvos, famintos. Eles não têm vontade de comer charutinhos, linguiças de porco ou de tomar pinga quente. Eles querem a carne flácida de dois anciãos que acreditavam que a morte tinha ido embora, mas acordaram com ela batendo à porta.

***

O pouso dos helicópteros no quartel da UM 01417 de Târgoviște ocorre num momento muito tenso. Os oficiais que guardavam os Ceaușescu e aqueles que cuidavam da segurança da unidade foram informados de que dois helicópteros aterrissariam. Eles estavam convencidos de que os "convidados" vinham para levar embora os ditadores. Com o tempo, a tensão cresceu. E com ela cresceu a suspeita.

Na parte da manhã, cerca de 7h, o general Stănculescu ligou para o coronel Kemenici para perguntar se Nicolae Ceaușescu tinha tomado a injeção de insulina. A resposta foi "não". O ditador corria o risco de entrar em coma diabético.

Nessas condições, Stănculescu avisou Kemenici de que chegaria com dois helicópteros em torno das 9h, sem dar mais detalhes. Mas ele só chegou quatro horas mais tarde.

Os prisioneiros passaram a noite no TAB, trajando roupas militares. "Eu trouxe os Ceaușescu até a unidade, troquei-os em trajes civis, em seguida, perto das 8h30, coloquei-os de volta no TAB, à espera dos helicópteros. Lá pelas oito, oito e pouco – nenhum telefonema. Nada. Um silêncio suspeito, pérfido. Passava das 9h e as estações de radar não detectavam qualquer voo, qualquer alvo. Nós olhávamos um para o outro, mudos, estarrecidos",[1] contaria Andrei Kemenici, dez anos mais tarde.

Em nota tergiversadora nos dias antecedentes, Kemenici foi posto à prova mediante um novo telefonema suspeito, de Bucareste, no qual lhe pediam para executar os dois. O coronel fica agitado e, desatinado, dá ordens confusas.

***

Ansioso por descobrir o que acontecia em Bucareste, o coronel Kemenici queria ligar para os generais com quem se comunicava – Stănculescu, Gușă ou Voinea.

> Eu queria pegar o telefone e ligar para Bucareste, quando fui chamado pelo comandante do Exército I, general Voinea: "Camarada Kemenici, você ainda está vivo, homem? Ouvi dizer que eles tentaram fugir... É verdade que você os degolou?". "Não, camarada general. De jeito nenhum. Peço que me diga se virá ou não...", eu disse. E o general: "Quem? Onde, homem? Do que você está falando?". Eu disse: "Se o senhor não sabe do que se trata, então me deixe em paz!". Cortei a conversa com Voinea e Mocanu me ligou, o comandante da defesa antiaérea do território: "Atire em tudo o que voa! Pelas informações que tenho, a unidade será atacada por helicópteros. Ordem: abater tudo!". Eu não conseguia mais resistir. Sentia o coração explodir. Foi quando chamei o general Iosif Rus, comandante da Aviação. Eu só disse o

---

[1] Viorel Domenico, *Ceaușescu la Târgoviște*. Bucareste, Editora Ion Cristoiu, 1999.

meu nome e ele respondeu como se estivesse aguardando o meu telefonema: "Os voos estão totalmente interditados. Nada pode voar, nenhuma aeronave própria! Tudo o que está no ar é inimigo!".[2]

Nessa situação tensa, Kemenici deveria receber os helicópteros de Bucareste. Em virtude dos diálogos com os generais Mocanu e Rus, o comandante do quartel de Târgoviște proferiu mais uma ordem: carreguem as baterias e "atirem em tudo o que voa!". Após um telefonema para o escritório do general Stănculescu e as pessoas de lá confirmarem que ele tinha saído para uma missão em Târgoviște, revogou a ordem de "fogo". Mas a situação estava prestes a explodir. Os fantasmas dos terroristas vagavam pelo quartel.

***

O coronel Kemenici tinha que passar por mais uma prova: a chegada dos helicópteros. Ele os ouviu se aproximando, ele os viu no ar, mas estava com medo. Ele sabia que seriam dois helicópteros, mas no céu da unidade "traquinavam" cinco. Dois com oficiais de Bucareste e três em missões de acompanhamento. O comandante da UM 01417 respirou aliviado quando viu o sinal dado com a echarpe amarela.

"Quando o primeiro helicóptero pousou – o da echarpe amarela, que esvoaçava pela lateral da aeronave – avancei com o TAB onde eu estava, e, atrás de mim, a alguns metros, vinha o TAB com os Ceaușescu. Eu estava convencido de que o transbordo seria rápido, sem que os helicópteros tivessem que parar os motores",[3] conta Kemenici.

Para o pessoal da unidade foi um momento estranho: os recém-chegados assumiam posição de defesa. "Eles entraram no setor, com as armas diretamente apontadas para nós, como se nós fôssemos os terroristas", observou o guarda Dorian Dobrița.

O capitão Boboc, que observava tudo pelo visor do TAB em que fazia a segurança do casal Ceaușescu, teve a mesma sensação de humilhação.

---

[2] Ibidem.
[3] Ibidem.

> Já que deveriam chegar dois helicópteros, para evitar um acidente, todos os militares do pátio foram desarmados; a munição foi deixada com eles, porém, não dentro das armas, mas nos carregadores. No pouso dos helicópteros, os paraquedistas saltaram com vigor, como tropas de comando, formaram um cerco em volta dos helicópteros, para defendê-los... Aquilo nos pareceu algo monstruoso, uma traição escancarada, especialmente porque o comandante da unidade chamou o TAB até o helicóptero da frente e deu o relatório ao general, como se estivesse entregando a unidade.[4]

A primeira preocupação de Stănculescu foi tirar do caminho as forças que suspeitava serem hostis. Os primeiros a serem vigiados eram o capitão Sorinel Stoian (oficial de contrainformações da unidade – CI) e o tenente-coronel Gheorghe Dinu (vice-chefe da segurança de Dâmbovița).

O coronel Andrei Kemenici reconhece: "Durante o julgamento e a execução, a unidade estava à mercê do comando organizado pelo general Stănculescu".[5] Sua declaração foi reforçada pelo primeiro-sargento Teodor Gheorghe, um dos oito paraquedistas.

> O general chegou e nos introduziu no comando, em um corredor. Ele perguntou quem era o oficial de grau mais alto e, evidentemente, o capitão Ionel Boeru deu um passo à frente. Uma vez que nós não tínhamos graduação e éramos jovens, entre 23 e 29 anos, o general nos perguntou se éramos soldados ou se fazíamos parte do quadro militar. E eu respondi: "sargentos", ao que ele nos disse: "Vocês vieram comigo e, portanto, estão sob as minhas ordens. Vocês devem executar somente as minhas ordens! Se formos atacados, vocês têm todo o direito de responder com fogo, sem prévio aviso".[6]

Stănculescu perguntou pelos secretários do partido. Um deles, o major Ion Mares, recorda: "A partir daquele momento percebi que tínhamos sido 'eximidos' de qualquer responsabilidade, pois agora não mais fazia parte das nossas atribuições Os paraquedistas tinham nos posto de lado.

---

[4] Ibidem.
[5] Ibidem.
[6] Viorel Domenico, *După execuție a nins*. Bucareste, Editora Militară, 1992.

Posicionados nos pontos-chave do pátio interno, com as armas apontadas para nós, tiraram-nos de circulação. Nós não representávamos mais nada em nosso próprio quartel. Tal desconfiança doía em minha alma".[7]

A desconfiança era recíproca. Eis o que pensava um dos paraquedistas, o primeiro-sargento Marian Forjan: "Eu estava convencido de que devíamos defender o general e os que faziam parte de sua comitiva contra aqueles da unidade. Qualquer pessoa, independentemente da patente que tivesse, tornou-se um inimigo em potencial".[8]

Naqueles momentos, não somente os que eram do quartel, mas os que saíram dos helicópteros estavam com os nervos à flor da pele. As incertezas preocupavam os Ceaușescu que estavam na "barriga" do transportador blindado. Mas entre tais preocupações havia um sopro de esperança. Os momentos vividos pelos prisioneiros são narrados pelo capitão Boboc.

> Eu estava dentro do TAB, olhando por um dos retrovisores. Nicolae Ceaușescu espiava pelo outro. Elena perguntou-lhe, curiosa: "Quem é? Quem chegou?". E ele, com o rosto iluminado de repente, parecia liberto de qualquer pensamento ruim: "Fique tranquila... Tenha calma... Stănculescu chegou...". Depois da reunião do comandante com o general Stănculescu, vi Kemenici nervoso, irritado, chegava a estar violento, fazendo-nos o sinal de que voltássemos com o TAB ao lugar de onde tínhamos saído. Talvez ele também esperasse entregá-los, embarcá-los no helicóptero e que desaparecessem, queria que os tirassem das nossas costas. Mas não era para ser. Nós ainda tínhamos que sofrer...[9]

O comandante da unidade, Andrei Kemenici:

> Desci do TAB e, quando eles abriram a porta lateral do helicóptero, desembarcaram alguns paraquedistas e o general Stănculescu. Ele me disse: "Venha, suba! Vamos lá!". Nesse meio-tempo, pousou o segundo helicóptero. Eu fiquei encharcado de suor numa fração de segundo.

---

[7] Viorel Domenico, *Ceaușescu la Târgoviște*, op. cit.
[8] Viorel Domenico, *După execuție a nins*, op. cit.
[9] Viorel Domenico, *Ceaușescu la Târgoviște*, op. cit.

Pensei: "Pronto, estou sendo preso, porque não quis executá-los". Quando eu ia colocar o pé na escada do helicóptero, foi como se acordasse de um sonho. Parei e perguntei: "Ir aonde?". Ao que o general retrucou: "Como assim, aonde? Aonde eles estão!". Então entendi. "Mas eles estão aqui!" "Onde?", questionou-me o general. Fiz um gesto para que se aproximasse do segundo TAB. Mas Stănculescu disse: "Não, não. Vamos voltar ao Comando!". Então ele disse: "Se eles estão aqui, faremos tudo aqui". Fiquei, de certa forma, surpreso, porque apenas os paraquedistas e o general desceram do helicóptero. Eu não sabia quem mais o acompanhava. Nem me atrevi a perguntar o que significava a frase "faremos tudo aqui".[10]

***

Passava um pouco das 13h. A corte de julgamento ainda estava dentro do helicóptero PUMA 92. O capitão Ionel Boeru, o mais graduado dos paraquedistas, recorda:

> A conversa entre Kemenici e Stănculescu foi bastante curta. Em seguida, o general fez um gesto, convidando-nos a descer, a nos reunir naquele local, pois nos diria por que tínhamos sido trazidos. "Vocês foram trazidos aqui porque o casal Ceaușescu está na unidade. Os dois serão julgados e vocês devem cuidar para que tudo corra normalmente, sem maiores incidentes, que ninguém venha sequestrá-los", bobagens desse tipo. E me ordenou espalhar os outros sete paraquedistas pelo quartel, porque não confiava no pessoal da unidade.[11]

Seguiu-se um trajeto vagaroso do pátio de pouso até o platô da unidade. Kemenici e Stănculescu andavam a pé, um ao lado do outro, e, atrás deles, o TAB onde estavam Nicolae e Elena Ceaușescu. Era o caminho da morte.

Kemenici: "Quando virei a cabeça, vi a corte que tinha vindo com o general. Reconheci Gelu Voican Voiculescu (a quem já tinha

---
[10] Ibidem.
[11] Entrevista com Ionel Boeru, Târgoviște, 11 de novembro de 2009.

visto na televisão, quase sempre ao lado de Iliescu), o coronel Ştefan (com quem tive a honra de falar na noite anterior) e o coronel Baiu (que havia sido meu colega na escola Militar de Braşov), agora no papel de cinegrafista".[12]

"Onde os executaremos após o julgamento?"

Não havia um cenário próprio para um julgamento e, logo em seguida, uma execução. Stănculescu fez tudo na hora: "Os juízes, o promotor e Gelu Voican Voiculescu retiraram-se numa sala e começaram a discutir o procedimento. Então eles me disseram que precisavam de dois quartos. Um para o julgamento e outro para deliberarem".[13]

O coronel Kemenici disse que tudo aconteceu muito rápido:

> Stănculescu me levou para acompanhá-lo em uma espécie de inspeção dos quartos no piso térreo do Comando. Enquanto entrávamos ora num quarto, ora em outro, dizia: "Aqui faremos a consulta médica!" – era o meu escritório. "Aqui acontecerá o processo" – era a sala destinada ao compartimento de mobilização. Ordenei a preparação das salas nesse sentido e depois me chamou lá fora, junto com o chefe do grupo de paraquedistas, o capitão Ionel Boeru. Paramos na porta da frente, onde estava o TAB com os dois Ceauşescu e me perguntou diretamente, sem rodeios: "Onde os executaremos após o julgamento?".[14]

Não era a primeira vez que Kemenici ouvia tais coisas. Fazia três dias que Bucareste o pressionava nesse sentido. E, mesmo assim, o coronel admite que emudeceu. Não foi capaz de responder. É diferente sentir a morte de perto...

---

[12] Viorel Domenico, *Ceauşescu la Târgovişte*, op. cit.
[13] Victor Atanasie Stănculescu, estenograma da audiência da Comissão de dezembro de 1989, 1º de novembro de 1993.
[14] Viorel Domenico, *Ceauşescu la Târgovişte*, op. cit.

No final, o próprio Stănculescu determinou o local, apontando: "Ali!". Era o paredão do corpo de guarda e o local indicado ficava entre duas janelas.

"Capitão, você é capaz de...?"

Uma vez decidido o local da execução, o general Stănculescu escolheu três homens dentre os oito paraquedistas. Ele escolheu o capitão Ionel Boeru, o oficial Dorin Cârlan e o primeiro-sargento Octavian Gheorghiu. Eles comporiam o "pelotão de fuzilamento". Na verdade, um comando, porque os pelotões de execução agem de acordo com algumas regras, o que não era o caso em Târgoviște.

O capitão Boeru lembra como a execução foi encaminhada.

> Kemenici e Stănculescu me disseram que precisavam de um dos meus homens, o melhor que eu tivesse. Chamei Costică Bărănguță. Stănculescu deu-lhe a ordem de vigiar o oficial de contrainteligência e segurança da unidade e também o tenente-coronel de segurança, Gheorghe Dinu. Depois que chamei Costică, pediu-me para reunir todos. Foi nesse momento que Stănculescu mencionou a execução pela primeira vez. Ele disse que precisava de mais dois homens para cuidarem dele e de mais três para comporem o pelotão de fuzilamento. Na mesma ocasião, disse para atirarmos na posição "do quadril". Cada qual com um carregador, trinta cartuchos, fogo automático obrigatório. Não falou nada do protocolo, quero dizer, sobre o momento da execução.[15]

Ionel Boeru ficou marcado pelo momento em que recebeu ordens diretas do general Stănculescu. "Depois de estabelecido o lugar, o general me chamou em particular. Ele chegou realmente muito perto de mim e perguntou: 'Capitão, você é capaz de fazer isso?'. Foi um momento muito difícil para mim, mas consegui falar. Fiquei surpreso por ainda ter voz. Eu disse: 'Sim, eu posso fazer isso!'".[16]

---

[15] Entrevista com Ionel Boeru, Târgoviște, 11 de novembro de 2009.
[16] Idem.

O casal Ceaușescu estava chegando ao fim. Enquanto se alegravam com a vinda de Stănculescu, este urdia os detalhes do assassinato.

Uma pressão muito alta

Aproximava-se o momento da visita médica. O casal Ceaușescu foi retirado do TAB estacionado nos fundos do Comando. No escritório do coronel Kemenici já tinha sido improvisado o gabinete médico.

Os paraquedistas que se ocuparam da escolta dos Ceaușescu ficaram impressionados assim que viram o ditador. O primeiro-sargento Octavian Gheorghiu disse: "Quando ele foi retirado do TAB, eu estava diante da porta. Ele me viu. Um rosto assustado, um semblante indagador. Parecia querer perguntar algo. Desejava, tentava me reconhecer ou compartilhar algo comigo".[17]

Havia outro paraquedista ao lado de Gheorghiu, o sargento Dorin Cârlan.

> Quando o vi assim tão pequeno, franzino e triste, quando vi sua mão velha, magra, aquelas manchas marrons na testa enrugada e o rosto flácido, fiquei com pena. A barba tinha crescido bastante e no colarinho da camisa branca era possível distinguir uma marca de sujeira. Desceu com o chapéu na mão e, antes de colocá-lo novamente na cabeça, passou a mão pelo cabelo. Pelo que eu tinha visto nos filmes, tal gesto era feito com certa poesia e elegância. Mas ele fazia aquilo como um caipira desajeitado, o que não lhe ficava nada bem.[18]

Quem abriu a porta do TAB, seguindo a ordem do general Stănculescu, foi o capitão Ion Boboc.

Na saída do transportador, Ceaușescu foi recebido pelo chefe do grupo de paraquedistas, o capitão Ionel Boeru. Conta Boeru:

---

[17] Viorel Domenico, *După execuție a nins*, op. cit.
[18] Ibidem.

Estava irreconhecível. Branco como a neve, desgrenhado e barba por fazer. Mas estava perfumado e cheirava bem. "Por favor, venha comigo", disse eu, humildemente. Dei-lhe o braço esquerdo e o conduzi até o "consultório médico". Permaneci do lado de fora. Eu conseguia ouvir tudo através da porta. Quando o médico lhe disse que a pressão arterial estava 17 por 10, ele disse: "De fato, não está boa". Depois da consulta médica, o levei à "sala do tribunal". Ofereci-lhe uma cadeira, na qual se sentou, suspirando. Tavi Gheorghiu ficou ali para cuidar dele, e eu, acompanhado pelo Dorin, voltei para buscar a "distinta".[19]

O sargento Dorin Cârlan e o primeiro-sargento Octavian Gheorghiu eram os seus colegas do "pelotão de fuzilamento".

Os dois médicos que examinaram a saúde do casal Ceaușescu foram o capitão Liviu Verdeș (trazido por Stănculescu de Bucareste) e o lugar-tenente Florin Olteanu (médico da unidade de Târgoviște).

***

Ionel Boeru, assistido por seus colegas paraquedistas, novamente saiu pela porta dos fundos do comando, para buscar Elena Ceaușescu no TAB. "Eu a reconheci imediatamente. Ao contrário dele, que parecia recém-saído de uma barbearia, ela exalava um mau cheiro, azedo, de urina e sujeira, de ovo choco. Eu a levei pelo mesmo trajeto pelo qual o tinha conduzido. Quando ela saiu do 'consultório médico', a camarada carregava nas mãos dois frascos e um chumaço de algodão."[20] Aqueles dois "frascos" que estavam dentro de um envelope de papel pardo eram as ampolas de insulina para Nicolae Ceaușescu.

O sargento Constantine Bărănguță, dos paraquedistas, ficou chocado com a imagem da camarada. "Elena estava horrível como a bruxa má da floresta. Uma velha com trajes de luxo. Se dele exalava um odor de perfume, dela exalava um cheiro fétido, intolerável, que virava o estômago pelo avesso. Ela olhava à esquerda e à direita, assustada."[21]

---

[19] Entrevista com Ionel Boeru, Târgoviște, 11 de novembro de 2009.
[20] Idem.
[21] Viorel Domenico, *După execuție a nins*, op. cit.

O sargento Dorin Cârlan teve outra imagem de Elena Ceauşescu, na saída do TAB. "Desceu, também, a 'nossa mãe heroína'. Muito aborrecida, mas seu aborrecimento não nascia do sofrimento, mas da arrogância, de repugnância... Tinha um semblante como se dissesse: 'Como é possível uma coisa dessas?'. O desprezo lhe era visível no rosto, enquanto ele parecia brando, abatido pela sorte e consternado. Ele provocava pena, ela, repulsa."[22]

***

Dentre as medidas organizacionais ditadas pelo general Stănculescu, inclui-se a designação de três oficiais do quartel para participarem do processo na qualidade de assessores populares. O coronel Kemenici nomeou um capitão (Corneliu Sorescu), um tenente-major (Daniel Candrea) e um tenente (Ion Zamfir). Eles iriam compartilhar a mesma mesa com os juízes Gică Popa e Ion Nistor.

---

[22] Ibidem.

Um julgamento estalinista

No dia de Natal do ano de 1989, às 13h20, estreia a maior paródia judicial do final do século XX. O agente soviético Nicolae Militaru, designado por Ion Iliescu à frente do Exército romeno, telefonou cinco vezes ao quartel de Târgovişte. Ele estava impaciente: queria liquidar o casal Ceauşescu o mais rápido possível.

Tendo passado pelo médico, o casal Ceauşescu foi levado à sala de julgamento. A sala ficava a 7 ou 8 metros de distância, bem na direção da entrada principal do Comando.

"Feita a consulta médica, eu os vesti, um por vez, e os levei até a sala de julgamento. Primeiro ele, depois, ela",[1] recorda o capitão Boeru, chefe do comando de paraquedistas. Boeru tinha uma função a mais, recebida por ordem de Stănculescu: a de chefe do pelotão de fuzilamento. O capitão de 31 anos sabia que conduzia dois cadáveres.

Encerrada a consulta, o escritório do comandante Kemenici virou refúgio para o juiz Gică Popa. Popa se confinou ali para colocar em ordem os detalhes do julgamento.

O coronel Andrei Kemenici: "O coronel Gică Popa entrou no meu escritório e ficou escrevendo algumas coisas em um papel, provavelmente fazia um roteiro do julgamento. Havia uma desordem indescritível, uma tensão terrível. De repente, Stănculescu entrou como um furacão, e disse da porta: 'Pronto, está na hora, vamos entrar!'. Gică Popa estava tão aturdido que esqueceu aquela folha de papel na minha escrivaninha. Ele conduziu o processo sem ter nada diante de si, sem qualquer anotação preliminar...".[2]

---

[1] Entrevista com Ionel Boeru, Târgovişte, 11 de novembro de 2009.
[2] Viorel Domenico, *Ceauşescu la Târgovişte*. Bucareste, Editora Ion Cristoiu, 1999.

Ele descreve a atmosfera de desconfiança daqueles momentos:

> Antes do julgamento, Stănculescu tinha me dito para assistir ao programa na televisão e, se houvesse algo especial, caso surgissem problemas, eu deveria avisá-lo, chamá-lo com urgência. Respondi militarmente: "Entendi, general!", porém, durante o processo fiquei pensando a que o general se referia ao dizer "algo especial". Uma mensagem para ele... Algo sobre Târgoviște, um atentado?... Tive vontade de invadir a sala e perguntar-lhe o que esperava da televisão, pois eu também havia instruído um subtenente a assistir à televisão e me avisar caso transmitissem "algo especial". Logo, tudo dependia daquele subtenente.[3]

O escritório do coronel Kemenici foi palco de muitos acontecimentos interessantes naquele dia. Segundo ele:

> Durante o processo, o telefone do meu escritório tocou sem parar. Em dado momento, ligou o coronel Ion Suciu, comandante do regimento de helicópteros de Boteni, cujos aparelhos estavam na minha unidade. Suciu estava desesperado: fora informado de que os helicópteros haviam sofrido um ataque e foram derrubados no trajeto. Afirmei-lhe que tinham chegado em segurança, que estavam na unidade, que estava tudo bem, mas ele não acreditou em mim e pediu para falar com o chefe dos pilotos. O chefe veio em poucos minutos, pois estava no pátio, próximo ao helicóptero do qual Stănculescu tinha descido. Após a conversa com Suciu, o major Mateiciuc, piloto, disse-me, assustado, que deveríamos nos apressar. "É possível que sejamos atacados de uma hora para outra", afirmou. O coronel Ștefan – que eu tirei discretamente do recinto onde acontecia o processo – avisou o general Stănculescu. Entretanto, ele não me comunicou nada...[4]

Militaru não tem mais paciência

A impaciência de executar os Ceaușescu fica melhor expressa por um personagem situado a 70 quilômetros de distância: o general

---
[3] Ibidem.
[4] Ibidem.

Nicolae Militaru. Militaru telefonava insistentemente, tentando apressar a "solução final".

O coronel Kemenici relata:

> Durante o processo, o general Militaru chamou-me ao telefone por três vezes (foi com Militaru que Stănculescu falou desde o primeiro instante em que entraram no Comando, antes de dar início aos preparativos do processo). A cada ligação, o general Militaru repetia a mesma coisa: "Não está pronto? Não terminou? Diga-lhes, senhor, que se apressem! Que acabem logo com tudo isso!". A cada vez, através do mesmo mensageiro, o coronel Ştefan avisava ao general Stănculescu, mas apenas uma vez me foi dito: "Não dá para ir mais rápido!". A partir daquele momento, eu não tive mais tanta certeza de que a equipe do general Stănculescu refletia a vontade da Frente de Salvação Nacional.[5]

Depois do julgamento, Militaru telefonou mais uma vez para se certificar de que o casal Ceauşescu tinha sido executado. Então, nas duas horas decisivas, o general Militaru ligou para Târgovişte pelo menos cinco vezes: uma vez antes do julgamento (quando falou com o general Stănculescu), três vezes durante o julgamento (tendo o coronel Kemenici e o major Ţecu como interlocutores) e uma vez após a execução (quando ele também falou com o coronel Kemenici).

Stănculescu afirma que durante o processo recebeu informações apenas uma vez, através de um bilhetinho mandado pelo coronel Kemenici. Tratava-se, efetivamente, de uma mensagem do general Militaru, o qual se interessava em saber em que estágio estava a "missão". Ou seja, o processo e a execução.

Para saber a origem da ideia de eliminar os Ceauşescu *naquele momento, naquele local e daquela forma*, é preciso relembrar quem foram os articuladores. O general Nicolae Militaru, que ligava insistentemente para Târgovişte "para acabar logo com tudo", era agente do serviço secreto do Exército Soviético (o temido GRU). Silviu Brucan, "a eminência parda" do novo poder, formado como "técnico" um ano antes, no

---

[5] Ibidem.

Kremlin. Ion Iliescu, o líder político do grupo do MApN, que estudou em Moscou e tinha ligações especiais com agentes soviéticos; não foi por acaso que nomeou Militaru como ministro da Defesa imediatamente após a fuga de Ceaușescu. Em seus primeiros dias no poder (22 a 24 de dezembro), Iliescu, Militaru e Brucan mantiveram várias conversações telefônicas em russo com as autoridades soviéticas (tanto em Moscou como na embaixada de Bucareste). O grupo do poder em Bucareste, formado pelos conspiradores anti-Ceaușescu, parecia não mover uma palha sequer sem informar ou pedir a bênção aos soviéticos. O cenário da "*Revolução da FSN*", ou seja, da *contrarrevolução*, estava escrito de forma clara no idioma romeno e com tinta termossensitiva, no idioma russo. No entanto, em cena, as coisas permaneciam as mesmas: os atores eram romenos, mas os mentores eram soviéticos. Um capítulo importante desse cenário era a execução do casal Ceaușescu.

***

O processo começa com força total. Desde a primeira intervenção, o juiz Gică Popa comunica os acusados o caráter excepcional do processo. Ceaușescu retruca firmemente, não reconhece o Tribunal e invoca a Constituição. É uma batalha de nervos, em que cada um tenta intimidar o outro.

Um dos advogados também entra em cena, Nicolae Teodorescu, que desde o começo comportou-se como um promotor, imputando sérias acusações aos seus "clientes". Foi o que fizeram ambos os defensores durante todo o processo.

O juiz toma a iniciativa, tentando dominar os ditadores: "O genocídio que foi cometido por este réu e por esta ré, assaltando o povo... Esse mesmo que se arroga no direito de falar em nome do povo. Nem hoje quer falar, é um covarde tanto no sentido próprio da palavra, bem como no figurado".[6]

O procurador Dan Voinea continua o ataque e lê a ata de acusação. O "documento" contém quatro itens. Mais tarde, em Bucareste, durante a chamada da TVR para comunicar a acusação, Ion Iliescu introduziu

---

[6] Estenograma do processo de Târgoviște, 25 de dezembro de 1989.

um quinto item: *"A tentativa de fuga do país, com base em depósitos de mais de um bilhão de dólares em bancos no exterior"*.[7]

Os Ceaușescu sentem um calafrio quando o promotor pede sua condenação à morte. "O julgamento revolucionário" tem todas as características de um processo estalinista.

Ou seria ainda mais grave? Sim, afirma o famoso jurista francês Robert Badinter, que é categórico: "Não foi um julgamento estalinista, foi uma eliminação política".[8] E ele tem razão: os julgamentos estalinistas duravam alguns meses ou anos e nesse meio-tempo a justiça bolchevista exigia coleta de provas, oitiva das testemunhas, etc. Tudo baseado no terror, evidentemente, mas o condenado não era julgado e executado em menos de duas horas, sem direito – formal – de recorrer.

Inclusive, a execução ocorria alguns dias depois, não imediatamente após o pronunciamento da sentença, como em Târgoviște.

Um julgamento estalinista de forma sumária, ou seja, liquidação política.

Um julgamento em que os réus não têm direito à defesa e a sentença é conhecida de antemão, uma sentença, claro, imposta politicamente.

Um julgamento no qual a acusação se baseia em mentiras colossais, tais como *"o genocídio com mais de 60 mil vítimas"*.[9]

Um julgamento no qual o promotor, os juízes e os advogados parecem ter um único propósito: calar a boca daqueles que, teoricamente, estão sendo acusados, julgados ou defendidos.

Um julgamento em que faltam provas, mas abundam frases de efeito.

Como a roda gira! Foi esse tipo de julgamento que o grupo político, ao qual pertencia também Ceaușescu, usou, sem remorsos, quando tinha interesse de eliminar seus rivais.

Com processos dessa natureza foram assassinados os "inimigos da classe" nos primeiros anos do regime comunista: os partidos democráticos, o Exército real, intelectuais, religiosos, estudantes.

---

[7] Idem.
[8] Estação de televisão *France*, 3 de janeiro de 1990.
[9] Estenograma do processo de Târgoviște, 25 de dezembro de 1989.

Com processos dessa natureza foram realizados os "acertos de contas" dentro do Partido Comunista, culminando com a execução de Lucrețiu Pătrășcanu.

Com processos dessa natureza é que se consolidou também o poder de Gheorghe Gheorghiu-Dej, tutor político de Ceaușescu.

Com processos dessa natureza governou Stalin, modelo político de Ceaușescu.

Com processos dessa natureza, Ceaușescu, um jovem sem instrução, frustrado e anarquista, conseguiu saborear o gosto doce do poder.

Ceaușescu nunca levantou a voz contra esse tipo de horrores! Quando o fez – no caso Pătrășcanu – já era tarde demais e na base do seu gesto havia atos estalinistas: o *desmascaramento* e a *liquidação política* de certos rivais na luta pelo poder.

Ceaușescu é um produto do estalinismo. Venerou Stalin, chegou ao poder através dos métodos estalinistas, governou por receita estalinista, foi deificado por desfiles estalinistas, foi o último dirigente estalinista da Europa. Agora chegou a sua vez de sentir o gume frio da justiça estalinista...

O avião de papel

Ceaușescu já se refere à farsa: "Eu não reconheço o tribunal. E tudo o que se diz é falso. Vocês podem armar qualquer farsa, que não reconheço".[10] O juiz Gică Popa o segura na rédea: "Farsa fez o senhor, durante 25 anos. Esta é a farsa que armou e levou o país à beira do abismo".[11]

No entanto, nos olhos de Ceaușescu brilhava um vestígio de esperança. A razão estava a dois metros à sua esquerda: Victor Atanasie Stănculescu. A presença do general na sala lhe dava a confiança de que tudo seria resolvido a seu favor. Entre o comandante supremo e o seu general favorito, que ele nomeara como ministro da Defesa, três dias antes, interpunham-se o major Mugurel Florescu e o primeiro-tenente

---

[10] Idem.
[11] Idem.

Trifan Matenciuc. Ceaușescu procurava desesperadamente pelo seu olhar. Como se buscasse uma confirmação – discreta, quase imperceptível, que fosse observada apenas entre eles e mais ninguém – de que tudo acabaria bem. Contudo, não obtém essa confirmação, porque Stănculescu evitava olhar em seus olhos. Stănculescu fazia um avião de papel, tentando "livrar-se" da enorme tensão reinante no recinto.

Stănculescu não estava armado, porém na sala havia dois personagens que estavam com a mão no gatilho: o paraquedista capitão Ionel Boeru e o civil Virgil Măgureanu. Boeru mantinha o seu revólver-metralhadora de culatra de madeira bem à vista. Măgureanu apalpava discretamente a pistola no bolso...

***

O processo "ganha velocidade". O juiz Gică Popa torna-se mais agressivo, dando a impressão de que para chegar ao veredito, sua missão principal era abalar o orgulho, o amor-próprio, a arrogância, a teimosia e, finalmente, a resistência de Ceaușescu. Para atingir seu objetivo, o magistrado militar recorreu, muitas vezes, a indiretas, ironias e até mesmo insultos. Até o modo de se dirigir a ele, usando a segunda pessoa do singular, tinha o propósito de chocar o ditador-réu. "Não venha com essa lenga-lenga de novo!",[12] vocifera o coronel Popa e acrescenta: "Conhecemos muito bem a sua teimosia".[13] "Você usurpou o poder",[14] acusa-o mais tarde.

Ceaușescu traz à tona o golpe de Estado que o afastou do poder. O juiz corta pela raiz: "Responda apenas às perguntas que eu lhe faço!".[15]

A discussão se volta para os terroristas e para os "64 mil mortos", que, na realidade, seriam comprovadamente 1.116, dos quais 159 com Ceaușescu no governo e 957 após a sua fuga. Preso em Târgoviște havia três dias, o ditador já não tinha qualquer apoio para atuar, entretanto, o presidente do tribunal de julgamento tinha recebido ordens

---
[12] Idem.
[13] Idem.
[14] Idem.
[15] Idem.

de Bucareste de que ele deveria lhe impor essa tese a qualquer custo. Devia imputar a Ceauşescu a culpa pelos mortos de 22 a 25 de dezembro, caso contrário... De quem seria?

O juiz Gică Popa: "Atiraram na multidão na Praça do Palácio, você desconhece esse fato? E até agora continuam a atirar em pessoas inocentes, em idosos, em crianças, nos prédios, por causa de alguns fanáticos. Quem são esses fanáticos? Quem os formou, nós, o povo, ou o senhor? Quem os pagou? (...) Estão atirando em pessoas inocentes em todas as cidades (...) e agora já são 64 mil vítimas como resultado das ordens dadas pelo senhor...".[16]

Quando teve uma oportunidade, o juiz Popa ridicularizou Ceauşescu: "Em todos os 'municípios'[17] do país, como gosta de pronunciar".[18] E quanto à camarada, desmoraliza-a por completo: "A cientista, a engenheira, a acadêmica, que não sabia ler... A analfabeta que se tornou uma acadêmica".[19] Com o orgulho ferido, a "cientista de renome mundial" deixa à posteridade uma resposta memorável: "Os intelectuais deste país e todos os meus colegas vão ouvir! Os meus colegas ouvirão o que você está dizendo! Eles ouvirão...".[20]

***

À medida que era bombardeado com acusações, Nicolae Ceauşescu procurava mencionar com mais frequência o "golpe de Estado" provocado pelos "traidores" e pelas "agências estrangeiras". "Diante do golpe de Estado... Não sou responsável por aqueles que chamaram os exércitos estrangeiros ao país! Não respondo! (...) Esse bando de traidores do país que possuem relações com o estrangeiro...".[21]

O tema é retomado um pouco mais tarde e Elena Ceauşescu faz uma constatação lógica, que coloca o juiz em dificuldades.

---

[16] Idem.
[17] Em romeno, espécie de trocadilho com as palavras "municípios" e "trabalhadores". (N. T.)
[18] Estenograma do processo de Târgovişte, 25 de dezembro de 1989.
[19] Idem.
[20] Idem.
[21] Idem.

NICOLAE CEAUŞESCU: "(...) Provocaram e organizaram o golpe de Estado com a ajuda das agências estrangeiras...".[22]
JUIZ: "(...) Financiadas por Nicolae Ceauşescu".[23]
ELENA CEAUŞESCU: "Ha, ha!... Para derrubar Ceauşescu? Ha, ha, ha...".[24]

O juiz abandona a zona minada do golpe de Estado e das agências estrangeiras e retoma os temas que tornavam Ceauşescu vulnerável: "Por que exportou os produtos trabalhados pelos camponeses?... Por que deixou o povo esfomeado?".[25]

Em quinze minutos, o processo atinge um ponto sensível: a riqueza dos ditadores. Quem "abre o baile" é o juiz coronel Gică Popa, presidente do Tribunal Militar de Exceção. Ele se dirige ao "tio Nicu" num tom insidioso, sobre a "vila da sua filha", que "tinha uma balança de ouro onde ela pesava a carne trazida do exterior, pois a carne daqui, a nossa, não era boa para ela...".[26]

De repente, o tema das contas no exterior é abordado pelo promotor major Dan Voinea. Ele chega a mencionar um valor: "400 mil dólares",[27] porém o juiz Gică Popa, de imediato, corrige: "400 milhões de dólares, na Suíça".[28]

Ceauşescu especula o momento de fraqueza da acusação, rotulando o tribunal de mentiroso. "Não existe nenhuma conta, em nome de ninguém, e o que vocês estão afirmando mostra o quanto é falso e provocador o procedimento daqueles que deram o golpe de Estado!",[29] grita.

O velho ditador observava os movimentos do general Stănculescu. Ainda achava que ele tinha um plano para salvá-lo. Stănculescu recebia

---

[22] Idem.
[23] Idem.
[24] Idem.
[25] Idem.
[26] Idem.
[27] Idem.
[28] Idem.
[29] Idem.

bilhetes vindos de fora da sala, por intermédio do coronel Gheorghe Ștefan, "o homem das ampolas de insulina". Os bilhetes vinham do coronel Kemenici, que estava ao telefone com a capital. Alguém queria ver o casal Ceaușescu morto o mais depressa possível: o general Nicolae Militaru. E, atrás dele, trotando impacientes, Ion Iliescu, Silviu Brucan, Petre Roman, Dumitru Mazilu...

"Vamos acertar as contas com este réu paranoico!"

O julgamento continua. Depois de algumas discussões, o promotor Dan Voinea faz uma intervenção brutal que desconcerta Ceaușescu: "Senhor presidente, se este réu paranoico não tem nenhuma conta, vamos então acertar nossas contas com ele, pois parece que não chegaremos a um acordo".[30]

Ceaușescu fica chocado. Recupera-se com dificuldade, tentando parecer ofensivo: "Eu vou lhe mandar a julgamento por insulto, você que se diz promotor. Vou processá-lo por insulto".[31]

No entanto, o ataque continua voraz. Juntam-se ao promotor Voinea, o advogado Teodorescu e o juiz Popa. O primeiro, sob o pretexto de defendê-la, insinua que Elena Ceaușescu "é doente mental",[32] e o outro chama ambos os réus de "megalomaníacos". "Que provocação ordinária!",[33] contra-ataca a camarada.

A operação de ridicularizar a camarada continua de vento em popa. Mesmo não tendo relevância jurídica, o presidente do Tribunal cobra de Elena Ceaușescu a falsificação da própria idade. Nicolae nasceu em 1918, Elena em 1916, mas a propaganda a "rejuvenesceu" três anos, "alterando" seu nascimento para 1919, para que, oficialmente, não fosse mais velha do que ele.

---

[30] Idem.
[31] Idem.
[32] Idem.
[33] Idem.

Juiz: "Eu acompanhei e sabia que o seu aniversário era antes do dele, mas nunca soube em que ano você nasceu. Qual é o ano?".[34]

Elena Ceauşescu: "Essas são coisas de mulher...".[35]

Juiz: "Foi daqui que partiu toda a mentira... Nenhum dicionário, qualquer... Todas as mulheres escondem a idade, mas, quando se trata de uma pessoa que aparece nos dicionários, nos livros e tudo o mais, não mostrar a idade?".[36]

Elena Ceauşescu: "Que provocação!".[37]

Os Ceauşescu sentem que o chão se abre sob seus pés. A atmosfera é lúgubre. Até mesmo o espaço escolhido para o julgamento tinha algo de caricatural. Em uma sala quadrada, com 5 metros de largura, onde ainda havia uma lareira, algumas mesas e muitas cadeiras, foram amontoadas dezenove pessoas. Dezenove pessoas em 25 metros quadrados!

Por isso, os réus estavam muito próximos do promotor, dos juízes e dos advogados que os bombardeavam com acusações. E o "grupo CFSN", que representava o novo poder político de Bucareste, estava localizado bem ao lado da mesa dos Ceauşescu.

A última parte do processo é alucinante. Os advogados Nicolae Teodorescu e Constantin Lucescu comportam-se como acusadores estalinistas. Teodorescu constata que o casal Ceauşescu é culpado de todas as acusações apresentadas pelo promotor e requer a pena de morte para os seus clientes! Lucescu afirma que dar a palavra novamente a Ceauşescu seria "uma ofensa contra o povo romeno".[38]

Às 14h30, retira-se o Tribunal para uma salinha ao lado para deliberações. Desde o início do processo, haviam transcorrido 70 minutos. Em 10 minutos, sairia o veredicto e os juízes não precisariam quebrar a cabeça: conheciam-no desde a primeira hora da manhã, pois tinham recebido instruções de Bucareste.

---

[34] Idem.
[35] Idem.
[36] Idem.
[37] Idem.
[38] Idem.

Enquanto ocorriam as "deliberações", Ceaușescu conversava com os que restaram na "sala do julgamento". Suas esperanças em Stănculescu pulverizaram-se, por isso mandou um petardo para o general: "Poderíamos ter sido fuzilados sem a necessidade deste teatro! (...) Aqueles que nos traíram... Inclusive um que está aqui presente chamou os helicópteros e lhes deu ordens...".[39] Ceaușescu aponta diretamente para Stănculescu, ainda na sala, dois metros à sua esquerda. Seu gesto mostra que na verdade, em 22 de dezembro, ele foi intencionalmente *evacuado* da sede do CC do PCR.

***

Os juízes retornam à sala. O presidente Gică Popa lê a sentença: "Este Tribunal, em nome da lei e do povo, após deliberação secreta, condena, por unanimidade de votos, os réus Nicolae Ceaușescu e Elena Ceaușescu à pena capital e ao confisco total de seus bens para reparar as infrações...".[40]

Cada palavra era como um golpe de martelo na cabeça do casal Ceaușescu...

Embora a sentença, escrita em um pedaço de papel, previsse explicitamente "o direito de recorrer", o juiz Gică Popa "esquece" de ler esse dispositivo final!

A premeditação torna-se grotesca quando o advogado defensor Teodorescu, aproveitando a frase clichê de Ceaușescu – "Não reconheço nenhum tribunal!"[41] – precipita-se em comunicar aos juízes: "Ao não reconhecer este Tribunal, não faz jus a qualquer tipo de recurso. Peço ao meritíssimo que confirme que a decisão é definitiva!".[42] Era como se temesse que o réu mudasse de ideia, a quem, teoricamente, deveria defender...

A última resposta memorável pertence ao recém-condenado à morte: "Quem deu golpe de Estado pode fuzilar qualquer um!".[43]

---

[39] Idem.
[40] Idem.
[41] Idem.
[42] Idem.
[43] Idem.

Assim termina a maior paródia judicial do final do século XX: o processo dos Ceauşescu. A partir daí, a execução do "odioso ditador" e da sua "sinistra esposa" era uma questão de minutos. Os novos dirigentes do país poderiam respirar aliviados: Nicolae Ceauşescu não podia mais falar. Ele não teria um julgamento verdadeiro, com provas verdadeiras, juízes, advogados e testemunhas verdadeiras. E, eventualmente, um pelotão de fuzilamento verdadeiro.

***

O processo de Târgovişte foi simbolicamente "rejulgado" em 11 de janeiro de 1996. Por iniciativa do jornal *Ziua* [O Dia], foi instituída a Corte Moral da Revolução, presidida pelo juiz Corneliu Turianu, ex-presidente do Tribunal do Município de Bucareste.

O veredito da corte consta de um conjunto de conclusões sem valor jurídico, mas importantes para restabelecer a verdade.

1. Na fase processual foram violadas as seguintes normas legais:
– não foi realizada a juntada de provas;
– violou-se o princípio da garantia do direito de defesa, pela não participação dos defensores na apresentação do material de acusação;
– o Tribunal foi instalado pelo promotor, sem a existência de autos de processo criminal, sendo a ação penal instaurada sem o cumprimento desses requisitos.

2. Na fase do julgamento:
– o processo desenrolou-se em condições ilegais, em uma instância criada fora da lei;
– foi violado o princípio do direito de defesa;
– não foi solicitado o exame psiquiátrico, obrigatório nos casos em que são julgadas infrações que podem levar à pena de morte.

3. Na execução:
– foi violado o preceito legal de acordo com o qual a sentença só pode ser executada após a sua proclamação definitiva;

– foi violado o preceito legal que define que o laudo judicial só se torna definitivo dez dias após o pronunciamento;

– foi ignorado o direito dos condenados ao pedido de indulto após a proclamação definitiva da sentença;

– foi violada a disposição legal de acordo com a qual a sentença só pode ser executada no mínimo cinco dias a partir do indeferimento do pedido de indulto.[44]

O Tribunal Moral da Revolução constata que as graves violações ao Código de Processo Penal, em vigor na data de 25 de dezembro de 1989, indicam a nulidade absoluta da sentença.

Vinte anos depois do assassinato sumário do casal Ceaușescu, nenhuma instância judicial da Romênia organizou um "processo do processo de Târgoviște", de acordo com o modelo descrito.

***

Em Târgoviște, o tribunal e os oficiais da FSN entram em recesso. Na sala, restam apenas os paraquedistas. Os condenados mantêm um diálogo de lamúrias.

> NICOLAE CEAUȘESCU: "Que injustiça! (recitando) "Melhor morrer lutando em plena glória, do que escravos nesta nossa antiga terra... Que injustiça! Disseram de tudo, mas nada dos traidores!".[45]
> ELENA CEAUȘESCU: "E eles estavam bem perto de nós...".[46]
> NICOLAE CEAUȘESCU: "E eles estavam aqui do lado! Que injustiça!... Tudo está contra nós, não percebe?".[47]
> ELENA CEAUȘESCU: "E eles estavam aqui do lado!...".[48]
> NICOLAE CEAUȘESCU: "Estavam bem do lado!...".[49]

---

[44] Veredito do Tribunal Moral da Revolução, Bucareste, 11 de janeiro de 1996 (em Tana Jdeleanu, Razvan Savaliuc, col. Ion Baiu - Ceaușescu, Ed. Day, 1996).
[45] Estenograma do processo de Târgoviște, 25 de dezembro de 1989.
[46] Idem.
[47] Idem.
[48] Idem.
[49] Idem.

ELENA CEAUŞESCU: "Cometemos um grande erro! É assim que acontece: a traição vem de quem menos se espera...".[50]
NICOLAE CEAUŞESCU: "É assim que acontece...".[51]

Dois paraquedistas amarram as mãos dos Ceauşescu para trás sob protestos de Elena. Nicolae parece resignado. Os dois têm dois últimos desejos: morrerem juntos e que não fosse com as mãos amarradas. Apenas o primeiro desejo foi atendido.

NICOLAE CEAUŞESCU: "Não pode! Não pode! Não nos amarrem!".[52]
ELENA CEAUŞESCU: "Eu discordo! Lutamos juntos, queremos morrer juntos! Se querem nos matar, matem-nos juntos, sem amarrar as nossas mãos... Não, querido, juntos!... Vamos juntos, assim diz a lei. Ela nos dá o direito de estarmos juntos... O que é isso? O que você quer fazer com isso? Não admito!... Não ponha as mãos em cima de nós... Não nos amarre!... Não nos ofenda!... Não nos amarre, não é permitido que nos amarre!... Estão com medo do povo... Não machuquem nossas mãos, crianças! É uma vergonha! Eu os criei como uma mãe, soltem as minhas mãos, estão machucando as minhas mãos, soltem-me!... Me solta, moço, ai que horror!...".[53]

O coronel Gheorghe Ştefan, que na noite anterior havia trazido as ampolas de insulina, vigiava o momento em que os paraquedistas amarravam as mãos de Elena Ceauşescu. Ela se debateu e jogou o envelope com as duas ampolas de insulina em cima da mesa. O oficial do DIA pegou o envelope rapidamente e desapareceu com ele.

Enquanto amarrava Ceauşescu, um paraquedista sentiu a necessidade de aplicar-lhe um julgamento suplementar: "Metade dos nossos colegas está morta por causa do senhor. Os nossos, nossos colegas,

---
[50] Idem.
[51] Idem.
[52] Idem.
[53] Idem.

nossos irmãos!". "Não! Não! Eles estão mentindo!",[54] afirma Ceaușescu, perdido. "Não, eles não estão mentindo para nós!",[55] gritam os paraquedistas. A camarada profere a última palavra: "Nós estamos aqui, nessas condições, somos nós que estamos no poder?! Vocês o têm! Perguntem a quem pode responder!".[56]

A frase "pergunte a quem pode responder" soa como um testamento. Uma frase incrivelmente lúcida para uma velha senhora que, apesar de colecionar diplomas por todo o planeta, não conseguiu terminar a quarta série.

---

[54] Idem.
[55] Idem.
[56] Idem.

O caminho para a morte mede 62 metros

> *Findo o julgamento, quatro paraquedistas conduziram os ditadores ao paredão de fuzilamento: dois ao lado dela, dois ao lado dele. Às 14h48, o casal Ceaușescu foi retirado da sala de julgamento sumário. Dois minutos depois, foram crivados de balas.*

A missão de levá-los ao paredão e atirar nos condenados estava a cargo daqueles três paraquedistas nomeados pelo general Stănculescu: capitão Ionel Boeru (31 anos), subtenente Dorin Cârlan (27 anos) e primeiro-sargento Octavian Gheorghiu (25 anos). Na "escolta", foram ajudados pelo colega Teodor Gheorghe.

Antes de executar essa missão mórbida, Boeru, Cârlan e Gheorghiu viveram o desfecho do processo com máxima intensidade.

O subtenente Dorin Cârlan: "Durante o processo, um dos advogados saiu da sala. Ele acendeu um cigarro Kent, fez o sinal da cruz e disse: 'Que Deus me perdoe, por não ter conseguido defendê-los!... Eu não sei o que houve comigo... Na verdade, eles não queriam ser defendidos... Até eu os acusei, mas não podia ser de outra forma. Não admitiram nada! Discordaram de tudo!'. Acabou de fumar o cigarro e eu lhe ofereci um cigarro 'Carpati'. Saboreou também aquele, depois entrou de novo na sala".[1]

O advogado com o cigarro era Constantin Lucescu, que após o julgamento tornou-se chefe da comissão de controle no caso "Cigarrette 2", em que declarou, contrariando as evidências, que no aeroporto de Otopeni não tinha pousado nenhum avião. Como as coisas se entrelaçam!... Na operação "Cigarrette 2", os principais acusados

---

[1] Entrevista com Dorin Cârlan, București, 4 de novembro de 2009.

foram dois homens-chave da "revolução golpista" de dezembro de 1989: Gheorghe Truțulescu (paraquedista dissidente de Buzau) e Ioan Suciu (comandante de Boteni).

Mas voltemos ao processo de Târgoviște.

Durante o julgamento, o capitão Ionel Boeru (paraquedista da unidade de Suciu, de Boteni) transpirou abundantemente, mas não sabia se era por causa da emoção ou do calor. Ele estava junto à lareira. Boeru se lembra das angústias do momento:

> Eu me preocupei, estava terrivelmente perturbado. Como os levaria ao paredão? Será que mostrariam alguma resistência?... Como reagirão meus dois companheiros? E os militares do pátio do quartel? E os moradores ou pessoas escondidas pelos edifícios ao redor?... Serei capaz de atirar? E se a minha automática travar?... E se foram preparadas outras variantes, outras manobras dentro ou fora da unidade?... E se o tribunal os inocentar? Nesse caso, que farei?... Porque a ordem recebida... Ou será que eu não entendi bem a ordem? Será que o general se referiu apenas à tentativa de salvar aqueles dois?...[2]

"Peguem-nos, amarrem-nos e paredão com eles!"

Ao saírem da sala do tribunal de julgamento, os paraquedistas estavam receosos. As coisas já tinham sido resolvidas por Victor Atanasie Stănculescu. O subtenente Dorin Cârlan jamais esqueceria a ordem dada pelo general.

O tribunal tinha deliberado. O casal Ceaușescu estava lá e acontecia uma conversa mais informal. Eles se lamentavam, não queriam acreditar que tinham recebido aquela sentença. O major Mugurel Florescu apareceu e perguntou se existiam algumas contas no estrangeiro. Então, o senhor

---

[2] Entrevista com Ionel Boeru, Târgoviște, 11 de novembro de 2009.

general Stănculescu tomou a posição de comando e, com voz de barítono, com um comando impetuoso de general do Exército romeno, disse: "Eu vos ordeno, peguem-nos, amarrem-nos e paredão com eles!".[3]

A ordem foi dada diante dos condenados, a três ou quatro metros de distância.

O capitão Ionel Boeru: "Primeiro, veio o tenente-coronel Gheorghe Ștefan. Ele me disse que eu devia pegar um de cada vez e matá-los um a um. Mas os Ceaușescu se opunham. Eles queriam morrer juntos. Eu disse a Ștefan: 'Camarada coronel, é o último desejo deles... Vá lá fora, fale com alguém, diga-lhe que eles querem morrer juntos'. Ele saiu e em seguida veio com a ordem: 'Sim, leve os dois'".[4]

O capitão Boeru esperou que os colegas com a corda amarrassem as mãos dos dois ditadores. "Meus suboficiais os amarraram, mas as cordas não foram trazidas por nós. Era aquela corda feia, de cânhamo, era o que tinha aqui na unidade."[5]

"Mais uma traição nacional!"

Marcado pelos preparativos da execução, o comandante da UM 01417, coronel Andrei Kemenici, o "anfitrião" dos Ceaușescu ao longo dos últimos três dias, tentou evitar o contato visual com os dois ditadores.

> O momento mais difícil que vivi nesse período foi quando vi os paraquedistas esforçando-se em amarrar o casal Ceaușescu com as cordas. Elena pedia misericórdia. Ela se opunha. Nicolae Ceaușescu não se opôs. Aceitou até mesmo essa humilhação. No entanto, chorava. As lágrimas corriam-lhe pela face. Ele soluçava. Naquele momento, quando o vi sofrendo, de forma sincera e profunda, eu me retraí, escondi os olhos do olhar dele. Estava envergonhado, sentia uma vergonha enorme. Nicolae Ceaușescu não se

---

[3] Entrevista com Dorin Cârlan, București, 4 de novembro de 2009.
[4] Entrevista com Ionel Boeru, Târgoviște, 11 de novembro de 2009.
[5] Idem.

opôs ao tratamento que lhe foi dispensado. Em nenhum momento, nem mesmo no caminho para o paredão de execução. Apenas chorava... E as lágrimas dele partiam meu coração, feriam-me terrivelmente.[6]

Kemenici recorda até a sequência em que Ceaușescu se deparou com o general Stănculescu, a caminho do paredão da execução.

Na saída do Comando, Nicolae Ceaușescu estava na frente, ladeado por dois paraquedistas, e atrás, a cerca de um metro, da mesma forma, conduziam Elena Ceaușescu para o paredão. Quando se deparou com Stănculescu, na parte de fora, perto da escada, ela perguntou de forma um tanto ambígua, pérfida: "Nicu, na Romênia as pessoas são executadas?". Eu estava perto do general e a pergunta tinha sido feita de modo tão desafiador que eu esperava por uma resposta dele. Porém, Nicolae Ceaușescu interveio e, soltando faíscas pelos olhos na direção do general Stănculescu, disse: "Mais uma traição nacional!".[7]

***

O percurso até o paredão da morte media exatamente 62 metros: 15 metros da sala de julgamento até a porta de saída do Comando e 47 metros ao longo do pátio interno, da porta até a parede escolhida. Foram os últimos 62 metros percorridos pelo casal Ceaușescu. Em janeiro de 1990, ele teria completado 72, e ela, 74 anos. Em vez de "festas de camaradagem", eles tiveram o réquiem.

Os paraquedistas de Boteni sentiram de perto o que os Ceaușescu viveram. Eles os conduziram ao paredão. O capitão Ionel Boeru e o primeiro-sargento Octavian Gheorghiu levavam Nicolae Ceaușescu. Atrás deles, o subtenente Dorin Cârlan e o primeiro-sargento Teodor Gheorghe levavam – ou melhor, arrastavam – Elena Ceaușescu.

O subtenente Dorin Cârlan:

Eu estava um metro atrás de Ceaușescu. Quando ele viu que iria ao paredão, se deu conta de que não havia mais nenhuma chance. Percebeu que, na verdade, não tinha sido um circo ou uma comédia e que,

---

[6] Viorel Domenico, *Ceaușescu la Târgoviște*. Bucareste, Editora Ion Cristoiu, 1999.
[7] Ibidem.

daquele momento em diante, a situação era outra. Olhou assim para mim, para nós... E em minha mente ficou essa imagem de... Algo como "a morte do cabrito". Então, uma lágrima desceu-lhe pela face, na verdade muitas, e começou a dizer: "Morte aos traidores". Os colegas viraram o rosto para a frente. Ele continuou a gritar: "Morte aos traidores! Viva a República Socialista da Romênia, livre e independente! A morte vai me vingar!". Algo assim. Começou a cantar um trecho da Internacional: "Levantem-se, oprimidos desta vida/vocês, os condenados à fome...". Não chegou a dizer "para cima", pois eu o mandei para cima.[8]

"Lena, o diabo te pegou!"

O caminho até o paredão de execução foi um horror para aqueles que tinham a missão de liquidar os Ceaușescu. Os paraquedistas encontravam todo tipo de empecilhos.

O capitão Ionel Boeru, chefe do Comando de paraquedistas:

> Tínhamos passado da esquina do edifício. Fitávamos o paredão à frente que, embora ficasse a 20 metros, parecia muito distante. Eu estava em estado de excitação máxima, tenso até a exaustão. Medo, raiva, impaciência, medo de falhar, o desespero aumentava à medida que se aproximava o paredão. Era como se eu estivesse indo para a forca. Como se eu mesmo fosse o condenado. Esperava que o céu caísse sobre mim para criar um buraco na terra que me engolisse. Só enxergava o paredão, o paredão parecia se mexer, ora balançava, ora se afastava, ora desmoronava. Precisava matar, e esse pensamento me paralisava, e eu tinha medo de que os meus nervos não aguentassem, que meu coração explodisse, que eu perdesse a razão.[9]

O subtenente Dorin Cârlan temia que os próprios paraquedistas se tornassem alvos. "Uma vez no pátio do quartel, acordamos com

---

[8] Entrevista com Dorin Cârlan, Bucureşti, 4 de novembro de 2009.
[9] Viorel Domenico, *După execuție a nins*. Bucareste, Editora Militară, 1992.

centenas de armas apontadas para nós. Milhares de balas poderiam ser disparadas nos dois condenados ou nos seus acompanhantes. Mas não podíamos recuar. Passamos perto de um soldado que disse para Elena, com rancor: 'Lena, o diabo te pegou!'."[10] Outra testemunha ocular, o primeiro-tenente Iulian Stoica, ouviu também a resposta dela: "Que a sua mãe vá pro inferno!".[11]

O soldado era conhecido na unidade pelo apelido de "Maquininha".

O paredão

O capitão Ionel Boeru conta: "Quando me aproximei do paredão, fiquei surpreso. Embora ele tivesse saído depois de mim, por mais que ninguém o tenha visto passar por mim, o primeiro-sargento Teodor Gheorghe já estava lá à minha espera, com Elena. Entreguei-lhe Nicolae também, dei alguns passos para trás e acenei para que ele se afastasse. Não tinha mais voz. Em seguida, abri fogo".[12]

Boeru ainda lembra que, após a execução, restou no pente uma única bala. "Eu disse aos colegas: 'Coloquem no automático e, ao meu comando, atirem na posição de quadril!'. Quando eu disse 'fogo!', já apertei o gatilho. Eu era o mais estressado de todos. Das 30 balas, atirei 29, em três rajadas. A primeira rajada nos pés, fazendo-o ajoelhar-se. A segunda rajada atingiu o peito e ele caiu para trás. A rajada seguinte foi nela. E ela caiu de lado, à direita".[13]

Naquele mesmo momento, os outros dois paraquedistas também atiraram. Octavian Gheorghiu disparou uma só rajada, enquanto Dorin Cârlan uma bala apenas. Devido à forte emoção, ao armar o revólver--metralhadora, fixou-o na posição "bala a bala", embora tivesse recebido a ordem de ajustar no automático.

---

[10] Ibidem.
[11] Viorel Domenico, *Ceaușescu la Târgoviște*, op. cit.
[12] Viorel Domenico, *Dupã execuție a nins*, op. cit.
[13] Ibidem.

Dorin Cârlan recorda: "Chegando a uns dois ou três passos do paredão, Ionel nos disse com firmeza: 'Deixem-nos, saiam daqui!'. Ele disparou a primeira rajada, bem de perto, de baixo para cima, na diagonal do peito. Vi quando Nicolae Ceauşescu, em vez de cair na primeira, levantou-se e, em seguida, caiu como um saco de batatas sobre as pernas. Ionel mudou a mira em direção de Elena. Na primeira bala, ela ainda conseguiu proferir um longo 'aaaah...', depois caiu de lado, para a frente."[14]

Eram quase 15h. De acordo com as testemunhas, às 14h50 o casal Ceauşescu estava estirado no chão, para sempre. Eles tinham estado sob a mira de quatro revólveres-metralhadora (dos três paraquedistas e do "Maquininha"), dos quais haviam sido disparadas quase cinquenta balas. Mais da metade os acertou.

O cérebro de Elena perdido pelo caminho

Depois que os paraquedistas atiraram, alguns dos soldados quiseram descarregar sua raiva, disparando também umas rajadas. O "Maquininha", que manteve o último "diálogo" com Elena Ceauşescu, descarregou o pente nela.

O capitão Ion Mateescu assistiu à execução do andar de cima, de uma sala situada justo acima de onde ocorreu o processo. Mateescu lembra-se de uma cena chocante:

> Um soldado estava na porta, bem onde eu estava. Era o "Maquininha". Quando os condenados estavam caídos e mortos, "Maquininha" perguntou a Stănculescu: "Posso atirar também?". Ao que ele disse: "Atire, homem!", ou seja: fique à vontade. Os tiros disparados quando eles já estavam no chão criaram muitas controvérsias. Quando "Maquininha" atirou, arrancou-lhe um pedaço do cérebro. Atirou na cabeça dela. Depois, quando os corpos envoltos em lonas de barraca foram transportados para o

---
[14] Entrevista com Dorin Cârlan, Bucureşti, 4 de novembro de 2009.

helicóptero, o cérebro caiu. O nosso cachorro foi até lá, cheirou, mas não o comeu. Era um cão grande, preto, lindo, de pelo curto. Então, o médico da unidade trouxe uma caixa metálica de cartuchos e juntou o que tinha caído, os pedaços do cérebro, com a ajuda de um toco de pau, e os colocou no helicóptero. Aqui não ficou nada.[15]

O segredo de uma filmagem truncada

Um dos grandes mistérios do dia 25 de dezembro de 1989 foi a filmagem do processo e da execução. No filme desses acontecimentos, faltam passagens importantes. O cinegrafista foi o coronel Ion Baiu, um oficial cujos serviços o general Stănculescu usava quando havia desfiles militares. Baiu estava acostumado a filmar algumas técnicas militares ou exibições no polígono de tiro.

No dia 25 de dezembro, Baiu foi cooptado por Stănculescu para a missão de Târgoviște. O coronel Baiu afirma que não sabia o que filmaria. Daí os problemas ocorridos, disse ele.

> A filmagem foi cursiva, com algumas pausas, porque eu tinha medo de que a fita acabasse. Não sabia quanto tempo duraria. Tinha apenas uma fita comigo. Filmei também a pausa do julgamento, para evidenciar quem havia entrado lá e quem não. Se soubesse o que iria filmar, teria levado um técnico comigo, um homem para a iluminação. Mas eu não me preparei de modo especial. Fiz a filmagem do julgamento usando a alimentação da rede elétrica. Depois, houve o momento de amarrar as mãos. As agitações. Depois que os amarraram, passei a câmera para outra tomada da rede. Eu não tinha bateria, apenas fazia o meu trabalho. Juntava os apetrechos. Só saí depois que terminei o serviço lá dentro. Quando saí, os Ceaușescu já tinham sido executados. O que teria acontecido? Os paraquedistas os conduziram ao paredão,

---

[15] Entrevista com Ion Mateescu, Târgoviște, 11 de novembro de 2009.

deram dois passos para trás e dispararam. Assim se explica o momento em que consegui registrar Ceaușescu caído de joelhos.[16]

O capitão Ion Boboc, que estava no pátio da unidade, também viu esse episódio:

> Os paraquedistas conduziram Ceaușescu para fora. Eu fui chamado por um civil, que puxava uns cabos e alguns refletores, para ajudá-lo a carregar tais apetrechos para fora. Estava com pressa e se enredava no emaranhado de cabos; deu-me uma caixa para que eu a levasse ao pátio e, quando saí, ouvi rajadas de tiros. O civil estava desesperado. Da porta, apontou a câmera e começou a filmar. Porém eles já estavam no chão, mortos. Ainda assim, ele conseguiu pegar a última rajada.[17]

"Resistam, pois estamos indo ajudar!"

O comandante do helicóptero em que Stănculescu viajou, o capitão Mircea Militaru:

> Depois da execução houve um silêncio atroz. De repente, ouço um barulho, roncos de motores. Corri e entrei em contato com as tripulações dos helicópteros de fora do quartel. Perguntei pelo rádio: "O que está acontecendo, Gipsy?". E ele me respondeu: "Resistam, pois estamos indo ajudar!... Oriente-nos do solo e nós vamos bombardear!... Tenham cuidado!". Então eu o acalmei: "Calma, meu caro! Tenham calma, não aconteceu nada. Não decolem!". Ao que eles responderam: "Mas ouvimos disparos, vocês estão sendo atacados?". Então eu disse: "Não, meu rapaz. Não se preocupe. Está tudo bem. Aguarde o nosso sinal!".[18]

---

[16] Ion Baiu, estenograma da audiência da Comissão de dezembro de 1989, 5 de junho de 1995.
[17] Viorel Domenico, *Ceaușescu la Târgoviște*, op. cit.
[18] Viorel Domenico, *După execuție a nins*, op. cit.

As tripulações dos helicópteros de escolta que estavam no pátio do quartel acreditavam que a unidade estava sendo atacada, porque ouviram o estrondo das rajadas disparadas pelos paraquedistas nos corpos dos Ceaușescu!

***

Após a execução, os Ceaușescu foram enrolados em cobertores militares e lonas de barraca. Foram transformados em "malotes" para ser transportados de helicóptero para Bucareste.

O então comandante da UM 01417, coronel Andrei Kemenici:

> "A alegria da "libertação" durou talvez uns cinco minutos, logo depois envolveu-me um medo terrível, arrepiante, porque, após a execução, tudo se precipitou novamente. Pegaram os cadáveres, levaram para o helicóptero e pronto. Nenhum homem da delegação que tinha vindo à unidade apertou a minha mão, para me dizer se agi certo ou errado. Fui ignorado por todos, como se eu não existisse. Eles entraram no helicóptero e se mandaram. Nem sequer o general Militaru, o então ministro da Defesa, que tinha me ligado pela quarta vez para perguntar se estava tudo "acabado", disse algo, nada de bom nem de ruim. Confirmei-lhe que eles já tinham partido, e ele disse: "Finalmente", e desligou o telefone. Fiquei sozinho com as minhas obsessões e os meus medos. Só depois das 15h, assim que o comando saiu, foi que comecei a tomar conhecimento de várias coisas que tinham acontecido na unidade: conspirações, queixas, acusações. O meu medo aumentou. Eu estava com a ideia fixa de que Iliescu não sabia o que Stănculescu tinha feito em Târgoviște. Achava que eu seria assassinado. Talvez pelos homens de Iliescu... Talvez pelos homens de Ceaușescu..."[19]

O coronel Kemenici não foi assassinado, ao contrário, ele se deu muito bem: após a revolução, foi promovido a general e, em 2009, já aposentado, ganhou na loteria, com um bilhete coletivo, mais de um milhão de euros.

---

[19] Viorel Domenico, *Ceaușescu la Târgoviște*, op. cit.

O suvenir do capitão Mateescu

Depois que os corpos dos Ceauşescu foram levados para o helicóptero, muitos militares se amontoaram perto do paredão onde fora realizada a execução. Olhavam, comentavam, coletavam os restos dos cartuchos.

O capitão Ion Mateescu, que mora em Târgovişte, pegou uma pequena "lembrança" do paredão: uma bala.

Esta bala, com 100% de probabilidade, atravessou Nicolae Ceauşescu, porque tinha restos de tecido de cor escura. Ceauşescu estava vestido com um casaco escuro, preto ou azul-marinho forrado de pele de cordeiro de cor escura. Sua esposa, Elena, usava um casaco bege, ou seja, de uma cor clara. Na bala tinha uma pequena mancha de sangue seco que podia ser vista com uma lente de aumento. Com base nessa mancha de sangue, é possível reproduzir o DNA, se alguém tiver a curiosidade de saber se era ou não Ceauşescu, embora eu ache que não há dúvida alguma. Podemos dizer que é um documento histórico.[20]

Târgovişte, 25 de dezembro de 1989

13h – pouso dos dois helicópteros no quartel
13h10 – consulta médica
13h20 – início do julgamento
14h30 – encerramento do julgamento, seguindo-se a deliberação
14h40 – a sentença é proferida
14h48 – os Ceauşescu são retirados da sala
14h50 – os Ceauşescu chegam ao paredão e são executados
15h – partida dos helicópteros para Bucareste

---

[20] Entrevista com Ion Mateescu, Târgovişte, 11 de novembro de 2009.

Juntos no paredão, separados no cemitério

> Os dois "malotes" foram perdidos em Ghencea. Encontrados no dia seguinte, os cadáveres chegaram ao necrotério do Hospital Central Militar. Em 30 de dezembro, cinco dias após a execução, foram inumados no Cemitério Civil de Ghencea, a trinta metros de distância um do outro.

O casal Ceauşescu voltou para Bucareste da mesma forma que tinha saído três dias antes: de helicóptero. Com uma "pequena" diferença: agora não estavam sentados nas poltronas presidenciais, mas embrulhados em lonas de barraca, sendo chamados, tecnicamente, de "malotes".

Até a escala feita pelo helicóptero pilotado pelo major Cristian Mateiciuc na unidade de Boteni, para reabastecimento de combustível, as coordenadas geográficas foram quase as mesmas do pouso precipitado de 22 de dezembro. A base de Boteni ficava aproximadamente a um quilômetro de Sălcuţa, local onde os dois tinham sido abandonados pelo piloto Vasile Maluţan.

A partida de Târgovişte deu-se às pressas. O general Victor Atanasie Stănculescu não mais embarcou no helicóptero pilotado pelo capitão Mircea Militaru, com quem veio: naquele dia o piloto era o major Cristian Mateiciuc.

Os dois "malotes" foram colocados no mesmo helicóptero, no qual havia um novo passageiro: o subtenente Constantin Paise, aquele que não tinha se afastado do casal Ceauşescu, desde o dia 22 de dezembro, às 14h50, até 25 de dezembro, às 14h50. Uma coincidência formidável: exatamente três dias, nem mais nem menos!

Paise os pegou no Centro de Plantas, esteve perto deles na execução e continuou junto deles, até depois de sua morte. Não porque estivesse irremediavelmente apegado a eles, mas por outra razão, bem mais terrena.

Paise era subtenente de polícia, mas quando se aproximou do general Stănculescu, que se preparava para subir ao helicóptero rumo a Bucareste, Stănculescu perguntou-lhe: "O que foi capitão? Qual é o problema?". Paise pediu que o levasse com ele, porque tinha medo de ficar em Târgoviște. A confusão de patente não foi intencional: Paise, naquele momento, usava um casaco de capitão. E capitão ficou. Chegando a Bucareste, foi incorporado ao Exército com a patente de capitão! Foi a promoção mais espetacular na história do Exército romeno: em três dias, de subtenente de polícia a capitão do Exército!

Posteriormente, Paise foi enviado como funcionário da Embaixada da Romênia em Buenos Aires. Ele foi apenas uma das dezenas de pessoas-chave recompensadas com cargos em embaixadas localizadas o mais longe possível da Romênia.

Com o traseiro sobre o cadáver

A presença inesperada de Paise no helicóptero suscitou uma lembrança especial ao subtenente paraquedista Dorin Cârlan. "De Târgoviște a Boteni, vim com o traseiro sobre o cadáver de Ceaușescu. Eu não tinha onde sentar. Uma pessoa a mais havia embarcado. Era Constantin Paise. Ele pegou o meu lugar no helicóptero e, não tendo onde me sentar, sentei sobre o 'malote'. Eu pensei que, no caso de um tiroteio, as balas poderiam acertá-lo e se alojarem nele, uma vez que ele já estava crivado por elas."[1]

A "sorte" de Ceaușescu foi que Dorin Cârlan desceu em Boteni, junto com outros três paraquedistas. Os outros quatro – o capitão Ionel Boeru, o subtenente Constantin Bărănguță, o primeiro-sargento Octavian Gheorghiu e o primeiro-sargento Laurențiu Ștefanescu – continuaram o caminho para Bucareste, distribuídos aos pares em cada helicóptero.

***

---

[1] Entrevista com Dorin Cârlan, Bucareste, 4 de novembro de 2009.

Chegando ao estádio Ghencea, os oficiais foram convidados para jantar pelo ex-jogador de handebol Cristian Gațu, que fazia parte da diretoria do clube Steaua. Então, eles se lembraram de que era dia de Natal.

O coronel Ion Baiu, que filmou o julgamento e ainda pegou uma parte da execução, lembrou: "Quando cheguei ao Ghencea, os soldados de lá nos serviram o que tinham para comer e nos deram um uísque. Eu pensei: 'Puxa, estamos fazemos o réquiem deles!'".[2] A mesa foi arrumada no salão de festas do clube Steaua.

O promotor Dan Voinea sustenta que a mesa após a execução foi copiosa. Antes do brinde, os anfitriões do estádio souberam da execução dos Ceaușescu. "Lá no Ghencea, havia uma mesa redonda. Stănculescu e Voican Voiculescu já estavam sentados à mesa. Chegamos mais tarde, porque o helicóptero voou apenas com um dos motores. E aquelas pessoas nos serviram queijo e salame, além de um bife acompanhado de purê de batatas e vinho tinto. Cristian Gațu veio com algumas garrafas de uísque. Era uma novidade naquela época."[3]

Outra ironia do destino: Steaua era o clube do coração de Nicolae Ceaușescu ainda dos anos 1950, quando o jovem comunista, após um estágio em Moscou, foi nomeado general e chefe da Direção Superior Política e do Exército. Além disso, em dezembro de 1989, o "patrono" do time de futebol que fazia sucesso pela Europa era o filho mais velho do ditador, Valentin Ceaușescu. Também pertencia ao clube o general Ilie Ceaușescu, um dos irmãos do presidente. Vocês devem se lembrar: aquele que insistia em um governo pró-soviético, com Ion Iliescu como primeiro-ministro...

***

Enquanto no salão de festas do clube Steaua faziam o "réquiem" para Ceaușescu, lá fora na pista de atletismo, atrás do placar do estádio de futebol, os quatro paraquedistas permaneciam ao lado dos "malotes".

---

[2] Ion Baiu, estenograma da audiência da Comissão de dezembro de 1989, 5 de junho de 1995.
[3] Dan Voinea, estenograma da audiência da Comissão de dezembro de 1989, 27 de abril de 1994.

Aguardavam a chegada de um carro do Hospital Militar para pegar os cadáveres, conforme prometido por Stănculescu.

O capitão Ionel Boeru:

> Estava escurecendo e estavam atirando da unidade de defesa antiaérea. Decidimos, junto com o piloto Cristian Mateiciuc, sair com luz rumo a Boteni. Naquela manhã, quando chegamos para unir-nos à equipe de Stănculescu para Târgoviște, combinamos alguns sinais de reconhecimento com os soldados que faziam a segurança no Ghencea. Fiz sinal com o capacete, para cima e para baixo. Apareceram um oficial e um soldado. Disse-lhes que tínhamos ordens superiores para deixar aqueles dois corpos sob vigilância e que alguém viria buscá-los. "Não saiam daqui. Devem entregar os malotes!", eu lhes disse.[4]

O primeiro-sargento Octavian Gheorghiu lembrou como os corpos foram "desembarcados" do helicóptero. "Eu empurrei os cadáveres do helicóptero com os pés. Estávamos com nojo de colocar as mãos neles, porque o sangue tinha encharcado as lonas. Cada um parecia uma esponja embebida em sangue coagulado. Nós os arrastamos até a base e os deixamos ali, lado a lado, atrás de um montículo de areia."[5]

A decisão de ir para Boteni foi do piloto Mateiciuc, que invocou o risco de voar no escuro. Assim, os "malotes" ficaram ao lado da base do montículo de areia.

"Desapareceram os malotes!"

A boa disposição dos membros da equipe liderada pelo general Stănculescu minguou depois de um anúncio feito por Gațu Cristian. Conta o promotor Dan Voinea: "Gațu saiu do seu quarto que ficava em

---

[4] Viorel Domenico, *După execuție a nins*. Bucareste, Editora Militară, 1992.
[5] Ibidem.

frente à sala onde se faziam as refeições e disse: 'Senhor, os corpos não estão mais no estádio. Os cadáveres sumiram'".⁶

Stănculescu:

> Perguntei se alguém tinha ficado perto do helicóptero, se o camburão do instituto médico-legal tinha vindo, mas ninguém sabia de nada. Enquanto isso, os helicópteros tinham levantado voo e, quando dei por mim, a área estava vazia, sem helicópteros e sem cadáveres. Liguei para Boteni e perguntei: "O que vocês sabem a respeito dos helicópteros?". Disseram que haviam retornado à base. Os "malotes" não foram largados de qualquer jeito. Eles os deixaram aos cuidados de um oficial do regimento mecanizado. O oficial os levou e os colocou fora da área de pouso. Telefonei para o Ministério e disse para Militaru e Iliescu que os cadáveres tinham sumido. Eles me disseram: "Você está louco?". Ao que eu respondi: "Não estou!".⁷

Os paraquedistas tinham deixado os malotes aos cuidados do capitão Cristian Calinescu. Calinescu conta:

> Depois da partida dos helicópteros, o subtenente Dragomir me convidou: "Chefe, vamos lá ver quem são os mortos!". Eu respondi: "Veja, Ion, não tem necessidade, pode ser uma cilada, um blefe". Ele insistiu: "Vamos lá, vamos ver do que estamos cuidando!". Eu disse: "Pode ser uma mina, uma bomba". Ainda conversando, o subtenente foi até o monte de areia. Ele disse: "Você está certo, chefe, são manequins... É uma cilada". Olhei também: de um dos pacotes saía um pé rosa, brilhante, uma cor impossível de pertencer a um manequim... Enquanto isso, vi um Dacia preto passando por dentro do estádio. Esses carros pretos me apavoravam. Na noite de 22, já tínhamos defendido o Correio Moghioroș. Alguns desses carros pretos passavam pela avenida e, atrás deles, as pessoas caíam na calçada. Com uma mão dirigiam e, com a outra atiravam, idiotas. Então, eu disse: "Vamos dar o fora daqui, antes que nos matem!".⁸

***

---

⁶ Dan Voinea, transcrição da audiência da Comissão de dezembro de 1989, 27 de abril de 1994.
⁷ Victor Atanasie Stănculescu, transcrição da audiência da Comissão de dezembro de 1989, 1º de novembro de 1993.
⁸ Viorel Domenico, *După execuție a nins*, op. cit.

Enquanto isso, o general Stănculescu chegou ao Ministério da Defesa. Lá, decidiu ir com um TAB ao estádio Steaua, para procurar os corpos. "Passei por todos os guardas do clube Steaua. Cheguei ao lugar onde tínhamos pousado, olhei ao redor da área e não encontrei nada. Voltamos pelo mesmo trajeto. Alguns cabos do bonde estavam caídos diante de nós. O motorista passou por cima deles. Saiu uma faísca e começaram a atirar contra nós."[9]

O general Stănculescu declarou em 1993: "Não tenho provas, mas tentaram me tirar do jogo. No momento em que atiraram e o motorista foi morto, o assessor saiu pelo vidro e gritou: 'Parem! Estão atirando num general do Exército romeno!'. O fogo cessou."[10] Quem gritou foi o tenente-major Trifan Matenciuc, que acompanhava Stănculescu por toda parte, inclusive na sala de julgamento de Târgovişte. O general estava convencido de que Militaru quis liquidá-lo.

A busca continuou até de manhã, e os corpos foram encontrados perto do montículo de areia. Por ordem de Stănculescu, foram enviados ao Hospital Militar Central. "Eu lhes disse para colocarem os malotes na perua, fechei a porta e enviei os cadáveres para o necrotério. Depois disso, Gelu Voican Voiculescu entrou em ação, encarregando-se do sepultamento. Eu disse que não tinha mais nada a ver com isso, especialmente porque Iliescu tinha me nomeado ministro da Economia em 26 de dezembro",[11] acrescentou Stănculescu.

Saudações de Milea

No dia 26 de dezembro, o casal Ceauşescu foi colocado no necrotério do Hospital Central Militar. O vizinho de gaveta era um velho conhecido: o general Vasile Milea!

---

[9] Victor Atanasie Stănculescu, transcrição da audiência da Comissão de dezembro de 1989, 1º de novembro de 1993.
[10] Idem.
[11] Idem.

Aqueles que cuidaram do julgamento e da execução agora estavam ocupados. O governo estava sendo constituído. No final das contas, a responsabilidade pelo sepultamento recaiu sobre Gelu Voican Voiculescu. Ele declarou:

> Ocupado com os assuntos do governo, esqueci-me dos cadáveres. Quando me lembrei, eu disse a Petre Roman: "O que faremos com os Ceaușescu, que estão mortos em algum lugar!?". Roman me disse: "Resolva!". No dia 30 pela manhã, liguei para Stănculescu. Expliquei que precisávamos enterrá-los. Eram necessários documentos. Entrei em contato com um oficial do cartório civil, Adrian Toma. Ele era advogado e me disse que se tratava de morte violenta e seria necessário expedir um laudo. Stănculescu telefonou para o Instituto Médico-Legal e o conseguiu. Era preciso enterrá-los naquele mesmo dia. Stănculescu deu uma ordem e conseguiram os jazigos no Ghencea Civil. Tirei as medidas, arrumei os caixões e assinei as certidões de óbito. O problema, naquele momento, era saber como se chamava a avó da senhora Ceaușescu, a sua mãe, quantos anos tinham... Eu chutei 1916. Os documentos tinham que ser feitos em Târgoviște, pois era o lugar do óbito.[12]

Voican resolveu o problema dos documentos, mas precisava organizar o enterro. Outras peripécias!

Por fim, tiramos os mortos do Hospital Militar em 30 de dezembro, em torno das 15h. Às 16h30, como pode ser visto no vídeo, pois foi filmado, foram colocados na cova. Stănculescu ocupou-se dos caixões e das cruzes com nomes fictícios. E foi assim que os Ceaușescu ficaram no congelador da manhã do dia 26 de dezembro até o dia 30 de dezembro. Uma vez feita a "toilete", tiramos quatro fotos. Quando saímos do Hospital Militar, tínhamos esquecido as cruzes. Esperavam por nós no cemitério: o coronel Baiu, para as filmagens, e o major Mugurel Florescu. Acomodei-o à esquerda, e ela, à direita. Ele filmou tudo, mas apenas para nós, não para o público. Para ser... E foram concretados.[13]

---

[12] Gelu Voican Voiculescu, estenograma da audiência da Comissão de dezembro de 1989, 30 de maio de 1994.
[13] Idem.

Na cruz de Nicolae Ceaușescu foi inscrito "coronel Enache" e na de Elena Ceaușescu – "tenente-coronel Petrescu". Quando foi colocado na sepultura, no caixão do ex-chefe de Estado foi gravado o "símbolo de Marte", pelo misterioso Gelu Voican Voiculescu.

***

Nicolae e Elena Ceaușescu viveram juntos por cinquenta anos, "lutaram" juntos (como gostavam de dizer) e morreram juntos (como foi seu desejo), mas foram separados após a morte. No Cemitério Civil Ghencea, o túmulo dele fica à esquerda da aleia principal e o dela, à direita. Entre os dois túmulos há uma distância de trinta metros.

Epílogo

Bucareste, 14 de abril de 2010. Na Romênia, pela primeira vez desde o colapso do comunismo e a eliminação dos Ceaușescu, Mikhail Gorbachev é insistentemente questionado a respeito de dezembro de 1989. O ex-líder do Kremlin faz uma declaração memorável:

> A vida de Ceaușescu terminou de forma tão dramática... Gostaria que nem nas situações mais difíceis as coisas fossem decididas desse jeito. Existe um tribunal, há instituições, existem os meios de comunicação, para que essas coisas sejam discutidas. Porém, quando vejo essas imagens, quando vejo que simplesmente atiraram neles como se fossem animais selvagens... É inacreditável! Contudo, foi ele que permitiu essa situação, um mundo onde os homens começam a atirar como se estivessem caçando. Isso é inaceitável.

Gorbachev "relacionou" duas ideias:
- O casal Ceaușescu não deveria ter sido executado de forma tão selvagem.
- Pelos danos causados até então, os Ceaușescu, de alguma forma, deveriam pagar.

Gorbachev afirmou que não teve qualquer papel na decisão tomada pelo grupo moscovita em Bucareste (Iliescu, Militaru e Brucan) no sentido de eliminar Ceauşescu. O último tom do "czar vermelho" denotou discretamente um lamento e uma censura. O lamento pelo fato de o ditador romeno ter-se apegado ao poder além dos limites racionais, praticamente impondo a sua eliminação como única saída. E a censura, ao grupo Iliescu-Militaru-Brucan que adotou um procedimento tão bárbaro, quando poderiam ter resolvido as coisas de forma um pouco mais civilizada.

O relógio da vida de Nicolae Ceauşescu parou aos 71 anos, 10 meses e 29 dias. Destes, 45 anos significaram poder e 24 anos, poder absoluto. Entretanto, o final constituiu uma humilhação infinita: a de morrer fuzilado como um animal selvagem...

Anexos

Momentos cruciais da queda de Ceaușescu

1985

11 DE MARÇO. O Plenário Extraordinário do Comitê Central do PCUS escolhe Mikhail Sergheevici Gorbachev para a função de secretário-geral do CC do PCUS.

28-29 DE MARÇO. Nicolae Ceaușescu é reeleito por unanimidade de votos da Grande Assembleia Nacional, para a função de presidente da República Socialista da Romênia.

23 DE ABRIL. Gorbachev anuncia a transição para reformas econômicas de grande envergadura. Nascimento da Perestroika.

26 DE ABRIL. Os presidentes dos países do Pacto de Varsóvia prorrogam por mais vinte anos a validade desse bloco militar, até 2005.

17 DE OUTUBRO. É declarado estado de emergência no sistema energético da Romênia, por decreto presidencial, com a adoção de um regime militarizado do sistema.

1986

12 DE NOVEMBRO. Acontece em Bucareste a reunião extraordinária do Conselho Militar das Forças Militares Unidas dos países participantes do Pacto de Varsóvia.

1987

25-27 DE MAIO. Visita oficial de Gorbachev à Romênia.

4 DE JUNHO. Gorbachev apresenta o relatório da visita à Romênia ao CC do PCUS.

7 DE NOVEMBRO. Moscou: Ceaușescu participa de eventos dedicados à celebração do 70º aniversário da Grande Revolução de outubro de 1917. As reuniões com Gorbachev são frias.

15 DE NOVEMBRO. Rebelião de trabalhadores em Brașov.

1988

26 DE FEVEREIRO. O governo dos EUA anuncia sua decisão de retirar da Romênia a "cláusula de nação mais favorecida", a partir de 3 de julho de 1988.

28 DE FEVEREIRO. O governo romeno anuncia sua renúncia à "cláusula de nação mais favorecida" nas relações com os EUA.

MAIO. János Kádár renuncia ao cargo de chefe do Partido dos Trabalhadores Socialistas da Hungria. Em seu lugar toma posse Károly Grósz.

4 DE OUTUBRO. Em visita à União Soviética, Ceaușescu solicita o aumento da cota de energia fornecida pela URSS à Romênia.

7 DE DEZEMBRO. Em seu discurso na tribuna da ONU, Gorbachev repudia oficialmente a "doutrina Brezhnev".

1989

24 DE FEVEREIRO. O ministro das Relações Exteriores da URSS entrega a Gorbachev um memorando sobre as consequências das mudanças nos regimes comunistas na Europa Oriental com os regimes *perestroikistas*.

10 DE MARÇO. "Carta dos seis": Silviu Brucan é contatado pela BBC para confirmar a autenticidade da carta. Ele confirma.

11 DE MARÇO. Trechos da "carta dos seis" são transmitidos pela BBC e pela Rádio Europa Livre.

12 DE MARÇO. Acontece o encontro Iliescu–Măgureanu no Parque do Circo de Bucareste. Ambos são incentivados a divulgar a "carta dos seis".

31 DE MARÇO. Ceaușescu informa ao Comitê Político Executivo sobre o pagamento da dívida externa.

12 DE ABRIL. Ceaușescu anuncia oficialmente, em um discurso, que a Romênia pagou a dívida externa na íntegra.

29-30 MAIO. Reunião de cúpula do Conselho do Atlântico Norte em Bruxelas. A situação na Romênia é dividida com a França, ficando sujeita às negociações Mitterrand–Gorbachev.

4 DE JUNHO. As primeiras eleições diretas na Polônia (e na Europa Oriental).

27-28 JUNHO. É adotada a proposta do CPEx do CC do PCR para a reeleição de Nicolae Ceauşescu no XIV Congresso, como secretário-geral do PCR.

7-8 DE JULHO. Bucareste: reunião do Comitê Político de Consulta do Pacto de Varsóvia. Ceauşescu e Gorbachev estão na iminência de brigarem em uma reunião privada.

24 DE AGOSTO. Polônia: primeiro governo não comunista na Europa Oriental. Tadeusz Mazowiecki torna-se primeiro-ministro depois que o candidato comunista não consegue formar um governo.

10 DE SETEMBRO. A Hungria abre a fronteira para a Áustria.

18 DE OUTUBRO. República Oriental da Alemanha: Erich Honecker renuncia e é substituído por Egon Krenz.

9 DE NOVEMBRO. Queda do Muro de Berlim. O governo da RDA permite a saída do país sem visto.

10 DE NOVEMBRO. Bulgária: Todor Jivkov é destituído por um golpe de Estado. Seu lugar é tomado por Petăr Mladenov.

20-24 DE NOVEMBRO. No XIV Congresso do PCR, Nicolae Ceauşescu é reeleito secretário-geral do PCR, por unanimidade.

27 DE NOVEMBRO. Fuga de Nadia Comăneci.

Dezembro de 1989

2-3 DE DEZEMBRO. Reunião do alto escalão EUA–URSS em Malta.

3 DE DEZEMBRO. Após as 22h. O general Iulian Vlad informa a Ceauşescu sobre as decisões tomadas por Bush e Gorbachev em Malta: a remoção de Ceauşescu na Romênia, simultaneamente com a de Noriega, no Panamá.

4 DE DEZEMBRO. Moscou: reunião de cúpula dos países do Pacto de Varsóvia. Em uma reunião bilateral, Gorbachev sinaliza a Ceauşescu que abandone o poder.

6 DE DEZEMBRO. Reunião de Mitterrand–Gorbachev em Kiev decisiva para os acontecimentos que se desencadearão na Romênia.

9 DE DEZEMBRO. Início do ingresso de uma frota maciça de carros soviéticos na Romênia, em regime de trânsito (cruzando o país no prazo de 48 horas, no máximo). O Ministério do Interior romeno entra em alerta.

10 DE DEZEMBRO. Última caçada de Ceauşescu na floresta de Ogarca (Vila Ghimpaţi, distrito de Giurgiu), onde atira em quase quatrocentos faisões.

10 DE DEZEMBRO. Timişoara: o pastor protestante Laszlo Tokes anuncia aos paroquianos que, no dia 15 de dezembro, será despejado pela polícia e que, portanto, não poderá rezar a missa no domingo seguinte.

10-11 DE DEZEMBRO (À NOITE). Pessoas não identificadas espalham pelas ruas de Timişoara panfletos com evidente conteúdo anti-Ceauşescu: "Abaixo a ditadura", "Abaixo a tirania de Ceauşescu", "Morte ao ditador!".

14 DE DEZEMBRO. Iaşi: tentativa de revolta popular fracassada.

15 de dezembro de 1989

8h. Nas proximidades da Igreja Protestante de Timişoara aparecem paroquianos fiéis ao pastor Tokes, a maioria idosos e mulheres.

8h15. Ceauşescu ordena o fechamento dos mercados de pulgas em Timişoara.

21h. O prefeito de Timişoara, Petru Moţ, garante a Tokes, por escrito, que não será despejado.

16 de dezembro de 1989

8h30. Depois da conversa matutina com Nicolae Ceauşescu, Radu Bălan (primeiro-secretário do PCR de Timiş) decide não executar a ordem de despejo de Laszlo Tokes.

12h. Diante da residência de Tokes, reúnem-se cerca de trinta pessoas.

16h. Na rua Timotei Cipariu surge um grupo compacto, de cerca de 60-70 pessoas, que para diante da casa de Tokes, ocupando também parte da faixa carroçável.

17h. Saindo várias vezes à janela ou avisado pelos vizinhos, Laszlo Tokes pede à multidão que se retire da frente da casa.

Pouco depois das 17h30. O grupo de descontentes puxa o trole do bonde, parando o veículo e bloqueando o tráfego.

17h45. Nicolae Ceaușescu telefona para o primeiro-secretário Radu Bălan. Acusa-o de esconder dele a verdadeira situação em Timișoara, pois era muito mais grave do que lhe diziam.

Depois das 20h. Aparecem em Timișoara os primeiros carros de bombeiros e patrulhas de choque.

21h. A sede do Conselho Distrital do Partido em Timiș é atacada.

17 de dezembro de 1989

3h-5h. Por ordem de Ceaușescu, o presidente do Tribunal Distrital de Timiș procede com o despejo de Tokes.

6h30. Em Timișoara, chega o veículo com um grupo de oficiais do Ministério do Interior, enviado de Bucareste.

6h45. Ceaușescu ordena que o ministro da Defesa organize um desfile militar em Timișoara, no intuito de desencorajar novas ações de protesto.

10h. Na sede do CC do PCR, o Conselho Permanente do CPEx é informado sobre o despejo de Laszlo Tokes.

10h. O primeiro voo diário da TAROM leva a equipe da Procuradoria-Geral até Timișoara, liderada pelo procurador-chefe adjunto Gheorghe Diaconescu.

10h-11h30. As subunidades do MApN desfilam em Timișoara, sem armamento.

12h-12h30. Ceaușescu liga duas vezes para Vasile Milea. Na primeira vez, reclama por ele não ter colocado os blindados no desfile.

13h-13h30. Recomeça o ataque ao prédio do Comitê Distrital do Partido em Timiș, assim como a ação de depredação nas lojas.

13h30. O ministro da Defesa Nacional, general Vasile Milea, emite ordem de intervenção em Timișoara, inclusive com armas de fogo.

13h55. Milea ordena diretamente ao comandante da UM 01115, Giroc, que reúna dez tanques de combate.

14h. Milea ordena ao general Ştefan Guşă, chefe do Grande Estado-Maior, que vá a Timişoara.

14h-15h30. O procurador-chefe adjunto Diaconescu comunica ao seu superior de Bucareste, o procurador-chefe Popovici, que em Timişoara "há uma manifestação contra o camarada Ceauşescu".

14h30. Embora fosse domingo, Nicolae e Elena Ceauşescu convocam alguns dos seus aliados, Emil Bobu, Manea Mănescu e Ion Coman.

15h. O ministro da Defesa decreta alarme parcial de guerra.

15h30. Por disposição de Ceauşescu, os membros do CPEx são convocados para uma reunião de emergência.

16h38. Um avião militar pousa em Timişoara, trazendo os generais Ion Coman (secretário do CC do PCR), Ştefan Guşă, Victor Atanasie Stănculescu, Mihai Chitac, Constantin Nuţă, Florea Cârmeanu e Radu Gheorghe.

Por volta das 17h. Começa o tiroteio em Timişoara. As primeiras vítimas são registradas.

17h. Começa a reunião do CPEx em que Ceauşescu acusa Milea, Vlad e Postelnicu de terem transgredido as suas ordens.

18h. Teleconferência com as sedes municipais do partido. Ceauşescu dá ordens claras de fazer uso das armas contra os manifestantes.

18h45-19h. É desencadeada a repressão em Timişoara.

17h-18h (à noite). Ion Coman é substituído no comando de todas as forças pelo general Stănculescu.

18 de dezembro de 1989

5h20. Ion Coman informa a Emil Bobu, por telefone, que a situação em Timişoara está sob controle.

8h30. Nicolae Ceauşescu parte para uma visita ao Irã. Elena Ceauşescu permanece no governo do Estado, secundada por Manea Mănescu.

16h. Elena Ceauşescu pede que os cadáveres sejam trazidos a Bucareste e ordena a sua incineração, para que os rastros da repressão desapareçam.

16h15. Em Timişoara, os jovens começam a clamar "Abaixo Ceauşescu!" e "O Exército está conosco!".

19 de dezembro de 1989

9h. Na empresa Electrobanat (ELBA) fica evidenciada a presença de estrangeiros tentando se infiltrar entre os trabalhadores.

Após as 9h. Agitação nas empresas de Timişoara.

12h30. Timişoara: falha a tentativa por parte de alguns trabalhadores de se solidarizarem com um grupo externo, na ponte sobre Bega.

À noite. A Rádio Europa Livre começa a transmitir uma fita que dizem ter sido gravada clandestinamente em Timişoara.

20 de dezembro de 1989

1h. Ataque ao Panamá. Nessa batalha, o Exército dos EUA mobilizou mais de 22 mil soldados.

6h. Em Timişoara, desencadeia-se uma revolta popular, com a configuração inicial de uma greve geral.

10h30. Da sede do CC do PCR, Elena Ceauşescu pede que sejam organizadas algumas contramanifestações.

11h30. Grandes grupos de pessoas se deslocam desde diversas zonas de Timişoara em direção ao centro.

12h30. Na Praça da Ópera, a multidão se ajoelha para um momento de recolhimento em memória aos mortos dos dias precedentes.

14h. No prédio da Ópera é constituída a Frente Democrática Romena. Na noite seguinte, os dirigentes da FDR fazem apelos desesperados para convencer os moradores de Timişoara a participarem das manifestações em caráter permanente e a voltarem todos os dias para protestar de forma pacífica, seguindo o modelo da Alemanha Oriental.

15h. Ceauşescu volta para casa, após a visita ao Irã.

19h. Em Timişoara, autoridades locais e centrais, bem como os revolucionários, assistem juntos ao pronunciamento de Ceauşescu pela televisão.

20h. Nicolae Ceauşescu convida o embaixador da União Soviética ao CC do PCR. Ausente do país, ele é representado pelo encarregado interino.

20h30. Ceauşescu emite o decreto que institui estado de exceção no território distrital de Timiş.

21 de dezembro de 1989

2h. Convocação das Guardas Patrióticas.

6h. Mobilização dos funcionários das empresas da capital para o comício solicitado por Ceauşescu.

8h. Ceauşescu chega à sede do CC do PCR. Bobu e Dăscălescu o informam da situação em Timişoara.

12h30. Inicia-se o comício em Bucareste. Ceauşescu toma a palavra.

12h31. Um fragor poderoso assusta a multidão. Ceauşescu emudece.

12h36. Ceauşescu recupera a voz: "Tomamos hoje uma decisão importante que diz respeito ao padrão de vida da população. Vamos aumentar o salário em 200 lei".[14]

12h50. O general Vasile Milea liga para o MApN e ordena o armamento de duas unidades militares em Bucareste, depois dispõe que se dirijam ao CC do PCR.

12h51. Ceauşescu termina o discurso em uma praça quase vazia.

13h30. Criação do primeiro grupo de manifestantes na capital, na Praça Romana.

13h30-15h. Tentativa de organizar uma manifestação na área do Hotel Intercontinental.

13h45. Por ordem do general Andruţa Ceauşescu, a Escola de Oficiais do Ministério do Interior entra em estado de alerta e começa a agir na zona central da cidade.

14h11. O general Milea ordena a intervenção das forças do MApN contra os manifestantes.

16h35-17h. O evento desencadeador: na zona de Sălii Dalles, o motorista de um caminhão militar é atingido por manifestantes. Perde o controle da direção e entra no meio da multidão. Saldo: oito mortos e treze feridos.

17h30. Desconhecidos distribuem folhetos com as propostas dos membros do novo governo ao grupo de manifestantes formado na frente do Instituto de Arquitetura.

---

[14] "Leu", plural "lei", era a moeda oficial da Romênia. (N. T.)

18h. Começa a teleconferência com os primeiros-secretários dos distritos. Em seguida, constitui-se o Comando Militar Único.
19h. Evacuação da Praça Romana.
20h. Reunião entre Ceauşescu e Verdeţ, na qual o chefe de Estado solicita a busca de uma saída pacífica para a crise.
21h. O casal Ceauşescu é visitado na sede do CC do PCR por dois de seus filhos, Zoia e Valentin.
0h. Destruição da barricada.

22 de dezembro de 1989

0h30. A repressão continua na zona da Praça Rosetti.
2h. Ceauşescu vai dormir no quarto arrumado na sede do CC do PCR.
3h. O general Iulian Vlad investe numa tentativa de organizar um golpe militar com o general Milea. O chefe do Exército não concorda.
5h30. Recém-chegado de Timişoara, o general Stănculescu coloca gesso no Hospital Militar Central.
5h30. Desencadeia-se uma revolta popular em Bucareste. Trabalhadores das empresas se organizam para ir ao centro da cidade.
6h. Nicolae Ceauşescu acorda.
6h30. Ilie Ceauşescu, seu irmão, sugere que destitua o governo. O chefe de Estado o expulsa do escritório.
8h15. Pequena reunião do CPEx. Ceauşescu briga e humilha o general Milea, incapaz de apresentar um relatório sobre a evolução dos acontecimentos.
8h30. Ceauşescu solicita o veículo para ir à sua casa, mas os assessores o advertem de que a viagem não é segura.
9h-9h30. As forças de repressão convocadas pelo general Milea dirigem-se à sede do CC.
7h-8h30. O general Iulian Vlad desorganiza o sistema de defesa do CC do PCR, enviando os efetivos da Securitate aos quartéis.
9h35. O general Vasile Milea é encontrado agonizante, atingido por uma bala, no escritório do coronel Pîrcălăbescu da Guarda Patriótica.
9h40. Ceauşescu é informado do suicídio de Milea.
9h45. Ceauşescu dita a notícia sobre o "suicídio do traidor Milea".

9h50. Ceaușescu anuncia ao general Stănculescu, verbalmente, que ele é o novo ministro da Defesa.

10h07. Stănculescu dá a ordem de retorno das tropas aos quartéis, iniciando, assim, um golpe militar. Ele usa a senha RONDOUL, que pertencia ao general Milea.

10h10. Ceaușescu solicita a emissão de um decreto com vistas a instituir estado de emergência em todo o país.

10h20. Grandes grupos de pessoas deslocam-se rumo ao centro da cidade.

10h30. Última reunião do CPEx, na qual Ceaușescu recebe a garantia de que os membros continuarão a luta.

10h40. O general Stănculescu repete a ordem de retirada das tropas aos quartéis.

10h59. Na TVR e no rádio, transmite-se a notícia sobre o "suicídio do traidor Milea".

11h15. O primeiro grupo de revolucionários chega à TV.

11h20. Seguindo ordens de Ceaușescu, o general Eftimescu elabora um plano de fuga dos ditadores, por via terrestre.

11h30. O general Stănculescu propõe ao chefe de Estado uma fuga em helicóptero.

11h33. O piloto do helicóptero presidencial Dauphin SA365-202, coronel Vasile Maluțan, recebe ordens de decolar rumo à sede do CC do PCR.

11h40. Ceaușescu faz uma última tentativa de falar, da sacada, à multidão reunida na praça. Desiste após ser vaiado e agredido com vários objetos.

11h47. O helicóptero pilotado por Maluțan aterrissa no telhado do CC do PCR.

11h50. Os primeiros revolucionários invadem a sede do CC do PCR.

12h. Na sede do MApN, o general Ilie Ceaușescu encontra-se com o adido militar soviético.

12h08. Nicolae Ceaușescu e Elena chegam ao helicóptero que estava no telhado.

12h09. O helicóptero decola. O líder do governo deixa a sede do partido e do poder.

13h. Tentativas de Ilie Verdeț de compor um governo.

Pouco depois das 13h. A TVR volta a transmitir e o ator Ion Caramitru e o poeta Mircea Dinescu anunciam a fuga de Ceauşescu.

13h40. Localizado na Casa Scînteii, Ion Iliescu entra em contato com o general Stănculescu, no Ministério da Defesa. O general lhe expõe a situação.

14h. Por ordem do general Stănculescu, os oficiais de contrainformações militares, pertencentes à Securitate, são presos ou confinados em todos os quartéis do país.

14h. Ion Iliescu chega em casa. É surpreendido por um grupo de revolucionários e levado à TVR, onde faz duas intervenções ao vivo.

16h. Primeira reunião entre o general Stănculescu e Ion Iliescu, no MApN.

17h. A caminho da antiga sede do CC do PCR, o grupo liderado por Ion Iliescu tenta anunciar o comando provisório após a fuga de Ceauşescu. Iliescu é vaiado por se dirigir à multidão usando o termo "queridos camaradas".

18h30. Desencadeia-se o fenômeno terrorista.

23 de dezembro de 1989

Os oficiais do quartel da UM 01417 de Târgovişte recebem várias ordens de execução "acidental" do casal Ceauşescu.

24 de dezembro de 1989

Em Târgovişte, continua a pressão no sentido de liquidar os Ceauşescu sem julgamento.

À NOITE. O grupo do CFSN da sede do MApN, liderado por Ion Iliescu, decide pela formação do Tribunal Militar Excepcional que, no dia seguinte, julgará e condenará à morte o casal Nicolae e Elena Ceauşescu.

25 de dezembro de 1989

14h50. Nicolae e Elena Ceauşescu são executados no quartel da Unidade Militar 01417 de Târgovişte.

Os conspiradores contra Ceauşescu

Os velhos estalinistas

Referem-se principalmente aos signatários da "Carta dos Seis", uma mensagem contra Ceauşescu lida na Rádio Europa Livre e na BBC, em março de 1989. Os membros do Partido Comunista Romeno (PCR) antes da sua legalidade (1944) tinham relações especiais com Moscou. As idades, mencionadas a seguir, são as de dezembro de 1989.

Silviu Brucan (73 anos) – Comunista militante, membro do PCR desde 1935. Foi editor-chefe do jornal *Scînteia*, jornal oficial do CC do PCR durante os processos estalinistas. Embaixador nos EUA e na ONU durante o regime de Gheorghiu-Dej, mais tarde adversário de Ceauşescu. Em 1988, em caráter não oficial, participou de reuniões de cúpula, tanto em Washington quanto em Moscou. Foi a "eminência parda" da Revolução de dezembro de 1989.

Gheorghe Apostol (76 anos) – Comunista militante, membro do PCR desde 1934. Era o favorito de Gheorghiu-Dej para sucedê-lo no poder em 1965, mas perdeu a batalha nos bastidores para Ceauşescu.

Constantin Pîrvulescu (84 anos) – Comunista militante, membro fundador do PCR (em 1921). Foi o único delegado que se opôs à reeleição de Ceauşescu no Congresso de 1979, provocando a ira do ditador.

Corneliu Mănescu (73 anos) – Comunista militante, membro do PCR desde 1936. Foi ministro do Exterior no governo de Gheorghiu-Dej e de Ceauşescu. Em 1972, foi banido da vida política.

Alexandru Bîrlădeanu (78 anos) – Comunista militante, membro do PCR desde 1943. Amigo de Gheorghiu-Dej, foi marginalizado por Ceauşescu. Em 1990, como presidente do Senado, tornou-se o número dois no governo.

Grigore Răceanu – Comunista militante, membro do PCR desde 1936. Pai do diplomata Mircea Răceanu, condenado à morte por Ceauşescu em 1989, por "traição", e salvo graças à sua fuga para os EUA.

Os militares

General Nicolae Militaru (64 anos) – Passou cinco anos em Moscou, onde se formou na Academia Militar Frunze (1952-57). Em 1978, quando era comandante do Exército II, comprovou-se que era espião soviético, sendo transferido para a reserva. Tornou-se ministro da Defesa imediatamente após a fuga de Ceauşescu.

General Ştefan Kostyal (67 anos) – Fez treinamento militar em Moscou, inclusive na Academia Militar Superior do Grande Estado-Maior do Exército Soviético (1956-58).

Ioan Ioniţă foi outro general da conspiração, ex-ministro da Defesa no governo de Ceauşescu, mas morreu em 1987, em consequência de um câncer galopante.

Na conspiração contra Ceauşescu, muitos outros oficiais de patentes menores estiveram envolvidos – coronéis, majores e até capitães.

Perestroikistas

Ion Iliescu (59 anos) – Filho de um velho comunista militante, Alexandru Iliescu, agente do Comitê Interno (Komintern). Militante comunista desde a juventude, Ion Iliescu ficou em Moscou durante cinco anos (1950-55), graduando-se na Faculdade de Energia. Ocupou cargos importantes no regime de Ceauşescu, depois foi afastado do núcleo do poder político, sendo considerado "perigoso" e "intrigante". "Exilado" da administração, retomou a liderança do país imediatamente após a queda de Ceauşescu.

Virgil Măgureanu (48 anos) – Conspirava contra Ceauşescu desde os anos 1970, quando o ditador romeno gozava de popularidade tanto no país como no Ocidente. Funcionário da Universidade, agente secreto da Securitate com a patente de capitão. Em março de 1989, foi transferido contra a sua vontade para Focşani, para que não se encontrasse mais com os outros conspiradores. Após a revolução, tornou-se o primeiro chefe do Serviço Romeno de Informações, sucessor da Securitate.

"A carta dos seis"

Ao presidente Nicolae Ceauşescu

No momento em que a própria ideia de socialismo, pela qual lutamos, foi desacreditada pela política que V.Sa. adotou e quando o nosso país ficou isolado na Europa, decidimos tomar partido. Temos perfeita consciência de que, fazendo isso, colocamos em risco a nossa liberdade e, talvez, a nossa vida. Contudo, sentimos que é nosso dever apelar a V. Sa. para que modifique o curso atual antes que seja tarde demais.

1. A comunidade internacional critica a violação do Protocolo de Helsinque, assinado pelo senhor. Os cidadãos romenos o acusam de violação da Constituição que jurou obedecer. Eis os fatos:

    a) o plano de sistematização total das aldeias, ou melhor, de "modernização", pela destruição de edifícios existentes e a mudança forçada dos camponeses para prédios de três andares, contraria o artigo 36 da Constituição que protege o direito à propriedade privada da família, com seus anexos e com a terra onde está situada;

    b) o decreto que proíbe os cidadãos romenos de terem contato com estrangeiros nunca foi votado por um órgão legislativo e nunca foi publicado. E, portanto, não possui valor legal. No entanto, nossos cidadãos estão ameaçados de demissão, perseguição, prisão e condenação por isso;

    c) o Centro Cívico de Bucareste – o maior investimento já realizado na Romênia, que consumiu muitos bilhões de lei – não dispõe de um orçamento público e foi construído violando todas as leis existentes em matéria de construção e de financiamento. O custo desse enorme edifício triplicou devido às mudanças que o senhor fazia mensalmente, dentro e fora do edifício;

    d) a Securitate, que foi criada para defender a ordem socialista contra as classes exploradoras, agora está dirigida contra os trabalhadores que exigem os seus direitos, contra os antigos membros do Partido e contra os intelectuais honestos que estão exercendo os seus direitos de reivindicação (artigo 34) e de liberdade de expressão (artigo 28), garantidos pela Constituição;

e) as fábricas e as instituições receberam ordens de forçar os funcionários a trabalharem aos domingos, violando o artigo 19 da Constituição e do Código do Trabalho;

f) a correspondência é violada sistematicamente e as nossas conversas telefônicas são cortadas, transgredindo o artigo 34 que as garante.

Em suma, a Constituição foi praticamente suspensa e atualmente não possuímos um embasamento legal. Vossa Senhoria há de admitir, senhor presidente, que uma sociedade não pode funcionar se as próprias autoridades, começando pela cúpula, mostram desrespeito à lei.

2. O planejamento não funciona mais na economia romena. As reuniões do Comitê Político Executivo são todas voltadas para o passado, apelando aos trabalhadores que executem os planos não atingidos nos anos anteriores, no semestre anterior ou no mês anterior. Um número crescente de fábricas ressente-se de falta de matérias-primas, energia ou mercados.

3. A política agrícola também está em desordem. Medidas administrativas radicais são tomadas contra os camponeses que, de acordo com dados fornecidos pelo senhor, produzem 40% dos legumes, 56% das frutas, 60% do leite e 44% da carne, apesar de possuírem apenas 12% das terras produtivas. Entretanto, o que predomina atualmente nas aldeias é o medo de serem "sistematizadas"; 7 ou 8 mil aldeias sofrem a ameaça de serem eliminadas da face da terra. Além das objeções econômicas, culturais e humanitárias do mundo civilizado a respeito desse programa, levanta-se uma questão legítima: por que urbanizar aldeias quando não é possível fornecer-lhes as condições decentes de vida urbana, ou seja, aquecimento, iluminação, transporte, para não falar de alimento? Um governo, que em cinco invernos consecutivos não foi capaz de resolver questões vitais como essas, prova a incompetência e a incapacidade de governar. Por isso, não ressaltamos esses pontos em nossas petições.

4. O simples fato de que os alemães, húngaros e judeus emigram em massa mostra que a política de assimilação forçada precisa acabar.

5. Finalmente, estamos profundamente preocupados com o fato de que a posição internacional da Romênia, bem como o seu prestígio, diminua rapidamente. Como o senhor sabe, tal fato fica demonstrado, na prática, pelas decisões de um bom número de países que fecharam suas embaixadas em Bucareste. O mais alarmante é que a maioria das embaixadas, como a da Dinamarca, Noruega e Portugal, já foram fechadas e outras podem seguir o mesmo caminho. O nosso crescente isolamento afeta não somente as nossas relações diplomáticas. Perdemos o *status* de nação favorecida no comércio com os Estados Unidos e, em função disso, uma série de tecelagens não têm mais pedidos. A Comunidade Econômica Europeia (CEE) não pretende ampliar o seu acordo comercial com a Romênia, o que afetará negativamente outros setores da economia. O senhor sempre defendeu que reuniões de alto nível são fundamentais para melhorar as relações entre os países. Porém, como melhorar as relações externas da Romênia, quando todos os líderes de países não comunistas da Europa se recusam a encontrar-se com o senhor? A Romênia é, e continua sendo, um país europeu e, como tal, precisa avançar na linha do Protocolo de Helsinque, e não se voltar contra ele. O senhor começou a mudar a geografia das aldeias, mas não pode mudar a Romênia para a África.

Para frear a evolução negativa nacional e internacional que faz a nossa nação sofrer, apelamos ao senhor no sentido de que, como um primeiro passo, tome as seguintes medidas:

1. Declarar categoricamente e em termos inequívocos que o senhor renuncia ao plano de sistematização das aldeias.

2. Restaurar as garantias constitucionais dos direitos dos cidadãos. Isso permitirá respeitar as decisões da Conferência de Viena sobre Direitos Humanos.

3. Colocar um fim à exportação de alimentos que ameaça a existência biológica da nação.

Uma vez tomadas essas medidas, sentimo-nos prontos a participar, com espírito construtivo, de um diálogo com o governo sobre as formas e os meios de superar esse impasse.

Gheorghe Apostol, ex-membro do Escritório Político e ex-presidente dos sindicatos
Alexandru Bîrlădeanu, ex-membro do Escritório Político e presidente da CSP
Silviu Brucan, ex-redator-chefe adjunto do jornal *Scînteia*
Corneliu Mănescu, ex-ministro de Negócios Externos e ex-presidente da Assembleia Geral da ONU
Constantin Pîrvulescu, membro fundador do PCR
Grigore Răceanu, veterano do PCR

Os participantes da reunião do CPEx de 17 de dezembro de 1989

Membros do Comitê Político Executivo

Nicolae Ceauşescu – Secretário-geral do PCR, presidente da República Socialista da Romênia, presidente do Conselho de Estado, comandante supremo das Forças Armadas
Constantin Dăscălescu – Primeiro-ministro do governo
Elena Ceauşescu – Primeira vice-primeira-ministra do governo
Ion Dincă – Primeiro vice-primeiro-ministro do governo
Gheorghe Oprea – Primeiro vice-primeiro-ministro do governo
Lina Ciobanu – Vice-primeira-ministra do governo, ministro da Indústria Leve
Ioan Totu – Vice-primeiro-ministro do governo, presidente do Comitê de Estado do Planejamento
Ludovic Fazekaş – Vice-primeiro-ministro do governo
Ion Radu – Vice-primeiro-ministro do governo
Emil Bobu – Secretário do CC do PCR
Manea Mănescu – Vice-presidente do Conselho de Estado
Gheorghe Rădulescu – Vice-presidente do Conselho de Estado, presidente do Tribunal de Controle Financeiro
Constantin Olteanu – Secretário do CC do PCR
Gheorghe Pană – Presidente do Comitê para Questões do Conselho Popular
Nicolae Constantin – Presidente do Colégio do Partido
Miu Dobrescu – Presidente do Conselho Central dos Sindicatos
Paul Niculescu ("Mizil") – Presidente da Ucecom
Dumitru Popescu – Reitor da Academia de Ciências Sociopolíticas (antiga "Ştefan Gheorghiu")

Membros suplentes do CPEx

Ştefan Andrei – Vice-primeiro-ministro do governo
Cornel Pacoste – Vice-primeiro-ministro do governo
Vasile Milea – Ministro da Defesa Nacional
Tudor Postelnicu – Ministro do Interior
Ion Stoian – Ministro dos Negócios Externos
Ana Mureşan – Ministra do Comércio Interior
Gheorghe David – Ministro da Agricultura
Nicolae Giosan – Presidente da Grande Assembleia Nacional
Silviu Curticeanu – Secretário do CC do PCR
Iosif Szasz – Secretário do CC do PCR
Ioan Toma – Primeiro-secretário do CCl do UTC, ministro da Juventude
Ioan Urso – Primeiro vice-presidente do Conselho Nacional de Ciência e Tecnologia
Mihai Gere – Chefe da Seção de Economia Doméstica do CC do PCR

Também participaram da reunião de 17 de dezembro

Vasile Bărbulescu – Secretário do CC do PCR
Constantin Radu – Secretário do CC do PCR
Iulian Vlad – Chefe do Departamento da Securitate do Estado

Membros do CPEx que faltaram à reunião de 17 de dezembro

Ion Coman – Secretário do CC do PCR (enviado em missão a Timişoara)
Ilie Matei – Secretário do CC do PCR (enviado em missão a Timişoara)
Suzana Gîdea – Presidente do Conselho da Cultura e Educação Socialista
Barbu Petrescu – Primeiro-secretário do Comitê Municipal de Bucareste do PCR

Estenograma da reunião do CPEx de 17 de dezembro de 1989, às 17h

A reunião foi presidida pelo camarada Nicolae Ceaușescu, *secretário-geral do Partido Comunista Romeno.*

Nicolae Ceaușescu: Não estão presentes todos os camaradas?

Silviu Curticeanu: Faltam os camaradas Coman Ion e Ilie Matei, que estão em Timișoara, e a camarada Suzana Gîdea.

Nicolae Ceaușescu: Vejam, camaradas, por que convoquei o Comitê Político Executivo. Ontem à noite, em Timișoara, aconteceram uns eventos que se repetiram hoje ao meio-dia. O pretexto foi criado pelo dito pastor protestante, penalizado pelos seus superiores, que o transferiram de Timișoara para outro município e que devia deixar a casa que ocupava. Ele não quis liberar a casa.

O bispo dirigiu-se ao tribunal, que mandou despejá-lo. As coisas demoraram muito. Ontem foram executar a ordem do tribunal. Ele organizou um grupo.

Aqui teve interferência de pessoas de fora, dos círculos estrangeiros de espionagem, começando com Budapeste, porque ele também deu uma entrevista. Na verdade, os fatos são conhecidos. Além disso, sabe-se que do Oriente ao Ocidente, a voz geral é que a Romênia deve mudar as coisas. Tanto os do Oriente, quanto os do Ocidente, propuseram-se a mudar e estão utilizando qualquer recurso.

Ontem à noite, os nossos órgãos conseguiram restaurar a ordem. Ele foi despejado e enviado para onde o episcopado determinou. Esse era um problema estritamente deles e tinha que ser aplicada a decisão judicial de despejo, o que era normal.

Os camaradas estiveram lá hoje, no almoço, assim como ontem, mas eles não entenderam que iriam voltar hoje. Diversos elementos desclassificados se reuniram de novo e provocaram desordem, entraram na sede do Comitê Distrital do Partido. Nossos órgãos do interior foram fracos, porque o normal seria não deixar ninguém entrar na sede do Comitê Distrital do Partido. Era preciso ficar de vigia, essa é a regra. Tanto os órgãos do Ministério da Defesa Nacional quanto os do Ministério do Interior tiveram uma atitude defensiva, de capitulação.

Ontem à noite conversei com eles e lhes disse que no decorrer do dia de hoje fizessem demonstrações com unidades de tanques. Que desfilassem no centro da cidade. Isso pressupõe que as unidades deviam estar no centro.

Eu ordenei fazer isso, mas vocês fizeram um passeio. O que aconteceu não teria acontecido se as unidades estivessem no centro. Era necessário liquidar rapidamente todas essas coisas. Gastaram uma hora e meia para mobilizar as unidades militares. Onde foi realizada a demonstração que eu falei, que ordenei?

Vasile Milea: Nós executamos a mobilização de leste a oeste.

Nicolae Ceaușescu: A mobilização não devia ser de leste a oeste! As unidades transportadoras de tanques precisavam estar no centro. Foi isso que mandei fazer e não para irem do leste ao oeste. Ontem à noite, deixei claro o que deveria ser feito: uma parada militar das unidades de base, dos tanques, das unidades motorizadas, todos tinham que estar no centro da cidade e não nos quartéis. Foi por isso que eu disse para fazerem uma demonstração, porque uma demonstração pressupõe que todas as unidades estejam no centro. Isso é que é uma demonstração! É verdade que eu não forneci detalhes, mas quando se fala em demonstração, deve ser uma demonstração! Não um passeio por Jimbolia ou Arad. Precisava ser na cidade, porque as ruas são bastante amplas. É lá que as unidades deviam se posicionar.

O mesmo vale para as tropas do Ministério do Interior. Tenho a impressão de que as unidades do Ministério do Interior não estavam armadas.

Elena Ceaușescu: Elas estavam desarmadas.

Nicolae Ceaușescu: Desarmadas.

Tudor Postelnicu: Com exceção dos fronteiriços. O restante estava desarmado.

Nicolae Ceaușescu: Ora, e por quê? Eu disse que todos deveriam estar armados. Por que os enviaram desarmados? Quem deu essa ordem? Ao subentender que estarão presentes as tropas da Securitate, resta claro que estarão armadas, porque eles possuem armamento, têm todo o equipamento, veículos e tudo o mais, não são enviados para lutar com os próprios punhos! Que tipo de Unidades de Assuntos Internos são vocês? Como fizeram isso?

Chamem Curticeanu imediatamente e também Iulian Vlad! Quem deu essa instrução? Para que temos as tropas de fronteira? E vocês me garantiram que tinham nove pelotões da Securitate, o que significa cerca de mil homens. Onde eles estavam? Vocês os enviaram desarmados? Que tipo de procedimento é esse?

Discutimos na noite anterior e eu disse: tomem medidas, e medidas firmes! Vocês não me disseram que os mandariam para a luta com pedaços de pau. Não preciso desse tipo de unidades da Securitate! E a polícia também devia estar armada. Essa é a lei.

Tudor Postelnicu: Quero informar-lhe, camarada secretário-geral, que a polícia estava armada.

Nicolae Ceaușescu: Se estava armada, devia atirar, não podia se deixar derrotar e permitir que entrassem na sede do Comitê Distrital! As unidades levaram duas horas para chegar lá, embora estivessem no centro, quando, na verdade, precisavam estar ali, porque tinham sido mobilizadas para realizar a demonstração na rua. Elas tinham que estar na área!

Não conversei com vocês ontem à noite, várias vezes, às duas, às três e às quatro da manhã, a respeito do que deveriam fazer?!

Elena Ceaușescu: Precisamos telefonar para o camarada Coman quando chegar lá.

Nicolae Ceaușescu: Curticeanu, entre em contato e diga ao Coman que me telefone imediatamente!

Silviu Curticeanu: Entendi. Vou ligar agora mesmo para Timișoara.

Nicolae Ceaușescu: Vocês não executaram a ordem dada, que dei na minha qualidade de comandante supremo, ordem essa que é obrigatória para vocês, para todas as unidades do Ministério de

Defesa e do Ministério do Interior. Como isso é possível? Alguns desordeiros invadem a sede do Comitê Distrital do Partido, batem nos soldados, nos oficiais e ninguém intervém?!

Que fizeram os seus oficiais, Milea, por que não intervieram imediatamente, por que não atiraram? Precisavam atirar, derrubá-los ao chão, como forma de aviso e, depois, atirar nas pernas!

VASILE MILEA: Eu não lhes forneci munição.

NICOLAE CEAUȘESCU: Por que não forneceu? Eu não ordenei que atirassem para cima, como aviso? Por que você não deu munição? Se não lhes forneceu munição, teria sido melhor deixá-los em casa! Que tipo de ministro da Defesa é você? Que tipo de ministro do Interior é você, Postelnicu? Você disse que tinha fornecido munição de festim. Eles receberam uma missão de luta, não de manobra! Você mentiu. E só agora vocês dizem a verdade, até então eu estava desinformado. Vocês disseram que deram ordens para atirar. Por que mentiram?

Se vocês enviaram as unidades da Securitate para lutar com pedaços de pau era melhor que ficassem em casa. Seria mais útil mobilizar quinhentos trabalhadores, como fiz em outros tempos em Bucareste, em 1945, diante daqueles que estavam nesta praça, quando atiraram; eu estava com o Doncea, com o Pătrășcanu e não fugi.

É possível uma coisa dessas? Por que, naquele tempo, os homens souberam o que fazer e agora estão com pedaços de pau nas mãos?! Desse jeito, eles não se mexem.

ELENA CEAUȘESCU: A situação é muito grave e desagradável.

NICOLAE CEAUȘESCU: É grave e vocês são culpados, porque levaram a tal situação. Quem deu ordem de não fornecer armamento às tropas da Securitate? Coman já chegou a Timișoara?

SILVIU CURTICEANU: Ainda não.

NICOLAE CEAUȘESCU: Entre em contato imediatamente, assim que ele chegar à sede do Comitê Distrital, que ligue para nós. Todos os comandantes militares devem ser encontrados e chamados para a teleconferência. Que estejam prontos em cinco minutos!

Elena Ceaușescu: Assim não dá, pois nem o ministro da Defesa Nacional nem o ministro do Interior foram acionados adequadamente.

Nicolae Ceaușescu: Um punhado de vagabundos, doutrinados por pessoas que querem destruir o socialismo e vocês fazem o jogo deles. Essa é a realidade. Castro está coberto de razão, nas palavras ditas aos efetivos do Partido, porque isso não é possível.

Essa é a mentalidade das Guardas Patrióticas e dos efetivos do Partido. Por que as Guardas Patrióticas não foram convocadas com armamento, se eles têm armamento?! Desse jeito, colocamos pessoas de braços cruzados enquanto os outros vêm com barras de ferro e nós ficamos dando sermões. Não se tranquiliza o inimigo com sermões, é necessário queimá-lo! O socialismo não se constrói com desinformação, com reza e, sim, com luta! Devemos construí-lo com luta. Agora, na Europa, existe uma situação de rendição, de conivência com o imperialismo, para liquidar o socialismo.

Elena Ceaușescu: É covardia.

Nicolae Ceaușescu: Muito mais que covardia. Conversei com vocês a noite inteira, por diversas vezes.

Tudor Postelnicu: É isso mesmo, pelo menos umas quinze vezes.

Nicolae Ceaușescu: E mais algumas vezes no decorrer da manhã. Fiquei aqui na sede, depois fui ver o que estava acontecendo na cidade e me contaram que eles se reuniram novamente no centro. E sabiam o que tinham que fazer. Como devemos qualificar isso? Vamos discutir isso no Comitê Político Executivo, e eu, na qualidade de comandante supremo, considero que vocês traíram os interesses do país, os interesses do povo, do socialismo e não agiram com responsabilidade.

Iulian Vlad: O senhor tem razão, camarada secretário-geral, é isso mesmo.

Nicolae Ceaușescu: Disseram que tinham convocado as tropas da Securitate, mas eles estavam desarmados.

Iulian Vlad: Isso mesmo. Foram com cassetetes e gás lacrimogêneo.

Nicolae Ceaușescu: Por que não relataram, por que não disseram que conversei a noite toda com vocês? Diante dos fatos, se o Comitê

Político Executivo estiver de acordo, vamos destituir o ministro da Defesa Nacional e o ministro do Interior e o comandante das forças da Securitate. A partir de agora, eu assumo o comando do Exército, preparem o decreto. Convoquem o Conselho de Estado, para que tudo seja dentro da legalidade, ainda esta noite. Eu não confio mais nessa gente. Não é possível continuar desse jeito. Fiquei a noite toda conversando com eles, de dez em dez minutos, para depois constatar que eles não fizeram o que mandei. Só então percebi que eles não fizeram o que eu mandei. Precisavam matar os *hooligans* e não apanhar deles! Você acha que aqueles *hooligans* não sabiam qual era a situação de vocês, tanto que invadiram a sede? Invadir a sede do Órgão do Partido é inadmissível!

Quem lhes deu o direito de se aconselharem entre vocês e não tomarem as medidas impostas?! Eu já tinha falado com vocês e já havia dado as ordens!

Sabem o que eu deveria fazer com vocês? Colocá-los diante do pelotão de fuzilamento! É isso que vocês merecem, porque o que vocês fizeram significa pactuar com o inimigo! Você serviu no Exército, Milea – é assim que se diz, não é?!

Vasile Milea: Sim, camarada secretário-geral.

Nicolae Ceaușescu: Isso não pode acontecer! Convoque o Conselho de Estado, imediatamente.

Silviu Curticeanu: Sim, senhor, já entendi.

Nicolae Ceaușescu: Então, camaradas, dada a situação criada, agora percebo que, da forma que as coisas estão, não é possível restabelecer a ordem usando cassetetes. Convoquei até uma teleconferência. Vou ordenar que recebam armamento, imediatamente, que todos sejam armados e que a ordem seja cumprida. Quando ordenei que aplicassem o estado de emergência, o que vocês usaram, um cassetete? Quando disse "estado de emergência", o que significa para vocês "estado de emergência"? Um pedaço de pau?

Você que lidera as tropas da Securitate, não sabe o que significa um "estado de emergência"?

Iulian Vlad: Eu sei, camarada secretário-geral, eu dei a ordem.

Nicolae Ceaușescu: Nem mesmo agora estão dizendo a verdade, porque os que estavam na sede do Comitê Distrital não tiveram com o que atirar. Os soldados lutaram com o que tinham, com pedaços de pau e foram capazes de fazer frente. Se apenas um deles atirasse, teriam corrido como perdizes. Vocês não percebem a que ponto chegou a situação? Eu disse que atirassem para cima, que avisassem, e, se não desse certo, que atirassem nas pernas!

Elena Ceaușescu: Deviam ter atirado neles até que caíssem e depois jogá-los na masmorra. Não lhes disseram isso? Que não escapasse nenhum!

Nicolae Ceaușescu: Então, vamos tomar medidas urgentes para acabar logo de uma vez com o que está acontecendo em Timișoara. Vamos colocar as tropas em estado de alerta, em estado de guerra, tanto as unidades do Ministério do Interior, quanto as do Ministério da Defesa Nacional. E onde quer que haja qualquer tentativa de ação, que seja liquidada radicalmente, sem qualquer discussão! E, é claro, chamaremos a atenção das Guardas Patrióticas, pois não é possível lutar usando um pedaço de pau. Toda essa situação deve ser seriamente discutida com todos os efetivos do partido, com a UTC (União da Juventude Comunista). Que tipo de educação comunista estão dando à juventude? Que tipo de UTCs são essas que ficaram do lado dos *hooligans*? De fato, também havia alguns membros do partido, mas muitos eram membros da UTC. Que educação revolucionária estão dando?

Vejam, camaradas, estou colocando a necessidade de tomar medidas firmes. Se vocês têm outra opinião, peço que a manifestem aqui, pois precisamos determinar as ações e as medidas que precisam ser tomadas, porque aqui existem ações planejadas tanto pelo Oriente como pelo Ocidente, que se uniram para destruir o socialismo, pois querem um "socialismo humano capitalista". O que vocês acham?

Manea Mănescu: Concordamos com o senhor e com todas as medidas a serem tomadas.

Nicolae Ceaușescu: Se alguém tiver outra opinião, por favor, que se manifeste.

Elena Ceaușescu: Precisamos tomar medidas radicais, pois aqui não se pode agir com indulgência, porque isso significaria render-se.

Nicolae Ceaușescu: Vamos lutar até o último momento e devemos contar com a aprovação do Partido, porque a independência e a soberania se conquistam e se defendem com a luta, pois, se em 1968 não tivéssemos agido e não reuníssemos aqui o povo e não armássemos as Guardas Patrióticas, teriam partido para cima de nós, como fizeram na Tchecoslováquia, porque tanto os soviéticos quanto os búlgaros estavam na fronteira. Não desarmamos o povo. Eu propus e a Grande Assembleia Nacional votou que devíamos defender tudo com armas em punho.

Por que vocês não defendem as leis, o socialismo? As leis do socialismo são as leis do país.

Elena Ceaușescu: São leis que não se discutem.

Nicolae Ceaușescu: Vocês discutiram a respeito de como agir e os enviaram de mãos vazias, isso significa que vocês discutiram entre vocês. Que faremos com o ministro da Defesa? O que me diz, Milea?

Vasile Milea: Se o senhor ordenou assim, assim será feito. Depois disso, estarei à sua disposição.

Nicolae Ceaușescu: Por que as unidades não saíram armadas, pois com um rifle na mão, sem munição, não é possível se defender nem lutar.

Elena Ceaușescu: Eles devem dizer qual é a concepção, qual é a posição deles.

Vasile Milea: Eu garanto que nem eu nem os outros camaradas temos outra posição.

Nicolae Ceaușescu: Você só fale em seu nome!

Vasile Milea: Eu repito, camarada secretário-geral, não tenho nenhuma outra posição, nem outra concepção.

Nicolae Ceaușescu: E por que não tomou medidas?

Vasile Milea: Eu sou o culpado. Não pensei que a situação pioraria.

Nicolae Ceaușescu: Você deveria temer uma piora. O senhor sabia qual era a situação em Timișoara, em vez de agir, enviou o Exército desarmado. Deveria ter tomado medidas imediatas e liquidar tudo desde ontem, mas não fez o que devia e a situação se complicou até ontem à noite.

Tudor Postelnicu: Estimado camarada secretário-geral, estimada camarada Elena Ceaușescu, venho reportar diante do Comitê Político Executivo, diante do senhor, que concordo plenamente com as medidas tomadas contra mim.

Eu quero declarar do modo mais sincero, como militante do partido enviado para prestar serviços naquele setor, que não desejo me desculpar de nada. Assumo total responsabilidade e, repito, não quero me desculpar por não ter feito mais.

Relato que sou soldado honesto e devotado ao partido, mas confesso que não sabia que as unidades deveriam sair com armamento, com cartuchos de guerra. Independentemente das medidas que venham a ser tomadas a meu respeito, esta é a situação. Ouvi as instruções dadas mais de uma vez e a discussão no Conselho de Administração, com vários funcionários. Presenciei diversas conversas, mas não gravei que as unidades deveriam sair portando armamento.

Quero dizer que agi com firmeza, com base nas diretrizes e instruções dadas pelo senhor na noite passada. Fiz tudo o que estava ao meu alcance...

Elena Ceaușescu: Você não fez nada.

Nicolae Ceaușescu: Se você vai a um local desses armado com um pedaço de pau, significa que não fez nada.

Elena Ceaușescu: Se não ficou claro para vocês, por que não perguntaram? Deveriam ter perguntado se as tropas precisavam sair armadas ou desarmadas.

Tudor Postelnicu: Declaro que não encontrei tal instrução em nenhum ato normativo e não me comunicaram que deveriam sair com cartuchos de guerra.

Nicolae Ceaușescu: Nem os guardas de fronteira estão armados, esses que ficam na fronteira?!

Vasile Milea: Os guardas de fronteira têm cartuchos de guerra.

Nicolae Ceauşescu: Postelnicu e Vlad não tinham conhecimento disso?

Tudor Postelnicu: Declarei e declaro que as nossas unidades estão equipadas com cartuchos de guerra.

Nicolae Ceauşescu: Então por que não saíram com eles?

Iulian Vlad: Achamos que se tratava de uma ação de pequena envergadura e que poderíamos resolver sem cartuchos.

Nicolae Ceauşescu: Por que não perguntaram?

Iulian Vlad: Foi o nosso erro fundamental.

Nicolae Ceauşescu: Eu disse que atirassem para avisar e, se não recuassem, que atirassem nas pernas. Nunca imaginei que atirariam com balas de festim. Isso não passa de refresco. Aqueles que invadiram a sede do Comitê Distrital do Partido não deveriam mais sair de lá, tinham que ser derrubados.

Tudor Postelnicu: Os generais e as forças enviadas agiram mal.

Nicolae Ceauşescu: Foram vocês que deram essa ordem.

Vasile Milea: É verdade, nós somos culpados.

Nicolae Ceauşescu: Por que acusá-los, se foram vocês que deram a ordem? Ficou bem claro agora. Que o Comitê Político Executivo decida.

Tudor Postelnicu: Finalizo afirmando que concordo com as medidas tomadas pelo senhor, com as medidas tomadas pelo Comitê Político Executivo. Eu, como militante do partido, como ex-ativista do partido, agradeço pelo apoio recebido durante todo esse período e lhe asseguro que continuarei sendo um soldado fiel ao partido, independentemente de permanecer ou não na qualidade de membro do partido. Continuo a ser um homem, um trabalhador honesto do partido e da pátria, independentemente de conservar ou não a função que tenho ou não.

Nicolae Ceauşescu: O que vocês acham, camaradas? Devemos decidir o que fazer.

Gheorghe Rădulescu: Minha opinião, neste momento, no que tange ao ministro da Defesa Nacional e ao ministro do Interior, creio que não seja apropriado, porque agora não é o momento certo para isso.

Tudor Postelnicu: Camarada secretário-geral, se o senhor confia em mim, asseguro-lhe que não pouparei dias e noites no cumprimento do meu dever, fato que poderei comprovar com minhas ações.

Constantin Dăscălescu: Peço-lhe, camarada secretário-seral, que analise com extremo cuidado. Agora eles ouviram as instruções e as ordens dadas, mas não devemos nos apressar em tomar medidas antes de estudá-las bem. Por favor, analise esse fato com o seu discernimento. Sou adepto de ações firmes, mas é bom pensar no que faremos.

Nicolae Ceaușescu: Que lhe parece, Manea?

Manea Mănescu: Camarada presidente, digo que devemos resolver a situação atual e depois tomar as outras medidas.

Nicolae Ceaușescu: Resolver com quem? É um problema que poderia ter sido resolvido na manhã de ontem, em duas horas, mas não foi. Instalou-se o espírito de recuar, de não lutar, de rendição. Esse é o problema.

Gheorghe Oprea: Camarada secretário-geral, eu acho que as obrigações ficaram muito claras. Creio que os camaradas entenderam bem o que têm a fazer e peço que lhes dê a nossa confiança para que continuem na missão. Agora está claro o que devem fazer. Creio que agora eles compreenderam, agora ficou claro. Acredito que podemos lhes dar o crédito para agirem da forma que o senhor ordenou, mais uma vez.

Nicolae Ceaușescu: Vocês sabem como procederam até agora? Enviaram as unidades para o *front* para serem dizimadas pelo inimigo, desarmadas, para serem destruídas pelo inimigo! Foi o que vocês fizeram. Vocês colocaram as unidades militares em uma situação muito difícil. Que garantias existem de que todos vocês não vão fazer a mesma coisa de novo?

Tudor Postelnicu: Eu lhe asseguro, camarada secretário-geral, que tal situação não se repetirá. Peço que me conceda a confiança e vamos deixar os fatos falarem até que o senhor, a liderança superior do Partido e o Comitê Político Executivo os avaliem.

Vasile Milea: A minha explicação é que não entendi a ameaça desde o começo, agora ficou claro, quando o senhor declarou "estado de emergência".

Iulian Vlad: Eu garanto, camarada secretário-seral, que ouvindo suas diretrizes vou fazer de tudo para merecer a sua confiança.
Nicolae Ceaușescu: Tudo bem. Vamos tentar mais uma vez, camaradas?

Todos os camaradas concordam.

***

Aqui, depois de dezoito páginas consecutivas de transcrição original, falta a página 19. Na reconstituição oficial, aparece mais ou menos assim:

Nicolae Ceaușescu: Então vocês não concordam com a medida proposta? Então (*jogando os papéis da sua frente e levantando-se da cadeira*), escolham outro secretário-geral!

Ele caminha para a porta, momento em que Silviu Curticeanu o segue, alcançando-o.

Silviu Curticeanu: Não é assim, camarada secretário-geral! Eu nunca vou abandoná-lo, estarei sempre ao seu lado.

Nesse momento, Dăscălescu levanta-se da cadeira.

Constantin Dăscălescu: Não e possível, camarada secretário-geral, não é isso que nós queríamos! Não é possível.

Quase todo o Comitê Político Executivo se levanta, provocando um momento de confusão. Ana Mureșan chora. Elena Ceaușescu vai atrás dele, convencendo-o a voltar para o seu assento.
Dumitru Popescu: Eu não entendo essa reação, só porque foi dada uma simples opinião.
Emil Bobu: Por favor, não fique zangado, camarada secretário-geral!
Gheorghe Rădulescu: Eu não fiz essa proposta para chegarmos a tal situação. Foi apenas uma opinião.

Nicolae Ceaușescu: Bem, então eu vou ao Irã amanhã e retomaremos esse assunto quando acabarem os eventos em Timișoara.

Agora vejamos quem se ocupará desses problemas na minha ausência. Será a camarada Elena Ceaușescu, junto com Manea Mănescu. Eles serão os responsáveis por organizar reuniões quando necessário e convocar o *Bureau* Permanente do Comitê Político Executivo. Nenhum dos membros do *Bureau* Permanente deverá se ausentar de Bucareste durante o período em que eu estiver fora do país. Os outros membros do Comitê Político Executivo, no caso de problemas, poderão sair, mas não os membros do *Bureau* Permanente. Quando eu voltar, vamos retomar os problemas que já discutimos. Paul Niculescu, isso também vale para você!

Então, eu viajarei amanhã e espero que as coisas se desenrolem da melhor maneira.

Tudor Postelnicu: Camarada secretário-geral, como eu disse antes, permanecerei fiel militante do partido e cumprirei as tarefas que o senhor me deu. Sinto muito pelos dissabores que lhe causamos.

***

Retomamos a transcrição do estenograma original para as duas últimas páginas: 20 e 21.

Nicolae Ceaușescu: De acordo?

Todos os camaradas concordam.

Nicolae Ceaușescu: Além disso, dei instruções de que interrompam qualquer atividade turística. Não precisamos de turista de fora, pois todos se transformaram em agentes de espionagem. Também é preciso interromper o comércio fronteiriço imediatamente. Eu ordenei ao Ministério do Interior, mas devem ser chamados imediatamente os responsáveis pelo turismo e os lugares desocupados devem ser dados aos cidadãos romenos.

Nem os oriundos de países socialistas poderão vir, a não ser da Coreia do Norte, China e de Cuba. Porque todos os países socialistas vizinhos não inspiram confiança. As pessoas dos países socialistas vizinhos são enviadas como agentes. Vamos cancelar qualquer atividade de turismo.

Será declarado estado de emergência em todos os municípios. As unidades militares do Ministério do Interior e da Securitate estão em alerta.

Na teleconferência vamos informar que todas essas medidas estão sendo tomadas porque precisamos defender a independência da pátria e o socialismo contra qualquer pessoa, não importa quem seja.

Estes são os problemas que temos que enfrentar agora. Tenho a impressão de que no Congresso não entenderam as coisas da forma correta. As decisões não foram pacíficas. Todos devem saber que estamos em guerra. Tudo o que aconteceu e acontece na Alemanha, Tchecoslováquia e Bulgária agora e, no passado, na Polônia e na Hungria, foi organizado pela União Soviética, com apoio americano e do Ocidente.

Esse fato deve ficar bem claro e o que aconteceu nos últimos três países – República Oriental da Alemanha, Tchecoslováquia, Bulgária – foram golpes de Estado organizados e apoiados pela gentalha da sociedade. A gentalha da sociedade com apoio estrangeiro. As coisas devem ser entendidas dessa forma. Não podemos raciocinar de outra maneira.

Está claro, camaradas, vocês concordam?

Todos os camaradas concordam.

Elena Ceaușescu: É nesse sentido que vamos agir.
Nicolae Ceaușescu: Vocês têm alguma outra opinião? Niculescu, você concorda?
Paul Niculescu: Concordo, camarada secretário-geral.
Nicolae Ceaușescu: Eu quero que tudo fique bem claro. Vamos superar essa situação. Também tivemos problemas em 1968, mas

agora é pior do que em 1968, porque se faz demagogia, engana-se o povo com *slogans* anticomunistas, porque se pretende realmente liquidar o socialismo. Esta é a verdade. Então, se vocês concordam, faremos isso.

Todos os camaradas se comprometem a agir assim.

Nicolae Ceaușescu: Assim, declaro encerrada a reunião.

Observações:
1. *CPEx = Comitê Político Executivo do Comitê Central (CC) do Partido Comunista Romeno (PCR).*
2. *Na reunião do CPEx, Ceaușescu se expressa muitas vezes de forma gramaticalmente inadequada. Com o intuito de não alterar o texto, mantivemos no estenograma da reunião as frases na sua versão original, com os desacordos, as cacofonias e outros "acidentes" gramaticais.*

Estenograma da teleconferência de 17 de dezembro de 1989, às 18h

A teleconferência foi presidida pelo camarada Nicolae Ceaușescu. Participaram os membros efetivos e suplentes do Comitê Político Executivo e os secretários do CC do PCR.

Nicolae Ceaușescu: Começamos a teleconferência, camaradas!
Boa noite! Convoquei esta teleconferência tendo em vista alguns eventos muito graves que aconteceram ontem e hoje em Timișoara. Aparentemente, tudo começou a partir de um processo de despejo de um padre que foi remanejado do culto que promovia e não queria sair de lá, que, no entanto fez declarações antirromenas anteriormente em Budapeste e se uniu aos círculos revisionistas hostis à integridade da Romênia.

Alguns erros foram cometidos, pois normalmente o problema deveria ter sido resolvido em uma ou duas horas, de acordo com as leis do país e as normas que vigoram no mundo inteiro. Mas, em vez disso, houve discussões inadmissíveis que lhe deram oportunidade de reunir indivíduos anteriormente instruídos. Agora fica claro que isso foi um pretexto, que tudo foi premeditado com antecedência pelos agentes estrangeiros e pelos círculos antissocialistas do Oriente e do Ocidente.

Repito com toda a seriedade: a ordem ainda não foi restabelecida em Timișoara, devido a alguns erros inadmissíveis cometidos na aplicação das medidas indicadas. A primeira coisa que ocorreu foi que as unidades destinadas a pôr em prática algumas medidas, de fato, estavam impossibilitadas de agir, pois foram enviadas sem armamento.

Agora todos os comandantes estão em Timișoara. Pedi que até os altos comandantes militares de lá estivessem presentes nesta teleconferência.

Há alguns minutos transmiti a seguinte ordem ao camarada Ion Coman, que acaba de chegar, junto com outros generais, em

Timișoara: todas as tropas devem receber munições de guerra, imediatamente, e devem intimar qualquer um que não se submeta. Estamos em estado de emergência e a lei deve ser aplicada!

Em Timișoara, a sede do Comitê Distrital do Partido foi atacada e não reagiu adequadamente, dando a outra face, como se fosse Jesus Cristo!

A partir de hoje, todas as unidades do Ministério do Interior, inclusive a polícia, as tropas da Securitate e as unidades de guarda de fronteira usarão armas de combate, incluindo balas. Sem discussão! Respeitando os regulamentos e as normas legais, de advertência, conforme as leis do país. Qualquer um que ataque um soldado, um oficial deve receber uma resposta! Qualquer um que entre num Conselho Popular, sede de partido, quebre vidros de lojas deve receber uma resposta imediata! Não há justificativa! Devo lembrar: o humanismo não significa capitular diante do inimigo! O humanismo significa defender o povo, a integridade do país e do socialismo.

Além disso, todas as unidades militares estão em estado de alerta e, nessa situação, devem possuir armamento de combate, equipamento de combate, e isso inclui as munições! Elas não podem ir a nenhuma parte sem a munição de combate! Todas as unidades motorizadas devem possuir armamento de ação leve, com armamento leve de ação de combate.

Qualquer manifestação está proibida! Quem quer que tente alguma manifestação deve ser advertido imediatamente, detido e, mais tarde, conversamos para esclarecer, sem qualquer discussão!

Este é o primeiro problema. Ficou claro? E pergunto primeiro aos de Timișoara. Caso estejam presentes, peço que me respondam o primeiro-secretário, aquele que tem a função e a qualificação de comandante do distrito, e o camarada Ion Coman, caso estes oficiais estejam presentes.

CAMARADA RADU BĂLAN: Vida longa ao camarada comandante supremo! Estou aqui com o camarada Coman. Foram tomadas as medidas para a execução da ordem dada pelo senhor.

NICOLAE CEAUȘESCU: Perguntei se os oficiais estão na sala!

Ion Coman: Não estão na sala. Estamos organizando o que o senhor pediu.

Nicolae Ceaușescu: Eu pedi que eles estivessem na sala! Por que não estão na sala? Peço que transmita a minha ordem! Vocês devem agir de acordo com seu cargo em função da situação, pois se trata de uma situação de combate! A atividade de cada um será julgada como tal e, no máximo, em uma hora é preciso restabelecer a completa ordem em Timișoara. Peço que os chame e transmita-lhes as ordens, e quando estiverem presentes, que os coloque ao telefone para que eu possa também falar com eles. Está entendido?

Ion Coman: Três colunas estão entrando em Timișoara. Mandei marcharem rumo ao centro da cidade. Ordenei que atirassem!

Nicolae Ceaușescu: Onde está o comandante da divisão de Timișoara? O comandante da divisão?

Ion Coman: Está na divisão, camarada Nicolae Ceaușescu.

Nicolae Ceaușescu: Por que na divisão? E os outros generais de Bucareste, onde estão? Que venham imediatamente junto com vocês, que estejam no local de comando! E o local de comando é o Comitê Distrital do Partido! Este é o local de comando! Onde estão os generais que acompanharam você? Os generais que vieram de Bucareste – o chefe do Grande Estado-Maior, o ministro adjunto e os demais – onde estão?

Ion Coman: Estive com eles há pouco e foram ver as três colunas.

Nicolae Ceaușescu: Peço que aja em meu nome e assuma o comando e me informe a cada quinze minutos como os problemas estão sendo solucionados! Chame todos e executem as ordens! Todas as unidades devem estar no centro e devem restaurar a ordem! Está entendido?

Ion Coman: Entendi, camarada Nicolae Ceaușescu!

Nicolae Ceaușescu: Ora vejam! As unidades ainda nem chegaram, embora tenham me dito que já chegaram!

Vasile Milea: O comando móvel foi até o comandante da divisão. Eles mantêm contato com os tanques por rádio.

Nicolae Ceaușescu: Precisam ficar juntos. Só que as unidades nem chegaram ainda.

Vasile Milea: Estão na entrada da cidade. Aqueles de Arad, Lugoj. Os outros estão na cidade!

Nicolae Ceaușescu: Os demais distritos entenderam as medidas que devem ser tomadas deste ponto de vista ou tem dúvidas ou questionamentos? Cluj, entendido?

Primeiro-secretário de Cluj: Entendido, camarada secretário-geral!

Nicolae Ceaușescu: Iași, entendido?

Primeiro-secretário de Iași: Entendido!

Nicolae Ceaușescu: Peço que chamem imediatamente todos os comandantes e apliquem as medidas! Não aguardem por outras disposições de Bucareste! Estas são as disposições obrigatórias para todo mundo! Qualquer um que esteja ali, comuniquem! Que seja destituído imediatamente quem não agir de modo correspondente!

O segundo problema. É necessário, sem falta, que as guardas trabalhistas estejam bem preparadas, as unidades devem discutir e partir caso recorram a elas, com armamento de combate, bem checados! Que seja seriamente discutido, em todas as unidades, para que se veja no ensino superior a necessidade de se mostrar à juventude que é preciso adotar uma posição firme diante de quaisquer manifestações antissocialistas que coloquem em risco a integridade e a independência da Romênia, as conquistas do povo. Que esta é a obrigação de todos os cidadãos deste país, independentemente de origem ou se são membros do partido.

É claro que, em particular, deve ser discutido com os membros do partido, com a juventude e com todas as organizações. Todas as organizações devem se considerar mobilizadas.

A produção deve estar em primeiro plano e não deve ser permitida nenhuma tentativa de desorganizar a produção ou de sabotar as atividades produtivas – seja na indústria ou em todos os domínios – para que seja garantido o abastecimento regular de tudo o que é necessário com uma atitude firme, caso haja elementos que tentem provocar desordem. Não devemos acreditar que estamos protegidos e que não existem dentro do país determinados elementos que estão sob a paga de vários serviços estrangeiros, que agem por um dólar ou por um rublo contra seu próprio povo, contra a independência do país!

Precisamos desmascará-los sem piedade e dizer claramente que são necessárias uma união e uma posição firme contra qualquer tentativa de sabotagem do programa de desenvolvimento, das conquistas revolucionárias, da integridade e da independência do país.

Peço que tomem medidas firmes, que seja divulgado com muita seriedade em todos os campos de atividade!

Basicamente, todo o Comitê Distrital do Partido, todo efetivo do partido deve ficar em estado de alerta! Sem negligenciar, repito, o problema da produção, do plano e muita atenção para qualquer tipo de manifestação!

Não há necessidade de salientar o fato de que os círculos reacionários estão focados em fazer de tudo para minar o socialismo na Romênia, a independência do país e sua integridade. Na verdade, eles fizeram até declarações públicas e tudo o que tem acontecido nos países socialistas ultimamente não passa de uma ação de desestabilização, cujo intuito é destruir o socialismo! É um verdadeiro golpe de Estado, supostamente pacífico! Antissocialista! E deve ser considerado como tal!

Alguma dúvida a respeito desses problemas?! Não? Está decidido que não aceitaremos mais turistas estrangeiros num futuro próximo e ficará proibido o chamado comércio de fronteira. Está suspenso. Retomaremos esse assunto mais tarde. Agora não temos tempo para o comércio fronteiriço! Cada um que cuide dos seus próprios problemas!

Não podemos aceitar... E qualquer um – seja estrangeiro ou do país – que for flagrado desempenhando atividades antissocialistas deve ser golpeado sem piedade, sem discussão! E devemos dizer isso claramente ao povo, sem subterfúgios!

Elena Ceaușescu: Deve ser dito abertamente!

Nicolae Ceaușescu: Assim como eu disse em 1968, depois da invasão na Tchecoslováquia, agora a situação é ainda mais grave e precisamos dizer claramente ao povo todo e ao partido todo, e devemos tomar todas as medidas para que possamos responder a qualquer tentativa de intervenção estrangeira na Romênia e rejeitar a ingerência na Romênia para desestabilizar, para desviar o povo do caminho do desenvolvimento socialista!

Vejam, camaradas, em suma este é o tema desta rápida teleconferência, mas meu desejo é de que vocês entendam que existe uma situação delicada e que devemos tomar medidas com toda a firmeza!

Alguma pergunta? Ou alguma coisa a dizer? Ficou claro, camaradas? Peço, então, que se sentem, chamem as unidades do Interior, o Exército, o Comitê Distrital, o efetivo e determinem as medidas adequadas que se impõem hoje! Não deixem para amanhã! Organizem grupos de patrulhamento compostos de unidades da Polícia, da Securitate e do Exército, com as organizações do partido e da UTC, com os grupos da Guarda Patriótica, com as organizações de juventude, com a juventude, com militantes do partido, bem checados, com posições firmes, ativos, bem instruídos! E isso não apenas por um dia! Isso tudo deve ser mantido pelo período necessário até que a ordem seja revogada! Permanecerá em vigor, praticamente, até depois do Ano-Novo.

Da mesma forma nas empresas, nas aldeias, em todos os lugares, garantindo o funcionamento normal da atividade de produção, a realização do plano e a aplicação das medidas nas melhores condições. Vocês devem dar uma resposta firme a todas as ações provocadoras por parte de qualquer pessoa.

Se houver algo a perguntar, perguntem! Mais uma vez eu pergunto: alguém tem alguma coisa a dizer? Não! Qualquer problema que surja deverá ser comunicado imediatamente. Não adiem e, ao surgir um problema, tomem as medidas necessárias, mas comuniquem – qualquer problema, qualquer problema que surja!

Ninguém deve esconder nada! Absolutamente, em nenhum caso!

Pergunto mais uma vez, camaradas, se alguém tem algo a dizer ou algum questionamento. Não? Então, camaradas, com isso concluímos a teleconferência e peço que tomem medidas firmes imediatamente nesse sentido. Vamos ao trabalho!

Estenograma da teleconferência de 20 de dezembro de 1989, às 18h

A teleconferência foi presidida pelo camarada Nicolae Ceaușescu. *Participaram os camaradas: Elena Ceaușescu, Constantin Dăscălescu, Manea Mănescu, Gheorghe Rădulescu, Ion Radu, Constantin Radu, Silviu Curticeanu, Vasile Milea e Vasile Bărbulescu.*

Nicolae Ceaușescu: Começamos a teleconferência.

Boa noite, camaradas. Gostaria de, muito brevemente, voltar aos eventos que aconteceram em Timișoara e que, de fato, não cessaram. Hoje à noite vou me dirigir, através das estações de rádio e televisão, a toda a nação a respeito desse problema.

É necessário explicar a todos os cidadãos, ainda esta noite, que todos os incidentes graves em Timișoara foram organizados e conduzidos por círculos revanchistas, revisionistas, pelos serviços de espionagem estrangeiros, com o objetivo expresso de provocar desordem, de desestabilizar a situação na Romênia, de agir no sentido de liquidar a independência e a integridade territorial da Romênia.

Além disso, os círculos de Budapeste já fizeram declarações nesse sentido. Agora resta claro que tudo isso foi minuciosamente preparado e teve um propósito bem definido. Assim se explica que, apesar dos esforços realizados pelas autoridades locais e pelas unidades de ordem e do Exército para acalmar os ânimos, não houve resultados. Ao contrário, esses círculos, esses grupos organizados têm intensificado suas ações antinacionais. Isso tornou necessária a intervenção das unidades militares e de ordem para proteger a ordem pública e as propriedades de Timișoara, cumprindo as obrigações e responsabilidades nos termos da Constituição e as leis do país.

É preciso atrair a atenção de todos, não apenas dos comunistas, mas de todos os trabalhadores que a campanha desencadeada por vários círculos, começando com Budapeste, demonstra poderosamente esse problema. Inclusive as declarações do presidente dos

EUA. Até o presidente dos EUA declarou que discutiu os problemas da Romênia com Gorbachev, em Malta. Gorbachev não disse nada, o que significa que aprovou.

Agora, após o surto de ataques dos Estados Unidos contra a República do Panamá, ficou claro que os eventos daqui do nosso país também fazem parte do plano maior contra os países que defendem a sua independência, integridade e soberania e não estão dispostos a se render diante das ordens dos círculos imperialistas reacionários, àqueles que querem liquidar a independência e a integridade territorial dos países.

Tudo isso exige, camaradas, de todos os cidadãos de boa-fé, um reforço da independência e da soberania, uma resposta firme a todos aqueles que, servindo a diversos círculos estrangeiros, agem contra os interesses do povo romeno.

É necessário fazer tudo para que os trabalhadores, todos os cidadãos de todas as áreas, deem a resposta e ajam para neutralizar qualquer ação contra o desenvolvimento socialista, a independência e a paz do nosso povo.

É necessário que, imediatamente, mesmo antes de eu falar no rádio e na televisão, discutamos essas questões, depois do meu discurso na televisão, já a partir desta noite, e amanhã organizaremos reuniões nas empresas onde sejam adotadas as moções de condenação daqueles que se colocaram a serviço dos estrangeiros, dos círculos estrangeiros, em prol da defesa da independência e da soberania da Romênia.

Do mesmo modo precisamos reforçar as medidas de ordem em todos os campos de atividade. Organizar, em todas as unidades, dos turnos de trabalho, grupos especiais para defenderem a ordem, as empresas, as instituições, para que não seja necessário recorrer às unidades militares, a não ser em condições especiais e somente com a devida aprovação.

É claro, o mesmo deve ser discutido com todos, incluindo o Exército, porque eles precisam entender bem que hoje têm grande responsabilidade perante o povo, para defender e reprimir todas as ações contrárias à independência, à soberania e à integridade territorial, à paz e à construção socialista em nosso país.

A melhor resposta deve ser a implementação do plano, em boas condições, em todas as áreas de atividade, demonstrando que toda a nação está firmemente empenhada, rejeitando qualquer desafio de círculos reacionários que, infelizmente, encontram apoio em alguns elementos traiçoeiros, *hooligans* e desqualificados, para assegurar o desenvolvimento da nossa pátria comprometida com o socialismo e a concretização dos programas adotados no XIV Congresso do Partido.

Camaradas, eis o que eu quis dizer nesta breve teleconferência. Se houver algo a perguntar ou dizer, camaradas, peço que falem. Vocês têm perguntas, algum problema especial a discutir?

Ion Traian Ştefănescu (Dolj): Viva o camarada secretário-geral, sou o primeiro-secretário do Comitê Distrital do Partido de Dolj. O senhor poderia informar mais ou menos em que horário que falará no rádio e na televisão, para que possamos organizar devidamente a audiência?

Nicolae Ceauşescu: Vou falar no horário de abertura da emissão televisiva, às 19h.

Elena Ceauşescu: Isso não foi entendido...

Ion Traian Ştefănescu: Eu entendi. Viva o camarada!

Nicolae Ceauşescu: Mais alguma pergunta? Se não houver, peço que passem para as medidas necessárias e vamos ao trabalho!

A estenógrafa registrou também o que Ceauşescu disse, ainda, para aqueles ao seu redor, após a teleconferência.

Nicolae Ceauşescu: Precisamos divulgar no rádio o que disse Bush, que discutiu a situação na Romênia com Mikhail Gorbachev, em Malta. Vamos anunciar isso depois da notícia referente à intervenção na República do Panamá. Ficou claro pela declaração de Bush, que ele se referiu à situação da Romênia, que precisavam ser tomadas algumas medidas contra a Romênia. Bush declarou que tratou com Gorbachev em Malta sobre isso e Gorbachev ouviu sem dar qualquer resposta. Na verdade, concordou. Gorbachev disse que não deu nenhuma resposta.

O estenograma inicial foi entregue a Iamandi Gheorghe no dia 20 de dezembro de 1989, em duas vias. Estenografado e transcrito por: Maria Ionescu e Ileana Stanciu. A transcrição foi refeita em 4 de janeiro de 1990, às 20h50, no Ministério de Defesa Nacional.

Pronunciamento de Ceauşescu à TVR em 20 dezembro de 1989, às 19h

A declaração na televisão durou cerca de dez minutos, mas foi só uma parte da mensagem preparada para o povo. O pronunciamento completo foi publicado no Scînteia *do dia seguinte.*

*Caros camaradas e "amigos",
cidadãos da República Socialista da Romênia,*

dirijo-me, esta noite, a todo o povo da nossa pátria socialista a respeito dos graves acontecimentos ocorridos nos últimos dias em Timişoara.

Nos dias 16 e 17 de dezembro, a pretexto de impedir a aplicação de uma decisão judicial legal, alguns grupos de *hooligans* organizaram uma série de manifestações e incidentes, passando a atacar instituições do Estado, destruindo e saqueando uma série de prédios, de lojas e de edifícios públicos e, no dia 17 de dezembro, intensificaram as atividades contra as instituições do Estado e do Partido, inclusive em algumas unidades militares.

Com esses acontecimentos e com as declarações de alguns participantes desses eventos, tais grupos tinham a intenção de causar o caos e a destruição de instituições e bens públicos da cidade, bem como de promover ações semelhantes em outros centros.

A população de Timişoara conhece e viu todas essas destruições de estilo fascista que ocorreram. Mesmo com dois dias de insistências dos órgãos políticos, do partido, do conselho popular, dos administradores das indústrias e dos órgãos de ordem, esses grupos continuaram e intensificaram as atividades de destruição, de ataque às instituições, lojas e, inclusive, de algumas unidades militares.

Nessas graves circunstâncias, na noite de 17 de dezembro, tendo sido atacadas, as unidades militares responderam com tiros de advertência contra aqueles que continuavam a agir contra as unidades militares e instituições estatais e políticas.

Uma vez que as ações dos grupos antinacionais terroristas continuaram, de acordo com a Constituição e em conformidade com as leis do país, as unidades militares foram obrigadas a se defender, a defender a ordem e as propriedades de toda a cidade. Na verdade, a fim de defender a ordem no país inteiro.

Os órgãos de segurança e a promotoria têm conduzido e continuam conduzindo investigações apropriadas para determinar as causas e os autores desses atos de caráter nitidamente fascista, provocador, de destruição.

Pelos dados de que dispomos até o momento, podemos afirmar com total certeza que essas ações terroristas foram organizadas e desencadeadas em estreita ligação com círculos reacionários, imperialistas, expansionistas, chauvinistas e com serviços de inteligência de vários países estrangeiros.

O objetivo dessas ações antinacionalistas provocadoras foi causar transtorno a fim de desestabilizar a situação política e econômica e criar condições para o desmembramento territorial da Romênia, a destruição da independência e da soberania de nossa pátria socialista.

Não foi por acaso que as estações de rádio em Budapeste e em outros países desencadearam, ainda durante essas ações antinacionalistas e terroristas, uma campanha debochada de calúnias e mentiras contra o nosso país.

O objetivo, repito, segundo os dados obtidos até o momento e pela posição tomada pelos círculos revisionistas, revanchistas, pelos círculos imperialistas de diferentes países, é destruir a independência, a integridade, o curso do desenvolvimento socialista da Romênia, fazendo com que a Romênia volte a ficar sob domínio estrangeiro, liquidando o desenvolvimento socialista da nossa pátria.

Diante dessa situação deveras grave, é necessário agir em união completa com todas as forças, para defender a independência, a integridade e a soberania da Romênia e assegurar o desenvolvimento da construção do socialismo em nossa pátria. Dirijo-me aos cidadãos de Timișoara, com o apelo de que mostrem seu alto grau de responsabilidade e para que façam de tudo pela paz e pela ordem em sua cidade, para contribuírem com a paz e a ordem em todo o país.

Desejo declarar, sob minha responsabilidade, que as nossas unidades do Exército, cuja missão é defender a independência e a soberania da terra natal, além das conquistas revolucionárias, demonstraram muita, muita paciência.

Não responderam, mesmo quando os soldados e oficiais foram atingidos, mas apenas quando a situação se agravou de tal maneira que foram atacados por gangues terroristas e as instituições fundamentais e a ordem do município foram colocadas em perigo.

O Exército cumpriu plenamente o seu dever perante a pátria, o povo e perante as conquistas do socialismo! Se o Exército e as unidades de ordem não cumprissem o dever e a responsabilidade para com a pátria e com o povo, teria significado faltar ao juramento, não cumprir a Constituição do país que reza agir vigorosamente para defender as conquistas socialistas, as conquistas de toda a nação, a integridade, a independência e a soberania da Romênia.

É assim que qualquer cidadão de nossa pátria precisa agir para defender o socialismo e a independência do país!

Continuação do discurso, no Scînteia *de 21 de dezembro de 1989*

Quero declarar abertamente que eu não seria digno da confiança depositada em mim pelo povo, se não fizesse de tudo para defender a integridade, a independência, a soberania da Romênia e o pleno direito do nosso povo de decidir o desenvolvimento de forma independente, sem qualquer interferência externa.

A campanha desencadeada por diferentes círculos e governos contra a Romênia demonstra fortemente que essas ações estavam bem preparadas com antecedência.

Levanta-se, justamente, a pergunta: Por que aqueles círculos imperialistas e os governos, que fazem todos os tipos de declarações contra a Romênia, nunca disseram nada sobre os acontecimentos muito graves em diferentes países, nos últimos tempos?

É nítido que essa campanha contra a Romênia faz parte de um plano maior contra a independência e a soberania dos povos, daqueles povos que não querem o domínio estrangeiro e estão prontos para defender a todo custo, inclusive com armas em punho, a independência, o direito a uma vida livre.

Todos nós lembramos da firme posição de toda a nação em 1968, contra a invasão da Tchecoslováquia e pela defesa da independência da Romênia. Agora podemos dizer que é uma situação similar ou ainda mais grave. Portanto, é necessário agir com total responsabilidade para repelir qualquer ataque contra a Romênia, contra a construção do socialismo em nossa pátria!

Lamentamos em demasia que se tenha chegado a uma situação dessas, mas isso não se deveu aos órgãos de segurança ou às unidades militares que durante dois dias demonstraram paciência e tolerância máxima diante das ações de elementos terroristas, fascistas, em Timişoara, mas devido àqueles que foram colocados a serviço dos agentes estrangeiros e agiram de modo premeditado e bem preparado para o desencadeamento desses graves incidentes de Timişoara!

Dirijo-me a todos os órgãos e organizações do partido, aos comunistas, às organizações UTC, aos sindicatos e a todos os sindicalistas, à Organização da Democracia e da União Socialista, a todos os órgãos e organizações públicas para que atuem em completa união nessas difíceis circunstâncias, no intuito de garantir o repúdio a qualquer ação contra o nosso país socialista, para assegurar o desenvolvimento do trabalho pacífico e a implementação das decisões do XIV Congresso do partido!

Dirijo-me a todos os cidadãos da nossa pátria, independentemente da nacionalidade, com o apelo de que demonstrem o entendimento completo da grave situação criada pelas ações terroristas em Timişoara e ajam, unidos e solidários, para defender o socialismo e que façam de tudo para que essa situação não se repita!

Nossa sociedade assegura condições para a plena participação de todos os cidadãos do país, de todas as categorias sociais na inteira vida política, na condução de toda a sociedade. São criadas as maiores possibilidades para que, dentro da nossa democracia trabalhadora revolucionária, sejam debatidas e solucionadas, em plena união, todas as questões relativas à vida, ao trabalho, ao bem-estar de toda a nação, mas também a independência, a soberania e a integridade da pátria.

É necessário rejeitar com empenho qualquer ação contra o país, contra o nosso povo, contra a construção pacífica do socialismo, da independência, na busca do novo regime socialista na Romênia!

Devemos agir com responsabilidade total diante do presente e do futuro socialista do nosso país, para garantir a paz no trabalho e do nosso povo!

É dever de todos os cidadãos da República Socialista Romena agir com todas as forças contra aqueles que servem aos interesses estrangeiros, aos serviços de espionagem, aos círculos imperialistas reacionários que vendem seu país por um punhado de dólares ou outras moedas.

Precisamos dar uma resposta decisiva àqueles que desejam desmembrar a Romênia e liquidar a integridade e a independência do nosso país!

É necessário apoiar, em qualquer circunstância, o nosso Exército, defensor confiável da independência, da soberania e da integridade da construção socialista, da vida pacífica de toda a nossa nação!

Devemos agir de modo que não seja necessária a intervenção militar. Mas ao mesmo tempo não podemos admitir, em nenhuma circunstância, que o Exército seja atacado, que ele seja impedido de lutar contra aqueles que criam a desordem, aqueles que obstruem a atividade e o trabalho tranquilo do povo!

A verdadeira liberdade, o verdadeiro humanismo significa assegurar o desenvolvimento socialista do país, o bem-estar de toda a nação, assegurar a independência, a integridade do país e desmascarar todos aqueles que agem, não importa de que maneira, contra os interesses da pátria, da independência e do socialismo na Romênia.

Tendo entendido plenamente a gravidade dos eventos que ocorreram em Timişoara e as ações dirigidas e organizadas contra o nosso país, desejo assegurar a todo o nosso povo, à nação inteira, que tanto os órgãos do Estado quanto do partido farão de tudo e agirão com toda a responsabilidade no sentido de resolver os problemas em conjunto com todos os trabalhadores, com todos os cidadãos do país, fazendo de tudo para que os nossos grandes programas de construção da sociedade socialista multilateral sejam implementados em perfeitas condições.

Quero declarar, esta noite, diante de toda a nossa nação que, para mim, como filho devotado do povo, no trabalho e nas responsabilidades a mim confiadas pelo partido e pelo povo, agirei, em qualquer circunstância, no interesse do povo, no seu bem-estar e felicidade, no interesse da construção socialista, da independência e da soberania do país! Eu não tenho e nunca terei outra prioridade que não seja o povo, a pátria, a integridade da Romênia e do socialismo!

A melhor resposta que podemos dar aos círculos reacionários, àqueles que querem destruir a independência e barrar a construção do socialismo na Romênia é a nossa união, de todos, de toda a nação, o melhor desempenho dos programas de desenvolvimento social e econômico, do nosso avanço livre e independente, no caminho do socialismo, agindo com toda a firmeza para a paz e a cooperação nos princípios da plena igualdade de direitos com todas as nações do mundo!

Dirijo-me a todos os cidadãos do nosso país para que provem seu alto espírito patriótico e revolucionário, para que entendam que o que aconteceu em Timişoara foram ações organizadas com antecedência pelos círculos reacionários, pelos agentes de inteligência estrangeiros, que iniciaram tudo isso contra o nosso país.

Devemos agir com total responsabilidade, de modo que, em nenhum lugar do nosso país, ninguém mais possa organizar e provocar de novo tais situações.

É necessário, caros camaradas e amigos, cidadãos da República Socialista da Romênia, mostrar a grande responsabilidade e sabedoria do nosso povo, que nos momentos mais difíceis fez grandes sacrifícios. Muitos dos mais destacados filhos da nossa nação deram a própria vida pela independência, o bem-estar, a integridade do país e a construção do socialismo na Romênia. Não deve haver nada que impeça as nossas ações determinadas de servir ao povo, ao socialismo, ao brilhante futuro do nosso país, da nossa nação!

Dirijo-me aos queridos camaradas e amigos, caros compatriotas, com um chamado a reforçar a colaboração e a união, de fazermos tudo pela liberdade, pela construção do socialismo, pelo bem-estar do povo, pela integridade e independência da Romênia!

Discurso de Ceaușescu no comício de 21 de dezembro de 1989, às 12h30

BARBU PETRESCU, PREFEITO DE BUCARESTE: Prezados camaradas!

Peço sua permissão, de coração, para passar a palavra, neste grande comício popular aos trabalhadores da capital, ao nosso amado e estimado líder do partido e do país, o eminente revolucionário patriota que ao longo de seis décadas dedicou todo o seu trabalho ao bem, à prosperidade, à liberdade, à plena independência da Romênia: o secretário-seral do Partido Socialista da Romênia, o presidente da República, o camarada Nicolae Ceaușescu.

NICOLAE CEAUȘESCU: Caros camaradas e "amigos", cidadãos da capital da Romênia socialista.

Em primeiro lugar, quero me dirigir a vocês, aos participantes desta grande assembleia nacional, a todos os habitantes do município de Bucareste, calorosas saudações revolucionárias, junto com os melhores votos de sucesso em todos os campos de atividade.

Eles gritavam: "Viva! Viva! Ceaușescu e o povo!".

Nicolae Ceaușescu: Gostaria também de agradecer aos promotores e organizadores deste grande evento popular de Bucareste, considerando-o como uma... *(começam os gritos na Praça).*

O comício desanda e Ceaușescu agita as mãos, confuso. Atrás dele, na varanda, os correligionários entram na sede.
No jornal Scînteia *de 22 de dezembro de 1989, no discurso de Ceaușescu aparece – em vez dos pedidos de silêncio – um texto que nunca foi proferido pelo "tio Nicu". É um texto de recheio, para que tudo parecesse normal no jornal. Sem vaias e sem os gestos desesperados do casal ditatorial.*
Nicolae Ceaușescu: (...) Expressão da decisão de todo o nosso povo, de agir com toda a energia e em estreita união em torno do partido, para defender a independência, a integridade e a soberania da Romênia. Este constitui um dos problemas fundamentais da nação.

Na realidade, foi um diálogo caótico, da varanda para... ninguém.

Elena Ceaușescu: Entre na sede!
Nicolae Ceaușescu: O que está havendo? Não! Ei! Alô! Alô! Alô!
Elena Ceaușescu: Silêncio! Silêncio!
Nicolae Ceaușescu: A-lô! A-lôoo!
Elena Ceaușescu: Silêncio! Silêncio!
Nicolae Ceaușescu: Espere um minuto. Alô!
Elena Ceaușescu: Alô!
Nicolae Ceaușescu: Alô! Camaradas! Alô! Sentem-se calmamente. Camaradas!
Elena Ceaușescu: Fiquem calmos!
Nicolae Ceaușescu: Camaradas!
Elena Ceaușescu: Alô!
Nicolae Ceaușescu: Camaradas, sentem-se calmamente! Alô!
Elena Ceaușescu: Mantenham a calma, gente boa!
Nicolae Ceaușescu: Camaradas, sentem-se calmamente!
Elena Ceaușescu: Alô! *(Bate no microfone...)*

UMA VOZ DA TRIBUNA: Fiquem onde estão, camaradas! Fiquem onde estão!

ELENA CEAUŞESCU: Alô... Silêncio! Camaradas, o que há com vocês? Fiquem calmos! *(Ouvem-se vaias na praça.)* Silêncio! Vocês não estão ouvindo?

NICOLAE CEAUŞESCU: Camaradas, sentem-se calmamente em seus lugares! *(Então ele sussurra para os que estão perto dele: "É uma provocação".)* Alô...!

ELENA CEAUŞESCU: Sentem-se tranquilos! Fiquem tranquilos!

NICOLAE CEAUŞESCU: Cidadãos da capital...

UMA VOZ DA TRIBUNA: Voltem, camaradas!

Nicolae Ceauşescu gesticula, desesperado, que ninguém mais se meta, dos que estão na sacada.

ELENA CEAUŞESCU: Fiquem calmos! Fiquem calmos! *(Dirigindo-se a Nicolae Ceauşescu: Fale com eles! Fale com eles!)* Alô!

A partir deste ponto, o discurso também é publicado no Scînteia *do dia seguinte.*

NICOLAE CEAUŞESCU: Mais uma vez venho dizer que precisamos demonstrar toda a nossa força e união, em defesa da independência, integridade e soberania da Romênia. Este constitui um dos problemas fundamentais...

Nas primeiras filas da praça alguns gritavam: "Viva!". No restante, vaias.

NICOLAE CEAUŞESCU: Quero informar sobre uma decisão importante adotada hoje pelo Comitê Político Executivo a respeito do nível de vida dos trabalhadores. Decidimos, hoje de manhã, que, a partir de 1º de janeiro, aumentará no decorrer do próximo ano o salário mínimo de 2 mil lei para 2.200 lei.

"Viva! Ceauşescu e o povo!"

NICOLAE CEAUŞESCU: Este aumento importante beneficiará mais de 1,5 milhão de trabalhadores. Ainda a partir de 1º de janeiro aumentaremos o auxílio-família entre 30 e 50 lei, em função do número de filhos e do salário da classe trabalhadora, o que constitui uma ajuda significativa para cerca de 4,4 milhões de crianças do nosso país.

"Ceauşescu, PCR!"

NICOLAE CEAUŞESCU: Do mesmo modo... (*ouvem-se gritos*)... Será criado o auxílio-gravidez, no valor de mil lei, para todas as mulheres, começando com o primeiro filho e continuadamente para as mulheres que tenham dois ou mais filhos, o que constitui, também, um poderoso estímulo, uma ajuda para as mães, para as mulheres do nosso país.

Aplausos. "Viva! Viva!"

NICOLAE CEAUŞESCU: Decidimos aumentar as aposentadorias mínimas de 800 para 900 lei. Também decidimos que a pensão dos herdeiros seja acrescida de 100 lei. Vamos aumentar também a ajuda social em cerca de 500 a 800 lei, garantindo, dessa forma, melhores condições, que correspondam ao trabalho e à vida de todos os cidadãos da nossa pátria.

Essas medidas demonstram claramente que, à medida que o desenvolvimento econômico avança, faremos de tudo para assegurar a melhora do nível da vida, material e espiritual do povo, conforme as decisões do Congresso do Partido.

"Viva! Viva!"

NICOLAE CEAUŞESCU: No tocante aos acontecimentos de Timişoara... Falei a respeito ontem à noite. Fica cada vez mais claro que se trata de uma ação conjugada dos círculos que desejam destruir a integridade e a soberania da Romênia, na tentativa de obstruir a construção do socialismo, para que o nosso povo fique novamente sob domínio estrangeiro. Por isso temos que defender, com unhas e dentes, a integridade e a independência da Romênia.

"Viva! Viva! Ceauşescu, paz!"

NICOLAE CEAUŞESCU: Creio que, entre vocês, há muitos que se lembram da grande manifestação de 1968, em defesa da independência da Romênia. A firmeza e a união do nosso povo garantiram a independência e a construção do socialismo na Romênia. E agora também temos que agir unidos com firmeza contra aqueles que atuam a serviço das diversas agências de espionagem e círculos imperialistas que desejam novamente dividir a Romênia para subjugar o nosso povo! Todos conhecem e sabem o que os nossos antepassados fizeram: "Melhor morrer em combate em plena glória do que ser novamente escravo na nossa velha terra!". É preciso lutar para vivermos livres e independentes!

"Ceauşescu, Romênia, nossa estima e nosso orgulho! Ceauşescu, Romênia..."

NICOLAE CEAUŞESCU: É necessário, mais do que em qualquer momento, agirmos no espírito da nossa democracia trabalhadora, para debatermos com responsabilidade todos os problemas sobre o desenvolvimento da nossa sociedade, tendo sempre em vista que tudo o que realizamos na Romênia deve assegurar o bem-estar do povo, pois o socialismo é construído com o povo e para o povo e, em qualquer situação, precisamos garantir a integridade e a independência da Romênia!

"Viva! Viva! Vamos trabalhar e vamos lutar, pela nossa pátria, vamos brigar!"

NICOLAE CEAUŞESCU: Alguns desejariam novamente reintroduzir o desemprego, reduzir o nível de vida do povo e, com intenção bem explícita, desmembrar a Romênia para colocar em risco até mesmo o futuro do povo e o da nossa nação independente.

"Ceaușescu, PCR! Viva!"

NICOLAE CEAUȘESCU: Queridos camaradas, a melhor resposta que precisamos dar é a união de todos os trabalhadores, de toda a nação, a ação firme de realizar os programas de desenvolvimento social do país e levantar continuamente o nível de vida material e espiritual do povo. Depende de nós que a Romênia continue sendo um país livre, independente e construtor do socialismo. E desejo declarar, aqui e agora, que faremos de tudo para defender a integridade e soberania da Romênia, a liberdade e a vida do nosso povo, o bem-estar de toda a nossa nação.

"Vamos trabalhar e vamos lutar, pela nossa pátria, vamos brigar!"

NICOLAE CEAUȘESCU: Temos que agir com total responsabilidade e demonstrar a força e a capacidade dos trabalhadores da capital, de toda a nação, para o desenvolvimento da nossa pátria, para o bem-estar e a independência da nação! Desejo sucesso nessa empreitada! União e ação concreta contra todos aqueles que desejam destruir a independência e o socialismo na Romênia! Esta é a nossa obrigação, é a obrigação de todos.

"Vamos trabalhar e vamos lutar, pela nossa pátria, vamos brigar!"

NICOLAE CEAUȘESCU: Organizem em todas as indústrias, em toda parte, grupos de ordem, grupos de defesa do socialismo, de tudo o que nós conquistamos e da independência do país. Todos juntos, a serviço do povo, da independência e do socialismo!

"Ceaușescu e o povo! Ceaușescu RSR!"[15] *Aplausos prolongados.*

---

[15] RSR, República Socialista da Romênia. (N. T.)

Estenograma da teleconferência de 21 de dezembro de 1989, às 18h

Participantes: Nicolae Ceauşescu, Elena Ceauşescu, Manea Mănescu, Emil Bobu, Silviu Curticeanu, Vasile Bărbulescu, Radu Ion, Vasile Milea, Tudor Postelnicu, Iulian Vlad e os primeiros-secretários do PCR dos quarenta distritos.

Nicolae Ceauşescu: Iniciamos a teleconferência. Boa noite, camaradas!

Quero referir-me a alguns problemas que surgiram e que mostram que estamos lidando com uma ação organizada e dirigida, com a orientação precisa de desestabilização e direcionada contra a integridade e independência da Romênia. Não há a menor dúvida nesse sentido. O objetivo deles é influenciar e atrair principalmente a juventude em diferentes ações para atingir suas metas, por meio dos agentes de que dispõem e de todos os tipos de círculos reacionários.

Nessa situação é necessário decretar uma mobilização geral de todo o Partido e do Estado e todas as nossas forças do Interior – Securitate, Polícia – incluindo as unidades militares.

Devemos denunciar e rejeitar com vigor essa ação e liquidá-la. Não há outra solução a não ser exterminar essas ações conjuntas contra a integridade, a independência, a construção do socialismo e o bem-estar do povo, no menor espaço de tempo.

Essa ação deve ser discutida abertamente com todos os membros do partido, com todos os trabalhadores, pois nosso país regredirá se eles conseguirem atingir seus objetivos – liquidando a integridade territorial, o padrão de vida, as perspectivas do desenvolvimento socialista do país. Daí a necessidade de que todo o partido e todas as pessoas que trabalham ajam com total responsabilidade para defender a riqueza nacional, de cada empreendimento, de cada instituição, os bens do povo, para defender a integridade do país. Formar grupos para defender os bens do povo, das cidades, do socialismo, da independência e da soberania do país, com base em grupos patrióticos, mas incluindo os melhores ativistas do partido, as melhores pessoas que trabalham em todas as áreas. Não deve haver lugar ou empresa sem a formação desses grupos. Qualquer um pode levantar questões, pode discutir nas empresas, no conselho diretivo, pode receber a resposta, mas qualquer tentativa de organizar ações contra os interesses do povo deve ser extirpada na empresa. Todos devem agir para resolver os problemas. Ninguém deve sair das empresas para atividades hostis, antissocialistas ou círculos reacionários a serviço de qualquer tipo! Este é o problema número um.

Não agimos e a realidade demonstra que não foi colocada a devida ordem nesse sentido, que esse problema não foi bem compreendido. É preciso ir imediatamente às empresas e discutir lá, inclusive nas empresas onde há problemas. É preciso organizar nas empresas as equipes ou grupos de defesa.

Temos que discutir claramente com todo o partido. É agora que se verifica a qualidade do membro do partido. Aqueles que não agirão em defesa da independência do socialismo e da soberania não poderão permanecer como membros do partido. Precisamos discutir esse problema com toda a firmeza. O partido é um partido de luta, revolucionário, e agora todos temos de defender nosso país para defender o socialismo. Este é um chamado a todos os comunistas, a todos os trabalhadores, hoje é o dever supremo. É preciso dizer isso abertamente.

Nesse sentido, é preciso manter uma conversa clara com a organização da juventude comunista. Não pode ser membro da juventude comunista aquele que não se enquadra nos grupos de defesa, aquele que não age com todas as forças para cumprir as responsabilidades que lhe cabem.

É preciso avançar com determinação para liquidar todas as manifestações entre os jovens! Isso deve ser discutido muito a sério também com organizações de mulheres, com todos os cidadãos. Esta é a questão central.

Repito mais uma vez: há apenas uma maneira – a luta. É preciso esclarecer às pessoas que foram e ainda são enganadas por grupos e agentes estrangeiros, mas é necessário falar abertamente e isolar esses grupos, que devem ser desmascarados com todas as forças. Devemos nos basear nos grupos e, portanto, em conjunto. A base deve ser os grupos ou destacamentos de defesa da propriedade e da riqueza de todo o povo, do socialismo, da independência e da soberania do país. Essas medidas devem ser cumpridas a partir desta noite, quando todos esses grupos devem ser criados.

A partir de amanhã, a formação desses grupos deve aparecer em todas as páginas da imprensa e é preciso chamá-los à ordem, para assegurarmos o desempenho normal de todas as atividades.

É preciso trabalhar em estreita colaboração com os órgãos do Ministério do Interior, com as unidades militares – onde estiverem – mas, repito, temos que colocar ênfase firme e decidida em organizar grupos ou destacamentos de defesa. Ou, mais precisamente, os destacamentos de luta para defender a riqueza de todo o povo, a ordem e a paz nas cidades e a independência e a soberania do país, que é o dever supremo de todos os cidadãos da República Socialista da Romênia!

Devemos tomar medidas firmes e bem planejadas. Elas são as unidades de luta e ação. Elas, com suas forças, devem garantir a ordem nas empresas e nas cidades e serão auxiliadas apenas quando necessário, por unidades do Ministério do Interior e por unidades militares.

Quem for atacado deve utilizar todos os meios, respondendo com dois golpes, não dar a outra face. Quem se atreve a bater deve ser atingido e jogado ao chão, isso deve ser feito inclusive nas empresas. Não se deve chegar ao uso das armas, mas há de se utilizar de todos os meios. As unidades de combate devem ser equipadas com tudo o que for necessário para impor a ordem e a disciplina.

Vamos discutir abertamente com as pessoas que trabalham, agindo para libertá-las da influência desses elementos reacionários, dos agentes de países estrangeiros, aqueles que, por um punhado de dólares ou outra moeda, por promessas e às vezes por uma dose de pinga traem o país, traem a família, traem o povo.

Vejam, camaradas, como se apresenta o problema e como precisamos agir ainda esta noite. Eu quero chamar a atenção de forma muito séria: devemos garantir a ordem, devemos destruir essa conspiração, para garantir a paz e a ordem, o desenvolvimento do socialismo, a independência e a integridade da Romênia. Não temos o direito de fazer nada que possa comprometer a integridade e a construção socialista do nosso país. Temos que dizer claramente o que acontece e convocar o povo inteiro para esta luta.

Os problemas foram bem compreendidos, camaradas? Alguém quer perguntar alguma coisa? Por favor, falem. Não há nenhuma pergunta? Não há nenhum problema para esclarecer?

Ioachim Moga (Cluj): Eu gostaria de levantar – e pedir – o seguinte problema: se o senhor acha necessário, solicitamos, por favor, que institua, ao menos por alguns dias, o estado de emergência na cidade de Cluj.

Silviu Curticeanu: Não é o caso. Que sejam tomadas apenas as medidas cabíveis.

Nicolae Ceaușescu: Vamos analisar esta questão. As medidas que eu aconselhei tomar representam mais do que o estado de emergência. Isso não resolve o problema. A questão é mobilizar o partido, criar unidades de luta, mobilizar jovens, mulheres, o povo! Este é o estado de necessidade, este deve ser o estado de emergência!

Devemos agir de tal maneira que ninguém possa desenvolver qualquer atividade contrária aos interesses do povo, que inclui o nível de vida, a liberdade e tudo aquilo que realizamos, ou seja, a integridade do país. Acima de tudo, devemos agir em prol da integridade do país e isso é mais importante do que o estado de emergência.

Mais algum problema?

Eu mencionei a juventude. Eu chamei aqui a liderança da organização juvenil e, esta noite, dei indicações no mesmo sentido – para que organizem e façam com que os esquadrões revolucionários de luta da juventude entrem em ação.

Apenas lembro que antigamente, em Bucareste, tais grupos funcionavam e ninguém se atrevia, nenhum *hooligan* ousava cantar de galo nas avenidas de Bucareste. É verdade, fomos criticados naquele tempo pela severidade, mas eu orientei que era necessário ser ainda mais rígido com aqueles que violam as leis. Humanismo significa defender os interesses do povo, da nação inteira, a integridade do país. Isso é humanismo, não deixar ao acaso a atividade de elementos atrasados, desqualificados. E, claro, a intensificação da educação. Mas agora temos que lhes explicar a educação, precisam entender que devem respeitar a ordem e a disciplina. Mais tarde, discutiremos também as questões da educação. Agora, há de se entender apenas uma coisa: qualquer pessoa que viole a ordem, a paz deve receber respostas firmes, ninguém pode agir no intuito de colocar em perigo a integridade do país, a tranquilidade do povo, o bem-estar do povo.

Alguém tem outra dúvida?

Anton Lungu (Brăila): Camarada secretário-geral, gostaria de informar que nas reuniões realizadas em Brăila, por nós, comunistas, trabalhadores, foi expressa total indignação e foram condenadas firmemente as manifestações dos elementos reacionários. A atividade na nossa cidade se desenvolve normalmente e estamos decididos a cumprir as tarefas do plano. Nós asseguramos que faremos de tudo para cumprir as indicações que o senhor deu. É isso, salve, camarada!

Nicolae Ceauşescu: Peço que organizem as ações também em Brăila, e em toda parte, conforme combinado. É claro, precisamos garantir o andamento normal da produção e a implementação do plano. Vocês devem criar esses grupos de ação nas comunidades e em todas as unidades e localidades.

Há outras perguntas ou questões a levantar?

Eu lhes peço, camaradas, passem imediatamente para a ação com todas as forças, ainda esta noite. Então, se não há mais nada a tratar, encerramos a teleconferência e desejo sucesso em toda a ação.

Discussão depois da teleconferência

Após a teleconferência com os primeiros-secretários dos municípios, seguiu-se uma discussão na presença dos camaradas de Bucareste, a portas fechadas. Não tendo sido convidado a sair da sala, o taquígrafo Aurelian Dârnu registrou o diálogo. O estenograma inicial foi entregue em 21 de dezembro de 1989 a Silviu Curticeanu. Entretanto, o caderno ficou no escritório do estenógrafo, servindo para reconstituir a transcrição presente. Esta foi refeita em 4 de janeiro de 1990, às 20h50, no Ministério da Defesa Nacional.

NICOLAE CEAUȘESCU: Foi levantada a questão de que a atividade no centro está sendo realizada sem a devida coordenação – refiro-me, também, às relações entre o Exército, o Ministério do Interior, a Securitate, inclusive o que me foi dito pouco antes, em relação às unidades de bombeiros que se recusaram a agir, alegando que eles têm o seu próprio comando. Na verdade, isso faz com que as coisas se arrastem e não sejam solucionadas a tempo. É inadmissível que em 4 ou 5 horas não tenha sido liquidado este grupo daqui, da universidade, que precisava há muito tempo ser liquidado. Existem muitas controvérsias. A partir daí, camaradas, é necessário estabelecer um comando único sobre todas as atividades. Exército, forças da Securitate, todas as outras unidades subordinadas, inclusive guardas ou destacamentos de combate e de defesa, devem ficar subordinados a um comando único. Esse comando único deve ficar a cargo do ministro da Defesa, ministro do Interior, ministro secretário de Estado do Interior e do chefe do departamento da Segurança do Estado e chefe do Estado-Maior das Guardas Patrióticas – claro, sob a liderança do comandante supremo. Havendo qualquer problema, dirijam-se ao comandante supremo. Não deve haver mais nenhuma discussão! A coordenação das atividades deve ser rápida e objetiva, para encerrar as intermináveis discussões de qualquer tipo. Não há tempo para discussões estéreis. Vejam, nesses casos, é isso que deve ser feito. O secretário de coordenação, aquele que supervisiona toda a atividade, é Silviu Curticeanu, como secretário do comando único. Ele acompanhará todas as ações e me manterá informado. Está claro?

Os generais Vasile Milea e Iulian Vlad abaixam a cabeça, sem proferir uma palavra.

Tudor Postelnicu: Camarada secretário-geral, para nós, todas as suas instruções estão claras. Vamos executá-las.
Nicolae Ceaușescu: Então, peço que me apresentem rapidamente a situação na capital e as medidas tomadas tanto na capital como no país. Venham até mim em meia hora, com todas as medidas que foram e que serão tomadas. Enquanto isso, temos de agir rapidamente para resolver a situação daqui de Bucareste.
Tudor Postelnicu: Entendido.

Estenograma da reunião do CPEx em 22 de dezembro de 1989, às 10h

A reunião foi presidida pelo camarada Nicolae Ceauşescu, secretário-geral do Partido Comunista Romeno.

Participaram os camaradas: Nicolae Ceauşescu, Elena Ceauşescu, Manea Mănescu, Emil Bobu, Constantin Dăscălescu, Ion Dinca, Ştefan Andrei, Ion Radu, Lina Ciobanu, Ioan Totu, Paul Niculescu Mizil, Ludovic Fazekaş, Dumitru Popescu, Gheorghe (Gogu) Rădulescu, Silviu Curticeanu, Mihai Gere, Nicolae Giosan, Ana Mureşan, Suzana Gidea, Ion Stoian, Ioan Ursu, Tudor Postelnicu e Iulian Vlad.

Estiveram ausentes os camaradas: Ion Coman, Ilie Matei, Cornel Pacoste, Ioan Toma (enviados para "tomarem medidas" em Timişoara), Nicolae Constantin (enviado a Cluj-Napoca), Gheorghe Pană (enviado a Braşov), Miu Dobrescu (enviado a Târgu-Mureş), Constantin Olteanu (enviado a Iaşi), Iosif Szasz (enviado a Reşiţa), Gheorghe Oprea (que estava em visita à Turquia), Barbu Petrescu (que estava na praça, em frente ao CC, tentando bloquear a manifestação anti-Ceauşescu), Vasile Milea (que acabara de se suicidar) e Gheorghe David.

O conteúdo das conversas foi reconstituído em 1990, com base nos testemunhos de alguns dos participantes da reunião.

NICOLAE CEAUŞESCU: O que você fez, Radu?

ION RADU: Fomos até lá, como o senhor ordenou. Foi impossível chegar a um acordo. Não conseguimos entrar na usina. Eles estavam saindo da ICEM e da Turbomecânica do bairro Militar. Também abandonavam a "23 de agosto". O camarada Avram não conseguiu mais segurá-los. Todos os fornos pararam.

NICOLAE CEAUŞESCU: Agora, parece que a ação está bem organizada e bem definida. O general Milea se suicidou agora há pouco. Há armamento nas empresas?

Ion Radu: Não há munição. A munição foi retirada de todas as empresas do país. Mas, no momento, recebemos informações de que uma unidade militar foi atacada na avenida Kiseleff, ou, talvez, não tenha oferecido resistência e acabaram fornecendo armas capazes de equipar um batalhão e três unidades de combate.

Nicolae Ceaușescu: O general Milea saiu daqui e, dois minutos depois, fui informado de que ele se suicidou. Considerando a conduta dele durante todo esse período, parece que o general realmente sabotou a implantação das medidas e trabalhou em estreita ligação com os estrangeiros. Isso é evidente. Uma situação grave foi criada.

Não aplicaram nenhuma medida na capital, nenhuma disposição foi aplicada. E parece que tudo o que planejamos para a capital foi organizado em outros lugares.

É claro que agora não há tempo para discussões. Eu gostaria de perguntar aos presentes, aqui, do Comitê Político Executivo, quem está determinado a lutar e quem não está?

Uma voz na sala: Todos nós lutaremos. Que mais devemos fazer?

Nicolae Ceaușescu: Que me diz, Mizil?

Paul Niculescu-Mizil: Se não devemos lutar? Claro que lutaremos!
(A versão oficial foi deturpada, transformando uma afirmação categórica em uma interrogação: Se vou lutar ou não?)

Nicolae Ceaușescu: Quem não está comprometido com a causa ou comprometido com os demais, que o diga agora. Pois não poderemos prosseguir dessa forma!

Tudor Postelnicu: Estou determinado a lutar até o fim, camarada secretário-geral!

Manea Mănescu: Esse é o ideal da nossa vida, por isso vamos lutar até o último instante.

Nicolae Ceaușescu: Que me diz, Andrei?

Ștefan Andrei: Lutaremos, camarada secretário-geral!

Nicolae Ceaușescu: Vamos imediatamente declarar estado de emergência em todo o país. Isso está de acordo com a Constituição e trata-se de um direito do presidente. Não precisamos convocar o Conselho de Estado. Vocês concordam?

Constantin Dăscălescu: Eu me mantive firme desde o início.

Elena Ceaușescu: Mas você concorda com o estado de emergência?

Constantin Dăscălescu: Não há outra solução.

Nicolae Ceaușescu: Então, vamos agir!

Constantin Dăscălescu: Se eles pegaram as armas, desarmaram os soldados, o que eles devem fazer?

Silviu Curticeanu: Vão atirar. E nós também atiraremos! Ou você acha que pegaram as armas para ficar olhando para nós?

Gheorghe Rădulescu: De acordo com as informações, as colunas de trabalhadores seguiram em direção ao centro e medidas devem ser tomadas para evitar o derramamento de sangue.

Constantin Dăscălescu: Sempre estive e continuarei com o senhor até a morte, mas acho que devemos pensar se é prudente atirarmos em trabalhadores honestos.

Ion Radu: Eu estive em diferentes regiões na noite passada e agora pela manhã. A situação é muito grave. Saíram das fábricas em massa.

Suzana Gidea: Foi tudo organizado.

Ion Radu: O ministro Vlad afirmou que, isoladamente, ainda existem alguns grupos militares desarmados.

Elena Ceaușescu: Não há tempo para histórias.

Ion Radu: Alguns dos trabalhadores estão armados.

Tudor Postelnicu: Diante do que foi dito, eu gostaria de levantar uma questão. Desde ontem compreendi que não atiraríamos contra os trabalhadores. Agora temos essa situação que se criou e estamos convencidos de que não são os trabalhadores honestos que abrirão fogo, mas os canalhas e a escória. E diante deles não podemos ficar indiferentes.

Ion Dinca: E se eles desarmarem o nosso Exército e quiserem entrar na sede?

Iulian Vlad: O Exército não vai se deixar desarmar.

Constantin Dăscălescu: Os traidores se deixaram desarmar.

Nicolae Ceaușescu: É claro que não podemos atirar nos trabalhadores. Nós somos representantes dos trabalhadores e não podemos atirar neles, mas entre eles também está a escória.

Elena Ceaușescu: Quem se deixa desarmar é um infame.

Constantin Dăscălescu: Veremos se as massas chegarão tranquilas, mas se vierem com armas em punho, então devemos atirar nelas.

Ion Dincă: Essa ordem precisa ser transmitida de novo.

Tudor Postelnicu: Se abrirem fogo contra o Exército, conforme previsto na Constituição, então devemos atirar.

Nicolae Ceaușescu: Alguém tem outra opinião?

Paul Niculescu-Mizil: Por que nossa ação não foi sentida nas fábricas?

Nicolae Ceaușescu: O culpado foi o traidor Milea e talvez existam outros.

Silviu Curticeanu: Agora não temos tempo a perder.

Nicolae Ceaușescu: O traidor Milea saiu daqui e se suicidou. Eu pedi que ordenasse a vinda das unidades militares e ele se suicidou. Entrou na sala do comando e se suicidou, ficando claro que ele sabotou e realmente agiu contra o tempo todo, fez tudo o que já sabemos. Decidimos que contra os interesses do país não há acordo.

Manea Mănescu: Quem ficou no lugar dele?

Constantin Dăscălescu: O chefe de Estado está cuidando disso.

Nicolae Ceaușescu: Liguei para o vice de Milea e ele já está à minha disposição. Está trabalhando aqui.

Suzana Gidea: Ontem à noite vi alguns jovens desarmados. Poderiam ter sido detidos, porque quando o tiroteio começou, eles fugiram. Agora nós também devemos ter cassetetes para nos defender.

Nicolae Ceaușescu: Que faremos?

Iulian Vlad: Faremos o que o senhor mandou.

Tudor Postelnicu: É assim que faremos.

Decreto presidencial instituindo o estado de emergência em todo o país

(Difundido por rádio e televisão em 22 de dezembro de 1989, às 10h51)

Dada a grave violação da ordem pública por atos terroristas, de vandalismo e de destruição da propriedade pública, nos termos do art. 75, Seção 14, da Constituição da República Socialista da Romênia, o presidente da República Socialista da Romênia decreta:

Art. 1º – Fica instituído o estado de emergência em todo o território do país. Todas as unidades do Exército, do Ministério do Interior e as formações das Guardas Patrióticas são colocadas em estado de alerta.

Art. 2º – Durante o estado de emergência ficam proibidas as reuniões públicas, assim como a circulação em grupos com mais de cinco pessoas. É proibida a circulação durante a noite a partir das 23h, exceto para aqueles que trabalham no turno da noite.

Art. 3º – Todas as unidades socialistas são obrigadas a tomar medidas imediatas para o andamento normal dos processos de produção, para a proteção da propriedade pública e para respeitar estritamente a ordem, disciplina e os programas de trabalho.

Art. 4º – Os conselhos populares municipais, das cidades e das aldeias são obrigados a assegurar e a respeitar estritamente a ordem pública, defender os bens e a propriedade socialista, estatal e cooperativista, a organização e o desenvolvimento, em boas condições de funcionamento, das atividades econômicas e sociais.

Art. 5º – Toda a população do país está obrigada a respeitar estritamente as leis do país, a ordem e a tranquilidade pública, a proteger a propriedade pública, a participar ativamente da realização normal das atividades econômico-sociais.

Nicolae Ceauşescu,
presidente da República Socialista da Romênia

Decreto do CFSN que prevê a instituição do Tribunal Militar de Exceção

O Conselho da Frente de Salvação Nacional da Romênia, constituído pela vontade do povo romeno em 22 de dezembro de 1989, como órgão supremo do poder do Estado, considerando os atos gravíssimos cometidos pelos cidadãos Nicolae Ceauşescu e Elena Ceauşescu, destituídos das funções de Estado e políticas pela ação revolucionária das massas populares, constatando que organizaram e realizaram uma série de ações hostis contra o povo romeno,

Decide:

1. Instituir um Tribunal Militar de Exceção que proceda com urgência ao julgamento dos atos cometidos por Nicolae Ceauşescu e Elena Ceauşescu. A urgência é imposta pelo desejo, nesse sentido, de todos os cidadãos da Romênia.
2. O Tribunal Militar de Exceção julgará este caso em conformidade com as disposições legais em vigor, em matéria de procedimentos e direito material penal.
3. O Tribunal será composto conforme o estabelecido na Lei no tocante à organização judicial em vigor, que assegurará o direito à defesa dos acusados.

Bucareste, 24 de dezembro de 1989

*Presidente do Conselho
da Frente de Salvação Nacional,
Ion Iliescu*

Auto de acusação

Réus: Nicolae Ceauşescu e Elena Ceauşescu

Itens da acusação, de acordo com o dossiê elaborado pelo promotor major Dan Voinea:

1. Genocídio – mais de 60 mil vítimas.
2. Prejuízo ao poder do Estado pela organização de ações armadas contra o povo e o poder do Estado.
3. Ataque à propriedade pública pela destruição e avarias a prédios, explosões em cidades, etc.
4. Prejuízos à economia nacional.
5. Tentativa de fuga do país com base em fundos de mais de um bilhão de dólares depositados em bancos no exterior.

Nota:
O item número 5 não constava do auto de acusação improvisado pelo promotor Dan Voinea para o processo de Târgovişte. Esse item foi introduzido mais tarde por Ion Iliescu, em Bucareste.

Estenograma do julgamento do casal Ceauşescu

(Târgovişte, 25 de dezembro de 1989)

UMA VOZ: Um copo de água!

JUIZ GICA POPA: Por favor, sentem-se. Estão perante o tribunal do povo.

NICOLAE CEAUŞESCU: Não reconheço qualquer tribunal, exceto a Grande Assembleia Nacional.

JUIZ: A Grande Assembleia Nacional foi abolida. O novo órgão do poder é outro.

NICOLAE CEAUŞESCU: O Golpe de Estado não pode ser reconhecido.

JUIZ: Nós julgamos pela nova lei, aprovada pelo Conselho da Frente de Salvação Nacional. Por favor, levante-se o réu.

NICOLAE CEAUŞESCU: Leiam a Constituição do país!

JUIZ: Eu já li, já a conheço e não é o caso de que nos aconselhe a ler a Constituição do País. Nós a conhecemos melhor do que o senhor, uma vez que o senhor não a respeitou.

NICOLAE CEAUŞESCU: Não vou responder a nenhuma pergunta.

ADVOGADO NICOLAE TEODORESCU: Somos os advogados Teodorescu Nicolae do Colégio de Advogados de Bucareste e Lucescu Constantin da Ordem dos Advogados de Bucareste. Somos os que assegurarão a defesa dos réus diante do Tribunal Militar Territorial. Solicito sua aprovação para me dirigir aos dois.

JUIZ: Pois não, o senhor tem dois minutos.

ADVOGADO TEODORESCU: Senhor Ceauşescu, esta é a sua oportunidade de dizer o que o levou a fazer... Este é um tribunal legalmente constituído. O órgão que o senhor invoca foi dissolvido pela força do povo, pela vontade do povo romeno. Se vocês entenderam, por favor, respondam como vocês entendem que deva ser feita a defesa? Isso é uma obrigação moral para com os senhores... Por favor, levantem-se, independentemente de concordarem ou não. Porque este é um tribunal legalmente constituído.

O advogado Nicolae Teodorescu tem uma conversa com Nicolae Ceaușescu, mas o conteúdo dessa conversa não se entende no registro do vídeo.

Nicolae Ceaușescu: Só dou satisfação perante a Grande Assembleia Nacional. Não reconheço este tribunal.
Juiz: Senhor advogado, favor sentar-se.
Advogado Teodorescu: Obrigado.
Juiz: O réu recusou-se a dialogar com o povo por 25 anos, embora ele tenha falado em nome do povo, como o filho mais amado do povo. E, no final, ele zombou desse povo. Nem mesmo hoje quer cooperar com o tribunal. Os dados são conhecidos. Os feriados eram verdadeiras orgias, nas quais este réu e esta ré levavam uma camarilha consigo... E com as mais luxuosas vestimentas, que nem nos trajes dos reis que viveram e vivem na atualidade havia tanto luxo... E ao povo davam 200 gramas de salame por dia, com racionamento.

O genocídio cometido por este réu e por esta ré, roubando o povo... Arrogando-se ao direito de falar em nome do povo. Nem hoje quer falar, este covarde no sentido próprio e no figurado. Temos informações a seu respeito, tanto dele quanto dela.

Peço ao representante do Ministério Público que tome a palavra para apoiar a acusação.
Promotor Dan Voinea: Senhor presidente e honorável instância,
hoje julgaremos os réus Nicolae Ceaușescu e Elena Ceaușescu, que são culpados de crimes graves contra o povo romeno. Os dois réus cometeram atos incompatíveis com a dignidade humana e os princípios da justiça social. Eles agiram sem discernimento, de forma despótica e criminosa, deliberadamente para destruir o povo romeno, em cujo nome se declararam líderes. Em nome do qual cometeram os abusos mais hediondos.

Pelos graves crimes cometidos pelos réus em nome do povo romeno – vítimas inocentes dos dois tiranos – requeiro ao senhor presidente e honorável instância a sua condenação à morte pelo cometimento das seguintes infrações:

Crime de genocídio, nos termos do artigo 357, parágrafo 1 do Código Penal, letra c.

Subversão do poder estatal, nos termos do artigo 162 do Código Penal, pela organização de ações armadas visando enfraquecer o poder do Estado.

Infração por atos de provocação, nos termos do artigo 163 do Código Penal, para a destruição, degradação ou a condução ao estado de desuso, no todo ou em parte, através de explosões e outros meios, das instalações industriais e outros bens, capazes de afetar a segurança nacional.

Pelo crime de minar a economia nacional, nos termos do artigo 165 do Código Penal, através do uso de uma organização prevista nos termos do artigo 145 do Código Penal, ou para impedir a sua atividade normal, no intuito de prejudicar a economia nacional do povo romeno.

Juiz: Ouviu, réu Nicolae Ceaușescu? O tribunal pede que se levante. Ouviu as acusações que lhe são imputadas?

Nicolae Ceaușescu: Respondo somente perante a Grande Assembleia Nacional! Não reconheço este tribunal. Tudo o que está sendo dito aqui é falso. Não respondo nenhuma palavra, a não ser diante da Grande Assembleia Nacional. Vocês podem montar qualquer farsa, não reconheço!

Juiz: Farsa foi o que o senhor fez durante 25 anos. Essa é a palhaçada que o senhor fez e levou o país à beira do abismo.

Nicolae Ceaușescu: Eu não quero... Mas tudo o que foi dito é falso. Há mais de 3,5 milhões de apartamentos, etc.

Juiz: É tudo falso? Vejam só! Ele não reconhece as acusações contra ele.

Nicolae Ceaușescu: Não, eu não disse nada! Não dei nenhuma declaração. Não dou mais nenhuma declaração, nem mais uma palavra... Apenas diante da Grande Assembleia Nacional.

Juiz: "Não reconheço as acusações que me foram imputadas." Por favor, anote. *(Para o escrivão.)*

Elena Ceaușescu: Podem dizer o que quiserem! Nós não vamos assinar nada...

Nicolae Ceaușescu: Eu não vou assinar nada!

Juiz: A situação é conhecida, a situação desastrosa do país é sabida não apenas por nós, mas por qualquer homem honesto deste país, que foi escravizado até o dia 22 de dezembro de 1989, quando surgiu a alvorada da liberdade. Todos nós conhecemos a situação, a falta de medicamentos que devido às suas ordens, do réu, fez pessoas morrerem, crianças morrerem nos hospitais sem remédios, sem comida, sem aquecimento, sem luz... Nunca pensou a respeito? Agora, dirijo-me ao réu Nicolae Ceaușescu. Por ordem de quem ocorreu o genocídio em Timișoara? (*Para o escrivão.*) O réu se recusa a responder. (*Novamente, ao réu.*) Recusa-se a responder à pergunta sobre quem é o autor do genocídio em Timișoara?

Nicolae Ceaușescu: Respondo à Grande Assembleia Nacional.

Juiz: Mude o disco! Já ouvi falar e conheço a sua teimosia, esta mesma que está comprovando agora.

Nicolae Ceaușescu: Eu me recuso a responder à pergunta de quem é o autor do genocídio em Timișoara.

Juiz: Foi a nação que fez a história, não foi o senhor quem a fez.

Nicolae Ceaușescu: Para ficar na história, somente a Grande Assembleia Nacional conhecerá a verdade e não aqueles que organizaram o golpe de Estado!

Juiz: Nós organizamos o golpe de Estado? O senhor usurpou o poder. Responda apenas às perguntas que lhe faço!

Nicolae Ceaușescu: Não respondo!

Juiz: Em Bucareste, quem ordenou que atirassem na multidão, contra os jovens? O senhor tem ideia... Conhece a situação de Bucareste? Atiraram na Praça do Palácio, em meio à multidão, desconhece esse fato? Até agora continuam os disparos contra pessoas inocentes, idosos, crianças, em prédios, provenientes de uns fanáticos, quem são esses fanáticos? Fomos nós que os formamos, o povo, ou o senhor? Quem os pagou?

Nicolae Ceaușescu: Não respondo a nenhuma pergunta, porque... Peço que não considerem como resposta para a pergunta! Não atiraram em ninguém na Praça do Palácio, ao contrário, foram dadas ordens claras de não atirar.

Juiz: A quem o senhor deu ordens de não atirar?

Nicolae Ceaușescu: Sim. Eu dei ordens de não atirar, inclusive na televisão, na teleconferência, está tudo gravado.

Juiz *(Para o escrivão):* Anote, por favor!

Nicolae Ceaușescu: Não! Só reconheço a Grande Assembleia Nacional! Tudo o que foi dito em juízo é falso, são provocações.

Juiz *(Para o escrivão):* "Não reconheço que tenha ordenado, eu ou qualquer um dos meus camaradas, que atirassem na multidão reunida na Praça do Palácio. Na verdade, nem atiraram". *(Dirigindo-se novamente ao réu.)* Hoje há 64 mil vítimas resultantes das ordens dadas pelo senhor...

Elena Ceaușescu: Terroristas...

Juiz: Você ouviu falar deles?

Elena Ceaușescu: É o que as pessoas comentavam por aqui. Eu não sei...

Juiz: Não sabe!... Estão atirando em pessoas inocentes, em todas as cidades... Ouviu bem? Em todos os *municípios* do país, como costumava dizer, em todos os municípios que se gabava de ter construído. Foram construídos com o suor do povo, embrutecido, exausto, todos os intelectuais, todas as inteligências perseguidas para que não fugissem do país, para nos manter em suas mãos. Alguma pergunta?

Advogado Constantin Lucescu: Permita-me...

Promotor: Senhor presidente, que os réus nos digam quem são os mercenários estrangeiros que até agora atiram na população em todo o território do país. Quem os trouxe e quem está pagando esses mercenários?

Juiz: Acusado, responda, por favor!

Nicolae Ceaușescu: É mais uma provocação e só respondo perante a Grande Assembleia Nacional, do povo.

Juiz *(Para o escrivão):* "Eu me recuso a responder à pergunta sobre quem recrutou e comandou os mercenários estrangeiros que praticam atos de terror até agora, matando a população pacífica e inocente".

Elena Ceaușescu: E mais essa...

Juiz: Ela é muito faladora, mas eu vi por diversas vezes que ela apenas lia... sim, "lia"... A cientista, engenheira, acadêmica, que não sabia ler. A analfabeta que se tornou acadêmica.

Elena Ceaușescu: Os intelectuais deste país e todos os meus colegas o ouvirão! Os meus colegas ouvirão o que você está dizendo! Eles ouvirão!

Juiz: Perguntas, senhor coronel?

Advogado Lucescu: Acusado Nicolae Ceaușescu, além das questões levantadas no tocante à legalidade deste tribunal, o que o impede de responder às perguntas que lhe são feitas?

Nicolae Ceaușescu: Só responderei a qualquer pergunta perante a Grande Assembleia Nacional e aos representantes da classe trabalhadora.

Juiz: Como se até agora...

Nicolae Ceaușescu: Eu responderei a qualquer pergunta diante da Grande Assembleia Nacional e dos representantes da classe trabalhadora. Reconheço apenas a classe trabalhadora e a Grande Assembleia Nacional. Para que o mundo inteiro ouça e saiba!

Juiz *(Para o escrivão):* Que fique registrado: "Eu me recuso a responder qualquer pergunta colocada pelo tribunal". Já ouvi tal afirmação tantas vezes que o mundo inteiro já sabe.

Nicolae Ceaușescu: Diante do golpe de Estado, não respondo àqueles que chamaram os exércitos estrangeiros ao país! Não respondo!

Juiz: A Grande Assembleia Nacional, que o senhor menciona, foi dissolvida, destituída.

Nicolae Ceaușescu: Ninguém pode dissolvê-la!

Juiz: Pela inabalável vontade do povo, temos outro órgão de comando: o Conselho da Frente da Salvação Nacional, legalmente constituído e reconhecido em nível mundial.

Nicolae Ceaușescu: Ninguém o reconhece e é por isso que as pessoas estão lutando neste país – e continuarão a lutar! – até eliminarem esse bando de traidores do país que estão conectados com o estrangeiro e organizaram o golpe de Estado!

Juiz *(Para o escrivão):* "Não reconheço o novo órgão do poder estatal, legalmente constituído, e nenhum órgão que usurpou – entre aspas – o poder, é por isso que o povo está em desordem hoje no país e é por isso que luta." *(Para o réu):* Contra quem as pessoas estão lutando? Contra si mesmas?

Nicolae Ceaușescu: Lutam pela própria existência, pela independência e soberania, pela integridade da Romênia.

Juiz *(Para o escrivão):* "A usurpação do poder foi realizada com a ajuda de agentes estrangeiros", assim declarou o réu!

Nicolae Ceaușescu: Não é verdade... Eu não declarei nada e afirmarei tal fato publicamente por quantas vezes for... Mas não reconheço isso como uma declaração.

Juiz: Em primeiro lugar, o senhor deve responder para nós, depois veremos!

Nicolae Ceaușescu: Dirijo-me a vocês como simples cidadãos, com a esperança de que em algum momento dirão a verdade e não tirarão proveito da destruição da Romênia...

Advogado Lucescu: Se me permite...

Juiz: Quem? Pois não...

Advogado Teodorescu: Para que possamos resolver uma questão de direito, para a qual supomos obter a sua atenção, quando nos der a palavra, peço a permissão de inquirir o réu Nicolae Ceaușescu, a quem estou dando assistência, se está ciente de que foi destituído do cargo de presidente da Romênia...

Juiz: O senhor tem conhecimento disso?

Advogado Teodorescu: E no que tange à ré Elena Ceaușescu, se tem conhecimento de que foi destituída das funções que detinha no governo. E ainda a seguinte pergunta: se está ciente de que os mandatários do governo foram todos demitidos, assim como todos os que faziam parte do governo... Inclusive a ré Elena Ceaușescu que não possui mais tal qualidade... Para que possamos resolver o problema de direito em que se baseia sua recusa injustificada em responder às perguntas do Tribunal Militar... Ficando obrigados a esclarecer, para que os senhores entendam o aspecto legal no que se refere à possibilidade do seu julgamento ou do seu não julgamento. Peço que lhes pergunte se estão cientes de tais fatos.

Juiz: O acusado ouviu? Sabe que foi demitido do cargo que detinha e que os respectivos órgãos foram abolidos?

Nicolae Ceaușescu: Eu sou o presidente da Romênia e o comandante supremo do Exército! Como simples cidadãos, como cidadãos comuns...!

Advogado Teodorescu: Não foi isso que perguntei, eu perguntei outra coisa: se o senhor tem consciência de que foi destituído das suas funções, para que possamos discutir a legalidade das suposições que o senhor está aduzindo, quanto a ser julgado somente pela Grande Assembleia Nacional.

Nicolae Ceaușescu: Em primeiro lugar, não os reconheço como autoridades... Mas apenas como simples cidadãos, como cidadãos comuns!

Advogado Teodorescu: Como o senhor quiser, "como simples cidadãos".

Juiz: Nós, simples cidadãos; o senhor, simples presidente...

Nicolae Ceaușescu: Eu sou o presidente da República Socialista da Romênia e o comandante supremo das Forças Armadas da República Socialista da Romênia!

Juiz *(Para o escrivão):* Isso significa que o senhor não reconhece que foi destituído. Peço que registre: "Não reconheço as novas entidades legais constituídas".

Nicolae Ceaușescu: Respondo à Grande Assembleia Nacional e ao povo, não àqueles que provocaram e organizaram o golpe de Estado com a ajuda das agências estrangeiras...

Juiz: (...) pagas por Nicolae Ceaușescu.

Elena Ceaușescu: Ha, ha! Para destituírem o próprio Ceaușescu? Ha, ha, ha...

Nicolae Ceaușescu: Não...

Elena Ceaușescu: Como pode ser tão impertinente?

Nicolae Ceaușescu: Não! Não! É um absurdo!

Juiz: Escrivão, por favor, leia o que registrou.

Escrivão: "Eu não reconheço os novos organismos legais constituídos do poder do Estado..."

Juiz: "(...) e ainda sou o presidente do país e o comandante supremo do Exército".

Advogado Teodorescu: Peço que pergunte ao réu se ele tem consciência de que foi deposto do governo.

Juiz: Acusado, por que tomou essas medidas para humilhar o povo, para desonrá-lo, para levá-lo a esse estado miserável de humilhação? Por que exportou os produtos que eram produzidos pelos camponeses? E os camponeses vinham até Bucareste para comprar pão, vindo de Caracal, de todo o país, no frio, na neve, aqueles que produziam o pão, aqueles aonde o senhor ia para lhes dar instruções... Por que esfomeou o povo, por que fez isso, por que esfomeou esta nação?

Elena Ceauşescu: Extraordinário!

Juiz: Por que esfomeou o povo?

Nicolae Ceauşescu: Não respondo a tal pergunta. Eu lhes digo e falo com simples cidadão e posso demonstrar perante a Grande Assembleia Nacional que, pela primeira vez, os cooperativistas ganharam 200 quilos de trigo por pessoa – e não por família! – e ainda tinham o direito de ganhar mais.

Juiz: Tinham, tinham...

Nicolae Ceauşescu: É uma mentira, uma farsa. Peço que pensem bem, é uma mentira e uma farsa que demonstra a falta de patriotismo e quanta traição foi cometida neste país.

Juiz (*Para o escrivão*): "Ao contrário, nós tomamos medidas para dar 200 quilos a cada agricultor". Mas então, por que os camponeses vinham comprar pão em Bucareste?

Nicolae Ceauşescu: Desculpe! Mas foram construídas padarias em quase todas as aldeias. Isso vocês não reconhecem?

Juiz: Tentando usar a sua expressão... (*As vozes se sobrepõem.*) O senhor está se dirigindo a um tribunal!

Nicolae Ceauşescu: Quem fala é um mero cidadão e eu ouço um simples cidadão, não estou declarando nada. Não reconheço nenhuma qualificação a ninguém aqui. Como simples cidadãos, podemos discutir qualquer coisa.

Juiz: O senhor usava uma expressão com muita frequência: "Temos programas maravilhosos". Provavelmente se referia a esse programa – a teoria é diferente da prática. Foi assim que falou sobre sistematizar as localidades, o que de fato significou a destruição da agricultura romena, do nosso planalto ancestral. Alguma vez o senhor pensou nisso? Como cidadão?

Nicolae Ceaușescu: Como cidadãos, como cidadãos... Dirijo-me a vocês como simples cidadãos... Jamais, nas aldeias romenas, houve uma evolução desse tipo. Mas não se trata de destruição das aldeias romenas, ao contrário, de consolidação, para garantir a produção.

Juiz *(Para o escrivão):* "Não tive a intenção de destruir as aldeias romenas..."

Nicolae Ceaușescu: Não! Eu disse que "estamos falando como cidadãos comuns!".

Juiz *(Para o escrivão):* "(...) e minha intenção era modernizá-las".

Nicolae Ceaușescu: (...) para fortalecer e construir hospitais, médicos, escolas, padarias grandes, e tudo o que era necessário para uma vida digna, assim como não foi feito em nenhum país do mundo. E lhes digo isso como simples cidadãos!

Juiz: Uma última pergunta ao acusado. O senhor mencionou igualdade e que todos somos iguais, que cada um deve receber pelo trabalho produzido. Eu vi na televisão, a mansão da sua filha onde havia uma balança de ouro em que ela pesava a carne trazida do exterior. Isso significa que a carne daqui, a nossa carne, não prestava!

Elena Ceaușescu: Extraordinário! Extraordinário!... De onde estão tirando tantas invenções? Ela mora num apartamento como qualquer cidadão.

Juiz: Era a vila da avó.

Elena Ceaușescu: Que vila? Que vila? *Ninguém* temos vila! Foi dada de acordo com a lei...

Juiz: Balança com a qual pesava a carne...

Elena Ceaușescu: (...) dada de acordo com a lei. Não compramos ninguém, não tínhamos...

Juiz: Vocês tinham palácios, viveram em palácios...

Elena Ceaușescu: Nós não temos, pertencem ao país. Pela lei eu permiti...

Juiz: O senhor dava 10 lei para as crianças no Ano-Novo, para comprarem balas, era isso que entendia como ajuda às crianças, às famílias com filhos.

Promotor: Senhor presidente, tenho uma pergunta: gostaria que o réu Nicolae Ceaușescu nos falasse sobre a conta de 400 mil dólares...

Juiz: 400 milhões de dólares na Suíça.

Elena Ceaușescu: Que conta?

Promotor: Em nome de quem está e a quem pertence?

Nicolae Ceaușescu e Elena: Que conta?

Juiz: Os 400 milhões de dólares que estão depositados nos bancos da Suíça.

Elena Ceaușescu: Onde estão as provas, as provas!...

Juiz: A prova será trazida.

Nicolae Ceaușescu: Não existe nenhuma conta de ninguém e o que estão dizendo mostra o quanto é falso e provocador o procedimento daqueles que deram o golpe de Estado.

Juiz: Gosta de usar constantemente o termo golpe de Estado.

Nicolae Ceaușescu: Por favor, não terminei. Como cidadãos...

Juiz *(Para o escrivão):* Peço que registre: "Não reconheço que tenha realizado algum depósito ou que outras pessoas tenham realizado algum depósito em meu nome, ou da minha família...".

Nicolae Ceaușescu: Nem um dólar!

Juiz: "(...) de nem um dólar em qualquer banco do exterior".

Nicolae Ceaușescu: Não, eu não dei nenhuma declaração, apenas afirmo como um simples cidadão! Que mentira, que falsidade!...

Juiz: Encontraram com a sua filha a quantia de 90 mil dólares quando o senhor processava qualquer cidadão que tivesse um dólar!

Advogado Lucescu: Estamos falando sobre os 400 milhões de dólares. Peço que pergunte ao réu se abriu uma conta e se está em seu nome.

E, se por acaso a conta existir, se concorda em declarar que esse dinheiro entre no país, para o Estado romeno, no Banco Nacional?

Juiz: Entendeu, acusado?

Nicolae Ceauşescu: Vamos discutir na Grande Assembleia Nacional!

Advogado Lucescu: Que nos diga agora se esse dinheiro pode ser reembolsado ao Estado romeno.

Nicolae Ceauşescu: É uma provocação ordinária!

Elena Ceauşescu: Quantas insinuações...

Nicolae Ceauşescu: Para vocês, como cidadãos comuns...

Juiz: Nós somos o tribunal, não somos comuns!

Nicolae Ceauşescu: Não reconheço essa qualificação!

Juiz: Nós temos a qualificação de tribunal.

Nicolae Ceauşescu: Mas como cidadãos lhes digo que não tivemos e não temos nenhuma conta em nenhum país, nenhuma moeda.

Juiz: Não possuem um fundo em moeda estrangeira depositado em qualquer país...

Promotor: Senhor presidente, se este réu paranoico não possui nenhuma conta, nós acertaremos as contas com ele, pois não há acordo com ele!

Advogado Teodorescu: Peço que passemos à audiência da ré Elena Ceauşescu.

Nicolae Ceauşescu: Vou enviá-lo ao tribunal por difamação, aquele que diz ser promotor. Vou processá-lo por difamação!

Juiz: À comissão de julgamento...

Nicolae Ceauşescu: E à comissão de julgamento, para serem julgados pela verdadeira justiça e entre os trabalhadores.

Juiz *(Para o escrivão):* Peço que leia a declaração, para que se ouça.

Escrivão: "Não reconheço as acusações que me são imputadas. Recuso-me a responder à pergunta em relação ao autor do genocídio de Timişoara. Não reconheço que eu, ou qualquer um dos meus camaradas, tenha dado a ordem de atirar na multidão que estava reunida... Eu não dei ordens para atirar. Recuso-me a responder à pergunta sobre quem recrutou e comandou os mercenários estrangeiros que cometem horrores até o momento presente, matando a população pacífica. Recuso-me a responder às perguntas feitas pelo tribunal. Não reconheço o novo órgão de poder constituído nem os organismos que usurparam o poder do Estado – entre aspas. A usurpação do poder foi feita com o auxílio de agentes estrangeiros. Não reconheço os novos organismos do Estado. Eu ainda sou o presidente do país...".

Juiz: Ainda – entre aspas.

Escrivão: "(...) não reconheço que esfomeei o povo, ao contrário, eu tomei medidas para dar 200 quilos de trigo aos agricultores. Não pretendia destruir as aldeias da Romênia, mas quis modernizá-las. Não reconheço que tenha depositado – eu, ou outras pessoas em meu nome – nem um dólar em bancos estrangeiros...".

Nicolae Ceauşescu: Eu não depositei e não dei a ninguém... Mas não respondo a ninguém, isso é uma provocação grosseira!

Juiz: Assina a declaração, acusado?

Elena Ceauşescu: Não, não assine nada!

Nicolae Ceauşescu: Eu não dei nenhuma declaração. Eu conversei com cidadãos comuns, para que conhecessem a realidade.

Juiz: Recusa-se a assinar. Além disso, o réu se recusou a reconhecer a legalidade do tribunal em que foi julgado hoje.

Nicolae Ceauşescu: E também do assim chamado Conselho de Salvação Nacional.

Juiz: Então ouviu falar desse Conselho...

Elena Ceauşescu: Bem, vocês disseram, vocês comentaram aqui, as pessoas falavam a respeito...

Nicolae Ceauşescu: Fui informado pelo senhor advogado, ele comentou aqui.

Juiz: É o órgão do comando legal constituído no país.

Nicolae Ceauşescu: Não é possível constituir um órgão legal, senão pelo comando do Estado, da Grande Assembleia Nacional. Aqueles que, por meio de golpe de Estado, usurparam o poder pela traição, como já aconteceu há centenas e centenas de anos na história romena, acabaram tendo que responder perante o povo.

Juiz *(Para Elena Ceauşescu):* Talvez a senhora demonstre mais cooperação com o tribunal... As mulheres sempre são mais racionais, mais compreensivas... Talvez o réu Ceauşescu tenha perdido a lucidez. A senhora, que foi a primeira colaboradora, no Gabinete 2, a senhora tinha conhecimento do genocídio de Timişoara?

Elena Ceauşescu: Não! Que genocídio? Nem vou falar sobre isso... Vocês não sabem o que estão dizendo. Nada disso é verdade!

Nicolae Ceauşescu: Não diga nada!

Juiz: A senhora também não tem nada a ver com o genocídio? Ou a senhora sempre esteve preocupada com a ciência... os polímeros... Quem publicou os seus trabalhos no exterior? Com que dinheiro?

Nicolae Ceauşescu: São dezenas de trabalhos publicados no exterior, com a ciência e os polímeros.

Juiz: Quem os escrevia? Ah... Cale-se...

Elena Ceauşescu: O que eu posso dizer se eles podem afirmar uma coisa dessas... ?! Quando os presidentes das academias...

Nicolae Ceauşescu: Pois não fale! Quando os presidentes da Academia fizeram o prefácio de todos os trabalhos... É possível?

Advogado Teodorescu: A oitiva é realizada separadamente. Ora, se a senhora sustentar a tese, então resolveremos com o tribunal que nos escutará como seus representantes – como se ele ainda fosse o presidente do país, pois é o que ele sustenta, a senhora não poderia mais sustentar o mesmo. Deixe que fale!

Nicolae Ceauşescu: Ela e o vice-primeiro-ministro do Governo da República Socialista da Romênia.

Advogado Teodorescu: Isso é outra coisa... Deixe-a defender-se na qualidade que ela mesma acredita!

Elena Ceauşescu: Bem, eu não me defendo de nada!

Nicolae Ceauşescu: Aqui, eu me dirigi a vocês como cidadãos comuns... E o que diz a minha camarada e o que eu mesmo disse foi dito a cidadãos comuns, para que entendessem... Eu não respondi a nenhuma pergunta.

Advogado Teodorescu: Eu os aconselho, esta é a minha obrigação... e trata-se do seu interesse.

Juiz: Senhor advogado, por favor! *(Para Elena Ceauşescu)* Então a senhora, na qualidade de vice-primeira-ministra, primeira-vice-primeira-ministra, cargo que detém na antiga instituição da administração do Estado, teve de estar ciente e tomar decisões coletivas... não estava previsto nas disposições e preceitos da Constituição? Quem deu as instruções para atirarem na multidão de Timişoara?

Elena Ceauşescu: Não respondo a nenhuma pergunta! Do início ao fim.

Nicolae Ceauşescu: Para seu conhecimento, que são oficiais, eu posso responder a esta pergunta.

Juiz *(Para o escrivão):* "Eu não reconheço... Não respondo à pergunta sobre quem deu a ordem de atirar em Timişoara...".

Nicolae Ceauşescu: O governo... O governo não pode ordenar que atirem... O Exército não está subordinado ao governo.

Elena Ceauşescu: Eu não posso ordenar! O governo não pode emitir tais ordens, o Exército não é seu subordinado!

Juiz: Mas e os jovens que morreram em Bucareste, quem atirou neles? Os tanques da Securitate passaram sobre eles... Isso também se atribui aos terroristas?

Elena Ceauşescu: Os terroristas, pelo que diziam as pessoas, eram da Securitate.

Juiz: Os terroristas são da Securitate?

Advogado Lucescu: A Securitate não pertencia ao comando supremo?

Juiz: Então se falava por aí que os terroristas são da Securitate... Vocês respondem que eles são da Securitate? Respondem?!?

Nicolae Ceauşescu: Respondo... apenas para esclarecer...

Elena Ceauşescu: Não, nenhuma resposta! É uma hipótese, uma informação, uma espécie de...

Nicolae Ceauşescu: Em primeiro lugar, quero esclarecer aos senhores como cidadãos.

Juiz: Já terminei de falar com o senhor.

Promotor: Diga, em que circunstâncias o general Milea morreu? Ele foi baleado? Por que e por quem?

Ambos os réus: Pergunte ao médico!... Esta pergunta é uma provocação... Perguntem às pessoas, perguntem também por quem!...

Juiz *(Para o escrivão):* "Não respondo, é uma provocação a pergunta relacionada às causas da morte do general Milea". Vamos perguntar ao médico qual é...

Nicolae Ceaușescu: Eu mesmo farei um inquérito para esclarecer o suicídio do general Milea!

Promotor: Por que destituiu o general Milea? E por que o chamou de traidor?

Juiz: Por que o chamou de traidor? Ouvimos o comunicado em que o senhor instituiu o estado de sítio, e disse que o general Milea era um traidor e que ele se suicidou para escapar da responsabilidade, do castigo certo que o esperava como traidor.

Nicolae Ceaușescu: Para seu esclarecimento, o traidor Milea...

Juiz: Por que não o levou a julgamento, se ele era um traidor?

Nicolae Ceaușescu: Porque só constatei o fato naquele mesmo dia. E ele tinha saído para pôr em prática as medidas – digo-lhes isso para que vocês possam avaliar – tomadas pelo grupo inteiro, e os oficiais que estavam com ele vieram e nos avisaram que ele tinha se suicidado. E só depois disso que eu constatei que ele não executou as ordens dadas e que as unidades militares precisavam realizar sua missão.

Juiz: O senhor sempre falou mais do que a sua colaboradora próxima, sempre esteve na dianteira, mas sempre a manteve à sua direita. E ela também conhece muitas coisas importantes, mas seria melhor que as relatasse diante do tribunal, vamos cooperar, vamos discutir civilizadamente, como os intelectuais que vocês se consideram, como membros da Academia, contem-nos com que dinheiro as publicações eram financiadas, tanto da ré, quanto as obras seletas e os livros de ciência da acadêmica Elena Ceaușescu. Assim chamada, acadêmica!...

Elena Ceaușescu: "Assim chamada..." Tiraram os nossos títulos...

Juiz: Não fui eu que tirei. Peço que responda às perguntas do tribunal!

Elena Ceaușescu: Heee... Mas é claro que sim!...

Juiz *(Para o escrivão):* "Eu me recuso a responder às perguntas do tribunal".

Nicolae Ceaușescu: Mas também para sua informação, pois naquele momento eu esqueci, quando me disse que eu comia somente comidas vindas do exterior... Que há muitos anos existe uma lista com tudo que eu como, 1.100-1.200 calorias por dia e apenas legumes.

Juiz: E para o povo dava 3.600 calorias... Encheu a barriga do povo!...

Nicolae Ceaușescu: E 60 gramas de carne por dia.

Promotor: Senhor presidente...

Nicolae Ceaușescu: Eu queria lhe dizer... Estou lhe informando...

Juiz: O senhor tem mais alguma pergunta, senhor promotor?

Promotor: Sim, senhor presidente. Quem deu a ordem de que as Forças Armadas se envolvessem, para intervir em suprimir a manifestação em Timișoara? Porque o réu disse que o general Milea não cumpriu as ordens recebidas. Quais eram essas ordens? O que ele não respeitou? O que ele não respeitou?

Nicolae Ceaușescu: Direi perante a Grande Assembleia Nacional que ordem ele não respeitou em Bucareste e por que ele traiu!

Juiz: Tem mais perguntas?

Advogado Teodorescu: Por favor, pergunte à ré Elena Ceaușescu se ela já foi ou se é doente mental.

Nicolae Ceaușescu: Como?!?

Elena Ceaușescu: O que é isso?!?

Advogado Teodorescu: Se já foi ou se é doente mental. E peço que registre a resposta.

Juiz: A senhora já sofreu de alguma doença mental? Ou a senhora possui alguma doença mental neste momento...?

Elena Ceaușescu: Que provocação ordinária!

Advogado Teodorescu: Não é nenhuma provocação, isso tudo é a seu favor, pois, se você não é responsável pelos seus atos, terá determinada defesa, se for responsável, a defesa será outra.

Elena Ceaușescu: É uma provocação, como é possível você dizer uma coisa dessas?!?

Nicolae Ceaușescu: Eu não reconheci o seu direito de defesa!...

Elena Ceaușescu: Como é possível dizer uma coisa dessas...? Veja só!...

Juiz: Pudemos entender, também a partir deste debate... por que os senhores se acostumaram a nunca manter diálogo com o povo e por que ele faz apenas um monólogo e, em seguida, é aplaudido como num ritual africano, em que o povo bate palmas, assim... Nem mesmo hoje... Continuou comportando-se da mesma forma de sempre, o senhor não mudou nada, não aprendeu nenhuma lição. Igual aos megalômanos.

Nicolae Ceaușescu: Também para sua informação, vão...

Juiz: Há mais perguntas? Há provas da defesa? Não.

Advogados: Faremos uma última tentativa... Por favor, o procedimento nos permite esta ação...

Elena Ceaușescu: Não vou responder nada. Não vou dizer nada!

Advogados: Peço que seja registrada a recusa! Se eles se recusam, o problema é deles.

Nicolae Ceaușescu: Não! Não reconhecendo o tribunal, não posso reconhecer a defesa!

Juiz: Peço que anote em seu livro de escrivão que se recusou a colaborar com os defensores e que não há nenhuma prova.

Elena Ceaușescu: Falaremos diante do tribunal legal. O verdadeiro tribunal é a Grande Assembleia Nacional.

Juiz: Deseja assinar a declaração?

Elena Ceaușescu: Não, nada de declaração! Trabalhei e lutei pelo povo desde os meus 14 anos, sim... Eu sacrifiquei toda a minha vida pelo povo... E o povo é o nosso povo e não vamos trair o povo!

Juiz: Pesquisamos e descobrimos que a data do seu nascimento é antes da dele, mas nunca soubemos em que ano a senhora nasceu. Em que ano foi?

Elena Ceaușescu: Isso é coisa de mulher...

Juiz: Foi daqui que partiu toda a mentira... Nenhum dicionário, qualquer... Todas as mulheres escondem a idade, mas, quando se trata de uma pessoa que aparece nos dicionários, nos livros e em tudo o mais, como é possível não declarar a idade?

Elena Ceaușescu: Que provocação!

Nicolae Ceaușescu: Para o senhor, para todos os presentes...

Juiz: Peço-lhe, camarada promotor, que guarde... O Tribunal considera encerrado o processo de inquérito judicial e passo a palavra aos debates, para sustentar a acusação.

Promotor: Senhor presidente, dadas as atrocidades cometidas por Nicolae Ceaușescu e Elena Ceaușescu, consideramos que os dois acusados são culpados de cometer crimes nos termos dos artigos 162, 163, 165 e 357 do Código Penal, cujos itens requerem a condenação de ambos com a pena de morte. Outrossim, exigimos o confisco total dos bens do casal Ceaușescu.

Juiz: A palavra está com a defesa.

Advogado Teodorescu: Antes de discutir as questões jurídicas de direito, que surgem das reivindicações dos réus, aos quais acordamos assistência mesmo diante de seu posicionamento obstrucionista...

Elena Ceaușescu: É um ultraje!

Advogado Teodorescu: É um insulto? Não é nenhum insulto! Gostaria de enfatizar o fato de que lhes demos a honra, vindo de Bucareste para realizarmos a sua defesa, ato que nos últimos 25-30 anos não foi respeitado. Pois, como advogados, entendemos que temos o dever de defender quem quer que seja, independentemente dos fatos que tenham cometido, mas dentro dos limites da lei, dos fatos que tomamos conhecimento pelos depoimentos, pelas provas coletadas pelos representantes legais e, seguramente, dentro da esfera da legalidade. Embora a posição seja claramente obstrucionista por parte daqueles a quem estamos honrando ao conceder-lhes a nossa vinda a este lugar para defendê-los! Compreendemos, no entanto, que eles também devem entender – não preciso dar maiores explicações ao senhor – que somente um presidente em exercício pode solicitar, para um ato que cometeu, que seja discutido no órgão legislativo, que em nosso país é a Grande Assembleia Nacional. Mas uma vez destituído da função de Estado... E não estamos mencionando sua qualidade como secretário-geral do partido, que é outra coisa a ser julgada pelo partido, mas a qualidade que teve Nicolae Ceaușescu: a de presidente deste país. Desde que a Frente de Salvação Nacional foi constituída e o Conselho formado, tomou a medida de destituir o governo e de demitir Nicolae Ceaușescu da função de presidente da República, tornando-o, assim, sujeito às leis como qualquer outro cidadão deste país. Então, desse ponto de vista, constatamos – e peço que registre tal fato no processo verbal da reunião – que foram cumpridas todas as formalidades processuais previstas em lei para enviar à justiça e julgar os dois que aqui compareceram na qualidade de réus. Por isso, ambos os réus estão cometendo um grande erro e independe do fato de reconhecer ou não reconhecer, porque o fato de reconhecer ou não reconhecer, desmentido pelas evidências, não vale um tostão furado. E notem... Apesar de eu ter vindo para ajudar, para dar-lhes a honra da defesa, eles permanecem na mesma posição que tiveram desde o princípio, afirmando ser um ato de provocação quando perguntei se sofriam de doenças mentais. Isso porque a pena prevista em lei é outra no caso em que o réu esteja doente e possa submeter-se a uma revisão por peritos em psiquiatria e ser declarados irresponsáveis pelos seus atos. Isso é bem diferente de serem responsáveis e se comportarem como irresponsáveis. E, para meu pesar, que sou advogado – nem procurador nem membro do tribunal militar – só posso constatar, e o digo com toda a certeza, que os réus aos quais estamos dando assistência, mesmo que contra a vontade deles, por ser o que manda a mesma lei que não foi respeitada até hoje... E eles, os dois, sabem disso... e eu lhes digo que eles agiram como irresponsáveis, mas com pleno discernimento em tudo o que fizeram.

Eles estão sendo julgados por quatro fatos, eu pretendo endossar de algum modo o requerimento da procuradoria, ou seja para os fatos previstos nos artigos 162, 163, 165 e 357 do Código Penal... E constato, com base nas evidências que foram colocadas à disposição, que eles são efetivamente culpados por tais fatos.

No entanto, nosso pedido, da defesa, é apenas um: que os senhores tomem uma decisão que não tenha caráter de vendeta, não tenha caráter de vingança, mas que seja... E que entendam até seu último suspiro, eles e outros que hão de comparecer perante a justiça, que este povo, através de um tribunal legalmente constituído...

que se não fosse legalmente constituído, nós seríamos os primeiros em dizer: "a instância julgadora foi ilegalmente constituída!".

Que ambos os réus tomem conhecimento de que, mesmo contra a sua vontade, precisam admitir a defesa... nós precisamos defendê-los, porque assim rege a Constituição, à qual eles fazem menção sem saber o que está escrito nela. Já que a transgrediram.

Elena Ceaușescu: Extraordinário!

Advogado Teodorescu: (...) E os defendo porque é necessário, mas quero esclarecer de uma vez por todas, até o último instante da vida de vocês, que este tribunal militar foi e ainda é legalmente constituído e que eles estão aqui na qualidade de réus e não nas funções de Estado que exercem até o momento em que foram destituídos pelo órgão legalmente constituído neste país.

Juiz: E quanto às transgressões?

Advogado Teodorescu: No que se refere aos fatos previstos no artigo 162 no tocante a minar o poder do Estado, pelas provas que foram reunidas e colocadas ao nosso dispor, não posso fazer nenhuma objeção, levando em conta que eles realmente são culpados de tê-los cometido. Quanto aos fatos previstos no artigo 163 do Código Penal, atos de desvio do material colocado à disposição pela acusação e do qual tomamos conhecimento, com pleno conhecimento de causa, digo aos senhores, peço que constatem e tomem nota do que estamos dizendo na qualidade de defensores, que os réus são realmente culpados também de cometer tais infrações. No tocante à infração de minar a economia nacional, prevista no artigo 165 do Código Penal e todos os documentos que foram coletados em curto espaço de tempo, em poucos dias, pelo órgão de inquérito penal, como os documentos existentes neste momento, também são culpados de cometer essa infração. Finalmente, quanto ao último ato e o mais grave, o genocídio previsto no artigo 357, letra c, do Código Penal, constato que esse ato também foi cometido por eles.

Nosso pedido, na qualidade de defensores dos dois réus, Nicolae Ceaușescu e sua esposa Elena Ceaușescu, é que o senhor profira sua decisão, em nome da lei, de modo que não pareça um ato de vingança contra alguém, mas que seja compreendido que, para todas as infrações cometidas, cada réu deve receber a punição, conforme previsto em lei. Obrigado.

Advogado Lucescu: Senhor presidente, senhores assistentes populares, representantes da sala, é difícil tirar conclusões contra esses acusados que, mesmo processados pela Justiça, não querem reconhecer o crime contra o povo romeno, o crime de genocídio, não só em Timișoara e Bucareste, no momento, mas os crimes antigos, ao longo de mais de vinte anos. Crime por provocar inanição, falta de aquecimento, falta de luz, mas o crime mais hediondo foi o de aprisionar o espírito romeno, a alma deste povo, com os bárbaros crimes cometidos em Timișoara; pelos horríveis crimes cometidos quando o povo e as crianças, crianças inocentes, foram atropelados por tanques. Quando os senhores praticaram o odioso ato de provocação, ao colocarem o Exército e a Securitate ombro a ombro e investiram os oficiais das tropas da Securitate como oficiais do Ministério da Defesa Nacional, para dar mais um golpe, para que o Exército não se juntasse ao povo, para que o povo odiasse o Exército, e com essa degringolada os senhores pretendiam ganhar tempo para que as crianças dos orfanatos crescessem e poder mandá-las ao exterior ou para transformá-las em tropas de comando contra o povo romeno.

Sim, seu próprio povo... Pois não me refiro às pessoas de idade! Se vocês tivessem fuzilado alguém como nós, teriam fuzilado por vontade deles, mas desligar o oxigênio dos pacientes, das crianças, atirar nos hospitais e nos doentes, para jogar no lixo o sangue e os remédios do povo? Os alimentos com que Bucareste poderia se nutrir durante meses e os soldados poderiam ir adiante e defender o país, o senhor os colocou em subsolos aonde os seus terroristas vão até hoje, alimentam-se e lutam contra pessoas inocentes, na esperança de que o senhor lhes pagará com esforços feitos pela Romênia.

O senhor dizia com muita ênfase: eu paguei as dívidas! Não só pagou, mas nos esgotou e juntou dinheiro suficiente, e o senhor foi para o aiatolá para prestar-lhe uma última homenagem. O senhor era igual a ele, o mesmo espírito de clã que matou seu povo. O senhor diz que não reconhece os nossos órgãos do poder popular? Não precisa reconhecê-los, senhor ex-presidente, porque em 1948 tomamos o poder das mãos de outros e eles não se prevaleceram de nenhuma lei do Estado romeno. O rei Mihai teve mais dignidade que o senhor. Talvez obtivesse mais dignidade e compreensão por parte do povo romeno se o senhor se demitisse, se ficasse lá no exterior, pois com os estrangeiros vocês viveram, poderiam morrer com eles e que lhes oferecessem asilo político.

Nicolae Ceaușescu e Elena *(rindo):* Não sairemos daqui. É aqui que morreremos!

Advogado Lucescu: Este seu riso é o indício de sua doença, senhor presidente, a dificuldade da defesa que deveria ser defesa e não ato de acusação consiste nesta obstinada incompreensão da situação, aqui e agora. É nisso que consiste a dificuldade: no desafio a este tribunal, o desdém que demonstra... Como quando somos arrancados de nossa casa pelo que fizemos. Senhor presidente, eu seria uma dessas pessoas que lutariam dentro do Ministério da Justiça, no âmbito de nossas atribuições profissionais, que devem ser humanitárias, devotadas à verdade, a verdade pela qual se luta hoje, teria solicitado a supressão da pena de morte porque em alguns casos tive a experiência, a má experiência, de verificar que erros foram cometidos. Eu não solicitaria a pena de morte para os senhores. Que alguém o diga, mas é difícil para o povo romeno continuar a suportar tanto sofrimento, o maior castigo é viver nas condições que nos foram impostas, viver com medo de ser detido e fuzilado, ser inoculado e internado no sanatório, que possam ser tomadas as mais hediondas medidas contra a família, que os parentes e a linha ascendente sejam consignados em arquivo cuidadosamente organizado pela senhora, que tem bom ouvido, é condenável, até no banheiro ouvia autoridades e seguidores. É com isso que se ocupava a nossa querida dirigente, a grande cientista de renome mundial, a *"codois"*,[16] me desculpem a expressão.

---

[16] No original "codoi", uma alusão à má pronúncia do símbolo químico CO_2 de Elena Ceaucescu. Como "codoi" em romeno significa "rabo grande", a expressão tem um efeito cômico. (N. T.)

Juiz: São palavras de um advogado!

Advogado Lucescu: Peço discernimento no momento de proferir a solução sobre, em primeiro lugar, os crimes cometidos, os crimes em cadeia. Talvez, quem sabe, uma atenuante nos tenha ajudado a nos vermos livres por causa de três erros catastróficos cometidos: reuniu as massas que sabia estarem contra ele e assassinou o general que defendia a sua pele, porque não havia concordado em atirar nos trabalhadores. O Exército nunca esteve de acordo com uma coisa dessas. O senhor matou jovens, o que houve com esses maravilhosos jovens, do que eram culpados? A que preço e de que povo o senhor está falando, se o preço da nossa liberdade é conquistado com o sangue das nossas crianças?

Senhor presidente, há essas coisas e, como atenuante, digamos que foi justamente a sua megalomania que nos trouxe até aqui, e por isso mesmo o senhor perceberá a dignidade da solução, verá a verdade dos fatos. Agradeço pela atenção.[17]

Juiz: Acusado Nicolae Ceaușescu, o que o senhor tem a dizer como sua última palavra?

Nicolae Ceaușescu: Não sou réu, sou presidente da Romênia, comandante supremo e falo apenas diante da Grande Assembleia Nacional e dos representantes da classe trabalhadora e, com isso, terminei. É tudo mentira, de fio a pavio, daqueles que deram o golpe de Estado, arrastando o povo e destruindo a independência da Romênia.

Juiz: Não é possível manter um diálogo civilizado, racional, lógico, com o senhor.

Nicolae Ceaușescu: Com pessoas corretas, quando eu ia até as fábricas, eu me levantava diante do trabalhador e discutia em pé.

Advogado Lucescu: Senhor presidente, se lhe conceder novamente a palavra, tomaremos isso como uma ofensa contra o povo romeno e contra os atos da justiça romena.

---

[17] Na transcrição deste estenograma, as intervenções estão entrecortadas e sobrepostas, o que é fácil de entender. No entanto, a "exposição de motivos" de cada advogado de defesa está particularmente confusa e atrapalhada, fato que foi preservado na tradução, na medida do possível. (N. T.)

Juiz: O tribunal deve se retirar para suas deliberações.

Os dois juízes, os três assessores populares e o escrivão dirigem-se à pequena sala ao lado para deliberarem. Os demais continuam as discussões na "sala do tribunal", debates parcialmente surpreendidos pelo coronel Baiu. Ceaușescu traz à baila a sua condenação no processo de Brașov, em 1936, quando ele tinha 18 anos e a justiça era "burguesa".

Nicolae Ceaușescu: (...) E eu o reconheci, porque era um tribunal legalmente constituído, e até agora está escrito o que eu disse... Eu não fui mais ou menos honesto ou defendi a burguesia...

Mugurel Florescu: Senhor Ceaușescu, eu faço parte das pessoas que participam do seu processo – é oficial. No entanto, por que o senhor não quis responder às perguntas?

Nicolae Ceaușescu: Respondo nos termos da Constituição do país. E quem lhe disse que eu não a conheço? Escrevi literalmente, palavra por palavra, a Constituição do país.

Advogado Teodorescu: Sim, se o senhor a escreveu e ainda tivesse a função de...

Nicolae Ceaușescu: A função de presidente só pode ser tirada pela Grande Assembleia Nacional, é por isso que existe. E tem essa prerrogativa porque não é um grupo contrarrevolucionário que se instituiu e se intitula Comitê de Salvação Nacional, mas é um comitê de traição nacional, da independência do país, que pode decidir. Falamos aqui com cidadãos.

Elena Ceaușescu: Não é possível aceitar uma coisa dessas.

Nicolae Ceaușescu: Agora estamos tratando como cidadãos comuns!

Elena Ceaușescu: E você ofende todas as academias do mundo, que me concederam os títulos... Que foram outorgados por todas as academias do mundo!...

Advogado Teodorescu: Já tiraram os seus títulos!

Elena Ceaușescu: Os títulos do estrangeiro não podem tirar, pois vocês não podem... É muitos outros museus...

Nicolae Ceaușescu: Estive por diversas vezes na iminência de ser executado.

Advogado Teodorescu: Tudo lhes foi tirado, até as condecorações, os títulos, tudo o que compraram.

O casal Ceaușescu *(As vozes deles se sobrepõem, cada um tentando justificar-se):* Tudo o que temos está em uma dezena de salas... Nelas existem listas oficiais, inventariadas, assinadas, de tudo o que recebemos...

Advogado Teodorescu: A senhora disse "é muitos outros museus..." e é uma acadêmica, vejam só! O que mais posso dizer?

Elena Ceaușescu: O quê?

Nicolae Ceaușescu: Quem quer que vá até lá constatará agora que, de fato, aqueles presentes... É um museu quase universal, onde há dezenas e dezenas de países, com todos os tipos de presentes. E tem a lista deles, conforme foram sendo recebidos do exterior. Tudo está minuciosamente inventariado, até o último prego.

Elena Ceaușescu: E com os meus itens, pois nós entramos para lutar pela libertação do povo, e não para simplesmente ocupar os cargos. Não foi para isso que entramos.

Nicolae Ceaușescu: Poderíamos ser executados sem essa farsa! Mais uma vez, não!

Elena Ceaușescu: Nós amamos o povo, amamos!

Mugurel Florescu: Por que fugiram e não quiseram falar com o povo?

Nicolae Ceaușescu: O quê?

Elena Ceaușescu: Que povo?

Mugurel Florescu: Aquele que vocês reuniram.

Nicolae Ceaușescu: Não fomos nós que o reunimos! Não, nós não fugimos, e aqueles que traíram... Inclusive um deles, que está aqui presente, chamou os helicópteros, deu as ordens...

(Ceaușescu aponta com o dedo para o general Stănculescu, que estava a dois metros, à sua esquerda.)

Mugurel Florescu: Em que consistiu a traição do general Milea?
Elena Ceaușescu: Nós não queríamos ir embora. Permaneceríamos ali, morreríamos lá na sede...
Nicolae Ceaușescu: Ele não seguiu as disposições...

A corte de julgamento retorna à sala para o pronunciamento da sentença.

Juiz Gica Popa: Todos em pé!
Elena Ceaușescu: Não, querido, nós não vamos nos levantar, somos pessoas...
Juiz: Este Tribunal, em nome da lei e do povo, após deliberar em sigilo, condena por unanimidade de votos os réus Nicolae Ceaușescu e Elena Ceaușescu à pena capital e ao confisco de todos os seus bens por cometerem infrações de genocídio nos termos do artigo 357, alínea 1, letra c, do Código Penal; subversão do poder do Estado previsto no artigo 162 do Código Penal; atos de desvio previstos pelo artigo 163 do Código Penal e por minar a economia nacional, infração prevista no artigo 165, alínea 2 do Código Penal. Proferido em audiência pública, hoje, 25 de dezembro de 1989.
Advogado Teodorescu: Peço-lhe que me permita falar novamente com os réus.
Nicolae Ceaușescu: Não reconheço qualquer tribunal.
Advogado Teodorescu: Não reconhecendo o tribunal, não exerce nenhum direito de recurso. Assim, nessas condições, solicito a constatação de que a decisão é definitiva.
Nicolae Ceaușescu: Quem deu golpe de Estado pode executar qualquer um!

O tribunal se retira. O coronel Baiu continua registrando na câmera de vídeo as conversas dos condenados com as pessoas da sala.

Nicolae Ceaușescu: A Romênia viverá para sempre. Todos os traidores, quantos quer que sejam... A Romênia viverá e o povo romeno será livre, sem traidores!

Ambos os réus se levantam. Um paraquedista lhes diz que permaneçam em seus lugares.

Nicolae Ceaușescu: Que injustiça foi feita! (*Recitando.*) "É melhor morrer lutando, em plena glória, em vez de ser escravos na nossa velha terra..."[18] Que injustiça! Fomos acusados de tudo neste mundo, mas nada sobre os traidores!
Elena Ceaușescu: E os tivemos perto de nós...
Nicolae Ceaușescu: E os tivemos perto de nós, sim! Que injustiça cometeram!... Todos os fatos estão contra nós, você não vê?
Elena Ceaușescu: E os tivemos perto de nós...
Nicolae Ceaușescu: E os tivemos perto de nós...
Elena Ceaușescu: Cometemos um grande erro! Mas é assim que acontece. As traições surgem dos mais próximos de você...
Nicolae Ceaușescu: É assim que acontece...

Dois soldados amarram os Ceaușescu com as mãos nas costas.

Nicolae Ceaușescu: Não podem, não podem! Não nos amarre!
Elena Ceaușescu: Eu discordo. Lutamos juntos, morreremos juntos. Se vocês querem nos matar, matem-nos juntos, sem amarrar-nos... Não querido, juntos! ... Iremos juntos, assim diz a lei. Ela nos dá o direito de ficarmos juntos... O que é isso? O que você quer fazer com isso? Não admito... Não ponha suas mãos em nós... Não nos amarrem... Não nos ofenda!... Não nos amarrem, não é permitido que nos amarrem!... Estão com medo do povo... Ei, filhos, não machuquem nossas mãos! Que vergonha! Eu os criei como uma mãe, solte as minhas mãos, está machucando as minhas mãos, me soltem!... Está doendo, rapaz!
Um paraquedista: Metade dos nossos colegas estão mortos por causa dos senhores. Nossos colegas, nossos irmãos!
Nicolae Ceaușescu: Não! Não! Eles estão mentindo para vocês.

---

[18] Versos do Hino Nacional da Romênia. (N. T.)

Paraquedistas: Não estão mentindo.
Elena Ceaușescu: Aqueles são da Securitate, não são os nossos. Nós somos daqui, o poder ainda é nosso?! O poder é de vocês! Pergunte a quem tem o poder!

O casal Ceaușescu é retirado do "tribunal" e levado por dois paraquedistas, cada um para o paredão de execução. Na câmera de vídeo ainda é possível ouvir suas lamentações.

Sentença

Romênia
Tribunal Militar Territorial de Bucareste
Laudo da Sentença nº 1 de 25 de dezembro de 1989

Por unanimidade de votos condena os réus:

Nicolae Ceauşescu, filho de Andruţă e Măria, nascido na data de 26 de janeiro de 1918, na aldeia de Scorniceşti, município de Olt, com último domicílio em Bucareste, à avenida Primăverii nº 50, setor 1, preso no momento,

e

Elena Ceauşescu, filha de Nae e Alexandrina, nascida em 6 de janeiro de 1916, na aldeia Petreşti, município de Dâmboviţa, com último domicílio em Bucareste, à avenida Primăverii nº 50, setor 1,

à pena capital e ao confisco total de bens pelo cometimento dos seguintes crimes:

- genocídio, previsto no artigo 357, alínea 1, letras a-c, do Código Penal;
- subversão do poder estatal, nos termos do artigo 162, alínea 1, do Código Penal;
- atos de provocação, previstos no artigo 163 do Código Penal;
- prejuízo da economia nacional, nos termos do artigo 165, alínea 2, do Código Penal, todos com a aplicação dos artigos 33-34 e 41, alínea 2, do Código Penal.

Com base no artigo 998 do Código Civil e no artigo 14, parágrafo 3, letra a, do Código de Processo Penal, obriga os réus a restituírem todo o dinheiro para o Estado romeno, metais preciosos e quaisquer outros valores depositados por eles sob qualquer nome nos bancos estrangeiros ou em outras instituições ou pessoas do exterior ou nos termos do artigo 14, parágrafo 3, alínea b, do Código de Processo Penal, e artigo 998 do

Código Civil, a pagar ao Estado, solidariamente, o equivalente a esses bens em dólares dos Estados Unidos.

Nos termos do artigo 163 e do artigo 157, parágrafo 2, letra c, do Código de Processo Penal, são mantidas as medidas preventivas tomadas pela Direção do Ministério Público Militar sobre todos os bens pertencentes aos réus.

Com direito a recurso.

Proferida hoje, 25 de dezembro de 1989, em sessão pública, na presença dos réus, no quartel de Târgoviște.

A queixa de Vera Nicolcioiu
dirigida à Comissão do Senado para análise dos eventos de dezembro de 1989

A abaixo assinada, Nicolcioiu Vera Florica, residente e domiciliada em Bucareste à rua Biserica Amzei, nº 8, 3º andar, apto. 9, solicito as seguintes investigações:

Meu ex-marido, Vasile Nicolcioiu, em dezembro de 1989, era chefe do Protocolo do Partido e do Estado e, como tal, fazia parte do grupo que acompanhou Nicolae Ceauşescu na visita ao Irã.

Essa comitiva incluiu: Ion Stoian, ministro do Exterior, Radu Ion, vice-primeiro-ministro, Neagoe Marin, comandante da guarda presidencial, e Vasile Nicolcioiu, chefe do Protocolo.

Vasile Nicolcioiu ocupava tal cargo desde abril de 1983, tempo no qual teve a oportunidade de provar plenamente a sua estreita ligação com a família Ceauşescu, organizando visitas muito excêntricas e dispendiosas fora do país.

Na ocasião da ida para o Irã, nas circunstâncias em que o país se encontrava, quando aconteciam graves eventos, Ceauşescu levou consigo uma quantia em dinheiro, seguramente dólares, para encontrar eventuais possibilidades de salvar a própria pele, bem como outros pagamentos eventuais. De fato, em qualquer viagem do presidente ao exterior, levava-se um fundo de reserva. Como de costume, na viagem ao Irã, esse fundo, bem como as diárias e os presentes que se davam e que se recebiam, foram confiados por Ceauşescu aos cuidados do meu ex-marido.

No retorno, em 20 de dezembro de 1989, Ceauşescu deparou-se com a situação do país em estado tão grave que nem ele nem qualquer outro se preocupou com esse dinheiro.

Vasile Nicolcioiu esperou para ver qual seria o desfecho ulterior dos eventos, mantendo o dinheiro em seu escritório na sede do CC, contrário às disposições em vigor.

Na noite de 21 de dezembro de 1989, aproveitando a confusão geral na sede, chamou seu motorista e pediu-lhe para levar um malote diplomático, fechado com código, à casa de seu irmão, Emil Nicolcioiu, que também já tinha sido grande dignitário. Nicolcioiu desceu na frente do prédio e pegou a maleta da mão do motorista.

Em continuação, conforme sabido, Vasile Nilcolcioiu imediatamente ofereceu os seus serviços aos novos dirigentes. Foi conselheiro do presidente pelo período de uma semana e, depois, por pressão dos revolucionários que o conheciam e sabiam quem era, foi forçado a renunciar e a se refugiar em casa.

Durante o tempo que permaneceu em casa, ficou em estado de extrema agitação, andando dia e noite pelo apartamento.

Naquelas circunstâncias, ele me disse que tinha uma grande soma de dinheiro no escritório, que não tinha devolvido ao retornar do Irã, dinheiro que colocou num esconderijo, mas que, de repente, teve uma amnésia e não se lembrava do lugar onde o escondera.

No dia 22, pela manhã, acompanhando a evolução dos fatos, ele decidiu deixar o escritório e dizer, se fosse inquirido, que o dinheiro havia sido roubado após a sua partida.

Com essa finalidade, tentando parecer o mais confiável possível, intencionalmente deixou o casaco e o chapéu no escritório e saiu da sede apenas de terno, fazendo de conta, mais tarde, que tinha sido assaltado, embora ele tenha deixado a sede pelo subsolo, sem ser seguido por ninguém, quando a multidão estava na frente da entrada principal do CC e ninguém tinha penetrado ainda, e Ceaușescu ainda estava no prédio.

Em qualquer caso, dizia ele, Ceaușescu o mataria por isso ou o afastaria.

Seu medo era de que, agora, não conseguindo se manter num cargo próximo ao novo presidente, que lhe garantisse a imunidade, seria responsabilizado por aquele dinheiro.

Depois, decidiu continuar com a história da amnésia e se declarar louco irresponsável, solicitando ao dr. Gorgos, diretor do Sanatório de Doenças Mentais Titan, de quem era bom amigo e que lhe devia favores, para interná-lo com o diagnóstico adequado.

Para justificar esse diagnóstico, comia e bebia apenas o suficiente para sobreviver. Emagreceu demais, não tomava mais banho e agia como um louco.

Enquanto isso, por seus valiosos serviços "honestamente" prestados ao país, foi aposentado aos 53 anos.

Pouco tempo depois, o paciente Vasile Nicolcioiu, com o diagnóstico de depressão profunda e síndrome maníaco-depressiva, casou-se de novo com sua ex-concubina e expulsou de casa o próprio filho com a idade de 17 anos, deixando-o sem teto e sem qualquer ajuda material; depois, acabou entrando com recurso contra a decisão judicial de pagar-lhe uma pensão alimentícia no valor de 5 mil lei.

O *status* de aposentado o favorece nessas circunstâncias, livrando-o de reencontros indesejáveis ou reajustes imprevistos. Um pobre aposentado não interessa mais a ninguém; só traz compaixão àqueles que, de fato, precisavam fazer-lhe algumas perguntas. O que ele mais deseja é que o esqueçam, sair do âmbito em que era superconhecido por todos.

Esse desejo é muito facilitado pelo fato de que a revisão regular do cadastro de aposentados, com o nº de ordem 110.108, é realizada na policlínica Batişte, pessoalmente, pela esposa daquele mesmo médico, o dr. Gorgos.

Vera Nicolcioiu, 1994

Nota:
Mantive inalterada a grafia da carta, da forma como foi redigida por Vera Nicolcioiu e arquivada na Comissão do Senado de "Dezembro de 1989".

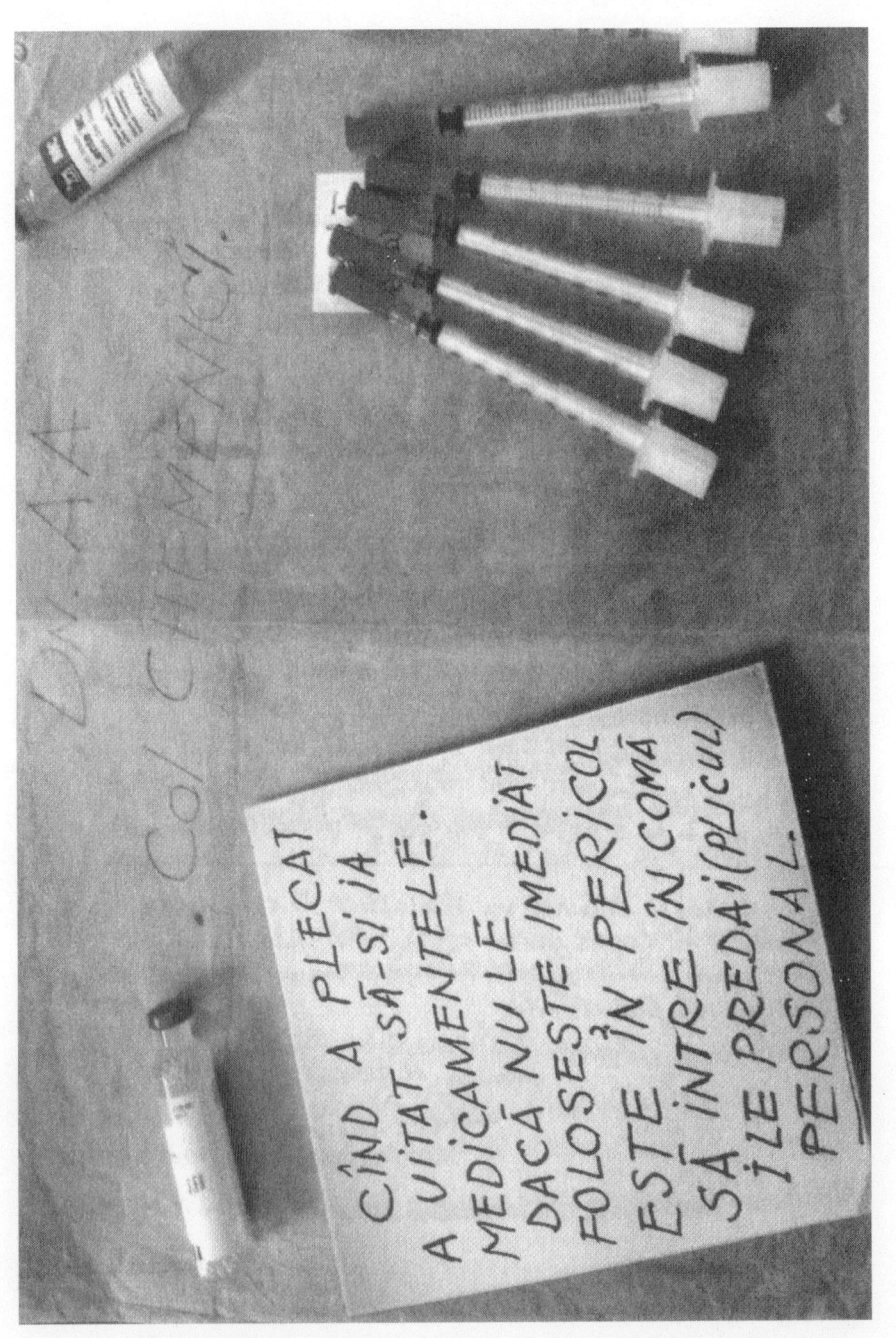

As ampolas de insulina e as seringas enviadas a Ceaușescu em Târgoviște, assim como o bilhete que as acompanhava, foram recuperadas depois do julgamento. No bilhete se lê: *Quando partiu, esqueceu os remédios. Se não os tomar logo, corre o risco de entrar em coma. Entregue-lhe (o envelope) pessoalmente.*

A decisão de instituir o Tribunal Militar de Exceção, escrita à mão e assinada por Ion Iliescu, em 24 de dezembro de 1989.

Denúncia elaborada "nas coxas" pelo major Dan Voinea, promotor no julgamento dos Ceaușescu.

25 de dezembro de 1989: os médicos Liviu Verdeş e Florin Olteanu assinam e rubricam o atestado comprobatório da morte do casal Ceauşescu.

Atestados de óbito expedidos a 30 de dezembro de 1989 em nome do casal Nicolae e Elena Ceaușescu (pelo Conselho da Frente de Salvação Nacional).

30 de dezembro de 1989: atestado de óbito expedido pelo Instituto Médico-Legal em nome de Nicolae Ceaușescu, a pedido de Gelu Voican Voiculescu.

CONSILIUL ~~POPULAR~~
Al FRONTULUI DE SALVARE NATIONALA
A SECTORULUI 1

ACT DE DECES Nr. 5421

Astăzi anul __1989__ luna __Decembrie__ ziua __30__
s-a înregistrat decesul lui __CEAUȘESCU ELENA__
fiul/fiica lui __NAE__
și a lui __ALEXANDRINA__ născut în anul __1916__
luna __ianuarie__ ziua __7__ în orașul __PETREȘTI__
județul __ARGES__ de sex __femeiesc__ de naționalitate
__română__ și cetățenie __română__ cu ultimul domiciliu în
orașul __București__ B-dul Primăverii nr. __50__
decedat în anul __1989__ luna __Decembrie__ ziua __25__ în
orașul __București__ județul __sectorul 1__

Decesul stabilit prin certificatul medical __numărul 396/3070__
__eliberat de Institutul Medico-legal__
a fost cauzat de __PLĂGI ÎMPUȘCATE__

Declarația a fost făcută de __Gelu Voican Voiculescu__
posesor al buletinului de identitate Seria __BC__ Nr. __709709__
domiciliat în orașul __București__ str. __Xenopol__ nr. __3__

Semnătura declarantului

Semnătura delegatului de stare civilă
L.S.

CERTIFICATE ELIBERATE
J 8-564046

30 de dezembro de 1989: atestado de óbito expedido pelo Instituto Médico-Legal em nome de Elena Ceaușescu, a pedido de Gelu Voican Voiculescu.

Dados Internacionais de Catalogação na Publicação (CIP)
(Câmara Brasileira do Livro, SP, Brasil)

Cartianu, Grigore, 1969-
　　O Fim dos Ceauşescu: morra fuzilado como um animal selvagem / Grigore Cartianu; tradução Eugenia Flavian. – São Paulo: É Realizações, 2012.

　　Título original: Sfârşitul Ceauşeştilor.
　　ISBN 978-85-8033-087-8

　　1. Ceauşescu, Elena - Morte e sepultamento   2. Ceauşescu, Nicolae - Morte e sepultamento   3. Romênia - História - Revolução, 1989   4. Romênia - Política e governo - 1944-1989   5. Romênia - Política e governo - 1989   I Título.

12-04118   CDD-949.809

Índices para catálogo sistemático:
　　1. Romênia : Revolução : História   949.809

Este livro foi impresso pela Gráfica Vida & Consciência para É Realizações, em julho de 2012. Os tipos usados são das famílias Adobe Garamond Pro, Georgia e Minion Pro. O papel do miolo é Off White Norbrite 66g, e o da capa, cartão supremo 250g.